KB163522

지위 게임

'좋아요'와

마녀사냥,

혐오와

폭력 이면의
절대적인 본능에 대하여

지위 게임

윌 스토 지음 | 문희경 옮김

흐름출판

사랑하는 아들 존스에게

"오, 아테네인들이여,

내가 그대들에게 좋은 평판을 들으려고

어떤 위험을 감수하는지 믿을 수 있겠는가?"

- 알렉산더 대왕(기원전 356~323년)

• 차례 •

서문 지위, 우리의 무의식을 지배하는 꿈 — 13

1부 집단적 존재로서의 인간

1장 교도소에 쌓은 지위의 성전 — 23
_범죄자 벤 건의 두 개의 삶

2장 어울리고, 앞서 나가기 — 31
_지위 게임의 핵심은 관계다

3장 뇌는 우리를 영웅이라 속인다 — 39
_상징으로 이루어진 가상의 세계

4장 사회적 존재이기에 게임을 한다 — 54
_규칙으로 이루어진 가상의 세계

5장 지위 게임의 세 가지 변종 — 63
_지배 게임, 도덕 게임, 성공 게임

6장 인플루언서를 모방하다 — 73
_영향력을 시험하는 '명성 게임'

7장 도전받을 때 우리는 짐승이 된다 — 84
_폭력으로 점철된 '지배 게임'

8장 남성, 과대망상, 모욕감 — 94
_왜 그는 연쇄 살인마가 되었나

9장 최선의 게임 조건 — 109
_일상, 얼굴을 맞댄 사람들, 적절한 보상

2부   한계 없는 욕구

10장   SNS라는 슬롯머신 — 119
_'좋아요'에 중독되는 뇌

11장   그 누구도 완벽하게 행복할 수 없다 — 127
_절대로 충족되지 않는 지위 욕구

12장   제로섬 게임 — 137
_공식적 지위와 비공식적 지위

13장   '우리'라는 과대망상 — 146
_'우리' 집단이 많이 가질수록 '나'에게 큰 상이 돌아온다

14장   혁명의 조건 — 153
_지위가 하락할 때 혁명은 시작된다

15장   우리는 우리가 하는 게임의 총합이다 — 163
_유전, 양육, 집단의 영향

16장   진실이 아니라 믿음을 믿는다 — 178
_지위 게임에 흡수된 진실

17장   지위의 금맥을 찾아서 — 193
_신성시된 신념의 위험

18장   이념이라는 영토, 신념의 전쟁 — 210
_타인의 믿음은 왜 '사악'한가

3부   극단의 게임

19장   SNS 속 부족 전쟁 — 229
_온라인 군중과 평판 살해

20장 '주작'하는 정서 — 247

_희생자, 전사, 그리고 마녀사냥

21장 합리적인 광신도 — 260

_종교는 도덕 게임을 제공한다

22장 히틀러의 지위 게임 — 271

_정치가 시민을 굴복시키는 법

23장 테러와 모멸감 — 290

_과대망상과 모멸감이 폭력의 동력이다

24장 지옥에서 벗어나는 길 — 300

_신실한 신앙에서 지식의 추구로

25장 너 자신을 사랑하라 — 327

_신자유주의의 자아

26장 공정과 불공정 — 337

_지위라는 환상이 만들어내는 차별들

27장 게임의 붕괴 — 354

_신좌파, 신우파로 갈라진 MZ세대

28장 공산주의자들의 우화 — 369

_레닌, 스탈린이 꿈꾼 유토피아

29장 꿈을 꾸고 있다는 자각 — 394

_지위 게임을 간파하는 일곱 가지 규칙

• 이 책의 방법론에 관하여 — 407
• 감사의 말 — 409
• 주와 참고문헌 — 410

지위, 우리의 무의식을 지배하는 꿈

인생은 게임이다.

이 사실을 모르고서 인간 세계를 이해하기란 불가능하다. 살아 있다면 누구나 게임을 한다. 그리고 게임의 숨은 규칙은 우리의 내면에 새겨져서 우리의 생각과 신념과 행동을 은밀히 조종한다. 게임은 우리 안에 있다. **게임은 우리다.** 그러니 게임을 하지 않을 수 없다.

인생이 이렇게 이상한 형태를 띠는 이유는 인간의 진화 과정 때문이다. 다른 모든 유기체와 마찬가지로 인간도 생존하고 번식하도록 설계되었다. 부족을 이루어 살아가는 종으로서 인간의 생존은 항상 공동체에 받아들여져 지원을 받는지에 달려 있다. 우리가 이렇게 사람들과 관계를 맺고 싶어 하는 데는 두 가지 강렬한 정서가 작동한다. **수용의 기쁨과 거부의 고통**이다. 하지만 집단에 들어가서는 밑바닥에서 서성거리는 정도로는 만족하지 못한다. 인간은 집단에서 위로 올라가고 싶어 한다. 위로 올라가서 사람들에게 찬사를 받으면 기분이 좋아지고, 삶에 의미와 목적이 있고 잘 살고 있는 듯한 기분이 든다. 그리고 크게든 작게든 인생의 조건이 향상된다. 석기 시대에는 지위status가 높아지면 영향력이 커지고 더 괜찮은 짝을 만나고 자신과 자식을 위해 자원을 더 많이 확보하고 더 안전하게 살 수 있었다. 오늘날도 마찬가지다. **따라서 우리는 본능적으로 관계를 맺고 지위를 얻으려 한다. 집단에 수용되고 집단 안에서 지위를 얻으려 한다. 이것은 인간의 본성이다. 이것이 인생의 게임이다.**

세계 어디서든, 전근대 사회인 파푸아뉴기니에서든 도쿄나 맨해튼의 빌딩 숲에서든 같은 삶의 모습을 만난다. 사람들이 집단을 이루고 지위를 차지하려고 게임을 하는 모습이다. 사람들은 정치 게임, 종교 게임, 기업 게임, 스포츠 게임, 사이비 종교 게임, 법정 게임, 패션 게임, 취미 게임, 컴퓨터 게임, 자선 사업 게임, SNS 게임, 인종과 성별과 민족주의 게임을 한다. 게임은 무궁무진해 보인다. 우리는 이런 집단 안에서 지위를 얻으려고, 다시 말해서 게임을 함께 하는 사람들에게 찬사를 들으려고 열심히 노력한다. 나아가 우리 집단도 다른 집단과 지위 경쟁을 벌인다. 정치 동맹이 다른 정치 동맹과 경쟁하고, 기업이 다른 기업과 경쟁하고, 축구팀이 다른 축구팀과 경쟁한다. 우리 집단이 지위 경쟁에서 승리하면 우리도 승리한다. 우리 집단이 패하면 우리도 패한다. 이런 식의 게임이 우리의 정체성을 이룬다. 우리는 우리가 하는 게임이 된다.

우리는 지위 욕구로 인해 지위를 갈망하고 지위를 잃을까 봐 두려워한다. 지위를 잃으면 우리의 사고는 변형되고 안정적인 행복을 누릴 가능성도 사라진다. 이런 이유로 인간은 다른 동물들 위에 신처럼 군림하면서도 여전히 동물들처럼, 혹은 그 이하로 살아간다. 항상 타인의 멸시와 찬사에 주파수를 맞추고 살아가며 옹졸해지기도 하고 누군가를 증오하기도 하고 과격해지기도 하고 과대망상이나 착각에 빠지기도 한다. 사실 우리는 모든 사회적 소통에서, 이를테면 일이나 사랑이나 가정생활에서, 인터넷에 게시물을 올리면서도 교묘히 지위 게임을 벌인다. 옷차림과 말투와 신념으로 게임을 한다. 우리의 삶으로 게임을 한다. 우리의 과거와 미래의 꿈에 관한 이야기로 게임을 한다. 깨어 있는 동안 우리는 끊임없이 자신의 감정을 해석하며 살아간다. 살짝 미끄러지면 공포에 휩싸이고 조금 올라가면 희열을 맛본다. 이렇게 매일 매 순간 오르내리고 또 오르내리며 요람에서 무덤으로 향한다. 인생은 완벽한 목적지로 가는 여정이 아니다. 끝나지 않는 게임이다. 이것이 우리 앞에 놓인 최악의 현실이다.

이것은 또한 최선의 현실이다. 이렇게 특이하고 고유한 방식으로 살아오지 않았다면 인간은 애초에 다른 동물들을 능가하지 못했을 것이다. 지위를 얻는 데는 여러 가지 전략이 있다. 인간은 성공하기 위해 최선을 다한다. 최고의 사냥꾼이 되기 위해, 최고의 건축가가 되기 위해, 최고의 요리사가 되기 위해, 최고의 기술자가 되기 위해, 최고의 지도자가 되기 위해, 최고로 부를 창출하는 사람이 되기 위해 열심히 노력한다. 따라서 전략을 세우고 혁신하려 하고, 승리하기 위해 자기를 한계까지 밀어붙인다. 그러다 성공하면 수십 명, 수백 명, 나아가 수백만 명의 사람이 우리의 노력으로 혜택을 본다. 또한 인간은 덕망 있는virtuous 존재가 되기 위해 분투한다. 절박한 도덕의 전투에서 이기기 위해, 위기에 빠진 사람들을 구하기 위해, 먼 대륙의 모르는 사람들을 빈곤에서 구제하기 위해, 우리가 이 땅을 떠나고 먼 훗날 태어날 자손들을 지켜줄 백신을 개발하기 위해 고군분투한다. 이렇게 노력하는 동안 게임을 따라 온갖 감정이 요동친다. 수치심이 들기도 하고 자긍심이 들기도 하고, 추락하는 기분이 들기도 하고 날아오르는 기분이 들기도 한다. 덕망 있는 존재가 되기 위해 누군가를 도우려 분투한다는 점에서 나는 지위 욕구를 수치스럽게 여기면 근본적인 오류를 범하는 것이라고 생각한다.

좋은 날로든 나쁜 날로든 우리를 움직이는 요인을 더 잘 이해하면 유용할 것이다. 우리가 우리 자신에 관해 들려주려는 그럴듯한 이야기를 파헤쳐보면 어떻게 하면 더 나아질 수 있을지가 보일 뿐 아니라 우리가 얼마나 쉽게 망상과 독재에 빠지는지도 알 수 있다. 인생이 잘 풀리지 않을 때 어떤 일이 벌어지는지 파악해서 인생의 함정을 더 영리하게 피해 갈 수도 있다. 또 인생이 잘 풀릴 때 어떤 일이 벌어지는지 알아서 더 나은 미래를 만들 수 있다. 그리고 모두를 위해 공정성과 부와 평등을 끌어올릴 수 있다.

이 책을 쓰는 사이 서구 세계에는 분노와 공포가 만연했다. 얼마 전까지만 해도 좌파 정당과 우파 정당을 향한 주된 불만은 양쪽이 지나치게 비슷하다는 점이었다. 모두가 '신자유주의적' 자본주의에서 크게 벗어나지 않는 비전만 내놓는다면 투표해봐야 무슨 의미가 있느냐고 물었다. 하지만 지금은 이런 질문을 던지지 않는다. 21세기의 첫 10년 사이 세계 금융 위기가 터지고 스마트폰이 등장하고 SNS가 성장했다. 우파는 자국중심주의를 말하며 더 오른쪽으로 기울어 브렉시트Brexit와 도널드 트럼프를 선택하고, 좌파는 더 왼쪽으로 기울어 정체성 정치identity politics°와, '개먼'gammon°°과 '캐런'Karen°°° 같은 모욕적인 신조어를 양산했다. 가족끼리 싸우고, 친구 사이가 깨지고, 일반인과 유명인과 학자가 '그릇된' 생각을 한다는 이유로 대중의 공격에 무너지고, 다국적 기업이 정치적 의견을 퍼트리고, 유럽에는 다시 전쟁이 발발했다. 신문을 읽다보면 마치 쐐기풀 속에서 헤엄치는 느낌이 든다. 대체 어떻게 된 것일까?

우리가 과거와 똑같은 실수를 반복하면서 집단으로 갈라져 충돌하는 이유는 우리가 삶을 지위 게임status game으로서 '플레이'하기 때문이다. 우리의 뇌는 무수한 방식으로 끊임없이 우리의 입장과 남들의 입장을 저울질한다. 그리고 자동으로 각자의 입장과 각자가 속한 집단을 서열화한다. 이 과정은 주로 잠재의식에서 일어나므로 우리는 알 수 없다. 특히 우리가 잠재의식 차원에서는 게임을 하듯이 살아가는 사이 의식 차원에서는 이 과정을 **이야기의 형태**로 경험한다. 뇌는 우리에게 **저들**이 왜 우리 위에 있고 **저들**이 왜 우리 아래에 있는지에 관해 왜곡된, 단순하고 자기중심적인 이야기를 공급한다. 이 이야기 속에서는 복잡다단한 현실이 선과 악이 대결하는 만화처럼 단순한 도덕적 갈등으로 축소된다. 누구나 이런 이야기를 쉽게 믿는다. 그리고 이런 이야기는 현실에 대한 우리의 경험을 구성한다. 우리를 기분 좋게 만들어주기도 하고 우리가 지위를 높이려고 열심히 노력하게 만들기도 한다. 심지어 살인을 저지르게 만들기도 한다. 하지만 이런 이야기는 망상이다. 인간을 괴롭히는 오만과 증오와 위

선을 낳는 주범이다.

이 책에서는 심리학과 인류학, 사회학, 경제학, 역사학 연구를 토대로 인간 삶의 숨은 구조를 파헤친다. 인류 진화의 기원으로 거슬러 올라가고, 소련과 니제르 공화국, 거대 참마를 키우는 미크로네시아의 한 섬에도 가본다. 나치 독일과 영국의 산업혁명과 1980년대 미국의 '사타닉 패닉' 사건 사이의 공통점을 찾아본다. 백신 반대 음모론자와 여성 혐오 연속 살인자, 사이비 종교 신도, 온라인 폭도, 인종차별주의자의 마음속으로도 들어가본다. 독재를 정의하는 새로운 방법에 관해서도 알아본다. 다시 말해서 지위 게임이 잘못 흘러가면 무슨 일이 벌어지는지 알아본다. 이 책에서는 세상의 이야기를 특이한 방식으로 풀어낼 것이다. 이를테면 지위 게임의 규칙이 바뀌는 사이 자아와 문화가 어떻게 변화하는지 알아볼 것이다. 세 가지 지위 게임—**지배 게임, 도덕 게임, 성공 게임**—을 정의하고 어떤 태도로 게임을 해야 더 공정하고 더 부유한 내일로 나아갈 수 있는지도 알아본다. 마지막에는 우리가 각자의 삶에서 게임을 할 때 도움이 될 만한 실질적인 조언을 알아본다.

이 책의 주장은 지위가 인간의 기본 욕구라는 단순한 개념에서 출발한다. 기본 욕구라면 어디서나 증거를 찾을 수 있을 것이다. 말하자면 우리의 행동과 역사, 그리고 수많은 생각과 확신의 이면에서 증거가 발견될 것이다. 가능한 한 모든 영역에서 증거를 밝히려는 나의 시도가 자칫 인류의 공통된 본성에 대해 지극히 환원주의적 관점을 제시하는 것처럼 보일 수 있다. 하지만 한 가지 욕구에 주목한다고 해서 나머지 욕구가 중요하지 않다는 뜻은 아니다. 인간은 당연히 여러 충동으로 움직이고, 대개는 동시에 몇 가지 충동에 이끌린다. 발명가라면 지칠 줄 모르는 호기심과 문제를 해결하는 기쁨과 주택 융자를 갚으려는 욕망뿐 아니라 동료들에게 감명을 주고 싶은 욕망에도 이끌릴 수 있다. 연구자들은 지위를 '직접적'proximate이라기보다는 '궁극적'ultimate 추동drive이라고 부른다. 말하자면 일종의 '동기의 어머니'로서 진화 과정에서 자연선택으로 살아남아 뇌에 새겨진 다른 많은 하위 신념과 행동의 기원인 셈이다.

따라서 이 책의 내용을 인생이 지위로만 굴러간다는 주장으로 받아들여서는 안 된다. 당연히 우리는 다른 많은 욕망으로 움직인다. 우리는 권력을 원한다. 섹스를 원한다. 부를 원한다. 더 나은 사회를 만들기를 원한다. 다만 이 모든 욕망에 지위 게임이 내포된 것도 사실이다. 세상을 지배하거나 세상을 구하거나 세상을 사거나 세상과 섹스하고 싶다면 어쨌든 지위를 공략해야 한다. 지위야말로 우리의 꿈을 열어줄 황금 열쇠다. 당신의 잠재의식은 이것을 안다. 그래서 심리학자 브라이언 보이드Brian Boyd 교수는 이렇게 쓴다. "우리는 자연히 지위를 열심히 좇는다. 누구나 무의식중에 동료에게 감명을 주어 자신의 지위를 높이려고 부단히 노력하고, 또 누구나 무의식중에 남들을 지위로 평가한다."[1]

이 책 『지위 게임』은 앞서 나온 나의 저서 두 권을 토대로 한다. 우선 『이단자들』The Heretics(미국에서는 『설득할 수 없는 사람들』The Unpersuadables이라는 제목으로 출간되었다)에서는 지적인 사람들이 어떻게 황당한 얘기를 믿게 되는지를 살폈다. 그리고 우리가 우리에 관해 스스로 이야기하는 영웅 서사를 어떤 '사실'이 강화하거나 위협할 때 '비합리적인 태도'를 고집하기 쉽다는 결론에 이르렀다. 다음으로 『셀피』Selfie라는 책에서는 '자아'에 관해 알아보면서 인간의 진화와 문화와 경제가 우리의 존재에 영향을 끼치는 방식을 알아보았다. 그리고 개인주의가 극심한 신자유주의 경제가 서구 세계를 건강하지 않은 '완벽주의 시대'로 몰고 갔다고 주장했다(이 책의 25장에 간략히 요약했다). 이 책에서는 이 두 권의 책에서 나온 실마리를 잡아 새로운 무언가로 엮을 것이다.

직전에 출간된 『이야기의 탄생』The Science of Storytelling을 읽고 이 책을 집어 든 독자라면 거대한 모순에 빠질지 모르겠다. 그 책에서 '뇌는 이야기꾼'이라고 그렇게 열심히 설득해놓고 이제 와 다시 '뇌는 게임의 플레이어'라고 주장한다니 말이다. 하지만 앞으로 명확히 드러나겠지만 비슷한 맥락에서 더 깊은 차원으로 들어간 것일 뿐이다. 의식 차원의 경험이 이야기로 구성된다면 이 책은 그 아래의 잠재의식 차원의 진실을 다룬다.

지난 몇 년에 걸쳐 이 주제를 연구하면서 사람들에 관해, 그리고 그들이 왜 그렇게 분노하고 비겁하게 굴고 혼란스러워하고 경이로워하는지 이해하게 되었다. 더는 그들도 나도 그렇게 수수께끼 같은 존재가 아니다. 바람이 있다면 인간의 삶을 더 정확히 정의해서 모두가 삶의 도전에 맞서고 삶의 공포에서 자신을 보호하고 궁극적으로는 의미 있고 안전하고 행복하게 살아갈 방법에 관해 조금이라도 더 확신하는 것이다. 이제부터 지위 게임의 여정이 시작될 것이다. 다들 평생 이 게임을 해 왔으니 바로 알아챌 것이다.

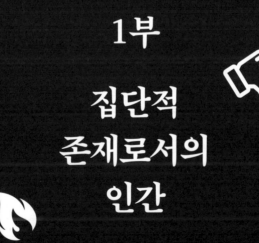

1부

집단적
존재로서의
인간

1 —

교도소에 쌓은 지위의 성전

범죄자 벤 건의 두 개의 삶

나무 의자의 다리를 번쩍 들어 새로 사귄 친구의 머리를 내리쳤을 때 벤의 또 다른 삶이 시작되었다. 1980년 4월 9일 오후 7시가 막 지났을 즈음 웨일스의 브레콘에 있는 한 학교 운동장에서였다. "그 순간 내 삶이 시작됐어요." 벤이 말했다. "그 전의 삶은 다 무의미해졌고요."

벤은 열네 살이었다. 피해자인 브라이언은 열한 살이었다. 그날 두 아이는 보육원에서 도망쳐 나왔다. 아무도 없는 학교 운동장에서 부서진 가구 무더기를 보았고 그것들로 장난을 치기 시작했다. 그러다 벤은 무심코 비밀을 발설했다. 벤은 그런 말이 튀어나온 것이 믿기지 않았다. 그 말이 새 나가면 그는 사회에서 매장당할 테고 길에서는 사람들이 한심한 인간으로 취급하며 침을 뱉을 것만 같았다. "생각할 겨를도 없었어요. 그 친구한테 말했으니 이제 세상이 다 알 것 같았어요. 감정이 휘몰아쳤어요. 순간 의자 다리를 잡고 그 친구를 내리쳤고요. 그리고 제가 절 망친 걸 알았어요."

벤은 공중전화로 달려가 긴급 신고 번호 999를 누르고 말했다. "제가 어떤 애를 죽였어요. 그 애를 막대기로 쳤는데 죽은 거 같아요." 브라이언은 두개골 한 조각이 사라진 채 발견되었고, 사흘 후 카디프왕립병원에서 사망했다. 벤은 변호사에게서 "음, 이제부터는 살인 사건이 될 거야. 아무도 말 안 해줬니?"라는 말을 듣고서야 브라이언이 사망한 걸 알았다. 벤은 결국 교복 차림으로 무기징역 선고를 받았다. 그리고 재판관이 판결문을 다 읽기도 전에 재판정에서 끌려 나갔다. "피고는 아무 이유도 없이 한 소년을 죽였습니다. 정황상 아무런 살해 동기도 없이 소년의 목숨을 앗아갔고…."

교도소에 들어간 벤은 무가치한 인간 취급을 당했다. 초반에 감방 수색 중에 "교도관들이 모든 것을, 옷가지랑 침구랑 제 소지품을 전부 다 꺼내서 바닥에 집어 엎고 나갔어요." 벤은 화가 났다. 물건을 그대로 내버려 두고 사흘간 맨바닥에서 잤다. 물건을 치우라는 지시가 떨어졌지만 벤은 계속 거부했다. 그러다 독방에 갇혔다. 벤은 싸늘한 독방에 혼자 앉아 있었다. 그리고 이제부터 여기가 그의 세계라는 것을 깨달았다. 아동 살인범으로 밑바닥에서도 제일 밑바닥으로 떨어진 것이다. 가진 것이 아무것도 없었다. 옆에 아무도 없었다.

벤은 교도소에서 탈출을 시도했다. 굶어 죽으려고도 해보았다. 수감되고 10년 만에 받은 첫 가석방 심리에서는 석방을 거부했다. 이후로도 번번이 거부했다. 12년이 지나고, 15년, 20년, 25년이 지나도록 벤은 교도소에서 살았다. 그러다 2007년 여름에 교사로 온 앨릭스와 사랑에 빠졌다. 앨릭스는 벤에 대해 이렇게 말했다. "벤은 카키색 옷을 입고 수염을 길렀어요. 오사마 빈 라덴과 라스푸틴 사이 어디쯤의 모습으로, 지저분한 물통에 커피를 담아 들고 다녔어요. 제가 '저 사람 누구예요?'라고 물으니 다들 '벤 건이요. 저 친구 조심해요'라고 말해주었죠."

하지만 앨릭스는 벤과 연애를 시작했다. 그들은 벽장에 들어가 사랑을 나눴다. 남몰래 사랑을 속삭였다. 앨릭스는 수업 시간에 공부를 도와주는 척 벤의 컴퓨터에 메시지를 입력했다. 사랑과 욕정의 말이었다. 포스트잇을 수백 장 주고받고, 메모리 카드에 음성 메시지를 녹음했다. 벤은 몰래 반입한 휴대전화로 매일 낮 12시와 오후 4시 30분과 밤 9시에 앨릭스와 통화했다.

2010년에 벤은 30년째 교도소에 살고 있었다. 그의 최소 양형 기준보다 3배나 긴 시간이었다. 가석방 심사를 받을 때마다 벤이 가석방을 거부하기 위해 새로운 구실을 만들어 형기를 연장해 온 듯했다. 벤의 석방을 주장하며 캠페인을 벌여 온 마이클 고브Michael Gove 하원의원은 「더 타임스」와의 인터뷰에서 이렇게 말했다. "그에게는 자기 파괴적 성향이 보입니다. 가석방 심사 때마다 교도소 당국에 경범죄 신고가 들어온다고 합니다. 어떤 건 심각한 사건이고(폭력적인 사건은 없었습니다), 어떤 건 가볍기는 해도 가석방되지는 못할 정도의 사건입니다."[1] 앨릭스는 벤이 밖으로 나오게 하려고 그에게 용기를 주면서 밖에 나가면 같이 즐길 수 있는 일들을 떠올려보게 했다. 시골의 작은 집, 한겨울의 난롯가, 그리고 고양이까지. 앨릭스는 이해가 가지 않았다. 벤은 앨릭스만 얻는 것이 아니라 자신이 원하는 모든 것을 누릴 수 있었다. 그냥 행동하기만 하면 되었다.

그러던 어느 날 벤은 앨릭스에게 말했다. "난 여기에 남고 싶어."

▼▲▼

상식적으로 말이 되지 않는 상황이었다. 벤의 앞날에는 모든 것이 준비되어 있었다. 자유와 사랑과 코츠월즈 지방의 아름다운 시골집까지. 종교의 우화이자 할리우드 영화의 결말이자 영웅 서사에 나오는 전형적인 구원의 이야기였다. 벤은 속죄를 끝내고 최후의 목적지에서 은혜로운 선물을 받기만 하면 되었다. 그러나 벤은 원하지 않았다. 그는 교도소에 남고 싶어 했다.

어째서 벤은 안에 갇혀 살겠다고 고집하게 되었을까? 처음에는 굶어 죽으려 했을 만큼 심리적 구렁텅이에 빠져 있던 벤은 어떻게 자신을 구한 것일까? 한 인간으로서 받아야 할 존중을 완전히 박탈당한 채 범죄자들과 그들을 괴롭히고 멸시하는 간수들과 함께 음울한 교도소에 갇혀 산 사람이 어떻게 자신을 구제할 수 있었을까? 수십만 년에 걸쳐 진화해 온 인간의 뇌는 이런 상황에 어떻게 반응할까?

뇌는 스스로 삶을 구축한다. 지극히 인간적인 삶을 구축한다.

벤은 몇 년 전부터 학업을 시작했다. 선불교와 군사학, 정치학, 물리학을 공부했다. 정치학과 역사학으로 학사 학위를 받고 평화와 분쟁 조정 전공으로 석사 학위를 받고 형사학으로 박사 학위 과정에 들어가면서 재소자 협회 사무국장으로 임명되기도 했다. "저는 불순분자, 정치가, 감옥의 변호사로 알려졌어요." 그는 또한 비건이 되었다. "채식은 도덕적이라기보다 고통스러운 일이었어요." (어느 점심시간에는 교도소 측에서 그를 괴롭히려고 으깬 감자와 삶은 감자에 구운 감자를 곁들인 식사를 내주기도 했다.)

벤은 '권력 남용에 대한 저항'이라고 생각하는 게임을 하면서 그만의 삶을 구축했다. 그리고 이 게임에서 뛰어난 능력을 발휘했다. 평생을 교도소에서 사는 동안 벤은 자신만큼 게임의 규칙을 잘 아는 교도소장은 한 명밖에 만나보지 못했다. 벤은 다른 재소자들이 제도와 싸우도록 도왔다. 때로는 치밀한 변론으로 교도관들을 몇 달씩 꼼짝도 못 하게 해놓고 재소자들은 가벼운 경범죄만 받게 해주었다. 그렇게 벤은 교도관들에게 악명 높은 재소자가 되었다. 가석방 위원회는 그를 '고문관 분대의 정식 대원'이라고 불렀다. 벤은 그 게임에서 성공했다. "그는 교도소 사람이었어요." 앨릭스의 말이다.

벤은 이렇게 말했다. "교도소 밖으로 나가는 순간 모든 게 달라질 걸 알았어요. 작은 연못에서 중간 크기 물고기로 살다가 그저 일개 전과자로 살 테니까요."

앨릭스는 벤이 교도소에서 나오게 하려고 그에게 블로그에 글을 올려보라고 제안했다. 2009년 8월 31일 벤의 블로그인 '재소자 벤'PrisonerBen에 첫 게시물이 올라왔다. 방문자 수가 늘어나 2만 명이 넘었다. 2011년에는 저명한 오웰상 후보에도 올랐다. 그리고 벤은 생각을 바꿨다. 2012년 8월 23일에 47세의 수감자 '12612 GUNN'은 마침내 석방되었다. 벤이 나가기 전에 한 교도관은 이렇게 경고했다고 한다. "당신은 여기서 얻은 지위를 잃게 될 거요."

"그게 무슨 뜻일까요?" 내가 물었다.

"저는 종신형 재소자로서 교도소 내 서열에서 일정한 자리를 차지했어요. 교도소 변호사로서도 그랬고요. 이런 게 제게 지위를 주었어요. 하지만 밖으로 나가는 순간 다 물거품이 되는 거죠."

내가 보기에도 교도관들이 한 말이 옳았다. 출소 후 벤은 힘들게 살았다. 코츠월즈에 있는 앨릭스네 시골집, 비쩍 마르고 창백한 얼굴에 삭발한 모습의 벤은 볕이 잘 드는 방에서 정원을 내다보며 담배를 가느다랗게 말았다. "무의식 차원에서는 석방된 삶이 무척 고통스러웠어요. 2주 동안 방바닥에 앉아 몸을 떨었어요. 교도소에서는 제 자리가 어디쯤인지 알았어요. 제가 누구고 어떤 사람이 되고 싶었는지도 알았어요. 지금 전 완전히 길을 잃었어요. 완전히 무너졌어요." 그러면서도 갑자기 지위가 추락해서 고통받을 거라던 교도관들의 말이 옳은 것 같으냐는 질문에는 반박했다.

▼▲▼

어떤 일을 왜 하느냐는 질문에 "지위 때문에요. 진심으로 지위를 얻고 싶어서요"라고 답할 사람은 거의 없다. 지위를 중요한 요소라고 생각하기는커녕 모종의 동력이라고 생각하는 것조차 불쾌하게 여긴다. 우리가 우리 자신에 관해 들려주고 싶은 영웅적인 이야기와 배치되기 때문이다. 삶의 원대한 목표를 추구할 때는 행복한 결말에 집중하는 경향이 있다. 우리는 능력과 승진과 획기적인 사건과 왕관을 원한다. 지위를 얻고 싶은 욕구가 인간의 기본 욕구라고 전제한다면 지위에 대해 불편한 감정이 드는 것이 이상할 수 있다. 하지만 이것은 게임이다. 지위를 높이면서 성과를 얻는다는 사실을 인정해버리면 남들이 우리를 얕잡아 보게 되어 지위를 잃을 수도 있다. 속으로 혼자 인정할 때조차 스스로 격이 떨어진다고 느끼기도 한다. 따라서 자신의 지위 욕구를 알아채면 스스로 잡아먹힐 수 있는 것이다. 경쟁자는 상대의 지위 욕구를 알아채서 상대를 멸시할 근거로 삼기까지 한다. 얄궂게도 이것은 지위 게임이다. 남을 깎아내려서 나를 높여야 하는 게임이다.

지위 욕구는 이렇게 교묘히 정체를 숨기고 있다. 이제 죄책감으로 숨어 들어간 구석에서 우리의 사냥감, 바로 이 지위 욕구를 끌어내자. 지위는 남들에게 호감을 사거나 수용되는 것과는 다르다. 이런 것들은 관계와 연관된 별개의 욕구다. **사람들이 우리를 추종하거나 존경하거나 추앙하거나 칭찬하거나 우리가 그들에게 어떤 식으로든 영향을 끼치도록 허락해주는 상태, 이것이 지위다.** 이런 상태는 우리를 기분 좋게 한다. 이것은 인간의 본성이다. 인간의 기본 설계와 진화와 DNA에 새겨져 있다. 월드컵에서 골을 넣거나 죽음의 별Death Star°을 날려버리는 정도의 엄청난 목적을 달성해야만 그런 기분을 느낄 수 있는 것이 아니다. 한 번의 대화나 지나가는 사람이 보낸 눈길 하나로도 지위의 부드러운 감촉을 거듭해서 느낄 수 있다.

사람들이 있는 곳이면 어디서든 의식적으로든 무의식적으로든 우리는 평가와 판단의 대상이 된다. 그리고 사람들이 어떤 결론을 내리는지가 우리에게 중요하다. 어떤 심리학 연구든 지위와 안녕감이 강력히 연결되어 있음을 이야기한다. 123개국 6만 명 이상을 조사한 연구에서 안녕감은 항상 "남들에게 존중받는 정도에 달려 있다"는 결과가 나왔다.[2] 지위를 얻거나 잃는 것은 "장기간에 걸친 긍정적 감정과 부정적 감정의 가장 강력한 예측 요인"이었다. 학술 논문을

° 영화 「스타워즈」Star Wars에 등장하는 '죽음의 별'을 가리킨다. 공포에 의한 지배라는 은하 제국의 통치 이념에 따라 만들어진 행성 파괴 무기이다.

광범위하게 살핀 한 연구에서는 "문화와 성별, 나이, 성격과 상관없이 사람들에게 지위가 공통적으로 중요한 요인으로 나타났다. … 관련 증거들은 지위를 향한 욕망이 인간의 기본 조건임을 말해준다"고 밝혔다.

벤의 인생사는 어떻게 살 것인가에 대해 깊이 있는 교훈을 준다. **우리는 모든 것을 빼앗겨도 살아남을 수 있다.** 우리는 사회에서 멸시당하고 아동 살인범으로 분류되고 교도소에 갇혀 가혹한 처우를 당할 수 있다. 43일간 식사를 거부하며 안구가 말라붙어 튀어나올 정도로 굶주리는 고통에 시달릴 수도 있다. 하지만 이렇게 가치가 추락한 처지에서 어떻게든 빠져나와 다시 잘 살 수 있다. 벤은 의미와 목적이 있는 삶을 다져 나갔고, 그와 비슷하게 생각하는 뇌를 지닌 집단에 들어갔고 지위를 얻기 위한 게임을 했다. 종신형 재소자이면서도 교도소 변호사라는 지위를 통해 존중과 존경을 받았다. 그는 재소자들이 교도관들에게 저항하도록 도와주었다. 나날이 존경받고 가치 있는 사람이 되었다. 그는 매년 매달 매일 이 게임에 온갖 노력을 쏟아부었다. 그리고 그에게 의미 있는 세계를 구축했다. 그러다 교도소에서 출소하면서 모든 것이 무너졌다. 우리가 평생을 쌓아 온 의미에서 배제될 때, 자유는 지옥이다.

2 —

어울리고, 앞서 나가기
지위 게임의 핵심은 관계다

벤이 교도소에서 잘 살 수 있었다면 우리도 잘 살 수 있을 것이다. 사실 벤만큼 자유와 기회를 박탈당한 경우는 많지 않다. 따라서 벤보다 상황이 나은 우리는 수월하게 살아낼 수 있어야 한다. 문을 열고 밖으로 나가보라. 복잡하고 경이로운 세상이 있다. 신념을 품고 최선을 다하면 무엇이든 이룰 수 있고 누구든 될 수 있다고 세상은 말한다.

하지만 생각만큼 쉽지 않다. 세상은 보이는 그대로가 아니다. 문밖에 행복을 향해 당당하게 나아갈 수 있는 탄탄대로가 펼쳐져 있는 것도 아니다. 세상 밖에서는 모두가 게임을 한다. 하지만 날마다 열심히 게임을 하면서도 게임을 하는 줄 모르는 사람이 대다수다. 이제는 깨어나 이 거대한 게임을 알아채자. 인간의 삶이 무엇이고 이 삶이 어떻게 흘러가는지 더 정확히 정의하자.

인간은 대형 유인원의 한 종이다. 공동체에서 함께 일하고 생존하는 존재다. 우리는 그렇게 약 500세대에 걸쳐 정착한 공동체 안에서 살아왔다.[1] 하지만 그보다 훨씬 더 오래, 적어도 10만 세대에 걸쳐 이동하면서 수렵하고 채집하는 집단을 이루어 살았다. 따라서 인간의 뇌는 현대에도 이런 오래전의 삶의 양식에 맞게 설계되어 있다. 우리는 과거의 모습으로, 곧 부족의 일원으로서 오늘을 살아간다. 우리에게는 사람들이 모인 집단과 연결되려는 본능이 있다. 그리고 집단에 들어가서는 사람들에게 인정과 찬사를 받으려고 애쓴다.

성공에는 타인의 인정과 칭찬이 필수다. 심리학자 데이비드 버스David Buss 교수는 연구에서 우리의 뇌가 진화한 전근대적 사회에서는 "사회적 지위가 자원에 대한 통제력을 보여주는 보편적인 단서"[2]였다고 밝힌다. "지위가 있으면 좋은 음식과 비옥한 땅과 우수한 의료 서비스가 따라온다." 지위가 있으면 더 나은 배우자를 만날 수 있고 자식들에게도 하층 계급의 아이들은 얻지 못할 "사회적 기회를 물려줄" 수 있다. 연구자들은 전 세계의 전근대적 사회 186곳을 연구하면서 지위가 높은 남자가 "항상 더 부유하고 부인을 더 많이 얻고 자식들에게 더 나은 영양 상태를 제공"한다는 특징을 발견했다. 이것은 예나 지금이나 생존 가능성과 번식 능력을 최대로 끌어올리는 비결이다. **높이 올라갈수록 살아가고 사랑하고 자손을 낳을 가능성도 커진다. 이것이 인류 성공의 핵심이다. 이것이 지위 게임이다.**

▼▲▼

우리는 진화를 거치며 집단을 찾아 들어가고 그 집단에서 위로 올라가도록 설계되었다. 하지만 특히 현대에 들어서 우리는 한 집단에만

속하지 않는다. 교도소에 들어간 사람이 아니라면 대체로 여러 가지 게임을 하면서 살아간다. 비슷한 생각을 하는 사람들이 모인 곳이라면 어디서나 게임이 시작된다. 직장이든 온라인이든 경기장이든 자원봉사센터든 클럽이든 공원이든 활동가 모임이든, 심지어 집에서도. 게임에 참여하기 위한 최소 요건은 **관계**다. 지위를 얻으려면 우선 게임의 참가자로서 집단에 받아들여져야 한다.

심리학자들은 사람들과 관계를 맺고 사람들에게 받아들여지는 느낌이 인간에게 매우 바람직한 상태라고 이야기한다. 반대로 관계를 맺지 못할 때 우리의 몸과 마음에 어떤 반응이 일어나는지에 관한 연구도 있다. 여러 연구에서 우울한 사람은 남들보다 "훨씬 적은"[3] 집단에 속하는 경향이 있는 것으로 나타났다. 또한 자기 집단에 더 많이 동일시할수록—그 집단에 자아 의식을 더 많이 투영할수록—우울감이 더 크게 호전되는 것으로도 나타났다.[4] 반대로 사람들과 관계를 맺지 못하면 실제로 몸이 아플 수도 있다. 다수의 연구에서도 한 사람이 타인과 의미 있는 관계를 맺는 정도를 살펴보면 그 사람의 수명을 예측할 수 있다는 결과가 나왔다. 심리학자 수전 핑커Susan Pinker는 캘리포니아주 앨러미다 카운티의 주민 약 7000명을 대상으로 한 설문 조사에서 "노년까지 살 가능성이 가장 큰 사람들은 직접 대면하는 공고한 관계를 유지하는 사람들"이라는 결과가 나왔다고 밝혔다.[5] 사람들이 맺는 관계나 관계의 결핍은 "건강한 정도나 부유한 정도나 신체 건강의 수준과 별개로 수명을 예측"했다.

사회적 동물에게 단절은 두려운 상태다. 단절은 인생이 실패했고 세상은 적대적인 곳이 되었다는 경고 신호다. 말하자면 이 세상에서 그 누구와도 관계를 형성하지 못하고 보호받지 못한다는 뜻이다. 고립되면 우리는 존재가 바뀔 만큼 심각하게 손상된다. 심리학자 존 카치오포John Cacioppo는 고립되면 "방어적으로 움츠러들면서" 다시 거절당할까 두려워 계속 방어하려 한다고 이야기한다.[6] 고립되면 타인에 대한 인식도 왜곡된다. 남들이 "우리를 더 비판하거나 우리와 더 경쟁하려 하거나 우리를 더 비하하려 하거나 적어도 우리를 반가워하지 않는다"고 보는 것이다. 이런 잘못된 해석은 "이내 기대가 된다." 이런 안 좋은 기대 때문에 우리는 산만해지고 억울해하고 부정적으로 바뀌고, 이런 마음가짐에서 "부부 갈등이 심해지고 이웃과 더 많이 다투고 사회생활 전반의 문제가 더 심해진다."

이런 상태에서는 더 고립되고 더 다양한 반사회적 행동을 하기 쉽다. 집단에서 거부당한 사람은 범죄를 저질러 처벌받을 가능성이 크고 기부하거나 남들을 도와줄 가능성은 적다. 게다가 자신에게 해로운 습관에 빠질 수 있다. 한 연구에서는 참가자들에게 초코칩 쿠키 맛을 테스트한다고 알렸다.[7] 그리고 시작하기 전에 먼저 다른 참가자들과 어울리며 함께 테스트할 두 명을 선택하게 했다. 그런 다음 일부 참가자들에게는 아무도 그들을 선택하지 않았다고 (거짓으로) 알렸다. 다른 참가자들에게는 모두가 그들을 선택했다고 (역시 거짓으로) 알렸다. 사회적으로 거부당한 첫 번째 집단은 거부당하지 않은 두 번째 집단보다 쿠키를 평균 9개 더 먹었다. 두 배 가까이 많이 먹은 것이다. 게다가 대다수가 쿠키를 더 맛있다고 평가하면서 거부당한 감정이 단 음식의 감각으로 변환되는 것을 보여주었다.

인생이 잘 풀리지 않을 때는 몸과 마음에도 문제가 생긴다. 몸이 아프거나 화가 치밀거나 반사회적으로 행동하거나 점점 더 고립된다. 카치오포는 인간이 "진화의 과정에서 무리 안에서 안전하다고 느끼도록 설계된, 그리고 원하지 않는데 혼자가 될 때는 위험을 느끼도록 설계된 생명체"라고 쓴다. 하지만 관계만으로 성공할 수는 없다. 내가 속한 집단이라고 해서 무조건 좋아하며 쓸모없는 최하위 계층에 머물며 만족할 사람은 드물다. 누구나 인정받고 가치 있는 사람이 되고 싶어 한다. 위로 오르고 싶어 한다. 심리학자 로버트 호건Robert Hogan 교수는 인간은 "남들과 어울려 지내고, 남들보다 앞서 나가고" 싶어 한다는 말을 자주 인용한다.[8] 이 책의 관점에서 말하자면 인간은 지위 게임에 받아들여지고 게임을 잘하고 싶어 한다.

게임에서 거부당해서 슬퍼하거나 화가 나거나 몸이 아플 수 있다면 지위를 얻지 못한 결과가 치명적일 수도 있다는 뜻이다. 역학자 마이클 마멋Michael Marmot 박사는 지위 게임이 건강에 끼치는 놀라운 영향을 밝혀냈다. 그는 수십 년에 걸쳐 영국의 공무원 조직에서 일하는 사람들의 건강을 분석했다. "영국은 과거에도 그렇고 지금도 여전히 계급 사회다. 사회의 어느 한 부분만 유난히 더 계급화된 것이 아니다." 따라서 영국은 사회적으로 미묘한 서열의 차이가 극단적으로 가난하지도 부유하지도 않은 사람들의 건강에 어떻게 극적인 차이를 일으키는지 알아보기 위한 "이상적인 '실험실'"이 되었다.

마멋은 공무원이 공무원 조직에서 얼마나 높이 올라가는지가 그들의 건강과 수명을 정확히 예측한다는 결과에 놀랐다. 일반적인 의미에서 부자들이 더 건강하고 특권을 더 많이 누린다는 뜻이 아니다. 마멋이 '지위 증후군'status syndrome이라고 일컬은 이 효과는 전혀 다른 개념이다. 가령 지위 게임의 최고위층에서 바로 한 칸 아래의 부유한 흡연자는 그보다 한 칸 위의 최고위층 흡연자보다 흡연으로 병에 걸릴 가능성이 더 크다는 뜻이다.[9]

그리고 이런 건강의 격차는 상당히 크다. "사무실에서 40세에서 64세 사이의 최하위급 직원들은 최고위급 관리직보다 사망 위험이 4배 높다." 그리고 지위 게임의 모든 단계에서 같은 현상이 나타났다. 지위 게임에서 아래로 내려갈수록 건강이 나빠지고 수명이 줄어든다. "맨 위에서 두 번째 집단은 맨 위 집단보다 사망률이 높다." 이렇게 놀랍고도 인상적인 결과는 남녀 모두에게 나타났다. 그리고 개코원숭이 집단에도 같은 현상이 나타났다. 한 실험에서 개코원숭이들에게 동맥경화 죽종이 위험 수준으로 나타날 때까지 콜레스트롤과 지방 함량이 높은 음식을 먹였다. 무리에서 지위가 높은 원숭이일수록 건강하지 못한 식단으로 병에 걸릴 위험이 낮았다. 원숭이들의 서열을 바꾸자 각 원숭이의 질병 위험 수준도 바뀐 서열에 따라 달라졌다. 마멋은 "동맥경화증 수준을 결정한 요인은 원래의 지위가 아니라 새로운 지위였다"면서 "그 차이가 극적이었다"라고 밝혔다.

이런 현상을 설명하는 잠정적인 단서는 사회유전체학social genomics 이라는 새로운 학문에 있다. 사회유전체학은 사회가 우리의 유전자와 유전자의 작동 방식에 어떻게 영향을 끼치는지 알아보는 학문이다. 기본 개념은 인생의 게임이 잘 풀리지 않을 때 우리 몸이 설정을 바꾸어서 위기에 대비한다는 것이다. 이러한 '설정 변화'는 몸속에 염증을 증가시켜서 혹시 모를 상처를 치유하게 돕는다. 또 항바이러스 반응을 줄여서 자원을 절약하기도 한다. 하지만 염증이 증가한 상태가 지나치게 오래 지속되면 이는 온갖 방식으로 우리를 해친다. 신경 변성 질환에 취약해지고 동맥경화 죽종이 퍼지고 암세포의 성장 속도가 빨라진다. 이 분야의 세계적인 권위자 스티브 콜Steve Cole 교수는 이렇게 말한다. "치열한 생존 경쟁에서 패하면 자연히 미래에 대한 기대 수준이 달라지고 이어서 몸의 세포가 미래에 대비하는 방식에도 영향을 끼치는 것으로 보인다."[10]

지위를 잃은 느낌이 불안과 우울의 주요 원인이라는 사실을 발견했다고 해서 놀랍지는 않을 것이다. 인생의 게임에서 패하면 상처를 입는다. 여러 연구 문헌을 검토한 한 논문에서는 "스스로 남들보다 지위가 낮다고 인식하면 우울증 증상이 일관되게 높은 수준으로 나타난다"고 밝힌다.[11] 일부 심리학자는 우울해지면 "높은 지위로 올라가는 경쟁에서 정신적으로 위축"된다고 주장한다. 그러면 "지위가 높은 사람들의 레이더망으로 들어가지 않고 에너지를 보존해서 낮은 지위로 인해 기회가 줄어드는 상황"에 대비한다.[12] 지위 게임에서 거듭 패하면 동굴 뒤쪽의 안전한 회색지대로 황급히 숨어버린다. 어둠 속의 피난처에서 속으로 분을 삭이며 자기 비하의 늪에 빠져서 자기를 과도하게 비판한다. 자기에게 모욕적인 말을 퍼붓고 자기를 깎아내리며 모두 무의미한 싸움이고 자기는 밑바닥에 있고 어차피 계속 패할 수밖에 없는 사람이라고 확신한다.

만성적으로 지위를 박탈당하면 마음이 적대적으로 바뀌어 자기를 파괴할 수도 있다. 자살의 원인은 다양하고 복합적이지만 지위 상실은 자살의 공통 원인으로 꼽힌다. 지위가 갑자기 추락하는 순간이 가장 위험할 수 있다. 사회학자 제이슨 매닝Jason Manning 박사는 자살은 "사회적 열등감이 커진 사람들에게 주로 나타나고," 대체로 "남들보다 아래로 떨어질 때" 발생한다고 지적한다.[13] 또 "빠르게 추락할수록 자살할 가능성도 높아진다"고 쓴다. 삶을 끝내서 극단적 고통을 일으킨 게임을 중단하기로 한 사람들은 최근에 금전적 손실을 경험했거나 실직했을 수 있다. 아니면 사회적 평판을 잃었을 수도 있다. 혹은 자기는 제자리에 머물러 있는 사이 남들이 속도를 올리며 한참 앞서 나갔을 수도 있다. **"자살은 추락할 때만이 아니라 뒤처질 때도 발생한다."**

우리가 하는 게임은 치명적일 수 있다. 게임에서 실패하면 어떤 피해를 보는지 알아야만 지위가 그저 깨끗한 시트의 촉감이나 토피 사탕의 달콤함 같은 좋은 감각만은 아니라는 사실을 이해할 수 있다. 우리에게는 지위가 필요하다. 지위는 고기나 과일이나 햇빛에서 얻는 것이 아니라 인생의 게임에서 성공해야 얻을 수 있는 필수 영양소다. 번번이 지위를 박탈당하거나 게임과 단절되면 우리의 몸과 마음은 우리에게 등을 돌린다. **우리의 뇌에 지위는 산소나 물만큼 중요한 자원이다.**[14] 그래서 지위를 잃으면 무너진다.

3 —

뇌는 우리를 영웅이라 속인다

상징으로 이루어진 가상의 세계

우리는 스스로 지위 게임의 플레이어라고 인식하지 않는다. 이야기 속의 영웅이라고 믿는다. 이것은 뇌가 우리를 위해 만들어낸 착각이다. 우리는 자신이 우주의 중심에 있는 주인공이고, 조연들이 우리 주위를 돈다고 생각한다. 인생의 목표는 우리를 사로잡는 플롯이고, 우리는 플롯에 따라 온갖 장애물을 극복하면서 행복한 결말을 향해 의연하게 나아간다. 뇌가 만들어낸 이런 이야기는 우리를 만족시키고 우리에게 동기를 부여하고 세세한 부분에서도 확신을 준다. 이것은 우리가 아는 유일한 현실이므로 진실처럼 느껴진다. 하지만 거짓이다.

이런 '의식' 차원의 경험이 어떻게 생기는지는 아무도 모른다. 다만 신경과학과 심리학에서는 이런 이야기가 현실을 환상적으로 단순화하거나 변형한 인상이라는 데 동의한다. 우리는 아무런 제약 없이 외부 세계에 닿을 수 있고 우리의 머리 밖으로 나가 우리를 둘러싼 공간을 바라보는 것처럼 느낀다. 하지만 틀렸다. 우리는 **밖을** 내다보는 것이 아니라 **안을** 들여다본다. 감각기관이 주변 정보를 포착하고 수십억 개의 전자 파동으로 변환해서 뇌에 입력한다. 그러면 뇌에서 이 파동을 읽는다. 컴퓨터가 1과 0을 읽고 마법처럼 현실에 대한 지각을 생성하는 방식과 같다. 놀랍게도 이 모든 현상이 두개골 안의 작은 공간에서 일어난다. 따라서 삶은 우리가 머릿속에서 보는 3차원 영화이자 이야기다.

우리는 환각으로 세상을 구현한다. 신경과학자 데이비드 이글먼 David Eagleman 교수는 이렇게 쓴다. "우리가 '정상 지각'이라 부르는 것도 사실 환각과 다르지 않다. 다만 환각은 외부에서 입력되는 정보에 의해 고정되지 않을 뿐이다."[1] 이렇게 고정해주는 장치가 우리의 감각기관이다. 하지만 감각기관도 믿을 만한 것은 아니다. 귀와 눈, 혀, 피부, 코는 소리와 색, 맛, 촉감, 냄새를 뇌에 공급하는 기관이 아니라 "신경이라는 두툼한 데이터 케이블 다발을 통해 덜거덕거리며 급하게 흘러가는 전자 파동의 줄기"를 공급할 뿐이다.[2] 뇌가 이런 파동으로 만드는 경험이 바로 창조 행위다.

우리 주변에서 명백한 현실이자 진실로 보이는 것도 대개는 현실도 진실도 아니다. 실제 세계는 흑백이고 고요하다. 소리와 색, 맛, 냄새는 우리의 머릿속에 투사된 형태로만 존재한다.[3] 실제로 외부에 존재하는 것은 진동하는 입자, 부유하는 화합물, 분자, 여러 가지 파장을 지닌, 색이 없는 빛의 파동일 뿐이다. 이런 현상에 대한 우리의 지각은 뇌에서 만들어내는 영화의 특수효과와 같다. 그리고 감각기관은 외부 세계에 존재하는 것 중에 극히 일부만 지각할 수 있다. 예를 들어 눈은 빛의 스펙트럼에서 100조분의 1보다도 작은 부분만 지각할 수 있다.

따라서 뇌는 세상에 대한 우리의 경험을 만들어낸다. 다음으로 그 경험의 중심에 우리를, 자아를 놓는다. 뇌는 영웅을 만드는 장치로서 자아라는 환상과 이에 대한 흥미로운 서사를 지어내서 인생을 희망의 땅으로 가는 여정으로 설정한다. 뇌가 들려주는 이런 이야기에는 화자, 곧 쉴 새 없이 재잘거리며 우리의 자서전을 즉흥적으로 생생하게 시연하는 내면의 목소리가 있다. 신경과학자 마이클 가자니가Michael Gazzaniga는 이것을 '해석자 모듈'interpreter module[4]이라고 부른다. 해석자는 우리 삶의 '줄거리와 서사'를 제공한다. 그리고 "우리의 지각, 기억, 행위, 그리고 이들 사이의 관계에 관한 설명을 만들어낸다. 이렇게 개인적인 서사, 곧 의식 차원에서 경험하는 이질적인 부분들이 모두 엮여서 하나의 일관된 이야기가 만들어진다. 혼돈 속에 질서가 잡히는 것이다." 이 이야기는 "완전히 틀릴 수 있다." 그리고 대개는 틀린다. "당신이 그토록 자랑스러워하는 '당신'은 해석자가 당신의 행동에서 통합할 수 있는 만큼만 설명하기 위해 지어낸 이야기다. 나머지는 해석자가 거부하고 합리화한다."[5]

심리적으로 건강한 뇌는 주인이 스스로 영웅이라고 느끼게 만드는 능력이 뛰어나다. 그러기 위해 뇌는 우리의 경험을 재구성하고 기억을 재조합하고 행동의 이유를 대고, 나아가 우리가 더 가치 있고 우리의 신념이 더 올바르고[6] 우리의 미래가 더 희망적이라고 믿게 하기 위한 수많은 '현실 왜곡'의 무기를 사용한다.[7] 심리학자 토머스 길로비치Thomas Gilovich 교수는 뇌의 이런 성향에 대해 "명확하고 일관된" 증거로 "우리가 우리 자신에 대해서는 자기 본위적 신념을 채택하고 세계에 관해서는 편안한 신념을 채택하는 경향"을 언급한다. 그중 가장 강력한 무기는 도덕적 편향이다. 우리가 무슨 일을 하든 얼마나 부정직하게 게임을 하든, 뇌는 우리가 결국 대다수 사람보다 더 나은 사람이라고 생각하도록 유도한다. 한 연구[8]에서는 참가자들에게 여러 가지 올바른 행동에 시간을 얼마나 투자하는지 비율을 추정해 달라고 부탁했다. 6주가 지나서 다시 도덕적 행동에 투자하는 시간의 비율을 추정해 달라고 하면서 이번에는 다른 참가자들의 평균 비율을 보여주었다. 참가자들은 대부분의 행동에서 자기가 평균보다 훨씬 더 도덕적이라고 평가했다. 그런데 이번에 참가자들에게 보여준 '평균 비율'은 사실 6주 전에 그들이 직접 작성한 비율이었다. 사람들의 자아상을 다양한 특질을 기준으로 비교한 다른 연구에서도 "사실상 모든 사람이 자신의 도덕성을 비합리적으로 부풀리는" 경향을 발견했다. "대다수가 스스로 공정하고 고결하고 도덕적이라고 자신하면서도 평균의 사람들이 그들 수준에 한참 못 미친다고 생각한다." 따라서 연구자들은 도덕적 우월감은 "유난히 강력하고 만연한 '긍정적인 자아 환상'의 한 형태"라고 결론을 내렸다.

문화는 삶에 대한 이런 꿈에 공모한다. 문화는 수십억 개의 뇌에서 구축된다. 다시 말해서 수십억 개의 신경계 이야기꾼이 함께 구축하는 것이 문화다. 이 이야기꾼들이 종교와 소설, 신문, 영화, 연설, 소문, 이념을 도덕적 영웅과 사악한 악당이 등장하는 단순한 이야기로 채운다. 주로 주인공이 약속의 땅으로 나아가며 역경을 헤치고 악과 싸우는 이야기다. 우리는 누구나 마음이 만든 꿈속에서 살아간다.

▼▲▼

인생의 숨은 구조를 드러내려면 이런 의식 차원에서 이야기하는 환
각 너머의, 의식과는 비교할 수 없이 강력한 **잠재의식**으로 들어가야
한다. 인생의 사건은 대부분 이 수수께끼의 심연에서 일어나기 때문
이다. 이글먼은 일반적인 생각과 달리 의식은 "뇌에서 행위가 일어
나는 중심지가 아니"라면서 의식은 그저 "멀리 변두리에서 행위의
속삭임만 들을 뿐"이라고 쓴다. 뇌의 잠재의식 회로는 이런 환각의
이야기 세계를 창조하는 장치로, "인류 진화의 역사에서 우리 조상
들이 마주한 문제를 자연선택으로 해결하기 위해 설계된" 것이다.

인간의 뇌는 우리가 진화의 과정을 거쳐 참여하게 된 게임에 특
화되었다. 신경과학자 크리스 프리스Chris Frith 교수는 뇌가 "세상을
보상 공간으로 표상"한다고 말한다.[9] 뇌는 "세상에서 가치 있는 것
을 발견하고 그것을 얻기 위해 우리가 무엇을 해야 하는지 알아내
도록" 설계되었다. "내 주위의 모든 것이 밀고 당기는 힘을 발산하는
이유는 나의 뇌가 이런 것들에 가치를 부여하는 법을 학습했기 때문
이다." 앞서 보았듯이 인간은 관계와 지위에 가치를 둔다. 생존과 번
식에 필요한 자원을 얻기 위해 게임을 함께 하는 사람들과 유대감을
쌓는다. 그리고 자원을 더 많이 확보하기 위해 더 높은 지위에 오르
려 한다. 그러면 지위는 어떻게 측정할까? 인생의 게임에서 어떻게
행동할지를 어떻게 판단할까?

우리는 어느 정도는 사물에 가치를 부여하는 식으로 지위를 측정
한다. 카르티에 시계는 **이만큼의** 지위를 갖고, 카시오 시계는 **저만큼
의** 지위를 갖는다. 이런 '지위의 상징'은 우리에게, 그리고 우리와 함

께 게임을 하는 사람들에게 게임을 어떻게 치러야 하는지 말해준다. 우리는 지위의 상징에 집착하고, 또한 집착해야 한다. 컴퓨터 게임과 달리 인생의 게임에는 점수판이 없다. 게임에 참가한 우리는 순위표에서 우리의 정확한 위치를 파악할 수 없다. 그저 우리가 가치를 부여하는 상징물로 미루어 짐작할 뿐이다. 우리의 잠재의식에는 이 과정을 관장하는 '지위 탐지 체계'가 갖춰져 있고, 여기에는 "환경에서 지위를 평가하는 데 필요한 단서"를 판독하는 장치가 들어 있다.[10]

지위 탐지 체계는 매우 섬세하다. 무생물인 물건을 지위의 상징으로 삼을 뿐 아니라 외모와 행동을 비롯해 그야말로 모든 것에 가치를 매긴다. 사무실 생활에 관한 연구에서 지위 상징화 행동으로 "항상 서류철 들고 다니기", "물 마시러 정수기로 갈 때도 단호한 태도로 움직이기", "시계를 여러 개 놓기" 등이 포함되는 것으로 나타났다. 미국의 한 기업에서 모든 부사장에게 펜 하나를 꽂는 탁상용 문구 세트를 제공하자, "부사장 한 명이 곧바로 펜 두 개짜리 문구 세트로 바꾸고, 나흘 만에 모든 부사장이 펜 세 개짜리 문구 세트로 바꾸었다."[11] 사람들은 '사소한' 현상이 지위를 상징한다고 해석하고 거기에 집착하는 듯했다. 가령 남들에 비해 자신에게 오렌지 주스를 얼마나 따라주는지에 집착하거나 옷차림에서 '눈에 띄지도 않는' 사소한 차이에 집착한다. 명품 의류의 게임에서는 주로 로고가 클수록 지위가 낮아지고 그만큼 가격도 내려간다. 한 연구에서는 "7포인트 척도에서 로고 크기가 1포인트씩 커질 때마다 구찌 핸드백의 가격은 122.26달러 하락하고 루이뷔통 핸드백의 가격은 26.7달러 하락하는" 것으로 나타났다.[12] 보테가 베네타의 2500달러짜리 호보백은 로고가 보이지도 않는다. 로고가 가방 속에 있다.

　이렇게 진부한 상징들은 중요하다. 한 실험[13]에서는 참가자들에게 '부유한' 옷이나 '가난한' 옷을 입은 사람들의 사진을 보여주자 참가자들은 부유해 보이는 옷을 입은 사람이 훨씬 유능하고 지위가 높다고 자동으로 추정했다. 참가자들에게 편견에 대해 경고하면서 옷은 실제 지위와 무관하고 모두가 '중서부 지역의 중소기업'에서 영업직으로 일하고 연봉 8만 달러 정도를 받는다고 알려주어도 같은 결과가 나왔다. 정확히 추정하면 상금을 준다고 해도 결과는 마찬가지였다. 뇌의 지위 탐지 체계가 이렇게 외모로 지위를 판단하는 데 걸리는 시간은 고작 사진이 잠깐 뜬 129밀리초였다.

　우리 뇌의 지위 탐지 체계는 게임에 참가한 사람들의 목소리와 몸짓 언어에서 상징적 정보를 끊임없이 판독한다. 얼굴에서 지배나 복종의 표지는 43밀리초 만에 감지하고[14] 눈 맞춤의 질과 양을 계산하면서(많을수록 좋다) 무의식중에 끊임없이 "수치를 정확히 맞추려" 한다.[15] 지위가 높은 사람은 더 자주, 더 크게 말하는 편이다. 표정이 풍부하고, 대화에 잘 끼어들고, 사람들에게 가까이 다가와 서고, 자신을 덜 만지고, 느긋해 보이고, 자세가 열려 있으며, '음'이나 '아' 같은 '추임새'를 더 많이 쓰면서 좀 더 안정적인 어조로 말한다(이런 상징 중 몇 가지는 문화에 따라 차이가 클 수 있다). 또 다른 연구에서는 연구자들이 자연스럽게 대화를 나누는 직장 동료 96쌍의 사진에서 사람만 오려 흰 배경에 붙여서 상황 정보를 제거했을 때 참가자들은 두 사람 중 누가 더 지위가 높은 쪽인지 '매우 정확히' 추정했다.[16] 배경 없이 두 사람이 대화를 나누는 사진만 보고도 누가 윗사람인지 파악했다.

뇌의 지위 탐지 체계는 또한 의식적으로는 들을 수 없는 소리에서도 상징적 정보를 읽어낸다. 우리는 말하면서 500헤르츠 정도로 낮은 주파수의 잡음을 낸다.[17] 그리고 사람들이 만나 대화를 나눌 때는 이 잡음이 달라진다. 집단에서 지위가 높은 사람이 잡음 수준을 정하면 나머지는 그 수준에 맞춘다. 이런 잡음은 우리 자신을 지위의 위계질서로 분류하게 돕는 '무의식적 사회적 도구'가 된다. 예를 들어 미국의 유명 TV 프로그램 「래리 킹 쇼」The Larry King Show의 인터뷰를 분석한 연구에서는 진행자가 배우 엘리자베스 테일러에게 잡음 수준을 맞추지만 극우주의 정치가 댄 퀘일이 게스트로 나왔을 때는 퀘일이 진행자에게 잡음 수준을 맞추는 것으로 나타났다.

▼▲▼

지위 탐지 체계는 아이들의 행동에도 뚜렷이 나타난다. 18개월에서 30개월 사이의 아이들이 다투는 경우의 4분의 3 정도는 소유물을 두고 다투는 것인데, 아이가 두 명만 있을 때는 소유물을 둘러싼 다툼이 90퍼센트까지 증가한다.[18] 발달심리학자 브루스 후드Bruce Hood 교수에 따르면 소유물은 "어린이집 내 서열을 정하는 기준"이다. 한 아이가 어떤 장난감을 가지고 놀겠다고 말하는 순간 다른 아이들도 그 장난감을 가지고 놀고 싶어 한다. "물건을 소유하는 것은 전적으로 경쟁자들 사이의 지위와 관련된다. 어린이집 아이들의 다툼은 훗날 현실 세계의 맛보기다."[19] 어른들과 마찬가지로 지위를 얻기 위해 다투는 아이들도 위선적이다. 심리학자 폴 블룸Paul Bloom 교수는 아이들이 "불평등에 민감"하면서도 "오직 자기가 적게 갖는 입장일 때만 분노하는 듯하다"[20]고 말한다. 유아기 아이들은 단 음식을 다른 아이들보다 적게 받으면 화를 낸다. 5세 아동은 남보다 우위에 서고 싶어서 상으로 주는 토큰을 두 개씩 모두가 공평하게 나눠 갖기보다 다른 아이들은 하나도 못 받아도 자기만 하나를 받는 쪽을 선택한다.[21] 아이들에게마저 "불평등으로 상대적 이익을 누리는 기쁨이 커서 공정성을 원하는 마음과 절대적 이득을 원하는 마음 두 가지 모두를 압도한다."

놀이방의 장난감을 두고 벌이는 다툼은 나중에 성인이 되면 판이 커진다. 흔히 돈과 권력을 인생의 주된 동력으로 생각한다. 하지만 연구에서는 사람들에게 권력을 행사하고 싶은 욕구는 인간의 기본 욕구가 아닌 것으로 나타났다.[22] 지위와 달리 권력 욕구는 안녕감을 확실하게 예측할 수 없다. 또 지위와 달리 권력 욕구는 억제할 수 있다. 사회학자 서실리아 리지웨이Cecilia Ridgeway는 이렇게 말한다. "대다수 사람은 권력을 어느 정도 확보하면 더 많이 확보하는 데 관심이 줄어든다. … 하지만 지위는 그렇지 않다."[23]

마찬가지로 부를 향한 욕구도 기본 욕구가 아니다.[24] 지위는 인간 고유의 욕구이며 다른 욕구보다 중요하다. 여러 연구에서 직원 대다수가 임금 인상보다 승진을 택하는 것으로 나타났다. 영국의 사무직 노동자 1500명을 대상으로 한 설문 조사에서는 약 70퍼센트가 돈보다 지위를 선택했다. 창조적인 비서는 '최고 상상 책임자'Chief Imagination Officer라는 직책을, 문서를 잘 정리하는 비서는 '자료 저장 전문가'라는 직책을 선호했다. 자료 저장 전문가라고 하면 뭔가를 이뤄낼 가능성이 있어 보인다. 먹고살 만큼의 돈이 충분하다면 상대적 지위가 돈보다 우리를 더 행복하게 만드는 듯하다.

여러 연구에서 비슷한 결과가 나온다. 영국의 성인 1만2000명을 대상으로 한 어느 연구에서는 "개인의 소득에 따른 지위로 인생의 전반적인 만족도를 예측할 수 있지만 절대 수입과 준거 수입은 만족도와는 관련이 없다"[25]라는 결론을 내놓았다. 한편 경제학자들은 가까이 사는 사람들이 돈을 더 많이 벌면 행복감이 떨어진다는 결과를 얻었다.[26] 그리고 동네에서 이들과 어울리는 사람들 대다수도 행복감이 떨어졌다. 이 효과는 강력하다. "이웃의 소득이 증가하는 경우와 마찬가지로 자신의 수입이 줄어드는 경우도 안녕감에 부정적인 영향을 끼쳤다."

이 효과는 뇌의 작동 방식에 대한 이해에도 부합한다. 뇌는 우리의 지위를 다른 모든 사람의 지위와 비교해서 판단한다. 뇌가 지각하는 방식이 그렇다. 신경과학자 소피 스콧Sophie Scott 교수는 "지각에는 제로 지점ground zero이 없다. 세계에 대한 절대적 진리를 기준으로 비교하는 것이 아니므로 모두 상대적"이라고 말한다.[27] 따라서 지위 탐지 체계는 경쟁 방식으로 작동한다. 연구에 따르면 뇌의 보상 체계는 절대적 보상보다 **상대적** 보상이 주어질 때 가장 많이 활성화된다.[28] **우리는 그냥 더 많이 얻을 때가 아니라 주변 사람들보다 더 많이 얻을 때 가장 행복하도록 설계되어 있다.**

▼▲▼

국가 차원에서도 같은 현상이 나타난다고 보는 사람들도 있다. 이들에 따르면 한 국가의 평균 소득이 올라간다고 평균 행복이 함께 올라가지 않는다. 게임의 논리에 따르면 일리 있는 주장이다. 모두가 한꺼번에 부자가 되면 돈을 더 벌기는 해도 우월한 지위를 얻을 수는 없다. 하지만 이런 주장은 논란의 여지가 있다. 국가는 복잡한 조직이므로 경제 성장과 행복 수준의 연결만 따로 떼어서 확인하기 어렵다. 국가 사이에 교차 비교한 자료에서는 국가의 수입 증가와 국민의 행복 상승 사이에 상관관계가 발견되었다.[29] 하지만 행복 연구자 크리스토퍼 보이스Christopher Boyce 박사에 따르면 상승 정도가 약하다. "이 자료에서는 단지 경제 성장이 높은 삶의 만족도와 (매우 약하고 인과관계는 없는) 상관관계를 보인다는 결과만 확인할 수 있다. 통계적으로 여러 국가에서든 같은 국가의 여러 사람에게든 돈을 더 많이 버는 것이 행복에 끼치는 효과가 항상 관찰되기는 하지만 효과가 그리 크지는 않다. 따라서 돈으로 행복을 살 수도 있지만 대개 살 수 없거나 그 효과가 무시해도 될 정도로 미미하다."[30] 한편 옥스퍼드대학교 '안녕감 연구 센터'의 연구자들은 흔히 짐작하는 것처럼 부유하지 않은 국가일수록 전반적인 생활 수준이 개선되면서 행복 수준도 높아진다는 결과를 얻었다.[31] 하지만 이미 부유한 국가에서는 장기적으로 볼 때 돈은 거의 차이를 만들지 않는다. 1965년에서 1990년 사이 미국 경제가 연간 1.7퍼센트씩 성장하는 사이 일본 경제는 연간 무려 4.1퍼센트나 성장했다. 그러나 양국 모두에서 행복 수준은 거의 변함이 없었다.[32]

돈은 물론 많은 것을 의미한다. 생계를 유지하는 데도 돈이 필요하고 삶의 즐거움을 가져다주는 온갖 것을 사는 데도 돈이 필요하다. 하지만 권력과 마찬가지로 돈도 지위의 상징이다. 핸드백의 로고 크기와 컵에 따라주는 오렌지 주스의 양처럼 말이다. 모두 인생의 게임에서 '팩맨 게임의 쿠키'다. 인간은 상상력이 뛰어나서 거의 모든 것을 지위의 상징으로 삼는다. 1948년 인류학자 윌리엄 배스컴William Bascom 교수는 미크로네시아의 폰페이섬에서 참마라는 덩굴 식물을 둘러싼 지위 게임에 대한 연구[33]를 발표했다. 지구상 다른 모든 곳과 마찬가지로 이 섬에도 계층이 나뉘고 위계질서가 있었다. 맨 꼭대기에 추장이 있고, 그 아래로 집안과 파벌에 따라 서열이 정해졌다. 상류층으로 올라가는 것은 어렵지만 높은 지위로 오르는 지름길이 하나 있었다. 추장이 주관하는 축제에 참마를 내놓는 남자들이 중요한 지위를 얻을 수 있었다. 다만 참마가 커야 했다. 배스컴은 "작은 참마를 아무리 많이 가져와도 특권을 얻을 수 없다"고 적었다. 축제에 제일 큰 참마를 가져온 남자는 경쟁자들에게 '최고'라고 공식적으로 인정받고 추장에게는 후한 마음씨를 지녔다고 칭찬받았다.

배스컴은 폰페이섬 남자들이 모두 최고가 되려고 경쟁하므로 상징적인 전쟁 상태에 있다고 보았다. 남자들은 순전히 축제만을 위해 한 사람이 1년에 참마를 50개 정도씩 재배했다. 새벽 2시에 자다가 몰래 빠져나와 아무도 모르게 멀리 잡초가 우거진 땅으로 가서 참마를 기르며 동틀 때까지 흙을 다지고 거름을 주었다. 참마 한 개를 키우는 데 10년이 걸리고, 그 길이가 무려 4미터 이상에 무게는 90킬로그램 이상이라 축제 현장까지 남자 열두 명이 특수한 들것에 실어서 옮겨야 했다. "폰페이섬 사람들이 거대한 참마를 재배할 수 있다는 데는 의심의 여지가 없다. … 이런 명성은 참마가 별로 중요하지 않은 트루크섬까지 퍼져 나갔다."

참마 전쟁을 둘러싼 삶에 섬세한 예법이 생겼다. "다른 남자의 참마를 살피는 것은 무례한 행동이다. 그러다 남들에게 들키면 소문이 돌고 조롱당하는 수모를 겪는다." 폰페이섬 사람들은 "집 근처에서 먹으려고 키우는 참마까지 못 본 척해야" 한다. 축제에서 '최고' 칭호를 받으면 "거드름을 피우거나 자신의 공을 자랑해서는 안 된다. 남들이 자신의 참마의 장점에 관해 이야기해도 역시 듣지 않는 척해야한다." 이런 겸양의 미덕은 어찌 보면 게임 전략이다. "'최고'로 인정받은 남자는 두 번째로 큰 참마를 가져온 남자도 제일 작은 참마를가져온 남자도 조롱하거나 비웃으면 안 된다. 그들이 다음 축제에더 큰 참마를 가져올 수도 있기 때문이다. … 그리고 도전자가 더 큰참마를 가져오지 못하면 공개적으로 망신을 당한다."

폰페이섬의 참마 게임이 우스꽝스럽게 들릴 수도 있지만 사실 사무실에서 오렌지 주스나 시계나 당당하게 걷는 자세를 지위의 상징으로 여기는 게임과 별반 다르지 않다. 배스컴이 이 논문을 발표한직후인 1950년대에 자동차 제조사들은 미국인들에게 긴 차가 지위의 상징이라고 설득하는 데 성공했다.[34] 닷지의 라디오 광고에는 어떤 남자가 "젊은이, 이렇게 큰 차를 몰려면 부자가 돼야 하네!"라고외쳤다. 경쟁사인 플리머스는 어마어마하게 긴 차 옆에서 환하게 웃는 가족의 사진에 "저희는 부자가 아니에요. … 그냥 그렇게 보이죠!"라는 문구를 넣은 인쇄 광고를 제작했다. 포드는 잔뜩 크기를 키운미등을 강조하면서 "사람들에게 당신이 그들보다 앞서간다는 사실을 알리세요!"라고 광고했다. 이런 시도는 제대로 통했다. 미국의 자동차는 갈수록 길어졌다. 거대한 강철 고래들이 도시의 교통 체증을 일으키기 시작했다. 주차 요금 징수기의 간격도 나날이 넓어졌다.시 정부는 제조사들에게 차를 다시 짧게 만들라고 간청했다. 로버트와그너Robert Wagner 뉴욕 시장은 캐딜락이 짧아지기 전에는 캐딜락을 사지 않겠다고 선언했지만 뉴욕시 회계 담당자는 이렇게 주장했다. "우리 시의 고위 관리들은 시 정부의 위상을 위해 캐딜락을 타야 합니다."

뇌의 지위 탐지 체계는 한순간도 꺼지지 않는다. 게임은 멈추지 않는다. 그래서 공공장소에서 고작 두 사람이 스치는 상황에서도 지극히 사소한 게임을 한다. 48초밖에 안 걸리는 호텔 엘리베이터에서도 게임을 한다. 누가 직원이고 누가 손님인가? 누가 최상층에서 내리는가? 나를 밀치고 들어온 저 인간은 대체 누구인가? 누가 제일 화려한 여행 가방을 가져왔는가? 많은 이들에게 합의된 상징을 가진 사람들이 모이는 곳이라면 어디서든 지극히 지역적인hyper-local 게임이 일어난다. 오스트레일리아의 본다이 비치가 그런 지위 게임의 장이다. 본다이 비치는 그 자체로 자기계발 강좌와 나이트클럽과, 버스를 기다리는 줄과, 함께 식사를 즐기는 무리가 뒤섞인 곳이다.

인류학자 로버트 폴Robert Paul 교수는 인간이 이처럼 상징적인 지위를 좇는 이유는 "인간의 사회적 삶이 주로 많은 사람이 상징을 인지하고 공유할 수 있는 공공장소에서 일어나기 때문"이라고 쓴다.[35] 서로 연결된 사람들은 "이런 상징에 대한 지각을 공유하면서 이것을 자신의 생각과 감정과 정체성에 통합한다. 말하자면 서로 연결된 사람들을 '친족'kin으로 경험한다"는 뜻이다.

우리는 이렇게 부족이나 문화나 국민으로서 존재한다. 현실을 우리와 비슷하게 다루고 인생에 대해 같은 꿈을 꾸고 비슷한 생각을 하는 사람들과 소통하면서 하나의 집단을 이룬다. 서로 같은 상징을 알아보고 같은 게임을 한다. 서로에게 지위를 부여하고 참마의 부족이 되는 것이다. 참마를 보면서 그것이 무슨 의미인지 알고 우리와 같은 방식으로 현실을 지각하는 사람들과 깊이 연결된 느낌을 받는다. 하나의 유기체가 되어 참마 게임을 하면서 지위를 얻을 자격이 있다고 판단되는 사람에게 지위를 부여한다. 수십 년에 걸쳐 걱정과 전략과 노역으로 지위를 좇으며 모두가 공유하는 상징을 이용해 거대한 의미의 왕국을 건설한다. 이런 왕국—가상의, 모두가 연결된, 현실에 대해 뇌가 만들어낸 환각—이 우리가 존재하는 영역이다. 지위 게임은 장소다. 신경계 영토이자 우리의 세계다.

4 —

사회적 존재이기에 게임을 한다
규칙으로 이루어진 가상의 세계

인생은 보이는 것과 다르다. 신경과학자 크리스 프리스 교수는 "세계에 대한 우리의 지각은 현실과 충돌하는 환상이다"라고 말한다.[1] 우리가 사는 꿈의 세계는 객관적 진실, 즉 우리가 하늘 아래 이 지구에서 숨을 쉬며 살아간다는 진실 위에 서 있다. 하지만 우리는 이런 진실 위에 무한히 다양한 상상의 게임을 구축한다. 사람들은 집단을 이루고 살면서 '지위'를 의미하는 상징으로 무엇을 삼을지 합의한 다음 저마다 그 상징을 얻기 위해 노력한다. 상징은 돈이나 권력이나 유치원 놀이방의 플라스틱 덤프트럭일 수 있다. 명품 로고나 근사한 복근이나 학술상이나 거대한 참마일 수도 있다. 우리의 마음이 만들어낸 꿈은 이런 상징에 가치를 부여한다. 목숨을 걸고 싸워서 얻고 싶을 만큼 상징의 가치가 클 수도 있다. 마음의 꿈은 또한 이런 상징이 대단히 중요하다고 말해주는 이야기, 이를테면 신은 실재하고 신을 따르는 행위는 성스럽다는 이야기를 들려준다. 이 이야기는 우리가 게임의 플레이어가 아니라 경이로운 목적지로 가는 길에 오른 영웅이 된 느낌을 선사한다. 우리는 이 이야기를 믿는다. 이 이야기가 현실에 대한 우리의 지각이 된다. **사실 인생은 상징을 중심으로 조직된 일련의 환각적 게임이다.** 이 게임은 모두가 공유하는 상상의 행위다. 그리고 이 게임은 우리가 선택하는 사람들, 곧 우리의 친족과 부족과 민족의 신경계로 들어간다. 이 사람들은 우리를 진실로 이해하고 세계라는 벽에 우리와 같은 의미를 새기는 사람들이다.

하지만 이것만으로는 인생을 완전하게 설명할 수 없다. 우리의 일상이 보상을 위해 정신없이 달리는 사람들로만 이루어졌다면 인류 문명은 제대로 작동하지 않았을 것이다. 모노폴리 게임을 하는 사람은 상징적 돈과 보드 위의 위치와 플라스틱 집이나 호텔을 차지하려고 노력한다. 하지만 그냥 가져갈 수는 없다. 모노폴리의 행동 지침을 정확히 따라야 한다. 인생의 지위 게임도 다르지 않다. 모두가 합의하는 규칙이 있어야 한다. 지위 상징을 만들고 평가하는 기능만큼 우리의 뇌는 규칙을 배우고 따르는 능력이 뛰어나다.

우리가 살면서 따르는 게임의 규칙은 무수히 많다. 우리는 옳다고 배운 대로 행동하면서 규칙을 얼마나 잘 따르는지를 기준으로 우리 자신과 남들을 평가한다. 다시 말해서 지위를 측정하고 부여하고 박탈한다. 규칙은 가까운 조상과 먼 조상이 만든 것이다. 우리는 앞서 살다 간 사람들에게서 가르침을 전해 받았기에 오늘 잘 살려면 어떻게 해야 하는지 안다. 조상들은 승리하려면 어떻게 행동하고 어떤 사람이 되어야 하는지 이야기하는 규칙을 정했다. 그리고 규칙은 **두 장소**에 저장된다. 인류학자 로버트 폴 교수는 "인간의 삶에 두 가지 전승의 경로가 작동한다"라고 말한다.[2] 그리고 경로마다 그 나름의 가르침이 있다. 첫 번째 경로는 수백만 년에 걸쳐 부족 단위로 옮겨다니며 살아가던 조상들에게서 온 것이다. 이 시기는 뇌 대부분의 영역이 진화한 시기다. **오늘날의 모든 사람은 여전히 수렵채집 게임을 하도록 설계되어 있다. 그때의 규칙이 우리의 DNA에 새겨져 있다.**

수렵채집인들의 규칙은 특정한 목적에 맞게 설계되었다. 부족이 제대로 돌아가고 부족민들이 평화롭고 행복하게 함께 일하게 하는 것이다. 수렵채집 게임은 집단에 유리한 친사회적 행동에 보상을 주는 방식으로 형성되었다. 한마디로 부족의 이익을 개인의 이익에 앞세울수록 지위를 더 많이 얻고 삶의 조건도 더 나아졌다. 이런 규칙이 중요한 이유는 인간이 대체로 탐욕스럽고 부정직하고 공격적이기 때문이다. 전근대 사회 60곳을 조사한 한 연구는 인류 보편의 현상으로 여겨지는 일곱 가지 게임의 규칙을 발견했다.[3] 내 가족을 돕기, 내 집단을 돕기, 호의에 보답하기, 용기를 내기, 윗사람을 공경하기, 자원을 공평하게 나누기, 타인의 재산을 존중하기. 이와 같은 규칙은 우리가 기본적으로 어떻게 게임을 치러야 하는지를 말해준다. 윗사람을 공경하라는 규칙은 "서열에서 위에 있는 사람에게 적절한 말과 예절로 공손하게 대하거나 그를 존중하거나 신의를 다하거나 복종하라"는 뜻이고, 호의를 보답하라는 규칙은 "빚은 갚고 상대가 사과하면 용서하라"는 뜻이며, 자원을 나누라는 규칙은 "기꺼이 협상하고 타협하라"는 뜻이다.

DNA에 새겨진 규칙은 인간 행동의 개요다. 삶의 기본 지침이다. 모두가 공유하는 인류애를 담는다. 그래서 에리트레아의 스턴트우먼과 이누이트의 주술사와 슬로바키아의 체스 고수를 뉴욕의 호텔 방에 함께 들여보내도 기본적으로 서로 협조하고 얼마 안 가 초보적인 형태의 위계질서가 잡혀서 한 사람이 맨 위에 있고 나머지가 그 밑으로 들어간다. 사람들이 집단에 속할 때 나타나는 일반적인 현상이다. 게임이 저절로 진행되는 것이다.

두 번째 규칙은 더 가까운 조상에게서 물려받은 것으로, 우리의 문화에 새겨져 있다. DNA에 새겨진 원시적인 규칙처럼 문화의 규칙도 우리의 지각에 새겨져서 누가 위반하지 않는 한 애초에 그런 규칙이 있었는지도 모르는 채로 따른다.

영국의 선술집, 펍을 예로 들어보자. 펍의 손님들은 펍에서 즐기면서도 자기네가 실제로 펍에서 무엇을 하는지는 인식하지 못한다. 사실 펍에는 무수한 규칙이 숨어 있다. 인류학자 케이트 폭스^{Kate Fox}교수가 그중 몇 가지를 포착했다.[4] 예를 들어 "펍에서 바가 있는 자리는 영국에서 모르는 사람에게 말을 걸어도 되는 몇 안 되는 자리 중 하나다." 이런 '사교의 규칙'은 "다트를 하거나 당구를 치는 사람들과 가까이 **서 있는** 사람들에게 적용된다. 그런 동안에도 다트판이나 당구대 근처의 테이블 자리는 사적인 영역으로 남아 있다." 그밖에도 영국인에게는 당연하지만 외부인에게는 그렇지 않은 규칙이 있다. "펍에서는 일행 모두가 아니라 한두 명만 바에 가서 술을 주문한다." 그리고 일단 바에 가면 "바 직원과 손님이 모두 알지만 보이지는 않는 선이 있다." 그리고 "손님이 바 직원의 관심을 끌기 위해서는 … 말하지 않고 아무 소리도 내지 않고 노골적인 몸짓도 하지 말아야 한다." 단골은 이 규칙을 깨도 되지만 익살스럽게 해야 한다. 펍에서 나누는 대화의 '제1계명'도 있다. "모든 얘기를 너무 진지하게 받아들여서는 안 된다. … 몇 분 이상 한 가지 주제에 매달리는 것도 지나치게 진지하게 보일 수 있다."

▼▲▼

세계를 둘러보면 지역마다 지위 게임의 양상이 크게 다르다. 뇌는 지역의 규칙에 따라 발달하므로 지역에 따라 뇌도 크게 달라진다. 가장 많이 연구된 주제는 동서의 차이다. 서구에서는 지위 추구의 과정을 개인의 일로 보는 편이다. 그래서 게임 전략도 영향을 받는다. 심리학 연구에 따르면 서구인들은 돋보이고 싶어 하고 남들과 다르다고 느끼며 자부심이 강한 자아관을 지니는 편이고,[5] 건강 습관이나[6] 편견에 대한 면역력이나[7] 운전 실력을[8] 포함한 모든 특성에서 자기가 평균보다 낫다고 평가한다. 한 연구에서는 오스트레일리아인의 86퍼센트가 자신의 업무 수행 능력을 "평균보다 높게" 평가했고,[9] 다른 연구에서는 미국인의 96퍼센트가 자신을 "특별한" 사람으로 표현했다.[10] 동아시아의 게임은 "집단적"이다.[11] 일본과 중국 같은 국가에서는 지위 추구를 집단의 일로 보는 편이다. 동아시아권 사람들은 집단에 봉사하면서 겸양의 미덕을 보여주고 순응하고 나를 희생해서 지위를 얻을 때 고양감을 느낀다. 아시아권에서는 이것이 중요하고 훌륭한 게임 전략일 수 있다. 물론 개인의 인권에 끼치는 영향을 고려하기 전까지는.

이런 탓에 문화간 갈등이 나타나기도 한다. 여러 대륙을 다니다 보면 이제까지 집단에서의 수용과 지위를 안겨주는 것으로 배운 행동이 통하지 않는 순간에 '문화 충격'을 경험한다. 직설적이고 열정적이고 남다르다고 자부하는 서구인은 동아시아 사람의 눈에 미성숙하고 예의 없는 사람으로 보일 수 있다.[12] 또한 동아시아에서는 '체면'이 지위 게임의 핵심 요소다. 사회학자 데이비드 야우파이 호

David Yau-Fai Ho 교수는 체면을 잃을 수 있는 세 가지 상황을 정의했다. "자신의 사회적 지위와 연관된 사람들의 기대에 부응하지 못할 때," "남들에게 체면을 차릴 만큼 존중을 받지 못할 때," "내^內집단의 구성원(가족, 친척, 직속 부하)이 저마다의 사회적 역할을 제대로 수행하지 못할 때"이다. 동아시아의 집단 중심 게임은 서구의 게임과 크게 다를 수 있다. 동아시아에서는 직원 한 명이 콕 집어 칭찬을 받으면 팀 전체로는 체면을 잃는다고 여긴다. 그래서 칭찬받은 직원도 마냥 기쁘지만은 않고 오히려 쑥스러워하며 자신의 공을 줄이려 하고 집단의 화합과 체면을 되살리려고 일부러 성과를 축소한다.

▼▲▼

다른 지역만 아니라 시간에 따라서도 규칙은 달라진다. 시대마다 각기 다른 사람이 전혀 다른 게임을 하면서 성장했을 것이다. 시대별로 인기를 끈 예법서에서 이런 다양성을 엿볼 수 있다. 1486년에 데임 줄리아나 버너스^{Dame Juliana Berners}는 지위에 따라 매사냥에 쓸 수 있는 매의 종류를 일목요연하게 정리했다.[13] 자작농은 참매로 사냥하고, 귀부인은 쇠황조롱이로, 백작은 매로, 공작은 송골매로, 왕은 흰매로, 황제는 독수리로 사냥할 수 있었다. 1558년에 예법서를 편찬한 이탈리아 피렌체의 지오반니 델라 카사^{Giovanni della Casa}는 모르는 사람과 침대를 같이 써야 하는 사람들에게 이렇게 권했다.[14] "침대보에 지저분한 게 묻어 있을 때 그걸 보고 당장 옆 사람에게 말하는 것은 교양 있는 행동이 아니다. 가끔 그러는 사람이 있는데 남에게 악취를 맡으라고 냄새나는 물건을 내밀고 심지어 코에 들이밀면서 '냄새가 얼마나 고약한지 말해 달라'고 하는 것과 같다. 참으로 부적절한 행동이다." 서양에서는 1900년에 처음 번역서가 출간된, 중국의 예법서 『여계』女誡는 이렇게 가르친다.[15]

> 시아버지를 공경하라
> 시아버지 앞에서는 기쁨도 슬픔도 내색하지 마라
> 시아버지의 그림자도 밟지 마라
> 시아버지 앞에 서서 말하지 말고
> 옆이나 뒤에 서서 말하라
> 시아버지께서 명하시면 당장 순종하라
> 시어머니가 앉아 계시면 공손히 서 있어라
> 시어머니께서 명하시면 당장 순종하라

이런 규칙은 인생의 게임에 필요한 각본이다. 예법서에 체계적으로 정리된 규칙은 오늘날의 규칙만큼 당시 사람들에게 현실적이고 진실한 것으로 느껴졌을 것이다. **마땅히** 시아버지의 그림자도 밟지 말아야 하고, **마땅히** 자작농은 흰매를 날려서는 안 되고, **마땅히** 영국의 펍에서는 테이블 자리에 앉은 사람에게는 말을 걸면 안 된다. 이런 규칙을 숙지하고 잘 따르면 우월한 지위를 알리게 되고, 규칙을 어기면 지위가 떨어진다.

우리의 뇌는 유아기부터 이런 규칙을 배운다. 2세 때에는 뇌세포 사이에 약 100조 개의 연결이 생성되는데, 성인기의 두 배에 달하는 수치다.[16] 우리가 태어나면서 **어디로** 튈지 모르는 이유이다. 아기의 뇌는 다양한 환경, 다양한 게임에 특화되어 있다. 아기는 다른 인종의 얼굴을 성인보다 더 잘 알아보고 성인은 듣지 못하는 외국어 억양을 듣는다.[17] 그러다 뇌가 주어진 환경에 따라 굳어지기 시작한다. 뇌세포의 연결이 1초에 최대 10만 개로 감소하기 시작한다. 이제부터 특정 시간과 장소의 게임에 참가하는 사람이 된다.

이후 아동기에 들어서 교사와 부모가 처벌과 칭찬을 반복하면서 아이에게 문화적 규칙과 상징을 주입한다. '잘했어!'라고 칭찬해주는 식이다. '옳은' 행동을 하면 날아오르는 기분이 들고, '그른' 행동을 하면 추락하는 기분이 든다. 양심이 발달하면서 수치심과 당혹감, 죄책감, 후회와 같은 거친 감정의 파도를 헤쳐 나가고, 또 한편으로는 자부심의 신나는 파도를 타기도 한다. 인류학자 크리스토퍼 보엄 Christopher Boehm 교수는 양심은 우리에게 '사회적 거울'이 되어준다고 말한다.[18] "우리는 끊임없이 양심의 거울을 흘깃거리며 평판을 흠집 낼 법한 수치의 함정을 끊임없이 추적하거나 개인의 성장을 자랑스럽게 기록한다."

우리는 상승과 하강을 반복하며 매일 인생의 게임을 해 나간다. 우리가 사는 시대와 장소의 규칙과 상징이 우리의 신념과 생각과 행동을 이끈다. 이런 규칙이 우리를 정의한다. 그리고 우리가 내재화한 규칙을 잘 따르면서 게임을 잘한다고 판단되는 사람에게 지위를 부여한다. 규칙을 따르지 않는 사람에게서 지위를 빼앗는다. 이렇게 우리는 인생의 게임을 해 나가며 우리의 근육으로 행동하고 우리의 눈으로 보고 우리의 목소리로 노래한다. 지위 게임은 우리의 내면에 있을 뿐 아니라 이제는 밖으로 표출된다. 그래서 우리와 비슷한 사람들과 관계를 맺고 함께 의미의 세계를 구축해서 그 안에서 게임을 수행한다.

우리에게는 게임에서 벗어난다는 선택권이 없다. 게임이 우리의 뇌와 우리가 만나는 모두의 뇌에 새겨져 있기 때문이다. 누군가는 지위를 얻으려는 싸움을 명상으로 치유하려 한다. 명상을 하면 눈에 띄게 스스로에게 만족한다. "자아에 대한 애착과 사회적 인정이나 성공에 대한 욕구를 줄이기 위한" 연습에 매진하는 약 3700명을 대상으로 한 연구[19]에서 이들 참가자는 "영적 우월성" 점수가 높고, "나는 남들보다 내 감각과 더 연결되어 있다" "내 배경과 경험 덕에 나는 남들보다 내 몸과 더 연결되어 있다" "내가 얻은 통찰을 남들도 얻는다면 세상은 더 나은 곳이 될 것이다"라는 진술에 "그렇다"고 답한다. 연구를 이끈 로스 폰크Roos Vonk 교수는 이들이 구축한 자기관self-view이 "문명과는 정반대"라는 점을 발견했다.

현실적으로 게임에서 벗어나는 유일한 방법은 빈방에 들어가 그 안에만 머무는 것이다. 일본에서는 성인 50만 명 이상이 '은둔형 외톨이 증후군'을 보이며 어쩔 수 없이 나가야 할 때 외에는 방에서 나오지 않는다. 사회학자 세키미즈 테페이関水 徹平 교수는 이들 '히키코모리'引き籠もり를 "사회의 규칙을 따를 수 없는" 사람이라고 정의한다.[20] 히키코모리는 관계와 지위를 얻는 일을 몹시 힘들어한다. 그래서 "나는 집단에 섞이지 못한다"와 "남들이 나를 어떻게 생각할지 걱정된다"라는 진술에 크게 동의한다.[21] 많은 히키코모리가 몇 년씩 집 밖으로 나오지 않는다. 일부는 혼자 사망한다. 결국에는 누구나 마주해야 할 선택이다. 히키코모리가 될 것인가, 게임에 뛰어들 것인가.

5 —

지위 게임의 세 가지 변종
지배 게임, 도덕 게임, 성공 게임

지위는 수많은 형태로 나타난다. 나이처럼 단순한 것으로도 지위를 얻을 수 있다. 가령 젊은 사람들은 호텔 수영장에서 승리하고, 노인들은 기차에서 승리한다. 운 좋게 아름답게 태어난 사람은 외모로 지위를 얻는다. 심리학 연구를 검토한 주요 논문에서는 외모가 매력적인 사람은 매력적이지 않은 사람보다 '지인들에게조차' 더 긍정적인 평가와 대접을 받는 것으로 나타났다.[1] 인생은 주로 세 가지 지위 추구 노력과 세 가지 게임으로 이루어진다. 지배, 도덕, 성공의 게임이다. **지배 게임**dominance game**에서는 힘이나 두려움을 무기로 지위를 차지한다. 도덕 게임**virtue game**에서는 남달리 의무감이 강하고 순종적이고 도덕적인 사람에게 지위가 주어진다. 성공 게임**success game**에서는 단순히 이기는 차원을 넘어서 기술이나 재능이나 지식이 필요한 일에서 구체적인 성과를 내는 사람에게 지위가 돌아간다.** 마피아와 군대는 지배 게임의 장이다. 종교와 왕실에서는 도덕 게임이 펼쳐진다.

기업과 스포츠에서는 성공 게임이 나타난다.

중요한 사실은 세 가지 게임이 명확히 구분되지 않는다는 점이다. 순수하게 한 가지 게임만 존재하지 않고, 지배와 도덕과 성공의 게임이 혼재된다. 다만 한 가지 게임이 좀 더 두드러져서 수프의 풍미처럼 게임의 맛을 결정하는 것이다. 거리의 싸움은 지배 게임으로 보이지만 사실 이런 싸움에도 도덕적 규칙이 작용하고(머리카락 잡아당기기 금지, 정강이 걷어차기 금지), 결과가 무력뿐 아니라 능력에도 달려 있다. 마찬가지로 기술 회사인 애플은 혁신을 도모하면서 성공 게임을 하지만 브랜드 가치를 광고할 때는 도덕 게임을 하고, 특허권 침해로 경쟁사들을 고소할 때는 지배 게임을 한다. 권투 선수의 게임이나 미슐랭 별을 받은 레스토랑의 셰프의 게임은 지배와 도덕과 성공이 비교적 비슷하게 결합된 게임이라는 점에서 흥미롭다. 말하자면 이들은 대체로 사나울 정도로 격렬하고, 전통과 엄격한 행동 규범에 얽매이며, 승자는 뛰어난 능력으로 이룬 성과로 찬사를 받는다.

▼▲▼

게임의 플레이어로서 우리 같은 보통 사람들도 마찬가지다. 세 가지 게임은 세 가지 인간 유형을 보여준다. 우리는 우간다의 독재자 이디 아민도 될 수 있고, 테레사 수녀도 될 수 있고, 알베르트 아인슈타인도 될 수 있다. 하지만 누구나 세 가지 원형을 모두 갖추고 있다. 인간은 지배와 도덕과 성공의 행위로 지위를 얻는 자질을 갖추고, 가능한 모든 전략을 동원한다. 과학자와 공주와 기업의 경영자는 모두 지배와 도덕과 성공의 모드를 바꿔 가며 인생의 게임을 한다. 누구나 이 세 가지가 때로는 불편하고 대개는 모순되게 혼재된 길을 따라 나아가며 위대한 상을 차지한다.

인간의 삶이 어쩌다 이런 형태를 띠게 되었는지 이야기하는 것은 곧 우리 종에 관해 이야기하는 것이다. 인류는 250만 년도 더 전에 지배 게임을 중심으로 게임을 하는, 덩치가 침팬지만 하고 무섭도록 공격적인 고인류였다. 골격이 더 크고 치아는 더 길고 턱이 더 넓고 눈썹 부분이 안구 위로 더 튀어나오고 근육이 오늘날의 두 배나 강했다. 지배는 동물들의 지위 게임에서 주된 요소다. 닭은 무리에 들어가면 서열이 정해질 때까지 서로를 쪼아댄다. 가재는 서로 빙빙 돌다가 잔혹하게 상대의 다리를 자르면서 공격을 시작하고, 승자는 당당히 뽐내며 돌아다니고 패자는 뒤뚱거리며 물러난다.

폭력만으로 지위를 얻는 것은 아니지만—인류와 가까운 친척인 침팬지를 비롯한 몇몇 영장류 집단에서도 서로 동맹을 맺어 부하들 사이에 평화를 유지하는 방식이 중요하다—원시 인류가 우리보다 훨씬 야만적이었다는 데는 의심의 여지가 없다. 원시 인류의 남자들은 경쟁자에 의해 쉽게 폭발하는 잔인한 성격이었을 것이다. 인류학자 리처드 랭엄Richard Wrangham은 "반응적 공격성이 대다수 사회적 영장류의 방식처럼 인류의 사회생활을 지배해 왔을 것"이라고 쓴다.[2] 한때 인류가 "거대한 얼굴"을 가졌다는 증거를 비롯한 여러 증거에서는 인류가 "적어도 중기 플라이스토세Mid-Pleistocene—대략 77만 년에서 12만 6000년 전—까지는 일대일로 맞붙어서 몸싸움을 벌였을" 가능성이 큰 것으로 나타났다.

우리가 주먹과 송곳니에서 멀어진 이유는 공동의 상상 속에서 상징

으로 게임을 하기 시작했기 때문이다. 어떻게, 그리고 왜 이렇게 되었는지에 대해서는 여전히 뜨거운 논쟁이 벌어진다. 일각에서는 인류가 나무에서 내려오면서 포식자의 위협으로부터 서로를 보호하기 위해 집단을 이루고 살기 시작했다고 주장한다.[3] 서로 더 가까이 붙어 살면서 싸워서 제쳐야 할 경쟁자가 늘어나자 남자들은 짝짓기 전략을 바꿔야 했다. 남자가 여자에게 고기를 가져다주고 보호해주면서 그 대가로 원하던 성적 접근을 얻어내는 방식으로 바꾼 것이다. 이런 식으로 가족이 확장되어 조부모와 삼촌, 이모, 고모가 관계를 유지하고 양육의 책임을 함께 나누었다. 여자가 다른 가족의 남자와 짝이 되면서 느슨한 형태의 부족 혹은 씨족이 형성되었다. 가까이 붙어 살면서 가까이서 배우고 규칙과 상징을 다음 세대로 전달할 수 있게 되었다.

생물학자 에드워드 O. 윌슨Edward O. Wilson 교수는 인류가 약 1백만 년 전부터 야영을 시작한 것이 또 하나의 중대한 사건이라고 말한다.[4] 윌슨은 야영지를 인간의 '둥지'라고 표현하며, 우리처럼 협력하면서 생존해 온 동물들은 모두 '예외 없이' 이 방식으로 살아왔다고 주장한다. 우리도 그들처럼 "둥지에서 자식을 키우고, 먹을 것을 찾아 둥지를 떠나고, 사냥감을 가지고 돌아와 사람들과 나누었다." 둥지의 삶은 함께 일하고 자원을 나누고 함께 둥지를 지키고 함께 남들의 둥지를 공격한다는 뜻이다.

하지만 공동체를 이루는 둥지 안의 세계에서는 우두머리 수컷의 거칠고 과격한 행동을 좋아하지 않고 이런 태도가 공동체에 도움이 되지도 않는다. 남들과 어울리면서 성공하려면 남들의 협조가 필요하다. 과도하게 폭력적으로 부족을 지배하려는 남자는 갈수록 배척당하거나 처형당한다. 그보다는 평화를 추구하고 사회 지능이 높은 남자가 지위를 차지하기 시작한다. 이렇게 새로운 인간 유형이 출현했다. 이들의 행동은 미묘하게 다른 호르몬 양상과 뇌 화학 물질에 의해 조절되었다. 골격이 변하고 뇌가 변형되고 삶의 방식이 달라졌다.

여전히 우리에게는 스스로 서열을 만드는 원시적인 성향이 남아 있다. 심리학자 데이비드 버스 교수는 이렇게 적는다. "우리 조상들은 지위의 위계질서를 명확히 정의해서 서열의 위에 있는 사람들에게는 자원이 원활히 흐르고 서열의 밑바닥에 있는 사람들에게는 자원이 천천히 조금씩 떨어지게 했다."[5] 이런 위계질서 안에서는 자연히 젊은 사람과 나이 든 사람이 나뉘고, 남자들이 여자를 얻기 위해 싸우고, 여자들이 남자를 얻기 위해 싸웠을 것이다. 우두머리 수컷이 지배하고 여자들이 끔찍한 대접을 받았을 선행 인류 시대의 잔재로 대체로 남자들이 자동으로 더 높은 지위를 차지했다. 하지만 우리가 집단을 운영하는 데 필요한 과업을 습득하는 사이 새로운 하위 구분이 출현하기도 했다.

▼▲▼

이제 인류의 지위 게임은 모두가 공유하는 **상상의 영역**으로 넘어가기 시작했다. 얼마나 잔혹한지가 아니라 **게임을 함께 하는 사람들이 우리를 어떻게 생각하는지**가 점점 더 중요해졌다. 이제는 스스로 집단에 쓸모 있는 사람이라는 것을 증명해서 명성에 따른 지위를 얻을 수 있었다. 두 가지 방식으로 가능했다. 첫째, **성공한** 사람이 되어 남들에게 유익한 지식과 기술을 선보이는 방법이다. 훌륭한 이야기를 들려주거나 미래를 정확히 예측하거나 사냥을 잘하거나 마법사가 되거나 도구를 잘 만들거나 짐승의 흔적을 잘 추적하거나 꿀을 잘 찾아내는 사람이 되는 것이다.[6] 파나마의 쿠나족에서는 평생 사냥한 맥의 수를 기록해서 맥을 가장 많이 죽인 사람이 가장 높은 지위를 차지하는 식으로 성공 게임을 한다.[7] 마찬가지로 토러스 해협의 메리엄족에서는 거북이를 가장 잘 잡는 사람이 마을 장로들에게 존중받고, 그의 의견은 공적 모임과 사적 다툼에서 더 지지를 받는다.

둘째, **도덕적인** 사람이 되어 명성을 높여서 지위를 얻을 수 있다. 집단의 이익에 도움이 되는 신념이나 행동을 보여주는 방식이다. 이 유형의 지위는 공공선에 관심을 보이거나 집단에 헌신하거나 집단의 규칙을 따르는 사람에게 돌아간다. 게임에 함께 하는 사람들에게 용기를 불어넣거나 너그러운 사람으로 인정받아도 지위가 올라간다. 버스에 따르면 탄자니아의 하드자족에서는 짐승을 사냥해서 함께 나누는 사람이 대체로 "높은 사회적 지위를 얻고, 이렇게 쌓은 명성으로 강력한 사회적 동맹을 맺고 다른 남자들에게 존중받고 배우자도 더 잘 만난다."[8] 사람들이 "경쟁적으로 이타심"을 발휘하면서 "집단에 공헌하는 사람으로 보이려고" 경쟁하는 것이다. 자연히 현대적인 사회로 갈수록 이타적인 사람에게 지위가 돌아간다. 연구에서는 자선단체에 기부하는 사람이 "명성이 급격히 높아지는" 듯 보이는 것으로 나타났다.

이 두 가지 명성 게임에 참여하기 위해 우리의 뇌는 남다른 능력을 길러야 했다. **명성 게임은 상징의 게임이다.** 몸으로 하는 지배의 경쟁과 달리 실제 우리가 아니라 우리의 평판으로 하는 게임이다.

평판은 사람들의 마음속에 있는 우리의 상징적 모습이다. 뇌는 이렇게 고도로 구체적인 상징적 '자기'를 축적할 능력을 요구했다. 우리의 신경계에는 우리가 마음대로 소환할 수 있을 만큼 생생한 타인의 환영이 가득하다. 누구나 자기가 아는 모든 사람을 머릿속에 담고 살아간다.

게다가 우리는 말할 수 있어야 했다. 우리는 사람들의 평판을 머릿속에 저장할 수 있지만 사실 이런 평판은 우리가 <u>스스로</u>에 대해 말하는 이야기 속에서 살고 죽었다. 현재 우세한 이론에서는 바로 이 이유로 말이 진화했다고 본다. 말하자면 소문을 퍼트리기 위해 말이 생겼다는 것이다.[9] 부족민들이 우리에 대해 좋게 말해주면 우리는 좋은 평판을 얻고 풍족하게 보상을 받는다. 하지만 사람들이 우리를 나쁘게 말하면 우리의 지위는 떨어지고 처벌도 받을 수 있다. 소문을 나누는 행위로도 지위를 얻을 수 있다. 누구와 소문을 나누는지 그 자체가 지위를 상징하기도 한다. 가령 지위가 높은 사람들과 소문을 나누면 우리의 지위도 올라간다. 게다가 소문의 주요 목적 중 하나는 부족의 규칙을 알리고 규칙을 어기면 어떻게 되는지를 보여주는 것이다.[10] 우리는 소문을 나누면서 서로 규칙을 얼마나 잘 이해하고 규칙에 얼마나 충실한지 보여주고 그걸로 지위를 얻을 수도 있다. 소문은 "관심을 끌고 사회적 비교를 통해 자신의 이익과 이미지를 높이고 남들의 이익과 이미지를 떨어트리는 행위"다.[11] 게임에서 보편적이고 핵심적인 측면이다. 아이들도 말문이 트이는 순간부터 서로 소문을 나누기 시작한다.[12]

부족의 규칙과 상징은 소문에만이 아니라 노인들이 들려주는 신화와 전설, 제례와 의식, 복장과 행동에도 새겨졌다. 우리는 성장하면서 이런 규칙과 상징을 내면화하고 우리가 실수를 저지를 때 평가하고 경고하는, 일종의 상상의 부족으로서 '양심'을 발달시킨다. 생물학자 조지프 헨릭Joseph Henrich 교수는 사냥한 고기를 나누지 않는 행동으로 부족의 규칙을 어기거나 의식儀式에서 부적절하게 행동한다면 "평판에 흠집이 나고 짝을 구할 가능성이 낮아지고 부족에서 외면당하고 결국에는 처형당할 수 있다"고 지적한다.[13] "자연선택이 우리의 심리에 영향을 끼쳐서 우리는 고분고분 행동하고, 규칙을 어기면 부끄러워하고, 사회적 규칙을 습득하고 내면화했다."

▼▲▼

지위를 얻는 게임의 방식이 변화하는 사이 우리는 서서히 별난, 거드름을 피우는, 정신이 다른 데 팔린, 번쩍이는 보석으로 치장한 동물, 즉 현재의 우리가 되었다. 그림을 그리고 악기를 연주하고 아름다운 보석으로 치장하고 탐나는 물건을 만들어 거래하고 보여주는 식의 지위 추구 활동에 몰두하기 시작했다. 독일에서는 4만 년 된 사자-인간 조각상이 출토되었다.[14] 숙련된 장인이 400시간 이상 들여야 만들 수 있는 조각상이다. 우크라이나에서는 거대한 매머드 뼈를 쌓아 만든 4개의 유적지가 발굴되었다. 이 유적지에서 출토된 일부 두개골은 무게가 무려 100킬로그램 이상이었다. 2만여 년 전의 것으로 보이는 이 유적지에서는 호박 장신구와 조개껍데기 화석도 나왔다. 그중 일부는 500킬로미터 이상 떨어진 곳에서 넘어와 거래된 것이다.

인간은 자만심이 강해지는 한편 더 도덕적인 존재가 되었다. 지배 게임에서 평판 게임으로 넘어가면서 원시 영장류에 비해 집단의 구성원에게 더 너그러워졌다. 인간 사이의 신체 공격은 침팬지나 보노보에 비해 1퍼센트도 안 되는 것으로 나타난다.[15] 침팬지 무리는 가장 폭력적인 인간 사회보다 "몇백 배에서 1000배" 더 공격적이다. 우리는 침팬지처럼 지위를 얻기 위해 서로 사지를 찢고 성기를 뜯고 피를 마실 필요가 없다. 명성을 높이고, 상아로 만든 사자상과 반짝거리는 조개껍데기 같은 상징으로 서열을 보여줌으로써 지위를 얻을 수 있다.

명성을 둘러싼 게임은 전근대 사회의 밀림과 대초원부터 휘황찬란한 도시의 거리와 고층 건물에 이르기까지 어디서나 일어난다. 한때는 오직 인간만이 명성을 이용하는 줄 알았지만 이후 다른 동물에게서도 명성 게임이 포착되었다. 가령 현명하고 나이 든 암컷 우두머리 코끼리가 무리를 물가로 데려가는 것처럼 말이다. 하지만 인간만큼 명성 게임을 하는 종은 없다. 명성은 인간이 가장 갈망하는 가치다. 명성은 우리가 쓸모 있고 부족의 이익에 보탬이 되는 사람이 되도록 노력하게 이끄는 뇌물과 같다. 명성은 우리가 서로 협조하면서 살아가는 능력을 기르게 해준다. 우리는 협조하는 집단의 일원으로서 목표를 추구하고 문제를 해결한다. 애초에 우리가 게임을 함께하는 사람들이 우리를 어떻게 생각하는지를 중시하도록 설계되었기 때문이다. 우리는 사람들이 주는 지위를 즐긴다. 우리는 이렇게 두 가지 가능한 전략 중 하나를 이용해─도덕적인 사람이나 성공한 사람이 되어─명성을 얻으려 노력하면서 발전한다. 이것이 인간이 하나의 종으로서 성공해서 지구를 지배할 수 있게 된 비결이다. 인류학자 제롬 바코Jerome Barkow 박사는 "상징적인 명성이 없었다면 복

잡한 사회가 어떻게 발전했을지 알 수 없다"고 썼다.[16]

하지만 단점도 있다. 뇌가 평판에 따른 지위를 지극히 근본적인 것으로 평가하기 때문에 인간은 지위를 잃으면 견딜 수 없다. 히말라야의 렙차족과 같은 일부 사회에서는 명성을 잃은 상태는 자살의 가장 흔한 원인이다.[17] 가나와 같은 현대 국가에서도 마찬가지다. 한 32세 남성이 양과 성교하다가 마을 사람들에게 들킨 후 농약을 마시고 자살했다는 보고가 있다. 아동 성범죄 혐의를 받는 경우도 자살률이 "급격히 상승"한다. 한 설문 조사에서는 미국인의 53퍼센트가 아동 성범죄자라는 오명을 쓰고 사느니 당장 죽겠다고 답했고, 70퍼센트가 얼굴에 나치의 상징 하켄크로이츠 문신을 새기느니 오른손을 자르겠다고 답했고, 40퍼센트는 범죄자의 오명을 쓰느니 감방에 1년간 갇혀 지내는 쪽을 택하겠다고 답했다.[18]

우리는 지위 게임을 할 때마다 평판을 쌓는다. 평판은 모든 플레이어의 마음속에 제각각의 깊이와 제각각의 공정성으로 존재한다. 남들이 우리를 볼 때 그들은 각자의 지위 정보로 우리를 덮어쓴다. 도덕적인가 부도덕한가? 전문가인가 쓸모없는가? 어떻게 보이는가? 어떻게 말하는가? 어떤 일을 하는가? 남들에게 호감을 주는가, 혐오감을 주는가? 동정을 받는가, 존경을 받는가? 그런데 이런 평판은 우리가 인생의 게임에서 내세우는 왜곡되고 부분적인 아바타의 평판이지 우리 자신의 평판이 아니다. 누구도 진실로 우리를 알지 못한다. 영원히 알지 못한다.

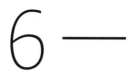

인플루언서를 모방하다

영향력을 시험하는 '명성 게임'

연구자들은 도덕과 성공이라는 두 가지 명성 게임prestige game을 연구하면서 인간 삶의 온갖 숨은 규칙을 밝혀냈다. 그리고 인간의 더기이한 행동을 이해했다. 예를 들어 왜 어떤 사람은 주변 사람들을마치 자석처럼 끌어당기는 것일까? 사람들은 왜 그들 곁에서 그렇게 좋아서 어쩔 줄 몰라 할까? 왜 그들의 옷차림과 말투를 따라 하고그들이 읽은 책을 따라 읽으려 할까?

어떤 사람이 눈에 띄게 도덕적이거나 성공적이어서 게임에 중요한 존재라는 것을 증명할 때마다 그 사람은 함께 게임을 하는 사람들의 마음속에 각인된다.[1] 사람들은 은연중에 마음을 끄는 이런 행동을 배워서 자기도 서열에서 위로 올라가려 한다. 그래서 최대한그 사람 곁에 가까이 있으려 한다. 사람들은 그들이 얻은 소중한 시간과 지식의 대가로 그 사람에게 상징적 지위를 부여한다. 가령 눈을 많이 마주쳐주거나 존중하는 말을 하거나, 늘 겸손하고 조아리는 자세를 취하고[2], 유인원의 '두려움의 찡그림'이나 인간의 '미소'처럼 치아를 보이며 순종하는 표정을 짓고[3], 음식과 음료와 그밖에 선물을 가져다주고, 문을 잡아주고, 특별한 위치에 앉히거나 존칭으로 불러준다. 명성 게임을 하는 사람들은 이런 지위의 신호에 즐거워한다. 그들은 이런 지위의 신호를 **경탄스럽게** 받아들인다. 하지만 아무리 좋게 느껴도 주로 책략이거나 전략이나 작전이다.

이런 게임의 본능은 인간의 보편적 본성 중 하나다. 사람들은 흔히 명성 게임을 하는 사람에게 배우고 싶어서 그들을 맹목적으로 따라 한다. 그들처럼 옷을 입고 그들이 먹는 음식을 먹고 그들처럼 말하고 그들이 추천하는 책을 읽고 그들의 신념과 행동과 버릇을 그대로 흡수하려 한다. 지위가 낮은 사람들이 높은 지위에 있는 사람들에게 사로잡힌 듯 보이기도 한다. 사실 이들을 움직이는 뇌 회로는 수백만 년 전부터 존재했다. 원숭이도 지위가 높은 원숭이를 모방한다.[4] 그러나 진화 과정에서 인류의 사촌들은 인간만큼 어디서나 모방 본능을 보이지는 않았다. 인간의 아기와 침팬지의 새끼를 비교하는 연구에서 두 종 모두 명성이 있는 누군가의 행동을 모방하지만—예를 들어 꼬챙이로 먹을 것을 능숙하게 되찾아 올 때—오직 인간만이 **모든** 행동을 모방한다.[5] 침팬지는 모든 절차에서 의미 없는 부분을 걸러내고 먹이를 얻는 데 필요한 부분만 모방한다. 인간은 모든 것을 모방한다.

이것이 바로 종교부터 기업까지 수많은 지위 게임의 특징인 '신념'이라는 개념의 바탕으로 보인다. 타당하지 않더라도 지위가 높은 사람들의 신념과 행동을 모방하는 것이 **바람직하다고** 느낄 수 있다. 인도 같은 나라의 아이들이 매운 음식을 먹는 고통을 극복하는 것도 이런 이유다. 지위가 높은 사람들의 행동을 모방하는 것이 바람직하므로 뇌에서 통증 신호를 쾌락 신호로 재해석하는 것이다. 아이들은 명성을 바탕으로 하는 모방 행위를 통해 바람직한 행동을 스스로 터득하는 듯하다. 아이들에게 강제로 매운 것을 먹일 필요가 없다.

▼ ▲ ▼

모방 행동의 상당 부분은 잠재의식에서 일어난다. 우리는 자신이 모방을 하고 있는지, 그리고 왜 모방하는지 모른다. 그런데 어떻게 모방할 대상을 선택하는 것일까? 게임을 하면서 어떤 사람을 보면서 배울 가치가 있는 여러 '단서'를 무의식중에 탐색하는 것이다. 이런 행동은 일찍부터 나타난다. 지위를 연구하는 세계적인 권위자인 심리학자 조지프 헨릭 교수는 이렇게 쓴다. "1세 아기는 생애 초기의 문화 지식을 토대로 누가 상황을 아는지 파악하고 그 정보를 이용해 배우고 주의와 기억을 집중한다."[6]

헨릭에 따르면, **뇌는 일단 감지되면 집중하게 만드는 네 가지 주요 단서를 찾도록 설계되어 있다.** 우선 우리는 **자기 유사성**self-similarity 단서를 찾는다. 우리와 비슷한 사람들에게서 유용한 정보를 배울 가능성이 높다고 가정하는 것이다. 우리는 본능적으로 나이와 인종과 성별이 같은 사람들을 선호한다. 이들을 돕고 이들에게 먼저 지위를 주고 싶어 한다. 이런 성향은 수많은 지위 게임을 오염시키는 당파성과 편견의 뿌리 깊은 원천이다. 그리고 불행히도 우리의 본능으로 보인다. 어린 아기조차 엄마와 같은 방언을 쓰는 사람을 따른다.

다음으로 우리는 **능력** 단서를 찾는다. 게임에서 누가 눈에 띄게 유능해 보이는가? 연구에 따르면 아기는 약 14개월이 되면 과제에서 뛰어난 능력을 보여주는 사람을 모방하기 시작한다. 우리는 또 **성공**의 단서를 찾는다. 이를테면 노련한 사냥꾼의 이빨 목걸이, 부족장의 커다란 오두막, 박사 학위, 마놀로 블라닉의 루럼 구두와 같은 지위의 상징을 찾는다. 이렇게 성공을 알리려는 욕구는 세계적인 현상인 '과시적 소비'의 원인이다. 세계 명품 시장은 1조2천억 달러 규모이다. 그중 2850억 달러가 명품 구매에 쓰이고 상당 비율의 소비가 아시아에서 나타난다. 아마존의 치마네 부족에서 남들보다 돈을 많이 버는 사람은 소득의 상당 부분을 손목시계와 같은 사치품에 쓰고, 서구에서는 프랭크 뮬러의 '에테르니타스 메가 4' 시계를 270만 달러에 산다.

마지막으로 **명성** 단서를 찾는다. 우리는 게임의 다른 플레이어들의 신체 언어와 안구 운동과 목소리의 패턴을 분석해서 누구 말을 따를지 파악한다. 그리고 명성이 있는 사람들의 행동에서 유사한 단서를 감지해 그 단서에 주목한다. 이 과정은 강력하고 원시적이며, 오늘날 세계적으로 연결된 미디어와 인터넷이라는 거대한 환경이 아니라 소규모 집단에서 작동하도록 설계되었다. 하지만 현재는 그저 많은 이들에게 주목을 받는다는 이유만으로 어느 한 사람에게 이목이 쏠리고, 이것이 피드백 고리가 되어 별로 대단할 것 없는 사람을 까마득히 높은, 전 지구적 지위로 올려놓는 경우가 드물지 않다. 학계에서 '패리스 힐튼 효과'라고 부르는 현상이다.

세상을 바꾸고 싶은 사람이라면 인간 행동에 영향을 끼치기 위해 이 단서들의 위력을 연구하기를 권한다. 이런 단서들이 사람들에게서 잠재의식 차원의 **모방-아첨-순응**copy-flatter-conform 행동을 매우 효과적으로 끌어내기 때문이다. 영국의 탐험가 제임스 쿡James Cook 선장은 "바다의 역병, 뱃사람의 전리품"으로 알려진 질병, 즉 1500년에서 1800년 사이에 선원 약 2백만 명의 목숨을 앗아간 괴혈병을 치료하기 위해 명성 단서를 이용해 부하들에게 양배추를 절여 만든 사워크라우트를 먹였다. 1769년에 쿡 선장은 사워크라우트 3565킬로그램을 배에 실어 선장실 식탁에만 올리고 선원들에게는 주지 못하게 했다. 그리고 명성 단서는 효과가 있었다. "선원들에게 윗사람들이 그 음식을 귀하게 여긴다는 것을 보여주자 사워크라우트는 당장 선상 최고의 음식이 되었다."[7] 쿡이 일지에 적은 내용이다. 아니나 다를까 하급 선원들이 사워크라우트를 달라고 아우성치기 시작했다. 곧 사워크라우트 배급이 시작되었다. 그리고 쿡 선장의 당시 탐험대에서 괴혈병으로 사망한 사람의 수는 기록적이게도 0명이었다.

명성 단서의 효과로 선원들의 식습관만 개선된 것이 아니었다. 사실 영국은 여러 세대에 걸쳐 유럽, 어쩌면 세계에서 최악의 음식을 먹는 나라로 '온당하게도' 정평이 나 있었다. 1970년대와 1980년대에 최상급 요리사는 주로 프랑스인이었지만—알베르 루Albert Roux가 1950년대에 영국으로 건너왔을 때만 해도 영국에서 올리브유는 약국에서 귀지 치료용으로만 판매되었다—딜리어 스미스Delia Smith와 매더 재프리Madhur Jaffrey, 키스 플로이드Keith Floyd 같은 TV 속 요리사들은 일요일 오후 막다른 골목에서 볼 법한 중년의 노숙자 이미지였다. 그러다 1987년 1월에 리즈의 노동 계급 출신 요리사 마르코 피에르 화이트Marco Pierre White가 런던 남부에 연 하비스Harvey's라는 새 레스토랑의 주방을 이끌면서 상황이 달라졌다. 화이트는 1년 만에 미슐랭의 첫 번째 별을 받고 이듬해에 두 번째 별을 받았다. 스물다섯 살의 이 요리사는 금세 유명해졌다.

화이트는 요리 실력만 뛰어난 것이 아니라 잘생긴 데다 카리스마가 넘치고 위험해 보이는 인물로, 레스토랑 주방에서나 홀에서 버럭 화를 내면서 때로 손님들을 쫓아내는 것으로 악명 높았다. 1988년에 그에 관한 TV 시리즈 「마르코」가 제작되었고, 1990년에는 『화이트 히트』White Heat라는 요리책이 출간되었다. 하비스에서 찍은 흑백사진을 모아놓은 이 고급스러운 책에서 화이트는 록 스타처럼 짙은 색 곱슬머리를 어깨까지 늘어트리고 상반신을 드러내고 담배를 피우며 커다란 식칼로 칼질을 했다. 요리사들의 세계가 안팎으로 떠들썩했다. 미국 요리사이자 작가인 앤서니 보데인Anthony Bourdain은 이렇게 썼다. "『화이트 히트』가 나와 내 주변 요리사들과 이후 세대의 요리사들에게 끼친 영향을 온전히 전할 수 있을지 모르겠다. … 하루아침에 삶이 마르코 이전과 이후로 나뉘었다. … 이 책은 우리에게 권력을 주었다. 모든 것이 이 책에서 시작되었다."[8]

화이트는 역사상 미슐랭 별을 받은 최연소 요리사가 되었다. 영국은 오랜 세월 세계적으로 망신당해 온 요리 분야에서 드디어 자긍심을 느낄 수 있게 되었다. 상류층 사람들은 이 젊은 우상의 레스토랑 테이블을 채우고 신문에 그를 실어주고 TV에서 그를 다루었다. 명성에 대한 인식이 요동치며 고급 레스토랑은 지위를 드러내는 중요한 상징이 되었다. 화이트는 음식 만드는 일 자체를 지위가 높은 일로 올려놓는 데도 일조했다. 영국의 새로운 세대는 요리사 게임을 명성을 얻을 수 있는 게임으로 인식하기 시작했다. 이제 그들 앞에 새로운 시장이 기다리고 있었다.

화이트는 위로 올라가면서 지위 게임을 치열하게 치러냈다. "화이트는 내 요리법을 훔치려고 나를 찾아왔다." 요리사 피에르 코프먼 Pierre Koffmann의 글이다. 코프먼은 런던의 라 탕트 클레어라는 레스토랑에서 화이트에게 요리를 가르친 요리사다. "그래도 그는 내 주방에서 만난 최고의 요리사 중 한 명이었다. 항상 주시하고 항상 경청하며 최대한 빠르게 많은 것을 배우려 했다." 화이트는 명성을 얻자 그만큼, 아니 그 이상을 돌려주었다. 하비스의 작은 주방에서 일하던 젊은 요리사들은 나중에 영국에서 미슐랭 별을 받는 요리사가 되었고, 그중에는 특히 소년 같은 분위기의 고든 램지Gordon Ramsay도 있었다. 화이트는 고든 램지에 대해 "내 평생 만난 사람 중 가장 경쟁심이 강하다. … 고든은 마르코보다 생선을 더 많이 잡고 싶어 하고, 더 큰 생선을 잡고 싶어 한다"고 말하곤 했다.[9] 여러 면에서 화이트의 작은 버전인 고든 램지는 여러 레스토랑을 운영하며 미슐랭 별을 16개나 받았고 이후 차세대 엘리트 요리사들을 양성했다.

마르코 피에르 화이트는 혼자서 하나의 체계를 구축한 인물로서 지위를 누렸다. 각종 상과 명성, TV 시리즈, 책까지. 모두 명성의 단서로서 중요한 성공의 지위를 상징했다. 그리고 이런 단서가 한 세대를 자극해서 문화를 변화시키는 데 일조했다. 훌륭한 음식은 지위의 상징이 되었고, 이런 가치가 도시와 농장, 작업장, 전문 소매점과 슈퍼마켓으로 퍼져 나갔다. TV와 잡지, 신문, 결국 SNS에서도 퍼져 나갔다. 물론 여기에는 다른 요인, 특히 탄탄한 경제 상황 같은 요인도 중요하게 작용했다. 화이트가 새로운 분위기를 이끈 유일한 인물은 아니었다. 하지만 그가 영국 요리에 대한 자긍심을 되찾아주어 영국에 공헌한 바는 어마어마했다. 문화는 대개 이런 식으로 발전한다. 그리고 이 과정의 중심에 **명성 있는 사람을 모방해서 나 역시 명**

성 있는 사람이 되고 싶어 하는 본능이 있다.

▼▲▼

모방해서 명성을 얻고자 하는 본능은 반대 방향으로도 작용한다. 우리보다 지위가 한참 낮다고 생각하는 사람들이 우리를 모방하기 시작하면 우리에게 지위를 안겨준 그 행동을 그만둘 가능성이 크다. 패션 브랜드 버버리의 독보적인 체크무늬 디자인을 축구 팬이나 노동 계급의 유명인들이 비키니와 우산과 유모차에 사용하자 버버리는 수많은 소송으로 상표권을 되찾아서 상류층 고객의 이탈을 막았다.[10] 마찬가지로 아프리카계 미국인들은 백인들이 옷차림을 따라하거나 그들의 속어를 쓰면 더는 그것들을 쓰지 않는다는 연구도 있다.[11]

사회 전체가 같은 이유에서 관습을 버리기도 한다. 르네상스 시대에 시작된 결투는 오랫동안 "유럽과 미국에서 혈통과 소양을 갖춘 남자들이 흔히 채택한 분쟁 해결 방식"이었다.[12] 수많은 사람이 대개 사소한 지위 문제로 촉발된 결투에서 목숨을 잃었다. 결투하는 사람은 "자신에 대해 원치 않는 생각이 상대의 마음속에 박히게 놔두기보다는 차라리 총에 맞거나 칼에 찔려 죽는 쪽을 택할 것"[13]이라고 알랭 드 보통은 쓴다. 누군가의 집을 "몰취미하다"고 평했다가 죽임을 당한 파리의 한 남자, 사촌에게 "단테를 이해하지 못한다"고 비난했다가 죽은 피렌체의 한 남자, 앙고라 고양이의 소유권을 두고 일어난 결투에 관해서도 쓴다.

수백 년에 걸쳐 유럽 전역에서 수많은 결투가 벌어졌다. 18세기에 데이비드 흄David Hume은 결투가 "기독교 왕국에서 최고로 훌륭한 피를 많이 뿌렸다"고 개탄했다. 그러다 1800년대 초에 결투가 유행에서 밀려난 이유 중 하나로 하위 계급 사람들이 결투를 따라 해서 상류층이 그만둔 것이라는 주장이 있다. 결투가 더는 명성을 가져다주는 행위로 보이지 않아서 모두가 중단한 것이다. 당대 영국의 한 의원은 이 과정을 이렇게 기술했다. "리넨 상인의 조수들이 어느 일요일 아침에 갑자기 아래로 내려가서는 … 결투를 벌이기 시작했고, 상류층 사람들 눈에는 그것이 매우 불명예스러운 행위로 보였다. … 이제는 귀족이나 신사가 모욕감을 참지 못하고 밖으로 뛰쳐나가 결투를 벌이는 모습이 우스꽝스럽게 보일 것이다."[14]

최근에는 중국에서 상어 지느러미 수프를 먹는 사람이 크게 줄었다. 명성의 상징에 관한 성공적인 프로그램의 공이 크다. 특별한 맛도 없고 영양가도 없는 이 요리는 중국의 황제 시대에 상류층의 진미로 알려졌고, 다음 세대의 돈 많은 상류층이 열심히 모방하면서 결혼식이나 연회에서 이 요리를 지위의 상징으로 내놓았다. 매년 7300만 마리의 상어가 수프 때문에 목숨을 잃었다. 농구 스타 야오밍을 비롯한 유명인들이 상어 남획을 멈추자는 공익 광고에 앞장서자 중국 주석이 모든 공식 만찬에서 상어 지느러미 요리를 빼라고 지시했다. 2011년에서 2018년 사이에 중국의 상어 지느러미 요리 소비량은 80퍼센트나 급감했다.[15]

이와 같은 지위의 역학 관계에서 핵심은 **영향력**이다. 명성 있는 사람을 발견하면 잠재의식 차원에서 모방-아첨-순응 기제가 작동하면서 우리의 신념과 행동을 바꾼다. 지위 게임은 위계질서의 위아래로 지나가는 영향력과 존중의 전선을 따라 흐른다. 존재하는 무수한 지위의 상징 중에서 가장 신뢰할 만한 상징이 영향력인 이유다. 흔히 돈이나 사치품이 개인의 지위를 드러내는 가장 선명한 상징이라고 여기지만 세계 최고 지위의 수도승은 월스트리트의 초보 은행가보다 재산이 적고 에르메스 넥타이를 적게 가졌을 수 있다. 하지만 영향력은 다르다.

물론 영향력이 지위를 보여주는 완벽한 신호는 아니다. 지위가 낮은 사람이 소문이나 아첨이나 거짓말로 남들에게 영향력을 행사할 수도 있다. 하지만 이런 영향력은 일시적이고 뻔한 결과를 낳는다. 소규모 사회에서도 한 사람의 지위는 대개 그가 끼치는 영향력으로 드러난다. 말하자면 영향력 있는 사람은 "집단의 토론에서 눈에 띄고 자신의 의견을 명확히 밝히고 제안을 명료하게 전달하며 일단 결정되면 합의를 끌어내는 경향"이 있다.[16] 지위가 높은 사람의 거대한 영향력은 말의 양으로도 측정할 수 있다. 전근대 사회를 살펴본 한 연구에서는 최고 지위의 구성원은 맨 아래의 구성원보다 15배 더 많이 말하고, 한 단계 아래 사람들보다는 거의 5배 더 많이 말하는 것으로 나타났다.

영향력은 힘을 보여주어야 하는 지배 게임과 사람들이 명성을 부여하는 명성 게임에서 유용한 신호다. (나보다 위에 있는 사람들을 따라서 나의 신념이나 행동을 미루거나 바꾸는 사람들의) 영향력의 흔적을 따라가보면 지위 게임이 어떻게 일어나고 그들이 어떻게 승리하는지 이해할 것이다. 우리는 흔히 영향을 얼마나 끼칠 수 있는지를 기준으로 우리의 지위를 측정한다. 우리의 지위 탐지 체계는 사람들의 행동, 몸짓 언어, 어조 같은 미묘한 지표로 우리가 남에게 얼마나 존중받는지 계속 추적한다.

　그래서 우리의 생각이나 취향이나 의견이 거부당하면 불쾌함을 느낀다. 인간의 삶이 철저히 합리적이라면 우리의 의견이 거부당해도 아무런 감정을 느끼지 않고 그저 최선이 아닌 결정이 내려지는 점만 우려할 것이다. 집단 내의 의견 차이는 집단의 철두철미함을 보여주는 신호로 기쁘게 받아들일 수도 있을 것이다. 하지만 우리는—남들 앞에서, 특히 지위가 높은 사람이 보는 자리에서—영향을 끼치려고 시도하고, 실패하면 화를 내고 억울해하고 복수심을 품기도 한다. 그럴 때 우리는 더 원시적인 게임으로 넘어간다. 유능함을 보여주는 것이 아니라 지배 행위로 지위를 얻으려 한다.

7 ——

도전받을 때 우리는 짐승이 된다
폭력으로 점철된 '지배 게임'

2018년 부활절 일요일, 뉴저지주 테너플라이에서 교통경찰의 일상적인 검문이 있었다.[1] 경찰관들은 시내에서 나오는 차량 중 번호판 일부를 가리고 창문을 짙게 선팅한 차량을 발견했다. 뉴저지주에서 금지된 것으로, 경찰관들은 차량을 갓길에 세우게 했다. 차 안에는 젊은 성인 세 명이 타고 있었고, 운전자는 보험이 없었고 차량 등록 절차를 제대로 마치지 않은 상태였다. 경찰은 차량을 압수하겠다고 말하며 필요한 서류를 제대로 발급받으라고 명령했다. 차에 탄 여자 하나가 어머니에게 전화해서 자신을 데려가 달라고 했다. 이때부터 상황이 묘하게 돌아갔다.

60세쯤 되어 보이는 한 여자가 몸에 딱 달라붙는 검정 레깅스에 진홍색 조끼 차림으로 성큼성큼 다가와서는 선글라스를 벗어 머리 위에 꽂고 명함을 내밀며 "캐런 터너입니다"라고 말했다.

"괜찮습니다." 경찰관이 명함을 보고 말했다. "필요 없습니다."

"그래요 그럼. 전 캐런 터너입니다." 여자가 다시 말했다.

"여기 저 사람들을 데리러 오신 거 맞죠?"

"아뇨. 전 시민의 한 사람으로서 걱정되어 온 겁니다. 시장의 친구이기도 하고요. 25년간 테너플라이에 살았고, 저 친구들의 보호자입니다. 무슨 연유로 도로에 저 친구들을 불러 세운 겁니까?"

"운전자가 다 압니다. 그 친구한테 가서 들으시죠."

"아뇨, 아뇨, 아뇨, 아뇨, 아뇨." '아뇨'가 작은 총알처럼 경찰관에게 날아갔다. "전 꼭 알아야겠습니다."

"아뇨, 당신은 알 필요가 없습니다. 이 사건과 관련이 없으니까요. 저 사람들을 데려가세요."

"아뇨, 아뇨, 아뇨. 저도 관련됐습니다. 정말이에요. 제대로 관련이 있어요."

이들의 대화가 경찰차의 블랙박스에 녹화되는 동안 터너는 경찰관들에게 차량을 불러 세운 이유를 말해 달라고 거듭 요구했다. 경찰관들은 운전자에게 물어보라고 거듭 답했다. 터너는 다시 명함을 내밀었고, 경찰은 다시 거절했다. "그런 건 안 봐도 됩니다." 그러자 터너가 황금빛 경찰 신분증을 휙 꺼냈다.

"난 항만 당국 감독관입니다. 내 밑으로 경찰관 4000명이 있고요. 됐습니까? 그럼, 문제가 있으면…"

"아무 문제 없습니다." 다른 경찰관이 말했다. "저건 미등록 차량입니다."

"그러니까, 애초에 저 차를 왜 불러 세웠습니까?"

"터너 씨."

"아뇨, 그렇게 부르지 마십시오. 난 항만 당국 감독관이라고요."

터너는 답을 들으려 했지만 연이어 실패했다. 자신이 변호사라고 밝히고 나서도 실패했다. 차에 탄 사람 중에 "예일대 대학원에 다니는 박사 학위 과정생"이 있다고 말해도 실패했다. "알아야겠다"고 거듭 요구해도 실패했다. 두 번째로 답한 경찰관이 터너가 원하는 답은 해주지 않고 거절하는 이유를 설명했다. "당신이 저한테 다가온 그 태도와 표정이 더 문제라서요." 터너는 점점 더 격앙되어 팔을 뻗어 손가락질하면서 그 경찰관에게 가까이 다가갔고, 결국 그를 경찰차로까지 몰아세웠다. "물러서세요." 경찰관이 말했다. "저한테서 한 발 떨어지세요. 저는 뒤로 더 갈 수 없으니까요."

터너는 경찰관들과 7분 정도 대치하며 그들을 질책했다. "두 분 태도가 참으로 실망스럽군요." 두 번째 경찰관이 터너에게 젊은이들을 데리고 가라고 하자 터너는 허리춤에 손을 얹고 그를 꾸짖었다. "한심해요. 실망입니다." 터너는 다른 경찰관을 보았다. "당신은 그냥 저 사람이 시키는 대로만 하는군요. 당신도 실망입니다."

"이제 데려가셔도 됩니다." 두 경찰관이 말했다.

"나한테, 우리, 애를, 언제, 어디로, 데려가라 명령하지 마세요." 터너는 또박또박 끊어 말하며 머리를 옆으로 흔들었다. "입 닥치고, 나더러 우리 애랑 MIT 다니는 재랑 예일대에 다니는 박사 과정생을 언제 데려가라고 말하지 마세요. 내 질문에 한마디도 답하지 않았으니 나한테 아무 말도 하지 마세요. 두 사람 다 부끄러운 줄 아세요. 경찰서장한테도 알리고 시장한테도 알리겠습니다. … 자기들의 신상 정보는 다 아니까." 결국 터너는 떠났다. 그러나 다시 돌아왔다. 한 경찰관이 터너에게 "조금 실망스럽다"고 하자 터너는 딱 잘라 말했다. "나한테 실망할 거 없어요. 경찰관들 모두 테너플라이에 있는 내 집에도, 두 번째 집에도, 세 번째 집에도 왔었다고요."

"그게 지금 이 일이랑 무슨 상관이 있다는 건지 모르겠습니다." 첫 번째 경관이 말했다.

이 영상은 온라인에 퍼졌고 언론에도 들어갔다. 뉴욕과 뉴저지의 항만 당국 감독관으로 윤리위원회까지 책임지던 터너는 일주일 후 자리에서 물러났다. 터너는 성명서를 통해 "감정에 휩쓸리고" "상스러운 말"을 내뱉은 점을 후회한다고 밝혔다.[2] 다만 직위를 남용해 특별 대접을 받으려 한 혐의는 부인하면서 특유의 과장된 표현으로 말을 맺었다. "테너플라이 경찰서가 존중을 담은 어조와 단계적인 안정화에 대한 모범 사례를 검토하셔서 추후 이런 일이 재발하지 않도록 힘써주시기를 당부드립니다."

3월의 화창한 일요일 오후에 벌어진 이 상황은 한 가지 질문에 관한 다툼이었다. 캐런 터너는 애초에 경찰이 왜 딸과 딸의 친구들이 탄 차를 불러 세웠는지 물었다. 경찰관들은 3미터쯤 떨어져 있는, 이 질문의 답을 아는 운전자에게 물어보라고 했다. 하지만 표면 아래를 들춰보면 (한 꺼풀만, 표면에서 0.5밀리미터만 들어가면) 지위 전쟁, 곧 지위가 높은 사람이 누구인지를 놓고 싸움이 벌어진 것이었다. 캐런 터너는 지배 게임을 시도했다. 그리고 패했다.

▼ ▲ ▼

캐런 터너처럼 **지위에 대한 감각이 도전받을 때 우리는 손쉽게 존재의 다른 상태로 미끄러진다.** 수백만 년 전 선행 인류가 벌인 지배 게임의 시대에 신경계에 새겨진 원시적인 설계가 작동하는 것이다. 인류는 도덕과 성공의 '명성 게임'을 통해 갈수록 온화하고 영리한 종으로 진화했지만 이런 우월한 게임 방식이 우리 뇌에 새겨진 짐승의 본성을 완전히 덮어버리지는 못했다. 심리학자 댄 매캐덤스Dan McAdams 교수는 이렇게 쓴다. "폭력과 위협으로 사회적 지위를 쟁취할 수 있고 가장 강력하고 가장 몸집이 크고 가장 용감한 자가 모두를 지배할 거라는 기대는 원시적이고 직관적이고 우리에게 뿌리 깊게 새겨진 것이다. 진화 과정에서 나중에 나온 경쟁자(명성)는 인간의 마음에서 지배 욕구를 완전히 몰아내지 못했다."[3]

짐승은 아직 우리 안에 있다. 그것은 우리의 **제2의 자아**다. 많은 사람이 하루에도 여러 번 짐승의 상태를 오가면서도 대개 자신이 하나의 자아에서 또 다른 자아로 바뀌는 줄 모른다. 사실 이런 여러 가지 상태는 우리 존재가 지닌 여러 측면이다. 명성 행동과 지배 행동은 "특유의 진화적 압력에 따라 선택된 특유의 심리 과정과 행동과 신경 화학에 기반을 둔다."[4] 명성 상태인지 지배 상태인지에 따라 우리의 자세도 달라진다.[5] 상대를 지배하려는 제2의 자아 상태에서는 공간을 더 많이 차지하려 팔을 몸에서 더 떨어트리고 적게 웃고 고개를 아래로 내리깔지만, 명성 상태에서는 몸통을 내밀고 고개를 위로 들며 우리의 지위를 더 미묘한 방식으로 표현한다. 연구에 따르면 두 살이 안 된 아기도 지배 전략을 쓰는 사람과 명성 전략을 쓰는 사람을 구분한다.[6]

지배 전략과 명성 전략 두 가지 모두 효과가 있다. 지배적인 사람이든 명성이 있는 사람이든 사람들에게 큰 영향력을 발휘한다. 지배적인 남자들은 명성이 있는 남자들처럼 자손을 생산하는 데 크게 성공한다. 연구 논문 30편 이상을 분석한 메타 분석 연구에서는 지배력이 "지도자의 출현을 예측하는 데 성실성과 지능을 비롯한 수많은 자질을 뛰어넘는 가장 강력한 예측 요인"[7] 중 하나로 나타났다. 지배적인 지도자가 명성이 있는 지도자보다 대개 덜 유능하고 자신의 이익을 집단의 이익에 앞세울 가능성이 크고 남들에게 조언을 구할 가능성도 적으며 비판에 "자아 방어적 공격성"으로 반응하는데도 말이다. 지배적인 지도자는 집단의 성공을 노골적으로 자신의 공으로 돌리고 아랫사람을 조롱하거나 업신여기고 사람들의 마음을 조종하려 하는 데 비해, 명성이 있는 지도자는 자기를 낮추고 농담을 잘하고 성공을 집단의 공으로 돌린다. 하지만 우리는 우리 게임의 지위가 위협받으면 지배적인 지도자를 옹립하는 경향이 있다. 여러 연구에서 성별을 떠나 답변자 모두 전쟁 시기에 키가 크고 몸집이 크고 눈매가 매섭고 입술이 얇고 턱이 강한 사람을 이상적인 지도자로 선택했다.[8] 반면에 평화 시기에는 호리호리한 체형이 더 인기를 끌었다.

지배와 명성의 결정적 차이는 이처럼 제2의 자아를 드러내는 플레이어들에게 우리가 자유롭게 지위를 주지 않는다는 점이다. 보통은 지배적인 플레이어가 강제로 높은 지위를 가져간다. 심리학자들에 따르면 지배 전략에는 "위협과 강압으로 공포 분위기를 조성해서 지위와 영향력을 얻거나 유지하는 방법"이 동반된다.[9] 지배적인 사람은 "공격, 강압, 위협, 비하, 타락, 조작"을 이용해 "신체적이거나 심리적으로 위해를 가하는 능력을 통해 공포 분위기"를 조성해서 사람들에게서 억지로 존중을 짜낸다. 제2의 자아로 게임을 하는 사람들은 폭력과, 폭력에 대한 공포를 이용해 악착같이 서열에서 위로 올라가려 시도하지만 이처럼 피와 멍이 아니라 눈물과 수치심과 절망이 뒤섞인 온갖 고통을 이용하기도 한다.

▼▲▼

이런 지배 방식은 성별에 따라 크게 차이가 난다. 남자든 여자든 지위를 지키기 위해 적대적인 행동을 한다. 한 연구에서는 성별에 상관없이 응답자의 거의 절반 정도가 최근에 공격적으로 행동한 주요 원인으로 "지위/명성에 대한 우려"를 꼽았다.[10] 하지만 남자들의 경우 오늘날에도 여전히 그들의 마음과 근육과 골격에 각인된 신체적 지위 경쟁에 빠지는 편이다. 남자들은 살인의 가해자가 되는 비율이 압도적으로 높고, 이들에게 희생되는 피해자 대다수도 남자다. 세계적으로 살인 사건의 약 90퍼센트를 남자가 저지르고, 이들에게 희생된 사람의 70퍼센트도 남자다.[11] 대다수 살인 사건에서 범인은 실직 상태이고 결혼을 하지 않았고 교육 수준이 낮고 서른 살 미만이다.[12] 한마디로 스스로 지위를 가졌다는 감각이 약한 사람들이다. 갈등 연구자 마이크 마틴Mike Martin 박사는 대다수 지역에서 살인 사건이 주로 "지위 문제로 발생한 것"이고 "사소한 문제로 격렬하게 말다툼하다 벌어진 결과"라고 쓴다.

제임스 길리건James Gilligan 교수는 30년 넘게 교도소와 교도소 병원을 '실험실'로 삼아서 범죄자들의 폭력의 원인을 연구했다. 왜 폭행하거나 살해했느냐는 질문에 범죄자들은 비슷한 답을 내놓았다.[13] "'그자가 날 무시해서disrespected'라거나 "그자가 내 손님(혹은 아내, 어머니, 누이, 여자친구, 딸 등)을 무시해서"라는 대답이었다. 사실 범죄자들이 이 표현을 워낙 많이 써서 "그자가 날 무시했다He dis'ed me"라고 줄여 말하는 은어가 생겼을 정도다. 이 말은 쓰는 사람들의 도덕적, 정서적 용어집의 핵심으로 자리 잡는다. 길리건은 한때 노상강도와 무장 강도가 주로 탐욕이나 욕망 때문에 범죄를 저지른다고 생각했다. "하지만 이런 범죄를 반복해서 저지르는 사람들과 마주 앉아 장시간 대화를 나누다가 '그자의 얼굴에 총구를 겨눌 때만큼 평생 그렇게 **존중받는** 기분이 든 적이 없다'는 대답을 들었다."

여자들의 경우 폭력의 원인이 조금 다르다. 영국 노동 계급 출신의 16세 청소년들을 대상으로 한 연구에서는 이들의 폭력이 주로 지능이나 비행이나 성 행동과 연관된 모욕감에 의해 촉발되는 것으로 나타났다.[14] 하지만 청소년이든 성인이든 여성이 심각한 폭력을 쓰는 일은 드물다. 심리학자 조너선 하이트Jonathan Haidt 교수는 이렇게 말한다. "남녀 청소년 모두 비슷하게 공격적이지만 각자의 양상이 다르다. 남자 청소년은 신체적으로 폭력을 가하겠다고 위협하는 식으로 공격성을 표출한다. '네 몸을 해칠 거야'라는 식이고 … 여자 청소년은 항상 관계를 중심으로 공격성을 표출한다. '네 평판이나 관계를 망가트릴 거야'라는 식이다."[15] 연구자들은 여성의 공격성이 '간접적'인 편이라고 말한다. 적의 신체에 직접 위해를 가하기보다 적의 아바타를 공격하는 것이다. 적을 외면하고 게임과 단절시키고 조롱과 소문과 모욕을 통해 적의 지위를 빼앗으려 한다. 물론 이는 남녀 간의 평균적인 차이일 뿐이다. 적의 명성을 침해하는 전략은 남자들 사이에서도 많이 쓰인다. 다만 모욕감의 성질이 다를 수 있다. 가령 온라인 충돌을 분석한 연구에서는 "여자들은 SNS에서 다른 여자의 성적인 문란함과 신체적 매력을 깎아내리는 경우가 많은 데 비해, 남자들은 다른 남자의 능력을 깎아내리는 경우가 많은" 것으로 나타났다.[16] 하지만 앞서 우두머리 암컷인 캐런 터너의 예처럼 직접적인 지배로 공격하는 여자도 많다.

▼▲▼

지배 행동은 각자의 상대적 지위가 모호할 때 나타날 가능성이 크다. 위계질서에서 누가 책임자인지 명확히 드러나지 않으면 공격 행동으로 우월한 지위를 차지하고 싶은 유혹이 커진다. 앞서 터너는 자신이 항만 당국 감독관이자 변호사이자 시장의 친구이자 경찰국장의 동료이자 예일대와 MIT의 박사 학위 과정 학생들을 집으로 초대하는 사람이자 테너플라이에 집을 세 채 가진 사람이라는 사실이 우월한 지위를 상징한다고 생각한 듯했다. 하지만 경찰관들에게 터너는 그저 "학생들을 데리러 온" 사람이었다. 이것은 순전히 말로 하는 다툼이면서도 물리적 다툼이었다. 사회학자 로저 굴드Roger Gould 교수는 "누가 누구보다 지위가 높은지가 모호할수록 폭력의 강도가 심해질 수 있다"고 지적한다.[17]

앞서 터너와 경찰관들 사이의 의견 충돌은 표면적으로는 한 가지 질문에 관한 것이었다. "저 아이들 차를 왜 세웠습니까?" 이것은 타당한 질문이었다. 사실 경찰이 대답해주지 않은 것은 옹졸한 태도였다. 하지만 이런 식의 분쟁은 흔하고, 개중에 다툼이 과격해져서 살인으로 끝나는 경우도 있다. 사람들은 사소한 일―답을 듣지 못한 질문, 소액의 빚, 상대가 고마워하지 않는다는 느낌, 다른 운전자의 사소한 무례함―로 폭발할 때 그것이 그 상황의 '원칙'이라고 주장하면서 자신을 정당화한다. 굴드는 누군가가 원칙을 말한다면 사실 그는 "상대가 그 관계에서 전에 없던 지배적인 역할을 가로챘다"고 말하는 셈이라고 지적한다. 인생에서는 인간관계의 지극히 사소한 사건도 상징적일 수 있다. 지위 탐지 체계에서는 모든 사건을 간단히 '엿 먹어'로 읽을 수 있다.

이런 일이 벌어질 때, 우리는 공격성을 드러내거나 상대를 위협하는 식으로 위계질서의 꼭대기로 꾸역꾸역 올라가려 하면서 종종 죄책감을 느낀다. 이런 모습이 자신을 도덕적 영웅으로 상상하는 이미지와 불편하게 공존하기 때문이다. 그래서 우리는 자신의 행동을 부정한다. 그리고 상황이나 적대자인 악당(도발적으로 말해서 분위기를 험악하게 만든 고압적인 경찰관들)에게 책임을 돌리는 이야기를 말한다. 이렇게 뇌가 만들어 낸 환상은 우리가 실제의 자신을 제대로 보지 못하게 한다. 우리는 이처럼 수백만 년에 걸쳐 효과가 검증된 전략을 사용하는 플레이어들이다. 누구나 속에 짐승을 품고 산다. 모두가 캐런 터너다.

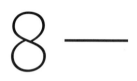

남성, 과대망상, 모욕감
왜 그는 연쇄 살인마가 되었나

열한 살의 엘리엇은 여름 캠프에서 신나게 놀다가 예쁘고 인기 많은 어떤 여학생과 부딪혔다. 엘리엇은 그 사건을 이렇게 기억했다. "그 애가 막 화를 냈다. 나한테 욕을 하고 날 밀쳤다."[1] 엘리엇은 충격으로 굳어버리고 말문이 막혀서 어쩔 줄 몰랐다. 다들 보고 있었다. "너 괜찮아?" 한 친구가 물었다. 엘리엇은 아무 말도 하지 못하고 꼼짝도 하지 못했다. 창피했다. 온종일 입을 다물고 있었다. 그날 일로 엘리엇은 "하찮고 변변치 못한 생쥐가 된 듯한" 기분에 사로잡혔다. "한없이 작고 초라한 존재가 된 느낌이다. 그 애가 나를 그렇게 매몰차게 대한 게 믿기지 않았고, 나를 한심하게 여겨서 그랬다는 생각이 들었다." 엘리엇은 이후에도 학교에서 공부 잘하고 인기 많은 친구들에게 따돌림을 당했고, 그러는 내내 여름 캠프의 사건을 잊지 못했다. "평생 흉터로 남을 것이다."

테드는 학자로서의 재능을 타고나서 열여섯 살에 하버드대학교에 들어갔다.[2] 어느 날 테드는 명망 있는 심리학자 헨리 머리Henry Murray 교수의 연구에 지원했다. 그리고 한 달 동안 자서전 쓰기 과제를 받았다. "개인적인 삶의 철학을 기술하고 현재의 삶이나 선망하는 삶에 부합하는 원칙"을 다루며, 배변 훈련과 손가락 빨기, 자위와 같은 주제에 관해 지극히 사적인 기억을 서술하는 과제였다. 당시 테드는 몰랐지만 사실 머리는 정부 비밀 기관을 위해 일한 전력이 있었다. 그리고 이번 연구는 가혹한 심문 기법과, 특히 "연구의 내용을 알지 못하는 피험자에게 나타나는 정서적, 심리적 외상의 효과"를 알아보는 연구였다.[3] 테드는 내밀한 기억과 철학을 세세히 적고 나서 훤히 불을 밝힌 방에 들어가 전선과 탐지기를 몸에 부착하고 반투명 거울 앞에 앉아야 했다. 그리고 그의 개인사와, 그가 이전에 지켜 왔고 앞으로 지키고 싶어 하는 삶의 원칙과 상징을 향한 "격렬하고 전면적이고 모욕적인" 공격을 받았다. 테드의 형은 이렇게 증언했다. "3년간 매주 누군가가 동생을 만나 언어적으로 공격하고 모욕했습니다. 동생은 실험에 대해 한마디도 하지 않았지만 저희는 동생이 변한 걸 알았습니다."[4] 테드 자신도 이 수치심 실험을 "인생 최악의 경험"이라고 말했다.

에드는 학대하는 어머니 밑에서 자랐다. 알코올 의존증과 편집증을 앓는 어머니는 "극도로 지배적인" 사람이었다.[5] 사람들이 보는 데서도 아들을 혼내고 아들이 동성애자가 될까 두려워하며 충분히 애정을 주지 않았다. 또래보다 성장이 빠른 에드가 열 살이 되자 어머니는 그가 여동생을 성추행한다는 의심에 사로잡혀 아들을 지하실에 가두고 거기서 자게 했다. 에드는 몇 달간 지하실에서 살다가 부엌 바닥으로 난 쪽문으로 겨우 빠져나왔다. 어머니는 자주 아들을 비하했고 자기가 일하는 대학의 똑똑하고 예쁜 여자들은 그에게 눈길도 주지 않을 거라고 장담했다. 에드는 거부와 모욕으로 점철된 유년기를 보냈다. "어머니와의 복잡한 애증 관계를 도저히 감당할 수 없었어요."[6] 이처럼 어머니에게 "들볶인" 탓에 그는 "여자들만 있으면 위축"되었다. "여자들이 절 위협해서요. 속으로는 여자들에게 분노를 느껴요. 여자들이 하는 그 사소한 게임, 저는 그 게임에 참여하지도, 여자들의 요구에 맞춰주지도 못해요. 그래서 전 타락했어요."

에드는 타락했다. 제대로 타락했다. 그는 할머니를 살해했다. "어머니를 죽이고 싶어서 그랬어요." 다음으로 어머니를 죽였다. 목을 잘라서 머리에 성행위를 하고는 정원으로 가져 나가 눈이 위로 향하게 해서 땅에 묻었다. 어머니는 늘 사람들이 "자기를 우러러 봐주기"를 바랐으므로.[7] 그리고 여자 여덟 명을 더 죽이고 시신에 성행위를 하고 일부는 먹기도 했다. 그렇게 에드 켐퍼Ed Kemper는 미국에서 가장 악명 높은 연쇄 살인범이 되었다. 앞의 엘리엇 로저Elliot Rodger는 연속 살인범이 되었다. 2014년에 샌타바버라의 캘리포니아대학교에서 청년 여섯 명을 죽이고 스스로 목숨을 끊었다. 그럼 테드는? 바로 테드 카친스키Ted Kaczynski, '유나바머'다.

▼▲▼

인생이 지위 게임이라고 할 때 지위를 완전히 박탈당하면 어떻게 될까? 자신이 무가치한 존재라는 자각이 끊임없이 든다면 어떻게 될까? 모욕감은 지위와 정반대 개념으로 보일 수 있다. 지옥이 천국의 반대 개념인 것처럼. 지위와 마찬가지로 모욕감도 남들에게서 온다. 지위와 마찬가지로 모욕감은 사회적 서열에서 우리의 위치에 대한 사람들의 평가와 관련이 있다. 지위와 마찬가지로 평가하는 사람의 지위가 높을수록, 그런 사람이 많을수록 그들의 평가는 더 강력해진다. 그리고 지위와 마찬가지로 그런 평가가 중요해진다. 연구자들은 모욕감을 "정서의 핵폭탄"[8]이라고 표현하고, 모욕감은 주요 우울장애와 자살, 정신증, "외상 후 스트레스 장애PTSD의 주요 특징"을 비롯해 극단적 분노와 극심한 불안을 유발한다고 설명한다.[9] 강력범죄 전문가 제임스 길리건 교수는 여기에 덧붙여 모욕감을 **"자아의 절멸"**이라고 말한다. 교도소와 교도소 병원을 대상으로 수십 년에 걸쳐 폭력의 원인을 연구한 그는 "만나본 중 가장 폭력적인 남자들과의 면담에서 그들이 유년기에 반복적으로 모욕감을 경험했다는 사실"[10]을 발견했다.

지위 게임의 논리에서는 모욕감(그리고 이보다 강도는 약하지만 비슷하게 창피함, 상상의 청중에게 평가받는 괴로운 감정)은 사람마다 다르게 파국적이다. 심리학자 레이먼드 버그너Raymond Bergner 교수와 월터 토레스Walter Torres 박사는 **모욕감은 지위와, 지위를 얻는 능력을 철저히 박탈당한 상태**라고 말한다.[11] 두 연구자는 모욕적인 사건의 네 가지 전제 조건을 이렇게 밝혔다. 첫째, 우리는 대다수가 그렇듯이 자신이 지위를 얻을 자격이 있다고 믿어야 한다. 둘째, 모욕감을 자극하는 사건은 공개적으로 발생한다. 셋째, 우리를 비하하는 상대에게 어느 정도 지위가 있어야 한다. 마지막으로 "지위를 얻으려는 지위를 거부"당해야 한다. 이 책의 관점에서 말하면 지위 게임에서 완전히 거부당해야 한다.

심각한 모멸 상태에 놓이면 서열의 아래로 추락해서 더는 지위 게임에서 쓸모 있는 참가자로 여겨지지 않는다. 배척당하고 추방당하고 제거당한다. '친족'과의 연결이 끊긴다. 두 연구자는 이렇게 쓴다. "모욕감으로 인해 '지위를 얻기 위한 지위'마저 상실하면 앞서 상실한 지위를 되찾을 자격 자체를 거부당하게 된다." 인간이 관계와 지위를 추구하도록 설계된 게임의 참가자라면 모욕감은 인간의 가장 뿌리 깊은 이 두 가지 욕구에서 모두 배제되는 셈이다. 게다가 이런 경우 우리가 할 수 있는 일은 없다. "사실상 공동체 안에서 자신을 주장할 목소리, 특히 모욕감을 없애기 위해 반박할 목소리를 잃는다." 유일한 해법은 인생과 자아를 처음부터 다시 구축해야 하더라도 다른 새로운 게임을 찾는 것이다. **"모욕감에 시달리는 사람들은 다른 공동체로 가서 지위를 회복하거나 넓게는 인생 자체를 다시 구축해야 한다고 느낀다."**

하지만 또 하나의 선택이 있다. 아프리카 속담에 이런 말이 있다. "마을이 품어주지 않은 아이는 온기를 느끼려고 마을에 불을 지른다." **게임에서 거부당한 사람은 복수의 화신으로 돌아와 치명적인 폭력으로 게임이 다시 겸허히 그에게 관심을 보이게 만들기도 한다.** 길리건 교수는 평생의 연구를 통해 대개 인간이 저지르는 폭력의 근본 원인이 "수치심과 모욕감을 떨쳐내고 그것을 자부심으로 대체하고 싶은 마음"에 있다는 결론에 이르렀다.[12]

물론 에드와 테드와 엘리엇이 오로지 모욕감으로만 그렇게 행동했다고 말한다면 지나치게 단순한 설명일 것이다. 지위를 상실했다고 대량 살상을 저지른다면 실제로 이런 범죄가 일상적으로 발생했을 테니 말이다. 다만 세 사람 모두 남성이라는 점에서 상실한 지위를 폭력으로 되찾으려 시도했을 가능성이 커진다. 엘리엇 로저는 자폐 스펙트럼 장애가 있었다고 전해진다. 이로 인해 친구나 애인을 사귀는 능력이 떨어졌을 수 있다. 에드 켐퍼는 법정 정신과 의사에 따르면 편집성 조현병을 앓았고, 테드 카친스키의 형은 테드가 "조현병 징조를 보인"[13] 적이 있다고 증언한다. 하지만 이들 조건 중 어느 한 가지도 그 자체로 답이 되지 않는다. 사실 이런 징조를 보이는 사람들 대다수는 마을에 불을 지르지 않는다.

그런데 그런 일이 일어났다. 세 사람은 그들을 거부한 지위 게임을 공격해서 그들에게 모욕감을 준 사람들을 지배하려 했다. 에드 켐퍼의 어머니는 자기가 일하는 대학의 '지위가 높은' 여학생들은 그를 만나주지 않을 거라면서 아들을 멸시했다. 에드는 그런 여자들을 살해하여 "여학생 살인자"가 되었고, 결국에는 어머니까지 살해했다. "나는 어머니의 머리통을 잘라 시신을 능욕했습니다."[14] 그리고 어머니의 후두喉頭를 음식물 쓰레기 처리기에 넣었다. "어머니가 오랫동안 내게 욕하고 소리를 지르고 윽박질렀으니 그래도 될 것 같았습니다." 켐퍼의 심리 분석을 담당한 FBI 프로파일러 존 더글러스John Douglas는 이렇게 쓴다. "그는 여자들과의 모욕적인 경험을 품고서, 이제 가능한 한 많은 여자를 벌주겠다는 사명을 띤 남자가 되었다."[15] 그는 켐퍼는 "연쇄 살인범으로 태어난 사람이 아니라 그렇게 만들어진 사람"이라고 덧붙였다.

하버드의 명망 있는 과학자에게 굴욕을 당한 테드 카친스키는 '유나바머'Unabomber, 즉 '대학과 비행기 폭파범'university and airline bomber이 되었다. 그는 대학에 '부적격'한 사람이 되었다. **그의 뇌는 무시당해 억울한 감정을 그가 영웅인 이야기로 탈바꿈시켰다.** 그는 똑똑한 사람들과 그들이 만든 세상과 전쟁을 벌이며 과학기술의 시대와 그 결과가 "인류에게 재앙"이고 "우리 삶을 불만족스럽게 만들고 인간을 치욕스럽게 만들어 심리적 고통을 널리 전파"했다고 주장했다. 그의 폭탄 테러는 혁명을 예고하며 "시스템"의 노예가 된 대중을 해방시키는 데 목표를 두었다. 그는 폭력을 멈추겠다고 약속하는 대신 현대성의 악에 관한 3만5000단어 분량의 논문을 「워싱턴 포스트」에 실었고, 덕분에 충만한 지위의 경험을 누렸다.

그러면 엘리엇 로저는? 그는 본격적으로 살인을 저지르기 전에 배포한 소설책 한 권 분량의 자서전에서 이렇게 밝혔다. "인기 있는 친구들이 향락과 쾌락을 즐기며 살아온 그 오랜 시간 동안 나는 지독한 외로움 속에서 썩어 갔다. 내가 그들 사이에 섞이려 할 때마다 모두가 나를 얕보았다. 다들 나를 쥐새끼 보듯 했다. … 인류가 내게 그들 사이에 가치 있는 한 자리를 내어주지 않겠다면 모두를 파멸시킬 것이다. 나는 그들 모두보다 우월하다. 나는 신이다. 응징은 나의 진정한 가치를 세상에 증명하는 나만의 방식이다." 실제로 사회에서 급작스럽게 거부당하거나 오랜 시간에 걸쳐 거부당한 상태는 1995년에서 2003년 사이에 발생한 학교 총기 난사 사건에서 주요 원인의 87퍼센트를 차지하는 것으로 밝혀졌다.[16]

하지만 이상의 유명한 세 살인범을 연결하는 마지막 요인이 있다. 엘리엇과 에드와 테드는 심각하게 굴욕당했을 뿐 아니라 심리적으로 급격히 추락할 만큼 과도하게 고양되어 있었다. 세 사람 모두 지능이 높고—에드 켐퍼는 IQ 145로 천재에 가까웠다—과대망상이 심했다. 테드는 자신이 세계적 혁명의 선봉에 서기를 바랐고, 엘리엇의 자서전은 특권 의식과 자기애로 넘쳐나며 자기를 "아름답고 훌륭한 신사"로 묘사하고, 에드는 악명 높은 것을 자랑으로 여겼다. 에드는 경찰에 연행되어 경찰차로 멀리 이동하는 사이 잠시 정차할 때마다 마치 시가행진이라도 하는 양 차창 밖으로 수갑을 보여주며 언론에 대서특필될 생각에 들떠했다.[17] 그래서 그가 시신을 먹고 시신에 성행위를 했다는 자백이 높은 지위를 얻기 위해 꾸며낸 거짓이라는 추측도 있었다. 세 사람 모두에게는 유난스러운, 어쩌면 병리적으로 강렬한 지위 욕구가 있었다. 그래서 모욕감의 경험이 훨씬 더 고통스러웠을 것이다. 정신건강 전문가 마리트 스빈세트Marit Svindseth 교수는 이렇게 말한다. "자아도취자는 지위가 자기와 비슷하거나 높은 사람에게 조금이라도 반박당하거나 비난을 들으면 쉽게 모욕감을 느낀다."[18] 이들 세 사람은 스스로 게임의 꼭대기에 올라갈 자격이 있다고 생각하는데 인생의 밑바닥으로 추락한 것이다.

이런 양상—남성, 과대망상, 모욕감—은 폭력적이지 않은 행위로 게임을 파괴하는 사람들에게도 나타난다. 로버트 핸슨Robert Hanssen은 어릴 때부터 첩보원이 되고 싶었다.[19] 제임스 본드를 좋아하고 발터사의 PPK 권총과 단파 송수신기를 사들이고 스위스은행에 계좌까지 개설했다. 하지만 학대가 심하던 핸슨의 아버지는 아들을 하찮게 취급하고 이상한 방식으로 벌을 주었다. 나중에 핸슨의 정신과 의사는 이렇게 보고했다. "핸슨의 아버지는 아들에게 다리를 어떻게 벌리고 앉으라는 것까지 강요했다. … 핸슨은 꼭 그 자세로 앉아야 했고, 모욕감을 느꼈다." 이런 모욕적인 행위는 집 밖에서도 일어났다. 핸슨의 친한 친구의 어머니는 핸슨의 아버지를 만난 일을 이렇게 기억했다. "그 아버지는 볼 때마다 아들을 무시했어요. 핸슨이 뭘 하든 잘못했다고 야단쳤어요. 그런 아버지는 처음 봤어요. 하나 있는 아들을 두고 좋은 말을 하는 걸 본 적이 없어요." 핸슨이 결혼을 한 뒤에도 아버지의 멸시는 계속되었다. 부모가 함께 저녁을 먹으러 오면 핸슨은 겁을 먹고 아래층으로 내려가지 못했다. "그는 배가 아파서 식사 자리에서 아버지를 마주할 수 없었다. (그의 아내) 보니가 급기야 '이 집에 오셨으면 로버트를 존중해주세요. 안 그러면 오시는 게 달갑지 않아요'라고 말했다."

하지만 핸슨은 지위 욕구가 강했다. 그는 "독실하고 열정적인" 가톨릭 신도이자 오푸스 데이회 라는 엘리트 신도 집단의 일원이었다. 1976년에는 FBI에 들어가면서 지위가 높고 흥미진진한 첩보원의 삶을 살아보려 했지만 승진에서 번번이 좌절했다. 그의 전기를 쓴 작가에 따르면 그는 "남들이 더 신나는 일을 하는 동안 내근 부서에서 그들을 지켜보기만" 했다. 핸슨은 뛰어난 능력을 갖추어 "매우, 매우 똑똑한" 사람으로 보였지만 거만하고 까다롭고 늘 "비웃음을 달고 다니는" 사람이었다. "그는 바보들을 참아주지 못했다." 1979년에 핸슨은 소련에 접촉해 간첩 활동을 제안했다. 그리고 2001년에 체포되었다. 그때까지 일급 기밀문서 수천 종을 KGB에 넘기고 FBI 현지 정보원을 다수 넘겼으며, 그중 일부는 처형되었다. 핸슨은 미국에 역사상 가장 큰 피해를 준 간첩이 되었다. 재판 후 핸슨의 정신과 의사는 이렇게 말했다. "그가 간첩 활동을 하게 된 중요한 심리적 이유에는 아버지와의 관계에서 얻은 경험이 있다."

한편 모욕감은 명예 살인의 주요 원인이기도 하다.[20] 명예 살인이란 집안 전체가 공모해서, 주로 성 생활이나 '지나치게 서구화된' 행동으로 집단의 게임의 규칙과 상징을 어겨서 집안에 모욕감을 안겨주었다는 이유로 가족의 구성원을 살해하는 행위다. 일부 이슬람교와 힌두교와 시크교에서는 실추된 집안의 지위를 회복하는 유일한 방법으로 잘못된 행동을 했다고 지목된 당사자를 죽인다. 명예 살인의 희생자는 중매결혼을 거부했을 수도 있고, 혼전 성관계를 가졌을 수도 있고, 이혼하려 했을 수도 있다. 혹은 신앙을 버리려 했을 수도 있다. 강간당하거나 장신구를 했다는 이유로 살해당하기도 한다. 희생자는 거의가 여성이고 간혹 남성 동성애자도 있다. 가해자는 놀랍게도 성별 구분이 없다. 유럽과 아시아에서 발생한 명예 살인 31건에 대한 심리학자 필리스 체슬러Phyllis Chesler 명예교수의 소규모 연구에서는 명예 살인의 39퍼센트에서는 여성이 "직접 살인"을 저지르고 61퍼센트에서는 여성이 공모하는 것으로 나타났다.[21] 인도에서는 예외적으로 모든 사건에서 여성이 살인을 저질렀다. 체슬러는 명예 살인을 저지르는 가족은 그들의 공동체에서 "영웅으로" 대접받는다고 말한다.[22] 통계마다 수치가 다르지만 UN에서 연간 명예 살인을 5000건으로 잡은 것은 보수적인 수치다.

▼▲▼

이런 극단적 사례를 보면 보통 사람들은 이런 사건과 자신이 아무런 연관이 없다고 생각할 수 있다. 하지만 진지하게 고민하는 독자라면 어스름한 그림자 속에서도 자신의 윤곽을 알아볼 수 있다. 이런 사례는 사실 모욕감에 얽힌 섬뜩한 사건이 보통 사람들에게 얼마나 쉽게 일어날 수 있는지 보여주고, 나아가 보통 사람들도 자기 안의 악마를 불러낼 수 있다는 사실을 드러낸다. 실제로 한 연구에서는 남자의 59퍼센트와 여자의 45퍼센트가 복수를 위해 살인하는 환상을 품는다고 인정했다.[23] 한편으로는 이런 비난받을 행동을 이해하려고 시도하면 그 자체로 이런 행동을 허용하는 셈이 될까 봐 애초에 철저히 부정할 수도 있다. 책임을 지고 용서를 구하는 말은 법정이나 교회나 당사자에게는 통할지 몰라도 이런 윤리적인 언어로 생각을 옭아매면 도움도 되지 않고 위험을 감지하고 예방책을 찾는 능력도 떨어질 수 있다.

2014년에 엘리엇 로저가 남자 네 명과 여자 두 명을 살해하고 열네 명에게 상해를 입히는 사건이 터지자 사람들은 그가 잔혹 행위를 저지르게 만든 원인을 찾기 시작했다. 어떤 악마적 힘이 엘리엇의 삶을 그렇게 크게 탈선하게 만들었을까? 우파 성향의 방송인 글렌 벡Glenn Beck부터 좌파 성향의 신문 「바이스」Vice까지 엘리엇이 '월드 오브 워크래프트'World of Warcraft; WoW라는 컴퓨터 게임에 빠져 지낸 사실에 주목했다. 벡은 이렇게 말했다. "당장 자녀들의 손에서 그 비디오 게임을 빼앗으세요. … 아이들은 스스로 조절할 수 없습니다. 이건 팩맨 게임과는 다릅니다. 이건 그들이 사는 가상세계입니다."[24] 마찬가지로 「바이스」에서는 이 게임을 하는 사람들이 "인간의 접촉과 사랑, 사회적 야망에서 영양을 공급받지 못하게" 가로막는 "게임의 중독적 순환"을 지적했다.[25] 하지만 엘리엇의 10만8000자 분량의 자서전에서 나오듯 이런 주장에는 문제가 있다.

『나의 뒤틀린 세계: 엘리엇 로저의 이야기』My Twisted World: The Story of Elliot Rodger는 놀라운 기록이다. 흡인력 있고 간담을 서늘하게 하는 이 책은 엘리엇 로저의 "축복받은" 유년기부터 거부와 혐오와 살인의 광기가 도사리는 청년기로 몰락해 가는 과정을 자세히 기록한다. 지위를 얻으려는 과대망상적인 욕구는 처음부터 존재했다. 그의 아버지는 "명망가인 로저 집안" 출신이고 어머니는 "조지 루카스와 스티븐 스필버그를 비롯한 영화업계의 거물들과 친구"였다. 부모가 이혼한 것 외에는 순탄하게 살던 중 언젠가부터 자신이 학교에서 친구들보다 몸집이 작고 약한 것을 알았다. "그래서 한없이 짜증스러웠다."

아홉 살에서 열세 살까지가 엘리엇이 "마지막으로 만족한 시기"였다. 그러다 그는 사회생활에서 어떤 사실을 알아챘다. "서열이 존재했다. 어떤 사람은 남들보다 우월했다. … 학교에는 늘 남들보다 더 존중받는 듯 보이는 '멋진 아이들'이 있었다." 그러다 그는 깨달았다. "나는 전혀 멋진 아이가 아니었다. 내 머리는 덥수룩했다. 멋지지 않은 평범한 옷을 입고 수줍음이 많고 인기도 없고 … 특히 혼혈이라 남들과 다르다고 느꼈다." 이렇게 깨달아도 달라질 것은 없었다. "모두에게 공평하던 평화롭고 순수한 유년기는 끝났다. 공정한 게임의 시대는 끝났다."

엘리엇 로저는 소년 시절에 스케이트보드를 배워서 "멋지게" 보이는 연습을 해보기도 했다. 그러나 나이가 들며 규칙이 달라졌다. 이제 '멋진' 것은 여자들에게 인기를 얻는 것이었다. "대체 내가 이런 걸 어떻게 하지?" 엘리엇은 결국 따돌림과 괴롭힘에 시달렸다. 하지만 온라인 컴퓨터 게임을 같이 하는 사람들을 만나면서 도움을 받았고, 때로는 새벽 3시까지 인터넷 카페에서 시간을 보냈다. "학교 밖에서는 인터넷 속 친구들과 즐겁게 지냈기에 여자들에게 인기를 끌거나 관심받는 데 별로 신경 쓰지 않았다." 그는 플레이어들이 팀을 이루어 미션을 수행하는 온라인 게임인 월드 오브 워크래프트를 발견한 순간을 이렇게 기억했다. "흥분해서 어쩔 줄 몰랐다. WoW를 처음 발견했을 때 또 하나의 신나는, 모험이 가득한 세계로 들어가는 기분이었다. … 다른 인생을 사는 것 같았다." 그는 게임에 집착했다. "나는 월드 오브 워크래프트라는 온라인 세상 속으로 숨어들었다. 편안하고 안전한 느낌이 드는 장소로."

그사이 성욕이 싹트면서 지옥문이 열렸다. 여자를 겁내면서도 여자들에게 인정받고 싶었던 십 대의 엘리엇은 거절당하고 쩔쩔매면서 고통 속에서 살았다. 그는 부모에게 남녀공학에 보내지 말아 달라고 애원했다. 학교에서 친구들은 엘리엇을 놀리고 음식을 던지고 그의 물건을 훔쳤다. 그는 시간이 날 때마다 월드 오브 워크래프트를 하며 "거대하고 중요한 업적"을 세워 최고의 지위에 올랐다. 온라인에서 함께 게임을 하던 동네 소년 셋이 그의 "제일 친한 친구들"이었다. 그러던 어느 날 그는 비통한 진실을 알았다. 그 친구들마저 자기들끼리 게임을 하려고 엘리엇 몰래 따로 만난다는 사실을 알게 되었다. "월드 오브 워크래프트에서도 나는 따돌림을 당하는, 외롭고 아무도 반겨주지 않는 존재였다." 점차 "게임을 하면서도 외로웠다." 게임을 하다가 울음을 터트리기도 했다. "이런 게임을 하는 게 다 무슨 소용인지 의문이 들었다." 그래서 그만두었다.

그때부터 뭔가가 달라졌다. 그때까지 엘리엇은 혼란스럽고 비참하고 고통스러웠다. 그리고 그는 증오에 사로잡혔다. 여자를 두려워하는 마음이 강렬한 여성 혐오misogyny로 굳어졌고, 혐오는 여자들이 데이트하기로 선택한 "멋진" 남자들에게로 번졌다. 물론 분노에 찬 여성 혐오자는 드물지 않다. 그러나 마침내 관계와 지위의 원천이 사라진 그의 머릿속에서 대혼란이 폭발했다. "내가 아주 강력한 사람이 되어 아무도 성관계를 하지 못하게 하는 환상을 품기 시작했다. … 이것이 중대한 전환점이 되었다." 엘리엇은 월드 오브 워크래 프트를 마지막으로 하던 날 하나 남은 친구에게 "성관계를 철폐해야 한다"는 "그의 새로운 관점"에 관해 설명했다.

엘리엇의 뇌는 모멸감과 억울한 감정을 그가 영웅으로 활약하는 이야기로 탈바꿈시켰다. 이 이야기는 엘리엇에게 '그가 고통받는 이 유는 여자들 때문'이라고 말해주었다. 여자들은 "세상의 불공평한 모든 것을 표상"하고 "어떤 남자가 성관계를 하고, 어떤 남자가 못하 는지 통제"한다고도 말해주었다. 또 여자들은 항상 "멍청하고 타락 하고 불쾌한 남자들"을 선택해서 "인류의 진보를 저해"한다고도 말 해주었다. 엘리엇은 "공정하고 순수한 세계가 작동하는 방식에 관한 궁극의 완벽한 이념"을 구상했다. 성관계를 법으로 금지한다. 여자 들은 멸종시키고 일부만 남겨서 인공수정으로 아이를 낳게 한다. 그 는 이런 섬뜩한 관념을 그가 우월하다는 증거로 삼았다. "나는 세상 을 남들과 다르게 바라본다. 내가 당한 온갖 부당한 처우와 그 경험 을 통해 발전시킨 세계관 덕분에 나는 위대해져야 한다." 뇌에서 만 든 이 꿈속에서 그는 길을 잃었고 그의 여성 혐오는 정당해졌다. "내 가 원한 거라고는 여자들을 사랑하고 여자들에게 사랑받는 것이었 다. 그들이 나를 대하는 태도가 내게 혐오를 불러일으켰다. 그러니 정당한 혐오다! 나는 이 모든 상황의 진정한 희생자다. 나는 선한 쪽 이다."

이때 엘리엇은 열일곱 살이었다. 이후 그가 살인을 저지르기까지 5년간 그는 온라인 게임을 거의 중단했다. 그사이 그의 고통과 혐오 와 광기에 불이 붙었다. 월드 오브 워크래프트는 그가 스스로 가치 있는 존재라고 느낀 유일한 공간이었다. 그것은 지위 게임이었고,

그는 그 게임에서 뛰어났다. 그 게임이 엘리엇이 보인 광기의 원인이라고 보기는 어렵다. 오히려 그의 정신을 붙잡아준 마지막 끈이었을 것이다.

9 —

최선의 게임 조건

일상, 얼굴을 맞댄 사람들, 적절한 보상

사람들은 왜 빨리 달릴까? 육상선수 모 파라Mo Farah처럼. 사람들은 왜 큰돈과 시간을 들이고 불편을 감수하면서 이렇게 빨리 달리는 선수들을 구경하려 할까? 사람들은 콘크리트 경기장의 플라스틱 좌석에 앉아 경기장을 주시하고 함성을 내지르며 한 선수가 다른 선수보다 몇 밀리초 더 빠르게 달리는 데 관심을 쏟는다. 왜일까? 말이 나온 김에, 축구는 또 무슨 의미가 있을까? 체스는 무슨 의미가 있을까? 컴퓨터 게임은 무슨 의미가 있을까? 방에서 키보드를 두드리며 흘려보낸 그 긴 시간. 그 시간이 어떻게 우리를 더 괜찮은 사람으로 만들어줄까? 그 시간이 삶의 영웅적인 여정에서 우리가 앞으로 어떻게 나아가게 해줄까? 그렇다면 엘리엇 로저는 왜 월드 오브 워크래프트에 빠져들었을까? 죽이는 것을 좋아해서? 그가 괴물이라서?

월드 오브 워크래프트는 지위를 생성하는 장치다. 이 게임은 엘리엇에게 그의 아바타가 참가하는 **대안 현실**을 마련해주었다. 엘리엇은 그 안에서 삶을 구축했다. 자기 나름으로 지배와 성공의 게임에 참여한 것이다. 그리고 그 게임을 잘했다. 우리가 오락을 위해 하는 모든 게임이 같은 원리로 작동한다. 이런 게임도 결국 본래의 게임이자 거대한 게임인 인생의 지위 게임에 맞게 진화해 온 신경 회로를 이용한다. 육상 선수, 권투 선수, 수영 선수, 농구 선수, 체스 선수, 축구 선수, TV 리얼리티 경쟁 프로그램의 참가자들은 규칙과 상징이 있는 가상 세계에서 지위를 두고 경쟁한다. 낱말 맞추기처럼 혼자 하는 게임조차 머릿속 가상의 청중 앞에서 벌어지고, 실패하거나 성공할 때 우리의 양심은 자신에게 야유하거나 환호한다.

오락용 게임에는 재미를 더하기 위해 나름의 규칙에 따라 교묘하게 수정된 부분이 있다. 이런 게임은 대개 시간 제약이 있다. 말하자면 정해진 플레이 시간이나 미션이나 전투를 마무리해야 할 시간이 있다. 또한 공공연한 '제로섬' 게임이라 다른 경쟁자를 희생시키며 달성해야 하는 구체적인 목표가 있고, 또 공식적인 서열이 있어서 참가자나 팀의 지위가 구체적으로 점수로 표시되어 모두가 볼 수 있게 공개된다. 하지만 일상적인 인생의 게임에는 이런 것이 없다. 시간 제약도 없고 동료 플레이어들과의 관계가 이어지는 데까지 게임도 이어진다. 지위도 시시각각 변하고 구체적인 서열로 고정되지 않고 공적으로 명시되지도 않는다. 대신 감지할 수는 있다. 뇌의 지위 탐지 체계가 우리가 참가한 상징의 세계 안에서 단서를 읽어낸다. 따라서 지위가 낮은 팀원이 업무 회의에 들어가 팀에 도움이 되는 기막힌 의견을 내고 관심과 칭찬과 영향력이라는 상징적인 보상을 받고 세계 최고가 된 기분으로 당당히 회의실을 나설 수도 있다. 최고가 되지 못해도 최고가 된 기분은 맛볼 수 있다. 직위와 급여 등급이 있기는 하지만 스포츠 경기장의 득점판처럼 정확하고 명백한 평가가 표시되지는 않는다. 업무 회의도 이런데 모두가 우승자 자리를 놓고 싸우고 점수와 순위가 전광판에 번쩍거려서 모두가 볼 수 있다면, 흠, 상상에 맡기겠다.

자연적으로 발생하는 인생의 지위 게임에서는 게임이 제대로 작동하도록 별도로 조작할 필요가 없다. 게임을 함께 하는 사람들이 보내주는 상징적 보상으로 인해 더 큰 성과를 올리고 싶어지기 때문이다. 서열에서 위로 올라가려면 많은 적을 완파했다는 신호보다 우리의 가치를 인정받는 것이 더 중요하다. 집단이 주는 긍정적 감정이 핵심이다. 가령 줄다리기에서 개인의 노력이 드러나지 않을 때는 혼자 할 때의 절반만 힘을 주지만 모두가 응원하면 더 열심히 힘을 쓴다. 육상과 사이클 선수도 관중이 감탄하며 응원할 때 더 잘한다.

내가 아는 가장 성공적인 지위 게임 중 하나는 세계적으로 선풍적인 인기를 끈 크로스핏이라는 운동이다. 2000년에 미국에서 시작된 크로스핏은 관계와 지위에 대한 인간의 기본 욕구를 이용하여 참가자들을 거의 중독 상태로 만들었다. 크로스핏을 하는 사람들은 각지의 '박스'box라는 장소에서 진행되는 수업을 통해 정해진 '하루 운동'에 참여한다. 하루 운동—고강도 운동의 조합으로 매번 조합이 달라진다—은 개인의 건강 수준에 맞게 구성된다. 따라서 크로스핏을 하는 사람들은 서로 경쟁할 필요가 없지만(원한다면 경쟁할 수는 있다) 자신의 이전 최고 기록을 깨기 위해 최선을 다한다. 결정적으로 크로스핏 시간에는 동료들이 서로의 발전 정도를 확인해주면서 서로를 응원한다. 크로스핏에서 지위는 최고 선수 명단이나 전광판에서 성적의 제로섬 자리를 두고 싸워서 얻어내는 것이 아니라 열심히만

하면 누구나 얻을 수 있다.

연구에서는 크로스핏을 하는 사람들이 일반 피트니스 클럽에 다니는 사람들보다 "사회적 결속력과 공동체 소속감 수준이 높은" 것으로 나타났다. 한 응답자는 이렇게 말한다. "우리는 서로의 성과를 비롯해 별별 것을 다 칭찬해줘요. 누가 자기 운동을 다 마치지 못하거나 힘든 일을 겪거나 슬럼프에 빠질 때면 다 함께 응원해주는 게 좋아요."[1]

크로스핏을 하는 사람들은 마치 사교邪教 집단처럼 자기 집단에 헌신하고 간혹 과도할 정도로 자기를 몰아붙이는 것으로 정평이 나 있다. '비공식 마스코트'인 랩도 삼촌Uncle Rhapdo이라는 광대 캐릭터가 있다. 신장 투석기 옆에서 신장을 바닥에 떨군 채 쓰러져 있는 만화로 유명하다.[2] '랩도'는 횡문근융해증Rhabdomyolysis의 준말로, 과격한 운동으로 근육 세포가 파열될 때 나타나는 치명적인 증상이다. 또 다른 마스코트 푸키Pukie라는 광대 캐릭터가 고강도 운동을 하고 녹색 토사물을 쏟아내는 만화도 있다.

크로스핏 모임은 주로 소규모로 보통 13명에서 18명까지 수용한다. 비교적 규모가 작은 점도 건강한 지위 게임이 갖는 또 하나의 속성이다. 석기 시대에 사람들이 주로 함께 시간을 보낸 하위 집단이 25명에서 30명 정도이고 그중 다수가 확대 가족이었을 것이다. 그리고 앞서 보았듯이 그 안에 다시 분파가 생겼을 것이다. 이를테면 남자들은 주로 다른 남자들과 지위를 두고 경쟁하고, 여자들은 다른 여자들과 경쟁했을 것이다. 성별로 나뉘는 집단 안에서는 다시 나이와 경쟁이 따르는 전문가의 영역(예를 들면 사냥꾼, 치유자, 이야기꾼, 꿀을 찾는 사람)으로 나뉘었을 것이다. 세상 모두가 세상의 다른 모두와 경쟁해서 지위를 획득한다고 생각하지 않는 이유다. 내일 아침에 당장 지구상 70억 인구가 모두 미셸 오바마나 태국의 왕과 직접 경쟁한다고 생각하면 아마 지구촌 전체가 신경 쇠약에 걸릴 것이다. 연구자들에 따르면 행복은 사회 전체의 다른 모두와 비교해서 자신의 서열을 확인하는 사회경제적 지위와는 밀접하게 연결되지 않는다.[3] 실제로는 **작은 게임**이 중요하다. "연구에서는 사회경제적 지위가 아니라 작은 집단 안에서 받는 존경과 감탄이 주관적 안녕감을 예측하는 것으로 나타났다."[4]

애초에 작고 국지적인local 게임을 하도록 타고난 인간의 성향은 전쟁에서의 전투 단위로도 나타난다. 병사들은 대개 국가 지도자의 원대한 목표보다 전우들과의 관계와 전우들에게 존중받고 싶은 욕구와 지배 게임의 원초적 황홀경에서 동기를 얻는다. 폭력 연구자이자 영국군 퇴역 장교인 마이크 마틴 박사는 아프가니스탄에서의 전투가 그의 모든 전투 경험에서 "단연 긍정적 정서가 가장 크게 분출한" 전투였다고 말한다. "나와 우리의 작은 집단이 다른 집단을 능가하고 압도할 때 전투는 궁극의 팀 스포츠가 된다."[5] 연구에 따르면 병사들의 핵심 동기는 왕이나 왕비나 국가에서 얻는 것이 아니라 가까이 있는 동지에게서 얻는다. 나치의 전사들에게도 "정치적 견해는 전투 동기를 유지하는 데 극히 미미한 역할을 하는" 것으로 나타났다.[6]

병사들은 서로 경쟁하지 않고 공동의 적에 맞선다. 최선의 지위 게임은 참가자들의 경쟁심을 최대로 끌어올리는 방식으로 작동할 때가 아니다. 이 문제에 관해 연구마다 결과가 엇갈리지만 대체로 중간 강도의 경쟁이 근면성과 생산성을 끌어올리는 것으로 보인다.[7]

그리고 내부 경쟁이 치열하면 오히려 역효과가 날 수 있다. 모두가 모두와 대적하는 험악한 분위기가 잡히면 서로에게 지위로 보상해 주는 방식은 중단되고 지위 공급이 부족해질 수 있다. 그러면 스트 레스가 심해지고 삶이 비참해질 수 있다. 한마디로 게임이 오염된다.

▼▲▼

2001년 6월에 「타임」은 "경쟁이 치열한" 어느 미국 기업의 "등수 매 겨서 내쫓기"rank and yank 제도에 관해 다루었다. 직원의 성과에 동료 들이 점수를 매기고, 상위 5퍼센트는 "우수 사원"으로, 하위 15퍼센트 는 실직 위험 상태로 발표되었다. "어느 치열한 회의 시간에 관리자 25명이 창문 하나 없는 회의실에서 테이블에 둘러앉는다. 한쪽 벽면 에는 직원들의 서열이 빽빽이 적힌 화면이 뜬다. 관리자들은 직무 평가서가 가득한 파일로 무장한다. 회의가 진행되는 동안 관리자들 은 마우스 클릭 하나로 직원들의 서열을 올리거나 내리면서 그들의 운명을 결정한다." 기사는 "등수 매겨서 내쫓기" 같은 "경쟁 체제"로 인해 팀 내에 "의심이 팽배하고 팀워크가 저해될" 거라고 우려했다. 한 관리자는 이 제도를 옹호하며 이렇게 말했다. "모두가 자기 위치 를 알아야 합니다. 그리고 저는 이 제도가 그렇게 하는 데 최적의 기 능을 한다고 생각합니다." 이 기업의 성공을 부정하기는 어렵다. 실 제로 미국에서 일곱 번째로 크고 최고 전성기에는 700억 달러의 가 치로 평가받은 기업이다.

그러나 「타임」에 기사가 실리고 4개월 만에 이 기업은 파산했다. 경영진 중 몇 명이 기소되었다. 그중에서 불법 공모와 주식 사기와 내부자 거래로 소송에 걸린 CEO 제프 스킬링Jeff Skilling은 결국 25년 형을 받았다. 이 기업은 역사상 가장 부패한 기업으로 손꼽히는 엔론으로, 부패의 중심에는 무자비한 경쟁이 있었다.

이보다 나은 전략은 **대립 구도**를 만드는 것이다. 대립 구도는 경쟁과는 그 초점이 다르다. **경쟁은 다수가 다수와 겨루는 것이고, 대립 구도는 주로 일대일의 관계다.** 말하자면 한 개인과 다른 개인, 한 가지 게임과 다른 게임 사이의 경쟁이다. 대립 구도는 오랜 시간에 걸쳐 거듭 충돌하고 위기일발로 접전을 벌이는 두 당사자 사이에 형성된 관계다.[8] 기업들이 동종 업계에서 경쟁하면서 우열을 가리기 어려워질 때 대립 구도가 최정점에 이른다. 피 튀기는 영역 싸움이 벌어지던 수렵채집 시대의 재현으로, 지리적으로 가까이 붙어 있기만 해도 기업 대 기업의 대립 구도는 심해질 수 있다.

세상을 변화시키는 대립 구도의 위력은 실리콘밸리에서 확인할 수 있다. 애플의 CEO 스티브 잡스가 마이크로소프트의 최고 중역을 만나면서 역사적인 대립 구도가 시작됐다.[9] 마이크로소프트는 잡스와 오랜 세월 충돌하면서 애플을 압도하며 거의 무너트릴 뻔했다. 마이크로소프트의 한 중역이 잡스의 아내 로런의 친구와 결혼하며 그들은 자주 만났다. 애플의 전 경영이사 스콧 포스탤Scott Forstall은 이렇게 말했다. "스티브가 사교 모임에서 그 중역을 만날 때마다 화가 나서 돌아왔습니다. … 한번은 그 중역을 만나고 와서는, 그가 마이크로소프트가 컴퓨팅을 해결했다면서 … 앞으로 태블릿 컴퓨팅으로 넘어갈 것이고 그걸 펜으로 하게 될 거라고 장담했다더군요. 그가 스티브의 면전에 대고 한 말입니다. 자기네가 펜 달린 태블릿으로 세상을 정복할 거라고요. 스티브는 월요일에 출근해서 욕설을 내

뱉더니 '제대로 하는 게 뭔지 보여주자'고 말했습니다." 마이크로소프트 중역의 오만한 행동에 자극받은 잡스는 팀을 꾸려서 펜이 아니라 손끝으로 작동하는 태블릿을 실험했다. 그리고 이들이 설계한 장치는 아이폰iPhone으로 탄생했다가 아이패드iPad로 다시 나왔다. "스티브가 그 중역을 싫어해서 시작된 일입니다. 그게 이 모든 사건의 발단입니다." 포스텔은 이렇게 말하고는 현자 같은 어조로 덧붙였다. "마이크로소프트로서는 스티브가 그 중역을 만난 게 좋은 일이 아니었지요."

성공을 위해 꼭 스티브 잡스처럼 대립 구도에 미쳐야 하거나 엔론의 직원들처럼 한정된 지위를 쟁취하고 지키기 위해 한바탕 전쟁을 치러야 하는 것은 아니다. 대개의 지위 게임은 가까이 있는 사람들과 얼굴을 맞댄 상태에서 벌어진다. 전쟁터의 병사들처럼 꼭대기에 올라가서가 아니라 가족(동료, 온·오프라인의 친구들)과 일상적으로 치르는 게임에서 주어지는 상이 우리 삶을 지탱해준다. 우리는 게임의 규칙을 얼마나 숙지하는지 보여주고, 용감하고 유능하게 그 규칙을 따르고, 게임의 미션에서 우리의 가치를 증명한다. 일상적으로 열심히 게임에 참가하면서 우리의 게임이 인정받고 존중받기를 바란다. 또 존중을 받으면 보답해야 한다. 게임은 우리에게 막강한 영향력을 행사한다. 그래서 하루에도 열두 번씩 규칙이 바뀌는 사이 우리도 달라진다.

2부

한계 없는
욕구

10 —

SNS라는 슬롯머신

'좋아요'에 중독되는 뇌

이제 지위 게임의 위력이 느껴진다. 인간 조건에 대한 거짓 신화 너머의 진실을 감지하는 사이 즐거움과 혼란을 일으키는 게임의 거대한 위력 또한 어렴풋이 느껴진다. 인간은 관계와 지위를 얻을 때 성공한다. 이 둘을 잃으면 몸에 병이 나고 마음이 우울해지고, 자살하거나 누군가를 해치고 싶은 마음이 들 수 있다. 지위가 높은 사람들은 우리를 홀려서 극장과 회의장과 영화관과 스포츠 경기장으로 끌어들인다. 우리는 그들에게 넋을 잃고, 그사이 뇌에서는 모방-아첨-순응의 기제가 작동한다. 하지만 우리가 이런 식으로만 휘둘리는 것은 아니다. 엔론의 경우처럼 게임의 규칙이 우리를 타락시킬 수도 있다. **우리가 관계와 지위를 얻기 위해 쓰는 전략이 우리의 정체성이 된다.** 그렇게 우리는 우리가 하는 게임의 꼭두각시가 된다.

전 세계 SNS 이용자 36억 명에게도 이런 현상이 나타난다. SNS는 지위 게임이다. 인간의 삶이 온라인에 펼쳐지는 것이다. 그곳에 모든 것이 있다. 셀카를 찍는 사람과 겸손한 척하면서 자랑하는 사람의 성공 게임, 건강 전문가와 정치 선전가의 도덕 게임, 온라인 폭도와 팔로우를 취소하는(지지를 철회하는) 사람들의 지배 게임까지. 일상에서는 자연스러운 현상이었을 우리의 고군분투가 온라인에서는 IT 기술자들이 교묘하게 수정한 게임의 규칙과 상징 때문에 더 힘들어졌다. 기술자들은 온라인의 게임을 경쟁적으로, 그리고 이용자가 광적으로 집착하도록 설계했다. 2019년에 미국의 스마트폰 이용자 약 2000명을 조사한 연구에서는 이용자들이 스마트폰을 하루 평균 96번, 대략 10분에 한 번꼴로 들여다보는 것으로 나타났다.[1] 불과 2년 전에 비해 20퍼센트나 증가한 수치다. 스마트폰 이용자 1200명을 조사한 다른 연구에서는 이용자의 23퍼센트가 아침에 눈을 떠서 1분도 채 되지 않는 시간에 스마트폰을 확인하고, 34퍼센트가 5분에서 10분 사이까지 버티는 것으로 나타났다. 6퍼센트의 이용자만이 2시간 이상 기다렸다.[2]

나 역시 그랬다. 한때 트위터에 게시물을 꽤 올렸고 인스타그램에는 일주일에 한 번 이상 게시물을 올렸고, 페이스북에는 전혀 올리지 않는데도 스마트폰은 늘 나와 함께 있었다. 그래서 결국 나는 스마트폰을 끊었다. 시골에서 아내와 반려견들과 함께 산책하면서도 2분에 한 번씩 주머니에서 스마트폰을 꺼내 SNS 앱을 켜고 손가락으로 화면을 올리고 내리는 것을 깨닫고부터였다. 의식적으로 SNS를 확인한 것이 아니었다. 그냥 저절로 그렇게 했다. 집을 나설 때도 외계인에게 홀린 사람처럼 손을 자꾸 주머니로 가져갔다.

▼▲▼

이런 기술은 강력한 마법을 부린다. 이 분야의 중요한 마법사로 B. J. 포그B. J. Fogg 박사가 있다. 그는 실리콘밸리가 선호하는 교육 기관인 스탠퍼드대학교 산하 '설득 기술 연구소'Persuasive Technology Lab의 설립자다. 그는 2007년에 그의 설득 기술 이론을 이용해 페이스북에 앱을 개설하는 방법을 강의했다. 전설의 시작이었다. 10주 과정의 강의가 끝날 즈음 학생들은 이용자 1600만 명을 끌어 모아 광고 수익으로 1백만 달러를 벌었다.[3]

포그가 행동 통제에 매료된 것은 열 살 때 학교에서 선전propaganda에 관해 배우면서였다. 그는 이렇게 쓴다. "여러 선전 기법에 관해 배우고 얼마 후 잡지와 TV 광고에서 그런 기법을 확인했다. … 마치 내게 권력이 생긴 것 같았다. … 단어와 이미지와 노래로 사람들이 헌혈하고 새 차를 사고 군대에 자원하도록 유도하는 과정에 감탄했다. 이렇게 나는 공식적으로 처음 설득학에 입문했다. 이후 어디를 보든, 좋은 목적이든 나쁜 목적이든 내가 '선전'이라고 부르는 현상이 눈에 띄었다."[4] 기술광인 아버지 밑에서 자란 포그는 컴퓨터의 위력을 설득에 활용할 수 있을지 궁금했다. 이후 스탠퍼드에서 컴퓨터와의 상호작용이 "사람들의 태도와 행동을 어떻게 변화시키는지"에 관해 연구했다. 2003년에는 『설득 기술: 컴퓨터를 이용해 생각과 행동을 변화시키는 법』Persuasive Technology: Using Computers to Change What We Think and Do을 출간했다. 스마트폰이 나오기 몇 년 전에 출간된 이 책은 서로 연결된 내일에 관해 새로운 비전을 제시했다. "미래의 어느 날, 대학 1학년생 패멀라가 도서관에 앉아 핸드백에서 전자 기기를 꺼낸다. 카드 한 벌보다 조금 작고 편리하게 가지고 다닐 수 있는 이 장치는 패멀라의 이동식 전화기이자 정보 포털이자 오락 플랫폼 이자 전자 수첩이다. 패멀라는 이 장치를 거의 어디나 들고 다니고 이 장치가 없으면 다소 당황한다.”

포그는 이런 장치가 “설득 기술 시스템”이 될 거라고 보았다. 전례 없는 위력으로 이용자의 생각과 행동을 바꿀 수 있을 거라고 내다보 았다. 포그는 이렇게 적는다. “자동차의 범퍼 스티커부터 라디오 방 송까지, 인쇄물 광고부터 텔레비전 광고까지 오래전부터 각종 매체 가 사람들의 태도나 행동을 바꾸는 데 이용되었다.” 그리고 이렇게 쓴다. “그러면 컴퓨터와 설득은 뭐가 다른가? 한마디로 양방향인 점 이 다르다.” 컴퓨터는 이용자나 이용자의 삶과 상호작용하면서 상황 의 변화에 따라 전략을 조율하면서 마치 지각이 있는 존재인 양 소 통한다. “‘모바일 설득 기술’을 가지고 다니면 영향력의 원천을 가지 고 다니는 것과 같다. 언제든(이상적으로, 적절한 때에) 이 장치는 당신 에게 제안하고 격려하고 보상한다. 그리고 당신의 성과를 추적하거 나 당신을 이끌 수 있다.” 이 작업은 ‘마이크로슈에이션microsuasion’이 라는 요소로 수행된다. 예를 들어 푸시 알림이나 배지badge나 지위를 드러내는 상징물처럼 현재 SNS에서 익숙하게 볼 수 있는 요소다.

포그는 그의 이론을 ‘포그 행동 모형’으로 정리했다. 그는 ‘행동 설 계 부트캠프’와 스탠퍼드 설득 연구소Standford Persuasion Lab에서 이 모 형에 관해 강의했다. 이 연구소는 잡지 「와이어드」가 “페이스북과 구 글로 가려는 기업가와 제품 설계자를 위한 톨게이트”라고 일컬은 교 육 기관이다. 포그의 모형에서는 세 가지 힘이 동시에 충돌할 때 행 동하게 된다고 설명한다.[5] 세 가지 힘은 바로 동기(그것을 원해야 한다)와 촉발 요인(무언가 그것을 더 얻고 싶은 욕망을 자극해야 한다)와 능력(쉽게 얻을 수 있어야 한다)이다. 비즈니스 인맥을 관리하는 SNS인 링크드인LinkedIn을 예로 들어보자. 링크드인은 초기에 항공 노선 같은 허브 앤 스포크hub and spoke 아이콘으로 이용자의 직업 네트워크의 크기를 시각적으로 보여주었다. 아이콘이 클수록 지위가 높다는 뜻이다. 사람들은 지위를 원하고(동기), 아이콘을 키우고 싶은 충동을 느끼고(촉발 요인), 링크드인은 이에 대한 간단한 해결책으로 이용자들이 이 사이트를 통해 서로 더 많이 연결되게 해준다(능력). 포그는 이렇게 말한다. "당시 링크드인에는 유용한 기능이 별로 없었지만 단순한 아이콘 하나가 패자로 보이고 싶지 않은 사람들의 욕구를 건드리며 강력한 효과를 냈다."[6]

▼▲▼

하지만 포그의 어두운 천재성은 여기서 한 단계 더 나아간다. 그는 지위 게임이 작동하는 방식을 변주해서 이용자들이 SNS에 강박적으로 집착할 만한 기능을 고안했다. 프로그래머가 이용자를 어떤 행동으로 유도하고 싶으면, 이용자가 원하는 '목표 행동'을 수행할 때 그 행동을 강화하는 상징을 제시해야 한다. 그런데 여기에 함정이 있다. 긍정적 강화가 일관적이지 않아야 한다는 것이다. "기존 행동을 강화하려면 강화 요인이 예측 불가능할 때 가장 효과적이다."[7] 포그가 2003년에 쓴 글이다. "슬롯머신이 좋은 예다. 철제 트레이로 동전이 쏟아져 나오는 것이 강화 요인이지만 무작위다. 이런 예측 불허의 보상은 목표 행동(여기서는 도박)을 더 강렬하고, 심하게는 중독적으로 만들어준다."

포그의 연구소는 SNS의 뒷이야기에 관심이 있는 사람들에게는 비교적 잘 알려져 있다. 휴대전화를 슬롯머신처럼 만든다는 개념은 스마트폰이 나오기도 전에 이미 존재한 것이다. 물론 이 이론에는 빠진 조각이 있다. 스마트폰 이용자가 실제로 무엇을 얻으려 그것을 사용하는지에 관해 당시의 기술자들이 제대로 이해했는지가 확실치 않다는 것이다. 사실 **SNS는 지위를 위한 슬롯머신이다.** 그래서 모두가 스마트폰과 SNS에 그렇게 강박적으로 집착하는 것이다. 우리는 사진이나 동영상을 올리거나 댓글을 달 때마다 평가를 받는다. 댓글이나 '좋아요'나 추천을 기다린다. 게다가 도박하는 사람들이 슬롯머신에서 얼마가 나올지 알 수 없듯이 우리도 어떤 보상을 받을지 모른다. 상이 매번 바뀐다. 이런 변주가 일어나면서 강박이 생긴다. 게임을 계속해서 다음에 무엇이 나올지 계속 알아보려 하는 것이다.

SNS를 이용하는 단순한 행위는 포그가 말하는 촉발 요인이 되어 우리가 게임에 뛰어들게 만든다. 누구나 지위를 원하고, 남이 지위를 얻는 모습을 보면서 자기도 지위를 얻고 싶어 한다. 게임을 잘하면 지위를 나타내는 중요한 상징을 얻을 수 있다. 이를테면 팔로워뿐 아니라 유명인을 비롯한 엘리트 팔로워가 늘어나고 그중 일부와는 알고 지낼 수도 있다. 최상급 참가자에게 주어지는 블루틱blue tick°이나 '검증됨' 표시를 받을 수도 있다. 그러나 극히 일부만 이런저런 플랫폼에서 크게 성공하고 부를 누린다. 2020년에 엘레오노라 '렐레' 폰스Eleonora 'Lele' Pons라는 유튜버가 자신의 인스타그램에 광고 게시물 하나를 올리는 대가를 14만2800달러로 매겼다.[8] 또 다른 유튜버 잭 킹Zach King은 8만1100달러를 불렀다. 두 사람의 인스타그램 팔로워는 각각 4100만 명과 2300만 명이었다. 「워싱턴 포스트」에 따르면 인기 유튜버들은 유튜브로만 1년에 200만 달러에서 500만 달러를 벌어들인다.[9]

하지만 렐레나 잭과는 몇 은하 떨어진 사람들도 이 게임에 많은 시간과 에너지를 투자해서 그들의 아바타가 오프라인의 '현실'에서보다 더 높은 지위를 누리게 한다. 이런 사람들에게 SNS는 거대한 지위의 저장고이자 포기하기 어려운 소중한 자원이다. 이미 가진 것을 지키고 더 많이 얻으려면 게임을 계속해야 한다. 슬롯머신 손잡이를 당기고 또 당겨야 한다.

포그는 2003년에 이미 그의 이론에 도사린 어두운 힘을 알았다. 그래서 그의 강좌와 글에 윤리적 문제를 경고하는 메시지를 신중하게 끼워 넣었다.[10] 그는 진심이었을지 몰라도 이제 와 보면 그런 식의 경고는 개미핥기에게 개미를 주면서 "개미를 먹지 말라"고 경고하는 격이다. 실제로 그가 가르치고 영감을 준 기술자들은 그의 메시지를 전달하면서 충분히 신중하지 못했다. 페이스북 이용자를 늘리는 데 주력하던 전 페이스북 부회장 차마스 팔리하피티야Chamath Palihapitiya는 페이스북이 "심리적으로 이용자를 최대한 빨리 조종할 방법을 찾아내는 데" 목표를 두었다고 말한 적이 있다.[11]

물론 SNS가 퍼져 나간 현상의 이유가 오로지 지위 욕구 때문이라는 뜻은 아니다. SNS는 많은 사람에게 중요한 돈벌이 수단일 뿐 아니라

°   일부 SNS에서 대중의 관심이 높은 계정의 진위가 확인되었다는 표시.

관계 맺기에도 도움이 되는 장치다. 하지만 지위 게임을 이해하지 못한다면 SNS의 막대한 영향력 역시 이해할 수 없다. SNS가 세계적으로 성장한 것은 우리 시대의 중대한 사회적 사건 중 하나다. SNS에 대한 집착은 단거리 달리기 경주를 보는 것에 빗대어 이해할 수 있다. 햇볕에 그을린 무릎 사진을 SNS에 뭐 하러 올릴까? 어찌 보면 이런 일은 내 인생에 아무런 영향을 끼치지 않는다. 하지만 우리가 위대한 여정에 오른 영웅이 아니라 어디서든 상징적인 지위 게임을 하도록 설계된 생물학적 존재라고 본다면 SNS의 성공에 고개가 끄덕여질 뿐 아니라 필연적인 현상으로 보일 것이다.

11—

그 누구도 완벽하게 행복할 수 없다
절대로 충족되지 않는 지위 욕구

행복한 결말은 없다. 불행히도. 그렇다고 인생이 그렇게 불행하게만 느껴지는 것은 아니다. 심리적으로 건강하다면 하나의 승리를 거두고 정상에 오르면 만족할 거라는 '의식 차원'의 이야기를 우리는 선뜻 믿는다. 평화와 행복과 기분 좋은 고요가 우리 것이 될 거라는 이야기 말이다. 안타깝게도 이것은 착각이다. 우리는 끝내 그 상태에 도달하지 못할 것이다. 우리는 결국 지위를 얻기 위해 게임을 하기 때문이다. **지위의 문제는 우리가 얼마나 승리하든 끝까지 만족하지 못한다는 데 있다.** 우리는 항상 더 많은 것을 원한다. 이런 태생적 결함으로 인해 우리는 계속 게임에 뛰어든다.

폴 매카트니를 예로 들어보자. 비틀스 멤버였던 그는 평생 지위를 산소처럼 마시며 살았다. 실성한 팬들, 이성의 흠모, 평생 따라붙은 천재라는 수식어, 그리고 무한한 부까지. 그는 이런 것을 현대사의 어느 누구 못지않게 누렸다. 그런데도 그는 음반의 라벨과 커버에 공동으로 작곡한 곡이 "레넌-매카트니"로 표기된 점을 못마땅하게 여겼다.

레넌이 앞에 나와서였다.

왜 레넌이 앞에 나와야 했을까? 이게 어떻게 정해졌을까? 십 대 시절, 방에서 연습하면서 누가 어떤 곡을 쓰든 상관없이 그렇게 표기하기로 합의했을 때는 그건 별로 중요한 문제가 아니었을 것이다. 하지만 이제 어떤 이유에선지 중요해졌다. 그래서 매카트니는 계획을 세웠다. 그가 재량권을 갖는 계약에서는 레넌의 이름이 뒤에 오게 했다. 1976년의 라이브 음반 「윙스 오버 아메리카」Wings Over America에는 비틀스의 곡이 다섯 곡 수록되었다.[1] 매카트니는 다섯 곡 모두를 매카트니-레넌으로 표기했다. 다음으로 1995년에 히트곡 음반 「앤솔러지」Anthology를 발매할 때는 그가 혼자 쓴 곡 '예스터데이'Yesterday에서 레넌의 이름을 뒤에 넣어도 될지 문의했다. 레넌의 아내 오노 요코는 이를 거절했다.[2]

2002년 11월에 매카트니는 다시 라이브 음반 「백 인 더 유에스」Back in the U.S.를 발매했다. 이 음반에는 비틀스의 곡이 19곡 수록되었다.[3] 매카트니는 모든 곡에서 이름의 순서를 바꾸었다. 오노는 용납하지 않았다. 오노는 변호사를 통해 성명서를 보냈다. 성명서에 매카트니의 행동을 "황당하고 불합리하며 치졸하다"고 명시했다.[4] 다음으로 오노 자신이 황당하고 불합리하며 치졸한 태도로 '플라스틱 오노 밴드'의 가장 유명한 곡 「기브 피스 어 챈스」Give Peace a Chance에서 매카트니의 이름을 뺐다고 전해진다.[5] 레넌이 매카트니에게 다른 음악을 도와준 데 고마움을 전하는 뜻으로 그의 이름을 실어준 곡이다. 2003년에야 오노와 매카트니는 휴전했다.[6] 하지만 2015년에도

매카트니는 여전히 이 일로 투덜거렸다.[7]

매카트니는 고상한 성품이고 음악계의 엘리트로 살아오면서 명성에 흠집을 낼 만한 일을 한 적이 없다. 그러다 '이름 뒤집기' 사건이 벌어진 것이다. 이름의 순서. 그는 여전히 '그런 것'을 느끼는 모양이다. 그런 갈망, 그런 긴장감, 그런 불안이 그의 혈관에서 요동치는 모양이다. 이런 결함은 인간의 본성으로 보인다. 사회학자 서실리아 리지웨이 교수는 지위 욕구가 어느 정도 충족돼야 가라앉는지 알아보는 실험을 소개하면서 이렇게 쓴다. "더 높은 지위에 오르고 싶은 욕구가 진정되는 지점은 없다."[8] 이 실험의 연구자들은 지위 욕구가 "충분히 충족되지" 않는 이유를 이렇게 보았다. **그것은 우리가 영원히 도달할 수 없는 지점이다. 존중은 남들이 보내주는 것이므로 이론적으로 언제든 다시 빼앗아 갈 수도 있다는 뜻이기 때문이다.** 그래서 우리는 계속 더 원한다. 더, 더, 더.

▼ ▲ ▼

지위 충족 욕구가 절대로 멈추지 않는다는 이런 결함은 흔히 지위의 척도로 여겨지는 대상인 돈에 대해 우리가 어떻게 느끼는지에서도 발견된다. 얼마를 벌든 우리는 더 갈망한다. 그리고 우리가 그만한 돈을 가질 자격이 있다고 확신한다. 7만 명 이상을 대상으로 한 설문 조사에서는 시장의 시세만큼 임금을 받는 사람의 3분의 2 정도가 자신이 돈을 적게 받고 있다고 생각하고, 6퍼센트만 예상 외로 많이 받는다고 생각하는 것으로 나타났다.[9] 심리학자 마이클 노턴Michael Norton 교수의 연구팀은 순자산이 100만 달러 이상인 사람부터 훨씬 높은 수준의 자산가까지 2000여 명 이상을 접촉했다.[10] 그리고 행복을 10점 척도로 평가해 달라면서 완벽하게 행복하려면 돈이 얼마나 필요한지 물었다. "수입-재산의 모든 범위에서 사실상 모두가 두세 배 더 많은 금액이라고 답했다."

완벽한 행복. 그들은 앞으로도 완벽하게 행복하지 못할 것이다. 이것이 우리의 결함이다. 우리가 현실을 기반으로 해 만든 꿈의 일부다. 꿈은 우리에게 목적지가 있다고 말한다. 하지만 우리는 더 원하기를 멈추지 않는다. 특정 상황에서 깊은 내면의 자신과 분리되면서 가면 증후군Imposter Syndrome°에 시달릴 수도 있지만 결국은 우리 쪽으로 밀려오는 지위를 아주 능숙하게 받아들일 것이다. 게임 맨 꼭대기에 있는 엘리트에게도 중요한 대목이다. 그들도 받아들인다. 그리고 익숙해진다. 지위를 측정하는 무수한 방식에 익숙해진다. 돈, 권력, 영향력, 아첨, 옷과 보석, 교통수단과 배정된 자리, 휴가지와 주거지 위치, 직원 수, 집과 직장의 규모와 화려한 정도, 농담에 대한 반응, 눈 맞춤, 몸짓 언어, 컵에 받은 오렌지 주스의 양까지. **"그들은 얻어냈다!"** 그리고 더 원한다. 더 얻는다. 그리고 다시 **익숙해진다.** 이렇게 우리의 상사와 정치인과 유명인들은 지위에 취하고 그사이 그들의 행동은 점점 광기에 휩싸인다.

지위에 취하는 모습은 특이하면서도 평범한 현상이고 게임이 인간의 인지를 어떻게 중독시키는지 보여주는 증거이기도 하다. 신문

° 자신의 현재 모습이나 성취가 노력이 아닌 운에 따른 것이며, 주변 사람들이 자신의 가짜 모습에 속고 있다고 생각하며 불안해하는 심리 상태를 가리킨다.

에는 유명인의 무리한 요구에 관한 기사가 심심치 않게 실린다. 톰 크루즈는 조용히 식사할 수 있게 레스토랑을 통째로 비워 달라고 요구했고, 카니예 웨스트는 분장실 카펫이 "울퉁불퉁"하다면서 카펫을 다려 달라고 요구했으며, 마돈나는 "소독팀을 불러 분장실의 DNA를 제거해 달라"고 요구했다.[11] 모두 아찔하게 올라간 지위를 상징하는 권력 행사의 사례다.

일부 국가 지도자들은 더 심각하다. 러시아의 안나 이바노브나 황후는 신하들에게 마주칠 때마다 매번 다른 옷을 입으라고 명령했다.[12] 필리핀의 전 영부인 이멜다 마르코스[13]는 성공의 상징물에 대한 갈망 면에서 전설적인 인물이다. 일례로 이멜다는 케냐에서 사파리를 다녀온 후 아프리카의 야생 포유류를 필리핀의 칼라윗섬에 데려다 놓으려고 그 섬에 살던 254가구를 쫓아냈다. 마르코스 일가가 궁전을 떠난 후인 1978년에 이멜다가 뉴욕의 불가리 매장에서 150만 달러를 탕진한 영수증이 발견되기도 했다. 이멜다의 뇌는 사치는 미덕이고 가난한 사람들에 대한 '의무'라고 말해주는 자기중심적인 꿈을 만들었다. "빛이 돼야 해요. 그들을 이끌어줄 별이 돼야 해요." 내가 자주 예로 드는 국가 지도자는 투르크메니스탄의 사파르무라트 니야조프, "모든 투르크메니스탄인의 아버지"로 불리는 사람이다. 그는 요일 이름, 달의 분화구, 말의 혈통, 도시, 운하, 달, 빵의 이름에까지 그와 가족들 이름을 붙였다. 그리고 거대한 황금빛 동상을 세우고 언제든 태양을 마주하도록 동상이 돌아가게 했다.

지위에 취하는 행태는 사실 왕실의 본질적인 조건으로서, 왕궁과 왕관과 강박적인 여러 의식에서 드러난다. 영국의 앤드류 왕자는 개인 비행기로 골프 경기를 보러 다니느라 국민의 혈세 수만 파운드를 탕진한 일로 비난받았지만 사실 이 정도 사치는 그의 조상 조지 4세에는 비할 바가 못 된다. 당시 경쟁자인 나폴레옹이 성대한 대관식을 치르며 프랑스 황제로 등극하자 조지 4세는 더 성대한 대관식을 치르기로 했다. 그는 웨스트민스터 홀에서 성대한 만찬을 열었다.[14] 구운 사슴고기 80덩이, 구운 소고기 80덩이, 족발 400개, 연어 40마리, 송어 40마리, 넙치 80마리, 닭 1610마리, 채소 요리 160접시, 거위 160마리, 베이컨 4분의 3톤을 준비했다. 술 메뉴에는 부르고뉴 와인 240병, 샴페인 1200병, 보르도 지방 포도주인 클라레 2400병이 올랐다. 첫 번째 코스는 웰링턴 공작과 하워드 남작과 앵글시 후작이 홀까지 말을 타고 들어와 제공했다.

오늘날 자본주의의 거물들도 이런 결함을 보인다. 그들의 번쩍이는 회사 건물은 지위에 취한 사람들의 싸구려 여인숙으로 보인다. 산업계와 금융계 지도자들이 얼마나 심각하고 요란하게 자만에 부풀었는지는 세계 금융 위기가 터지면서 드러났다. 포드와 크라이슬러와 GM의 CEO들은 워싱턴 D. C.로 공적 자금을 구걸하러 가면서도 개인 전용기를 이용했다. 대서양 건너 영국에는 스코틀랜드왕립은행이 40억 파운드 이상의 부채를 지고 세금으로 450억 파운드의 구제 금융을 받게 만든 CEO 프레드 굿윈Fred Goodwin이 유명하다.

굿윈은 무자비한 비용 절감 조치로 '분쇄기 프레드'라는 별명을 얻었다. 하지만 이런 희생은 그 자신에게는 해당되지 않았다. 보도에 따르면 2005년에 그는 3억5000만 파운드 규모의 본사를 개점하는 과정을 감독하면서 그가 좋아하는 가리비 요리가 서빙되는 사이에 식지 않도록 임원 식당의 위치를 바꾸었다.[15] 신선한 과일은 매일 파리에서 공수해 왔다. 그의 사무실 앞 축구장만 한 로비에 작은 얼룩 하나라도 생기면 한 롤에 1000파운드나 하는 벽지로 로비의 벽을 다시 꾸미게 했다. 어느 날은 실수로 분홍색 비스킷이 나오자 책임자를 징계하겠다고 위협하는 이메일을 보냈다. 제목은 "비스킷 사기꾼"이었다.

'지위에 취하는' 이런 사례가 재미있게 느껴질 수도 있다. 하지만 엘리트들을 그런 상태로 끌어내린 결함은 사실 우리 모두에게 해악을 끼칠 수 있다. 특히 우리가 일하는 회사에서 이런 결함이 나타난다면 더 그렇다. 조직심리학자 데니스 투리시Dennis Tourish의 연구에서는 기업에서 서열이 낮은 사람은 "서열이 높은 사람의 의견과 행동에 습관적으로 과장되게 동의하면서 영향력을 얻으려 하면서도" 비판적인 생각은 거의 표현하지 않는 것으로 나타났다.[16] 여기서 '결함'이 표출된다. 지도자들은 지위를 높여주는 달콤한 소식을 쉽게 믿어버린다. 칭찬과 동의는 비판 없이 선뜻 인정하면서 나쁜 소식은 너무 적은 데 의심을 품지 않는다. 누가 나쁜 소식을 전하면 그 사람에게는 까다롭다거나 부정적이라거나 "팀에 협조적이지 않다"는 오명을 내린다. 그의 자리까지 위협한다.

지위에 취한 지도자는 게임에서 자신의 자리를 보면서 자기가 그 자리에 있어야 하는 이유를 설명해주는 유리한 꿈을 만들어낸다. 그의 뇌는 그를 높은 지위를 얻을 자격이 있는 영웅담의 주인공으로 만들어준다. 이런 착각에 빠져서 듣기 좋은 말은 진실로, 반박하는 말은 부당한 공격으로 받아들인다. 합리적으로 반박하는 사람은 악당으로 만들어 처벌한다. 그러면 나머지 사람들은 자연히 두려워하며 입을 다물어버린다. 흔한 일이다. 설문 조사에서는 직원의 85퍼센트가 "중요한 문제라고 생각해도 상사에게 문제를 제기하거나 우

려되는 점을 말하지" 못할 것 같다고 답했다. 투리시와 그의 연구팀
이 해당 기업에 찾아가 직원들의 부정적인 의견을 보고하자 지도자
들은 "대체로 충격을 받았다." 진지하게 받아들인 사람도 있지만 "다
수는 결과에 크게 반박"했다. "그들은 누구도 그들에게 그런 문제를
제기한 적이 없고, 그러니 설문 조사 자료에 문제가 있을 거라고 주
장했다."

약삭빠른 사람들은 엘리트의 이런 결함을 간파하고, 그들에게 아
첨하면서 지위를 높이려 한다. 그리고 아첨은 효과가 있다. 투리시
는 이것을 "향기로운 함정"이라고 부른다. CEO 451명을 대상으로 한
연구[17]에서 과장된 아첨과 동의를 자주 접하는 지도자는 자신의 능
력을 더 높게 평가했다. 상황이 잘못 흘러가도 과정을 바꾸는 능력
이 떨어졌으며 이들이 이끄는 기업은 꾸준히 실적이 떨어질 가능성
이 높았다. 투리시가 지도자들에게 이런 위험성을 경고하자 그들 다
수가 선선히 수긍했다. 하지만 "다수는 자기는 예외라고 생각한다."
특히 투리시는 가장 성공한 지도자가 대체로 "가장 불만이 적은" 추
종자를 거느린다는 사실을 발견했다.

▼▲▼

물론 대다수는 평생 이런 지위를 누리지 못한다. 그래도 CEO와 왕
족과 유명인의 경험을 반면교사로 삼을 수는 있다. 누구나 어느 정
도는 자기중심적인 이야기 속에 살기 때문이다. 남들에게 아첨을 받
고 그걸로 들뜨면 자신의 삶에 의구심을 품기 어렵다. 그냥 인정하
고 즐기고 자기가 더 많이 누릴 자격이 있다고 생각하게 된다. 나아

가 이미 얻은 것에 만족하지 못한다. 그래서 게임을 계속하면서 다음 행동이나 그다음 행동이 자기를 더 행복하게 만들어주고 어쩌면 완벽한 행복을 가져다줄 수도 있을 거라고 믿는다.

하지만 지위를 얻는다고 해서 완벽히 행복해지지 않는다. 한 흥미로운 심리학 연구에서는 할리우드 배우와 농구 스타와 R&B 가수를 비롯해 미국에서 인지도가 매우 높은 유명인 15명에게 폴 매카트니 수준의 높은 지위에서는 실제로 무슨 일이 벌어지는지 분석해 달라고 했다.[18] 다들 처음에 지위가 갑자기 상승했을 때는 환상적이었다고 답했다. 한 사람은 이렇게 회고했다. "사람들, 부탁, 편지, 이메일, 길에서 받는 인사, 내 이름을 외치는 소리… 이런 게 쌓이고 쌓여서 작은 돌풍을 일으키고, 돌풍이 내게 덮쳐오고, 또 덮쳐와요." 그러다 별안간 "나는 그만한 가치가 있다. 나는 중요한 사람이다, 라는 생각이 들죠."

다음으로 그들의 뇌가 그들이 지위를 쟁취했다고 말해주는 이야기를 만든다. 또 한 사람은 이렇게 말했다. "사람들이 나를 추앙하니까 인생이 달라져요. 그런데 이게 좋기만 한 건 아니에요. 점점 내가 남들에게 추앙받을 만한 사람이라는 생각이 들어요. … 이런 마음을 늘 경계해야 하지만 그러기가 쉽지 않죠. 오히려 이런 상태를 이용할 때도 있어요. 날 추앙하는 사람들을 이용하거나 권력을 휘두르죠." 이렇게 얻은 지위는 압도적이기는 해도 충분하지 않다. 영원히 충분하지 않다. 또 한 사람은 이렇게 말했다. "저는 인간에게 알려진 거의 모든 물질에 중독됐어요. 그중 중독성이 제일 강한 것이 명성이에요."

다음으로 피해망상이 생긴다. "유명해지면 누구도 예전처럼 믿지 못하게 돼요. … 저 사람들이 웃는 건 내 농담이 재미있어서일까, 아니면 내가 하는 농담이라서일까?" 사랑하는 사람도 하나둘씩 떠난다. "친구들을 잃었어요. … 다들 열등감을 느끼거든요. … 저는 특별하고 그들은 아니니까요. 그러다 그 친구들이 저와는 아무것도 같이 하지 않으려는 것을 깨달아요." 슈퍼스타들은 이런 게임에 환멸을 드러냈다. 하지만 지위 자체가 문제는 아니었다. 그보다는 그들이 제대로 된 지위를 얻은 것이 아니라는 데 문제가 있었다. 말하자면 그들은 수없이 많은 성공을 이루었는데 이제 도덕의 지위를 원하는 것이다. 그래서 "우리가 이룬 것으로 우리를 좋아해주는 사람이 많다. 하지만 우리가 누구인지에는 관심이 없다"고 하소연하는 것이다.

이런 결함은 우리가 현실을 중심으로 만드는 꿈의 한 요소다. 이렇게 유별난 인지적 특징으로 인해 우리는 계속 게임 안에 머무른다. 그나마 위안이 될 만한 점이 있다면 여기에는 모두에게 공평한 속성이 있다는 사실이다. 우리뿐 아니라 우리 위의 엘리트들도 그들이 원하는 것을 끝내 찾지 못한다는 것이다. 우리가 누구이고 점수판에서 얼마나 위에 있든, 인생은 영원히 끝나지 않는 게임이므로.

12—

제로섬 게임
공식적 지위와 비공식적 지위

보편적 편견, 곧 인류 전체가 지닌 편향이 있다. 인간은 나보다 위에 있는 사람이 으스대는 꼴을 좋아하지 않는다. 이것은 정치와 계층, 성별, 문화를 초월하는 분노의 마음이다. 이런 편견이 인간의 삶 전체에 흘러내린다. 사람들은 유명인과 CEO, 정치인, 왕족에게는 불편함 없이 더없이 잔인하게 군다. 지위가 높으면 고통에 둔감해지는 것처럼 생각한다. 얼마 전에 나 역시 이런 트윗을 보고 웃었다. "이들은 모두 진정한 「텔레그래프」 칼럼니스트다. 소피아 머니쿠츠Sophia Money-Coutts, 해리 드켓빌Harry de Quetteville, 해미시 드브레턴고든 Hamish de Bretton-Gordon, 부디카 폭스레너드Boudicca Fox-Leonard." 약간 자책감이 들면서 나 역시 상류층 사람들을 덩달아 비웃을 수 있다는 사실을 깨달았다. 내가 마지막으로 확인했을 때 이 트윗에는 '좋아요'가 2만7000개 달렸다.

지위가 현격하게 높은 사람들을 향한 이런 불편한 감정은 수천 년

전으로 거슬러 올라간다. 이러한 감정은 게임에 대한 우리의 인식에 새겨져 있다. 인간은 항상 고질적으로 지위를 추구했다. 지위를 차지하려고 경쟁하는 성향은 석기 시대에도 있었다. 당시에는 지금보다 계층의 폭이 훨씬 얇고 최상층과 최하층 사이의 차이가 적었다. 탄자니아 북부의 '평등주의적인' 하즈다 부족을 다룬 최근의 한 연구에서는 부족 내 지위가 낮은 여자들의 스트레스 수준이 유의미하게 높다는 증거가 발견되지 않았다.[1] 그래서 간혹 수렵채집 사회에는 지위 게임이 존재하지 않았고 인류는 완벽히 평등한 축복 속에 진화했다는 주장도 있다. 하지만 계층의 폭이 얇다고 해서 인간이 지위를 중시하도록 설계되지 않았다는 결론으로 넘어가는 것은 잘못이다. 심리학자 폴 블룸 교수는 이렇게 말한다. "오히려 수렵채집 사회에 평등주의적 생활 양식이 존재한 이유는 사람들이 지위를 매우 중시하기 때문이다. 이런 사회의 개인이 대체로 평등해지는 이유는 누구도 자기보다 압도적으로 큰 권력을 차지하지 못하도록 모두가 투쟁하기 때문이다."[2]

이처럼 비교적 지위가 균일한 게임의 장이 가능한 이유는 이런 사회가 '권위적인'big shot 행동을 의미하는 신호에 매우 민감했고 이런 신호를 예의 주시하며 색출했기 때문이다.[3] **'전투적 평등주의'의 분위기가 유지되는 데는 권위적인 행동을 싫어하는 인간 본능이 그 누구도 과도하게 커지지 못하게 가로막기 때문이다.**[4] 현대의 수렵채집 사

°   영국 일간 신문 「텔레그래프」The Daily Telegraph는 보수 우파 성향이 강한 잉글랜드 중산층이 즐겨 보는 매체다. 트윗에 언급된 인물들이 신문과 같은 보수적 논조를 대변하는 인물들이라고 비난조로 언급한 것으로 보인다.

회에서도 누군가가 사냥한 짐승을 지나치게 자랑하면 조롱거리가 되기 십상이다. 가령 인류학자 엘리자베스 캐시던Elizabeth Cashdan 박사에 따르면 칼라하리 사막에 사는 쿵족의 사냥꾼들 사이에서는 "누구든 자신의 성과를 최소로 줄여서 말하거나 별것 아닌 양 말하지 않으면 친구와 친척들이 대신 나선다."[5] 사람들이 그를 조롱하면서 그가 가져온 사냥감을 가리켜 "그게 뭐냐? 토끼 같은 건가?"라고 묻는다는 기록이 있다. 이누이트 마을에서는 사람들이 못마땅한 표정을 짓거나 대놓고 망신을 주거나 공개적으로 조롱해도 그 사람이 권위적인 행동을 자제하지 못하면 마을 사람이 모두 그에게 모여들어 면전에 대고 '조롱의 노래'를 부른다.[6] 수렵채집 시대처럼 소문을 내경고하는 행위는 오늘날 주로 '지위가 높은 사람이 규율을 위반한 경우'에 적용된다.[7] 여러 연구에서도 사람들은 지위가 높은 누군가에 대해, 그중에서도 동성의 누군가, 곧 게임의 경쟁자에 대해 소문을 퍼트리는 것을 지나치게 좋아하는 것으로 나타났다.[8]

지위가 높은 사람들을 향한 불편한 감정은 실험실 연구에서도 확인되었다. 신경과학자들이 실험 참가자들에게 인기도 많고 부유하고 똑똑한 사람에 관한 글을 읽게 하자 참가자들의 뇌에서 고통을 지각하는 영역이 활성화되었다. 그리고 이 가상의 인물이 추락하는 글을 읽히자 쾌락 영역이 커졌다. 여러 문화권에서 같은 연구 결과가 나왔고, 특히 일본과 오스트레일리아의 한 연구에서는 참가자들이 "키 큰 양귀비"tall poppy°가 추락하는 모습을 보면서 즐거워하

°   재능이나 성과가 뛰어나서 사람들에게 분노와 공격의 대상이 되는 사람을 가리킨다.

는 현상을 발견했다.[9] 지위가 높은 사람일수록 그가 추락할 때 사람들이 느끼는 쾌감도 커진다. 참가자가 느끼는 시기심의 수준이 가장 높을 때는 남달리 유능한 사람이 "학생들에게 학업 성취도처럼 참가자에게 중요한 영역"에서 성공한 사람인 경우다. 말하자면 게임의 경쟁자인 경우다.

하지만 앞서 보았듯이 우리는 지위가 높은 사람들에게 **끌리기도** 한다. 유명한 사람들, 성공한 사람들, 똑똑한 사람들을 만나고 싶어 한다. 따라서 게임에서 유능한 사람과의 관계에는 무서울 정도로 상반된 감정이 공존한다. 한편으로는 그런 사람들에게 가까이 다가가 지위를 주며 그들에게 배우고, 그러면서 우리도 지위를 얻는다. 다른 한편으로는 그들에게 끝도 없이 미움이 생긴다. 아마도 우리 뇌의 게임 기능과 현대의 비대한 게임 구조가 조화를 이루지 못해서 발생한 현상일 것이다. 우리 뇌는 작은 부족 집단에 특화되었지만 현대의 우리는—특히 직장과 온라인에서—거대한 게임을 수행해야 하고 그 게임에서 걸출한 사람들이 삼나무처럼 빽빽하게 우리 앞길을 가로막는다. 지위는 상대적이다. 남들이 높이 올라갈수록 우리는 아래로 내려간다. **지위가 자원이라면 남달리 잘나가는 사람들이 그 자원을 우리에게서 빼앗아 가는 것이다.** 예외가 있는데 바로 우리 집단을 대표하는 사람들이다. 예술가, 사상가, 운동선수, 우리가 강렬히 동일시하는 지도자들이다. 이들은 저마다의 방식으로 우리를 상징한다. 이들은 우리 정체성의 한 조각, 우리 육신의 일부를 가지고 있어서, 이들의 성공은 곧 우리의 성공이고, 그래서 우리는 이들의 성공에 환호한다. 잠재의식 차원에서 이런 우상은 곧 환상적인 성공을 거둔 우리의 일면이다. 우리 안의 **모방하고 아첨하고 순응하는** 인지 체계가 우리 집단의 잘나가는 사람에 대한 반감을 압도한다.

▼ ▲ ▼

우리 본성에 맞는 작은 게임과 현실에서 참여하는 거대한 게임 사이의 어색한 부조화로 인해 온갖 갈등과 불평등이 발생한다. 인간의 게임은 우리가 야영지를 버리고 정착해서 농사짓고 가축을 기르며 공동체를 이루고 살기 시작하면서 거대하게 확장되었다. 확대 가족 중심의 원시적인 씨족 집단은 정착할 집과 농사지을 땅을 발견했다. 그리고 이 집단이 서로 연결되면서 더 큰 공동체를 이루었다. 주로 족장사회chiefdom라는 마을을 중심으로 공동체가 형성되었다.[10] 확대 가족 기반의 공동체에서 일의 전문화가 시작되어 대장장이나 목수, 양치기 등의 특정 게임을 중심으로 사람들이 모였다. 그리고 이런 게임이 계급 제도로 굳어졌다. 점차 사회적 지위와 직업이 친족과 혈통에 의해 결정되었다. 옷감 짜는 계급이나 우유 파는 계급이나 도축하는 계급으로 태어날 수 있다는 뜻이다. 개인의 지위와 직업이 출생에 크게 좌우되는 현재의 계급 제도는 사실 수천 년 전에 문명이 동틀 무렵부터 내려온 것이다.

이런 원시 공동체에서는 어느 한 씨족 집단이 자연히 다른 씨족 집단들보다 더 부유하고 더 강력해진다. 정착 사회가 발전하면서 이전 시대보다 잉여 식량이 증가했다. 땅도 분할되었다. 처음으로 개인이 큰 부를 축적할 수 있게 되었다. 그리고 대부분의 부가 위로, 꼭대기의 씨족으로 올라갔다. 그들은 이런 상승을 어떻게 설명할까? 그들은 자기네에게는 위로 오를 자격이 있다고, 한마디로 그들은 진정으로 특별한 존재라는 자기중심적인 이야기로 설명한다. 그들은 대개 아래 계급 씨족과의 혼인을 금한다. 자기네는 절대적으로 '다른' 사람들이고 신성한 계급이라고 정의하기 위해서다. 이들은 장로회의 일원으로서든 한 명의 통치자로서든 족장사회를 이끈다.

이처럼 새로이 지위와 상징이 축적되면서 이제껏 게임을 통제하던 기존의 방법이 더는 통하지 않았다. 부족 사회에서는 소문으로 각 계급을 움츠러들게 만들 수 있었다. 부족민들이 거물이나 거물의 행동을 벌줄 수 있었다. 하지만 이제는 지위가 높고 힘 있는 통치자들이 출현할 수 있게 되었다. 그리고 중요한 지위를 갈망하는 선행 인류는 기세등등하게 포효하며 앞으로 나섰다. 엘리트들은 그들이 누리는 지위를 마땅한 것으로, 심지어 신이 내린 것이라고 믿었다. 그들의 뇌에서 자기중심적인 꿈을 만들어냈기 때문이다. 그러다 '결함'이 튀어 나왔다. 지위에 익숙해지면서 더 큰 지위를 원하게 되었다. **더 큰 지위를 쟁취하는 것은 더 큰 집단을 지배한다는 뜻이다.** 말하자면 그들 아래 게임 참가자들이 증가하면 그들의 영향력이 더 커지고 더 많이 존중받고 그들이 반짝반짝 빛날 일도 늘어난다는 뜻이다. 인구가 증가하면서 영토가 병합되고 엘리트들은 침략 행위로 영토를 넓히려 했고, 그사이 부족 사회는 왕국과 국가와 제국으로 확장되었다. 게임의 판이 커지고, 엘리트들은 이제 신처럼 높은 곳에서 게임을 하기 시작했다.

이런 대대적인 확장은 맨 꼭대기에 있는 사람들에게는 유리하게 작동했지만, 아래에 있는 사람들은 그만큼 고통받기 시작했다. 아래 계급 사람들은 갈수록 힘이 약해지고 병들어 갔다. 그리스의 3500년 된 무덤에서 출토된 유골을 보면 왕족은 평민보다 키가 5~7센티미터 더 크고 평민은 충치가 세 개라면 왕족은 충치가 평균 한 개밖에 없었다. 칠레에서 출토된 상류층 미라는 장신구로 치장하고 금 머리 장식을 착용했다. 그들에게선 전염병으로 인한 골 병변이 400퍼센트나 적게 나타났고, 같은 평민이라도 여자가 남자보다 골 병변을 훨씬 더 많이 보였다.[11] 인류가 한 곳에 정착하고 땅을 차지하는 사이 지위 게임은 무섭게 확장되었다. 그리고 우리는 여전히 이때의 상태에서 벗어나지 못했다.

현대의 인간은 야망이 넘치고 망상에 사로잡힌 동물이다. 한편으로는 시기심도 많고 억울함도 많이 느낀다. 남들 눈에 잘 띄는 성공의 상징─부, 소유물, 「텔레그래프」에서 볼 수 있는 하이픈(-)으로 연결된 귀족적인 성姓─은 게임의 방식을 바꿔놓았다. 그래서 우리는 더 인색하고 더 경직되고 덜 협조적으로 게임을 하게 되었다. SNS를 연구하는 니컬러스 크리스타키스Nicholas Christakis 교수는 실험 참가자들에게 세 가지 온라인 세계에서 활동하라는 주문을 했다.[12] 첫 번째는 평등한 세계이고, 두 번째는 스칸디나비아 수준의 중간 정도로 불평등한 세계이고, 세 번째는 미국 수준의 확장된 불평등의 세계다. 참가자들은 부유하거나 가난한 집단에 무작위로 배정되고 실제로 돈을 받았다. 다음으로 그 돈을 집단의 부를 위해 기부할지 아니면 자신의 이기적인 목적이나 결핍을 보완하는 데 쓸지 결정해야 했다. 놀랍게도 참가자의 결정에 가장 큰 영향을 끼친 요인은 게임에서 실제 불평등의 수준이 아니라 불평등이 겉으로 보이는지 여부였다. 참가자의 부가 숨겨져 있을 때는 상류층을 비롯해 모두가 더 평등주의적이 되었다. 하지만 부가 겉으로 드러나 있으면 모든 참가자가 덜 우호적이고 "절반 정도만 협조"했고, 부자가 가난한 사람을 착취할 가능성이 유의미하게 커졌다.

▼▲▼

인류가 거대하게 확장되면서 심각한 결과를 초래한 또 하나의 보편적인 특이 현상이 있다. 앞서 보았듯이 우리는 지위 게임을 비공식적으로 하도록 진화했다. 사실 수렵채집 시대에는 노골적인 성공의 단서—사냥꾼의 뼛조각 목걸이, 족장의 안전한 거처—로 서열이 표시되어서 거의 모든 사람들이 지위를 알아챘을 것이다. 몸짓 언어와 말투와 존중 수준으로 감지했을 것이다. 하지만 정착 사회를 이룬 이후에는 족장과 왕, 사제, 수상, CEO의 높은 지위는 직함과 의례, 의무적인 존중 행위와 명예로 확인되었다. 그래서 동시에 두 가지 게임이 돌아가기 시작했다. 문화와 경제와 사회의 거대한 계층으로 드러나는 **공식 게임**과 참가자의 마음속에서 일어나는 **비공식의 진정한 게임**이다.

따라서 '찰스 왕세자의 역설'이 발생할 수 있다. **한 사람이 지위가 높으면서 동시에 낮을 수 있다**는 뜻이다. 찰스 왕세자는 영국에서 공식적으로는 최상급의 지위를 누리며 여왕과 나란히 선다. 하지만 **진정한** 지위에서는 상대적으로 낮은 자리에 위치하고, 영국 국민의 절반만 그를 좋게 봐줄 뿐이다.[13] 이런 역학 관계는 사람들에게 큰 동요를 일으킬 수 있다. (피해망상에 빠진 왕족이든 괴팍한 상사든) 지도자가 자신의 진정한 지위에 불안해하고 점점 더 충성과 복종과 경배의 마음을 보여 달라고 요구한다면 말이다.

그런데 공식 게임은 우리를 더 미치게 만들 수 있다. 제로섬 게임으로 치러져서 누구 하나가 이기면 다른 사람들은 지는 방식으로 공식적인 상이 주어지기 때문이다. 현대 사회의 흔한 현상이다. 작가들의 글쓰기 게임에도 이런 제로섬 전투가 넘쳐난다. 신문의 책 소개 지면이라는 한정된 공간, 서점의 '신간' 표시, 판매 순위에서의 등수, 출판사 '대표 서적'이라는 지위까지. 학교에 입학한 첫날부터 은퇴하는 날까지 사람들은 지위가 깃든 상을 놓고 전쟁을 치른다. 부족 사회에서는 이런 경쟁이 훨씬 적었을 것이다. 명확히 입증할 수는 없어도 **공식적인 제로섬 게임에 자주 노출되는 현실이 21세기에 우리를 괴롭히는 고통과 불안과 탈진의 원인으로 보인다.** 이로 인해 우리는 남들에게 적대감을 느낀다.

우리는 공식적인 게임을 하도록 진화하지 않았고 이렇게 극단적으로 게임을 하도록 진화하지도 않았다. **다만 우리는 억울함을 느끼도록 진화했다.** 먼 옛날에는 이 위험한 정서로 인해 부족이 굴러가고 계층의 폭이 얕게 유지되었다. 위에서 으스대면서 자격도 없이 지위를 주장하는 사람들을 벌주었다. 오늘날 우리는 그런 사람들에 둘러싸여 있다. 그들이 자극하는 억울함은 세상에 관한 우리의 이야기를 틀어지게 만든다. 그래서 우리는 그 이야기에 손가락질하고 비난의 화살을 돌릴 악당을 끝없이 덧붙이고, 우리 나름의 정의감과 시기심에 차 그를 향한 조롱의 노래를 부른다.

13 —

'우리'라는 과대망상

'우리' 집단이 많이 가질수록 '나'에게 큰 상이 돌아온다

열네 살 때, 울워스 슈퍼마켓의 할인 상품 매대에서 록 밴드 머틀리 크루Mötley Crüe의 티셔츠를 산 적이 있다(「시어터 오브 페인」Theatre of Pain 음반의 투어 티셔츠가 3.99파운드였다). 이 티셔츠를 입고 처음 밖에 나갔을 때, 나는 자부심에 들떠 있었다. 나의 글램메탈 종족을 대표하여 자기애에 빠졌다. 우리 종족은 아이돌 그룹이나 광란의 파티나 즐기는 바보들보다 **우월한** 사람들이었다. 나는 이것이 진실이라고 절대적으로 믿었다. 드디어 내 믿음을 세상에 드러낼 수 있었다. 차량 통행금지 구역에서 얼간이처럼 잰걸음으로 왔다 갔다 하는 사이 내게는 상상의 지위가 쏟아졌다. 이런 행동은 어렵지 않게 찾아볼 수 있다. 거물처럼 으스대는 행동을 경계하는 사회적 금기는 우리 집단을 대표해서 으스대는 행동에는 적용되지 않는다. 우리 집단에 대한 자부심을 표현하는 행동은 일반적인 일, 나아가 칭찬받을 만한 것으로 여겨진다.

이유를 알아보기 위해 니제르 공화국의 도시 마라디로 가보자. 1974년에 인류학자 제롬 바코 교수는 한 가지 의문에 부딪혔다.[1] 마라디의 시민 다수는 인근의 카치나 왕국에서 도망쳐 나온 왕족의 후손이었다. 그들의 조상은 19세기에 이슬람 원리주의자들에게 침략을 당해서 고향을 떠나야 했다. 왕족의 후손들은 가난한 계층으로 떨어졌고 조상들이 누렸던 높은 지위를 회복하지 못했다. 바코는 그들이 지위를 앗아 간 이슬람을 원망할 줄 알았다. 그런데 놀랍게도 정반대로 보였다. "애환의 역사를 겪었음에도 그들에게 이슬람을 향한 반감이 전혀 보이지 않아서 놀랐다. … 오히려 자기가 독실한 이슬람교 학자 집안 출신이라고 주장하는 사람을 연이어 만났다." 이슬람은 막강해졌을 뿐 아니라 계속 성장했다.

바코는 질문하기 시작했다. 카치나 왕족의 직계 후손 두 명을 만났다. 한 사람은 이슬람을 받아들였고, 다른 한 사람은 받아들이지 않았다. 우선 다야는 어릴 때부터 코란 학자와 공부했다. 열여섯 살에는 코란을 구절별로 암송할 수 있었다. 덕분에 사우카^sauka라는 명예로운 졸업식을 치를 수 있었다. 이후에도 다야는 하루에 몇 시간씩 코란을 공부했다. 아내를 둘 얻고 자식 셋을 낳았고, 가난하지만 자부심 넘치는 삶을 이어갔다. 당시 마라디는 프랑스에 점령당했다. 다야는 마라디 시민들이 식민지의 게임에 놀아나며 프랑스식 교육을 받고 프랑스의 권력 체제에서 지위를 얻으려고 혈안이 된 모습에 염증을 느꼈다. "다야는 프랑스식 교육을 받은 상류층 관료들을 냉정한 눈으로 보았다. 코란 학자들에게 존경심을 지키며 매일 몇 시간씩 그들과 함께하고 수입의 상당 부분을 나누었다."

다음으로 시다가 있었다. 시다도 다야처럼 카치나 왕족의 직계 후손이었다. 역시 다야처럼 상류층 관료들의 프랑스식 교육을 받지 못했다. 그렇다고 코란 교육을 받은 것도 아니었다. 대신 그는 전통을 따라 장사에 뛰어들었다. 처음에는 재단사 밑에서 일하다가 이어서 땅콩 상인 밑에서 견습 생활을 했다. 하지만 견습 생활이 그와 맞지 않았다. 그는 일을 가르쳐주는 스승들과 계속 부딪혔고, 결국에는 도제 관계를 깨고 나갔다. 친한 친구 하나는 시다가 '고귀한 심장'을 가진 탓이라고 말했다. 시다가 왕족 혈통이라는 자부심이 강해 땅콩 상인의 견습생으로서 자신을 낮추지 못했다는 것이다. 바코가 시다와 인터뷰했을 때 그는 아내와 어머니에게서 경제적으로 지원받고 있었다. "활력이 넘치고 자신만만한 다야와 달리 시다는 쇠약하고 구부정하고 매사에 자신이 없어 보였다."

두 남자 모두 왕족의 후예로서 지위를 누렸다. 몰락한 왕족인 두 남자 모두 야망을 품고 성인이 되었다. 하지만 다야만 고귀한 심장에 어울리는 지위를 얻을 수 있는 게임에 뛰어들었다. 다야는 "선한 이슬람교도로서 자존심을 찾았다." 다야를 비롯해 바코가 만난 다른 왕족의 후손들에게는 "이슬람 교육만이 명망을 가져다줄 수" 있었다. "다른 교육에 관해 이야기하면 그저 돈벌이 수단으로 치부했다. 다야를 비롯한 많은 사람이 정권을 독차지한 프랑스어 쓰는 상류층을 은근히 경멸했다. … 다야는 이슬람과 관련된 명성의 기준을 바탕 삼아 스스로 지배층 관료들보다 더 높은 지위로 올라갈 수 있었다."

다야는 지위 게임에서 유리한 입장에 서기 위해 이슬람의 '명성의 기준'을 믿었다. 따라서 그의 뇌는 이슬람은 모두가 함께 상상한 무언가가 아니라 그 자체로 진리라고 들려주는 꿈을 지어냈다. 그는 신이 창조한 현실에서 도덕적 행위자가 되었다. 이것이 그의 신경계의 영토, 곧 그의 세계가 되었다. 그 세계의 규칙과 상징—명성의 기준—
은 지극히 타당해 보였다. 따라서 코란을 암기하는 것은 그에게 '현
실'의 일이었다. 다야는 그의 꿈을 진리라고 믿었다. 완벽하게 믿었
다. 그래야 했다. 지위 게임의 논리에서는 우리 집단이 고귀하다고
생각해야 한다. 우리 집단이 본래 지위가 높다고 생각하지 않는다면
어떻게 그 집단에서 우리의 지위를 성취할 수 있겠는가? 다야에게
는 꿈에 대한 믿음이 삶의 자양분이 되었다. 꿈이 그의 고귀한 심장
을 '활력과 자신감'으로 채워준 것이다. 그는 스스로 꼭두각시 줄에
묶였다. 그리고 자신의 정체성을 발견했다. 벤 건이 지위 때문에 교
도소에 머물려 하고 엘리엇 로저가 월드 오브 워크래프트에서 잠시
나마 따돌림과 거절을 피하려 한 것처럼, 다야는 조상들을 몰락시킨
바로 그 게임에 뛰어들어 옛 왕족으로서 자신의 지위를 유지하려 했
다. 다야는 성공했지만 다른 한 사람은 퇴락했다. 시다는 땅콩 장사
의 지위 게임을 믿지 못하고 결국 "나약하고 구부정하고 매사에 자
신이 없는" 사람이 되었다.

▼▲▼

우리는 게임을 하면서 서로를 감시한다. 모두의 이익을 위해 게임은
계속 공정하고 안정적이어야 하고 거물은 감시당해야 한다. 하지만
게임과 게임 **간의** 지위 경쟁에는 이런 식의 감시가 없다. 오히려 우
리 게임의 서열을 높이고 경쟁자의 서열을 떨어트리려 하면 우리 게
임의 동료들이 우리의 지위를 올려준다. 가령 마라디 사람들이 프랑
스어를 쓰는 상류층 관료들을 향해 돈에 눈이 멀어 그런 게임에 뛰

어들었다고 조롱하는 식이다. **우리는 흔히 지위 불안을 느끼면 경쟁자—기업, 종교, 축구 클럽, 같은 음악을 좋아하는 무리, 학교 내 패거리, 국가—를 보면서 어떤 식으로든 우리가 우월하다고 자신한다.** 경쟁자가 게임의 서열에서 위에 있어도, 우리는 차라리 현재 우리 위치가 낫다고 말해주는 이야기를 되새긴다. 우리 게임이 중요하다. **우리** 축구팀, **우리** 회사, **우리** 무리, **우리** 부족, **우리** 종교. 이처럼 우리 게임에 관한 과대망상은 특히 스포츠에서 두드러진다. 어느 축구팀이 리그에서 하위권에 머물러도 팬들은 자기네 팀이 알고 보면 다른 팀보다 더 우월하다고 서로에게 믿음을 주려 한다. 경쟁 팀을 깎아내릴 만한 근거를 교묘하게 찾아내면서 자기네가 부당하게 패했다거나 사실은 이긴 거나 다름없다고 자위하거나 과거의 영광스런 순간을 되새긴다. 서로에게 확신을 심어줄수록 그들의 꿈은 더 단단해지고 그들은 게임을 대표해서 더 자기애로 충만해진다. 이것이 지위 게임이다. 정직하지 않고 악의적인, 삶의 중요한 쾌락 중 하나다.

이런 **집단적 과대망상**은 민족주의에서도 두드러진다. '국가중심주의'에 관한 한 연구에서는 35개국의 학생 수천 명에게 이렇게 물었다.[2] "당신이 사는 국가가 세계사에 얼마나 이바지한다고 생각하는가?" 응답자의 답을 모두 더하면 1156퍼센트라는 불가능한 수치가 나온다. 스포츠 팬들처럼 다수의 국민이 무의식중에 국가의 위상에서 개인의 지위를 찾는다. 나는 결코 국수주의자가 아니라고 생각하지만, 오스트레일리아로 이주했을 때 사람들 앞에서 과장된 영국식 억양으로 말하는 것을 깨닫고 당혹스러웠던 적이 있다. 나는 애써 평범하게 말하려고 노력해야 했다. 부끄러운 일이지만 알고 보면 지위를 얻으려던 형편없는 전략이었다. 내 뇌의 어리석은 영역에서는 내가 영국인이라는 감각이 중요했나 보다(오스트레일리아 사람들이 영국인을 '투덜이 영국놈들'whingeing pom이라고 부르면 은근히 화도 났다. 아무리 맞는 말이라고 해도).

국가의 지위가 개인의 행복에 끼치는 영향에 관한 연구를 보면 나만 그런 것은 아닌 듯하다. 지난 2세기 동안 영국에서 나온 책과 신문 기사의 언어를 분석하는 방법으로 행복을 추적한 연구에서는 1880년대에 민족주의적 분위기가 거셌던 것으로 나타났다.[3] 가난과 질병과 아동 노동이 만연한 시대였지만 대영제국이 세계적 지위 게임에서 최정상에 가까이 올라가면서 제국으로서 정점을 찍은 시대이기도 하다. 그 시대가 사람들에게 선사한 쾌락은 영국 작가 로리 리Laurie Lee가 1920년대의 교실을 회고한 글에서 엿볼 수 있다. "교실 벽에 우리 제국이 점령한 식민지가 붉게 표시된 지도가 붙어 있고 우리는 그 앞에 앉아 있었다. 그 시절 우리는 가난에 허덕였다. 양배추를 삶아 먹고 구워 먹으면서 겨우 연명할 정도로 지독하게 가난했지만 누구도 불평하지 않았다. 우리는 거기 앉아 그 지도를 보면서 생각했다. 우리가 세계 최고다. 지도 위에, 그 세계지도 위에 붉은 조각이 모두 우리 것이다. 아프리카 전체, 인도 전체, 태평양의 모든 섬. 우리는 로마의 백인대장百人隊長이라도 된 양 서로를 보았다."[4]

국가든 종교든 축구팀이든 지위 게임은 사람으로 이루어진다. 우리 게임이 우월하다고 믿으려면 그 게임의 참가자들도 우월하다고 믿어야 한다. 심리학자들은 오래전부터 우리 게임의 동료들을 더 좋게 봐주는 원시적 본능이 있다는 것을 알았다. 인간에게는 보편적이고 무의식적이고 약간의 자극에도 작동하는, 자기에게 유리한 편향이 있다. 어떤 집단과 연결되는 순간 아무리 느슨하게 연결되더라도 우리 뇌에서는 지위를 끌어올리기 위한 불공정한 기제가 작동한다. 한 연구에서는 5세 아동에게 색깔 있는 티셔츠를 입히고 같은 색깔 티셔츠를 입었거나 다른 색깔 티셔츠를 입은 아이들 여러 명의 사진을 보여주었다. 아이들은 색깔이 무작위로 주어지고 아무런 의미가 없는 줄 알면서도 같은 색깔을 입은 아이들을 더 긍정적으로 보고 그 아이들이 더 너그럽고 친절하다고 생각했다. 그리고 같은 색깔을 입은 아이에게 장난감 동전을 더 많이 주었다. 또한 다른 색깔을 입은 아이들의 긍정적인 행동보다 같은 색깔을 입은 아이들의 긍정적 행동을 더 잘 기억했다.[5]

이것은 인간의 본성이다. 우리는 게임에 참가한 무력한 인간이고 애초에 불공정하게 게임을 치르도록 설계된 존재다. **뇌는 우리가 가진 것을 남들이 가진 것과 비교하면서 경쟁 관계 속에서 지위를 판단한다.** 우리 집단이 많이 가질수록 우리에게 돌아오는 상도 크다. 탐욕과 타락보다 더 해로운 것은 우리의 뇌가 이런 성향을 우리 자신에게조차 숨긴다는 점이다. 뇌가 지어내는 자기중심적인 이야기에서 우리는 일개 게임의 플레이어가 아니라 도덕적 영웅이다. 착각에 빠지고 탐욕스럽고 타락한 사람은 우리나 우리의 동료가 아니라 저들이다. **진실로** 우월한 것은 파란색 티셔츠이고, 이슬람교이고, 프랑스인이고, 대영제국이고, 울워스 마트에서 4파운드 쓰고는 턴브리지 웰스의 왕이라도 된 줄 아는 이 구역의 얼간이다.

14 —

혁명의 조건
지위가 하락할 때 혁명은 시작된다

뇌와 문화가 지어내는 이야기를 잘 믿는 우리의 성향은 인류 역사를 얼룩지게 만든 부정injustice의 주요 원인이다. 우리는 우리 자신과 동료들에게 모든 상을 퍼주려고 하므로 진실에서 유리한 부분만 알아채는 능력이 뛰어나다. 우리가 하는 이야기는 대체로 우리에게 유리한 이야기다. 이 이야기는 우리가 갈등 상황에서 정의의 편이라는 확신을 주고 서열에서 위로 올라가는 데 매진하도록 동기를 부여한다. 하지만 이따금 이 이야기가 우리에게 불리하게 작용하기도 한다. 심지어 우리가 스스로 예속되도록 설득하기도 한다.

　바로 거대 종교의 역할이다. 종교의 숨은 진실은 **종교도 지위 게임이라는 사실**이다. 이슬람교와 불교, 힌두교, 기독교는 저마다 게임의 규칙과 상징을 합의한 다음 위로 오르거나 아래로 내려가는 계층 구조를 형성한다. 이런 진실 위에 구축된 꿈의 세계는 이번 생이 아니라 다음 생에서 주어질 중요한 지위에 관해 이야기한다. 종교는 당연히 **도덕 게임**이다. 따라서 이 게임에서 성공하려면 도덕적이고 신실하고 순종적인 태도로 주어진 의무를 다해야 한다. 신과 사제와 율법서의 가르침을 따라야 한다.

모든 지위 게임의 궁극적 목적은 통제에 있다. 지위 게임은 진화의 역사에서 우리가 서로 협력하게 하고 한 개인으로서 순응하도록 강요(지배 게임)하거나 매수(성공과 도덕의 명성 게임)하도록 설계되어 있다. 주요 종교는 인구 100만 명 단위의 최초의 '메가 사회'ᵐᵉᵍᵃˢᵒᶜⁱᵉᵗʸ가 만들어지며 전례 없이 많은 사람이 가까이 붙어 살기 시작하면서 사람들을 감독하기 위한 수단으로 출현했다고 알려진다. 수렵채집 사회에서 이용하던 소문만으로는 더는 다수의 이질적인 사람들을 감독할 수 없었다. **그래서 인간은 우리를 유혹하고 벌주면서 행동을 유도하는, 곧 설교하는 신을 만들어냈다.** 이 책을 쓰는 시점에도 학자들 사이에서는 설교하는 신이 거대하고 복잡한 메가 사회보다 먼저 출현했는지, 아니면 이 두 개가 동시에 발전했는지에 대해 뜨거운 논쟁이 벌어지고 있다. 하지만 거대 종교의 근본 역할에 대해서는 거의 합의가 이루어졌다. 거대 종교는 다양한 언어와 민족과 문화적 배경을 지닌 사람들이 따르는 표준적인 규칙과 상징을 정립했다. 그리고 사람들은 그것을 믿었다. 사람들은 종교가 설파하는 현실에 대한 꿈에 따라 살았다.

사람들은 신앙과 계급과 왕의 도덕 게임이 지배하는 시대를 살게 되었다. 도덕을 기반으로 삼는 고도로 계층화된 삶의 가치관은 오늘날 힌두교의 카스트 제도에서 찾아볼 수 있다. 그 역사가 2000년도 더 된 카스트 제도는 지구상에서 가장 오래된 문화적 지위 게임이다. 그리고 가장 복잡한 지위 게임이기도 하다. 3000개의 카스트와

2만5000개의 하위 카스트가 다섯 개의 주요 계층을 형성한다. 맨 꼭대기에는 창조주 브라마의 머리에서 나온 성직자와 학자가 있고, 다음으로 브라마의 팔에서 나온 전사와 통치자가 있고, 다음으로 브라마의 넓적다리에서 나온 수공업자와 상인이 있고, 다음으로 맨 밑바닥에 불가촉천민이 있다. 카스트는 개인의 직업뿐 아니라 권리와 의무, 의식, 행동 양식까지 정의하면서 개인이 무엇을 소유하고 어떻게 매장되는지를, 심지어 개인의 위생 규칙까지도 정해준다.

불가촉천민의 삶은 수천 년 전부터 줄곧 야만적이었다. 불가촉천민의 '미천함'에 관한 기록은 기원전 2세기와 3세기 사이 쓰인 종교 성전 『마누법전』에서 확인할 수 있다. 연구자 말라이 니라브Malay Neerav는 사람들이 불가촉천민과 "어떤 식으로든 접촉"하는 것에 "심한 불안"과 "공포"를 드러냈다고 쓴다.[1] 지위가 높은 사람이 불가촉천민과 접촉하면 당장 몸을 씻어야 하고, 불가촉천민의 그림자가 학자의 음식 위로 떨어지면 불결한 음식으로 여겨져 당장 버려야 했다. 불가촉천민은 따로 모여 살면서 우물도 따로 써야 했다. 불가촉천민과의 연애는 금기였다. 뉴델리 인근의 메라나라는 마을에서는 높은 카스트의 열여섯 살 소녀가 스무 살의 불가촉천민 남자친구와 같이 있다가 들켰다.[2] 마을 장로들이 밤새 모여 두 사람을 어떻게 벌할지 의논했다. 처형하자는 의견이 나왔을 때 "아무도 반대하지 않았다." 마을 사람들 약 3000명이 두 연인의 목이 바니안나무에 매달리는 장면을 구경했다. 1991년에 발생한 사건이다. 현재 인도에는 불가촉천민 1억6000만 명이 산다. 「내셔널 지오그래픽」에 따르면 불가촉천민은 여전히 "가장 천한 일을 하면서 살아가고, 상위 카스트의 힌두교도들이 그들의 처지를 깨닫게 한다면서 공개적으로 망신을 주고 알몸으로 길거리를 다니게 하고 폭행하고 강간하고도 처벌받지 않는 현실 앞에서 항상 두려움에 떨면서 살아간다. 상위 카스트가 사는 동네를 지나갔다는 이유만으로도 목숨이 위태로울 정도의 공격을 당하기도 한다."[3]

이런 제도가 어떻게 유지되는 걸까? 인간이 본래 야심 찬 게임 플레이어라면 어째서 불가촉천민은 수천 년 동안 이처럼 황당하리만치 모욕적인 꿈에 협조해 왔을까? 그들 다수가 이 꿈을 믿었기 때문이다. 신앙심이 깊은 불가촉천민은 전생에 죄를 지어서 계층이 추락한 것이고 현생에서 주어진 규칙에 순응해야만 다음 생에 높은 지위로 올라간다고 믿는다. 이것은 주요 종교들이 사람들이 예속된 처지에서도 서로 협조하도록 강요해 온 방식이기도 하다. 사후에 주어질 보상을 기대하고 자기 자리를 인정하고 인내해야 결국에는 승리한다는 논리다. 이 논리에서는 신이 만물을 창조했으니 인간은 신이 정한 자리에 머물러야 한다고 주장한다. 기독교의 찬송가에 이런 구절이 있다. "성안의 부자, 그 문 앞의 가난한 자, 하나님은 그들을 높거나 낮게 만드시고 그들의 재산을 명하셨네."

▼▲▼

인도처럼 도덕 게임이 지배하는 사회에서 낮은 카스트 사람이 위로 올라가려 한다면 그와 같은 카스트의 다른 사람들은 그를 끌어내리려 한다. 소설가 V. S. 나이폴은 어느 사업가가 똑똑한 불가촉천민 하인을 좋게 보고 그에게 교육과 승진의 기회를 준 이야기를 소개한다.[4] 하지만 몇 년 뒤 그 사업가가 인도에 돌아와보니 그 하인은 원래 자리로 돌아가서 변소를 청소하고 있었다. "그는 자기 집단 사람들에게 그들을 떠나려 한다는 이유로 배척당하고, 모여서 담배 피우는 자리에도 끼지 못했다. 그렇다고 달리 들어갈 수 있는 집단도 없고 결혼 상대도 없었다. 그는 소외감을 견디지 못하고 다시 원래의 의무로 돌아갔다." 정치경제학자 티무르 쿠란Timur Kuran 교수는 이 사건을 이렇게 설명한다. "변소를 청소하는 사람들은 더 괜찮은 직업을 찾아 떠난 사람을 배척하는 식으로 개인과 집단의 명성을 지킨다. 이렇게 해서 높은 지위의 집단을 포함하여 공동체 전체에 그들이 사회의 지배 규칙에 순응해서 살겠다는 의지를 보여준다." 이 야망 있는 남자를 파멸시켜 얻는 지위가 있기에 사람들은 불운한 게임의 논리에 따라 남자를 끌어내린 것이다.

현대에는 인도의 모든 불가촉천민이 운명을 말하는 이 고대의 이야기를 전적으로 믿는 것은 아니다. 한 연구에서는 불가촉천민의 3분의 1은 자신이 전생에 죄를 지어 미천한 불가촉천민이 되었다고 믿지만 나머지는 불공평한 현실에 불만을 품거나 힌두교 안에서 자기중심적인 꿈을 따라 "자기는 지위가 추락한 적이 없고 사실은 위장한 브라만"이라고 주장하는 것으로 나타났다. 흥미롭게도 불가촉천민 중 일부는 그들보다도 지위가 낮은 사람들을 얕보면서 상대적으로 높은 지위에 자부심을 느끼려 한다. 불가촉천민 출신 작가 하자리Hazari는 자서전에서 어느 불가촉천민의 말을 전한다. "우리는 펀자브 지방의 불가촉천민을 연합 주의 우리보다 천시한다. 그들과 결혼하지도 않고 같은 통으로 물을 마시지도 않는다."[5]

한 사회의 위계질서가 안정적으로 유지되고 계급 간에 끊임없이 갈등을 빚으면서도 혼란에 빠지지 않는 또 하나의 이유는 인간이 본래 가까운 사람들과 얼굴을 맞대면서 국지적인local 게임을 하도록 설계되어 있기 때문이다. 대다수 사람들은 혁명을 지향하지 않고 국왕을 시해하려 하지도 않는다. 한 연구에서는 65퍼센트 이상의 사람들이 '최고 지위'를 원하지 않는 것으로 나타났다.[6] 그보다 우리는 분주한 일상과 거기서 얻는 지위에 사로잡혀 있다. 덕목에 기반한 사회와 시대에는 더 그렇다. 과거 왕국과 제국의 시대에는 이론상으로는 자신과 동떨어진 먼 지도자에게 지배를 받았을지라도 대체로 가까이 연결된 집단에 의무를 다하려 하고 지역의 규칙과 상징을 충실히 지켰다. 삶은 소박했고, 좁은 지역과 작은 집단에 한정되었다. 주변 사람들과 함께 게임을 잘 치르는 수준에서 게임의 성격이 정해졌을 것이다.

게임이 잘 굴러가고 우리 집단이 기대한 보상을 받기만 하면 현상유지가 잘되었다. 탄탄한 사회는 그 사회의 구성원이 외부 위협으로부터 보호받고 기대대로 지위의 낙수 효과를 얻는 사회다. 하지만 상류층이—종교, 법, 군대, 관료, 귀족의 게임에서—거의 모든 보상을 독차지하고 맨 밑바닥 카스트가 사실상 아무것도 가져가지 못하더라도 대개는 사회의 안정성은 위협받지 않는다. **사실 혁명의 조건은 극심한 불평등이 아니라 게임이 정해진 대로 작동하지 않는다는 인식이다.**[7]

혁명은 빈곤만으로는 일어나지 않는다. 혁명—사회 정의의 이름으로 통치 질서를 교체하기 위한 대중 운동으로 정의된다—은 주로 최빈국보다는 소득 수준이 중간 정도인 국가에서 일어났다.[8] 사회학자 잭 골드스톤Jack Goldstone 교수는 "사람들이 불가피하지 않은, 자신의 잘못이 아닌 이유로 사회에서 적절한 지위를 잃었다고 인식하는 것이 혁명의 핵심"이라고 쓴다. 게임에서 지위를 잃어 생기는 불안은 우울증과 자살 연구에서 나타나는 불안과 같다. 우리가 받는 대접이 곧 우리 집단이 받는 대접이다. 말하자면 우리 자신과 우리 사람들이 집단의 지위가 하락한다고 느낄 때 우리는 심각하게 고통받는다.

게임에서 지위가 하락하기 시작하면 플레이어들은 무자비해진다. 하지만 혁명이 성공하려면 아래에서 벌어지는 게임이 상류층의 지원을 받아야 한다. 골드스톤은 이렇게 쓴다. "실제로 대개의 혁명에서 민중을 자극하여 체제를 타도하도록 조력하는 세력은 상류층이다." 혁명이 터지기 직전의 몇 년을 살펴보면 "통치자가 나약하거나 변덕스럽거나 탐욕스러워서 상류층의 다수가 그들에게 보상이나 지원이 돌아온다고 느끼지 못하고 더는 체제를 받쳐줄 생각이 없어지는" 것으로 나타났다. 그러면 상류층은 하위 계층의 게임, 이를테면 소작농 코뮌이나 노동조합이나 직능 길드나 청년 단체처럼, 자신들과 마찬가지로 지위가 하락하고 기대한 보상이 돌아오지 않는다고 느끼는 '대중 조직'과 공모한다.

튀니지의 '재스민 혁명'도 이런 역학 관계에서 일어났다. 2010년 12월에서 2011년 1월 사이 28일 동안 이어진 혁명으로 시민들은 23년간 장기 집권해 온 벤 알리Zine El-Abidine Ben Ali 대통령을 축출했다. 소득 수준이 중하 수준인 튀니지에서는 당시 청년층 팽창youth bulge이 발생했다. 그래서 식량이 부족해지고 교육과 연료와 식량 보조금이 줄어들고 사회에서 지위가 높은 공무원 자리가 감소해서 대학을 나와도 일할 데가 없었다. 실업률이 치솟았다. 특히 괜찮은 일자리에서 거부당한 교육받은 중산층의 실업률이 심각했다. 그사이 벤 알리 대통령은 기업들에 뇌물을 요구하면서 자신과 긴밀한 내부 집단에는 보상을 후하게 나눠주었다.

튀니지의 게임은 실패하고 있었다. 대통령에게 비난의 화살이 쏟아졌다. 분노의 일부는 나날이 과격해지고 타락해 가는 경찰로 향했다. 12월 17일에 노점상 모하메드 부아지지가 지속적인 뇌물 요구와 괴롭힘에 시달리다가 저항의 뜻으로 분신자살을 했다. 그날 부아지지는 파이다 함디라는 경찰관에게 모욕을 당했던 듯하다. 그의 가족은 함디가 저울을 빼앗고 그를 폭행하며 고인을 모욕했다고 주장했다. 골드스톤은 이렇게 쓴다. "부아지지의 행동은 벤 알리 통치하에서 기회를 박탈당하고 지속적인 탄압에 시달리던 튀니지 국민에게 큰 울림을 주었다." 사람들이 모였다. 경찰이 발포하면서 시위자들을 살해했다. 그러나 언론을 통제하려던 정부의 시도는 좌절되었다. 북아프리카의 다른 국가들보다 페이스북 이용률이 높은 튀니지 청년들이 시위 장면을 페이스북에 열심히 퍼트렸다. 혁명이 시작되었고, '수많은 단체'가 동참했다. '튀니지 전국 노동 조합'은 전국적 파업을 조직했고, 군대는 시민을 향해 발포하기를 거부했다. 모든 계층의 게임이 벤 알리 대통령을 겨냥했다. 부아지지가 분신하고 단 4주 만에 대통령은 도망쳤다.

골드스톤은 또한 한 사회가 몰락하는 조짐이 **'엘리트의 과잉 양산'**에 있다는 것을 발견한다.[9] 적당한 수준의 엘리트 양산은 유익하다. 건강한 경쟁이 조성되고 정부와 언론과 법조계에서 가장 명망 있는 자리를 차지할 엘리트의 수준이 높아지기 때문이다. 하지만 엘리트가 심각한 수준으로 과잉 양산되면 이들은 얼마 안 되는 지위를 두고 다투게 되며, 결국 상위 집단에 맞서서 그들만의 지위 게임을 형성하려 한다. 이들이 지위를 얻기 위해 싸우고 기득권 세력을 공격하면서 결국 사회는 불안정해진다. 골드스톤에 따르면 이런 역학 관계는 영국 내전과 프랑스 혁명을 비롯해 세계 여러 나라에서 벌어진 혁명과 시위 이전에도 나타났다. 게임에서 기대한 보상이 주어지지 않으면 그 여파로 혼란의 역사가 시작되는 현상을 확인해주는 사례다.

▼▲▼

혁명이 일어나거나 엘리트가 과잉 양산되지 않아도 사회를 통치하는 사람들은 지위 게임에 길들여지고 전복당하기도 한다.[10] 오랫동안 건재한 문명에도 해당하는 얘기다. 지위에 굶주린 제국의 세력이 한 민족을 정복하면 그들은 그곳에서 엘리트 계급을 형성한다. 그리고 여러 세대가 지나는 사이 토착민들이 지위를 얻기 위해 점차 제국의 게임에 뛰어들고 제국의 규칙과 상징을 받아들인다. 제국의 언어로 말하고 제국의 신을 경배하고 제국의 제도에 봉사한다. 결국에는 엘리트 계층의 일원이 되고 싶어 하고 대등한 지위를 요구하며 대개는 시민 불복종이나 법적 이의 제기나 폭력의 형태로 공격한다. 그러면 이제 제국을 건설한 세력이 몰락하기 시작한다. 역사가 유발 하라리Yuval Noah Harari 교수는 이것을 "제국의 주기"라고 표현한다. 이 주기 안에서 피정복민의 문화 공동체가 제국의 게임에 의해 "소화"되어 제국을 건설한 세력이 밀려나고 한참 지나서도 제국의 게임이 계속 "번창하고 발전"한다.

이런 역학 관계는 중국과 인도 같은 지역을 통합시켜 거대한 문명을 형성케 했다. 인도에서는 영국인들이 압제와 살인과 착취를 자행하면서도 또 한편으로 "서로 싸우는 왕국과 공국과 부족의 혼란스러운 모자이크"를 이어 붙이고 사법 제도의 기틀을 마련하고 국가의 경제와 행정에 필수적인, 인도가 현재까지도 의존하는 철도를 건설했다. 하라리는 영국령 인도 제국 시대에 "많은 인도인이 민족자결권이나 인권과 같은 서구식 개념을 열심히 받아들였다. 그런데 정작 영국이 인도인들에게 영국 국민으로서 대등한 권리를 주지 않고 '독립'시켜주지도 않으면서 그들이 전파했던 가치관에 따라 살기를 거부하자 인도인들은 실망했다"고 지적한다. 이런 지위 갈망의 양상이 세계를 다시 그려 왔다. 오늘날을 살아가는 사람들 대다수는 오래전에 축출된 지배자의 규칙과 상징에 따라 게임을 하고 있다.

이런 지위 게임의 숨은 규칙이 인간의 역사를 이끄는 데 일조했다. 수백, 수천만 년에 걸친 인간의 치열한 노력이 침략과 정복, 혁명, 억압, 문명으로 이어졌다. 당연한 결과다. 어쨌든 역사는 사람들이 만들어 나가는 것이고, 인간은 게임에 참여하게 태어났으므로.

15 —

우리는 우리가 하는 게임의 총합이다

유전, 양육, 집단의 영향

현대 서구 사회에서 우리는 간절히 원하면 무엇이든 이룰 수 있다고 말해주는 이야기 속에서 살아간다. 문을 박차고 나가 **일단 해보라.** 문화에서 형성된 이런 신화는 사람들에게 달을 향해 날아오르라고, 꿈을 크게 품으라고 주문한다. 하지만 현실적으로 달을 향해 날아오르려면 긴 시간의 훈련과 수백만 달러, 항공우주국, 로켓이 필요하다. 이런 요소가 갖춰지지 않으면 땅으로 떨어져 허리가 부러질 것이다. 달을 향해 날아오르려면 특수한 배경을 지닌 특수한 유형의 인물이어야 한다. 하지만 우리는 그런 인물이 아닐 수 있다.

안타깝게도 인간 세상은 각자 취향껏 고를 수 있는 게임이 잔뜩 쌓인 시장이 아니다. 우리가 현재의 게임을 하는 이유는 여러 가지다. 게임은 무작위로 배정된 것도 아니고, 우리의 통제를 벗어날 때가 많다. 게임은 주로 성격과 기질이 비슷한 사람들 사이에 형성된다. 이를테면 교사와 군인, 정치인, 코미디언, 경쟁적인 고양이 집사들,

우주비행사처럼 서로 비슷하게 생각하는 사람들의 집단에서 게임이 시작된다. 누구도 정확히 어떤 생각으로 살아갈 거라고 선택하지 않는다.[1] 자신만만하게 살아갈지, 수줍어하며 살아갈지, 천재로 살아갈지, 외향적으로 살아갈지, 복싱이나 문학을 좋아할지, 대마초를 피울지, 정치 성향을 좌파로 할지 우파로 할지를 선택하지 않는다. 대체로 우리의 뇌가 어떻게 발달하고 우리가 어떤 경험을 하는지에 따라 각자의 성향이 만들어진다.

어떤 게임을 하고 어떤 참가자가 되느냐는 유전, 양육, 또래 집단이라는 세 가지 중요한 힘의 작용에 따른다. 앞에서 특히 유년기에 우리의 뇌가 주변 문화에서 정보를 포착하고 문화의 틀에 맞게 우리를 빚어내는 기제를 알아보았다. 하지만 우리를 빚어내는 과정은 사실 그보다도 훨씬 오래전에 시작된다. 엄마의 자궁에서 뇌의 약 860억 개의 뉴런이 생성되는 동안 호르몬과 신경 화학 체계도 함께 발달한다. 이것은 우리가 현실을 처리하기 위한 생물학적 장치다. 그리고 이 장치의 설계는 개인마다 다르다. 설계는 무작위적인 생물학적 사건에 의해서도 일부 정해지고, 부모에게 물려받은 유전자에 새겨진 지침에 의해서도 일부 정해진다. 유전은 우리가 인생의 게임을 지각하고 반응하는 방식에 강력하게 영향을 끼친다. 예를 들어 불안을 느끼는 정도는 뇌의 편도체 영역과 세로토닌 호르몬에 의해 정해지는 듯하다. 사람마다 지문이 다르듯 편도체나 세로토닌 수준도 저마다 다르다. 누군가는 위협에 대한 민감성을 높게 타고난다. 이런 사람들은 남들보다 '경보 장치'가 잘 울린다. 그래서 신경증 성향이 강하고 신중하며 비판에 민감하다. 사람들과 어울리는 것을 남들보다 어려워하기도 한다.

성격의 차이는 게임을 하는 방식에도 유의미하게 영향을 끼칠 수 있다. 불안 수준이 높은 사람은 위험 추구 성향이 강한 사람과는 다른 게임에 끌릴 수 있다. 성격심리학자 대니얼 네틀Daniel Nettle 교수는 나와 인터뷰하면서 작가인 내가 신경성과 경험에 대한 개방성이 높을 거라고 짐작했다. 나는 성격 검사를 받아보고 그의 예측이 옳다는 것을 확인했다. 연구자들에 따르면 "직업과 그 직업에 따라오는 명성과 수입은 어느 정도는 부모에게 물려받은 유전자에 영향을 받는다."[2] 유전학자 로버트 플로민Robert Plomin 교수는 유전자가 우리의 존재에 영향을 끼치는 정도는 "단순히 통계적으로 유의미한 수준이 아니라 엄청나게 크다"고 말한다.[3] 유전자는 우리가 얼마나 성공할지에도 영향을 끼친다. 승리할 때 짜릿함과 보상을 많이 느끼도록 타고난 사람은 부자가 될 가능성도 크다.

▼▲▼

말하자면 우리는 유전적 성향, 개인적인 선호, 발달을 이끌어주는 생활 양식을 타고난다. 하지만 유전자가 좋은 쪽으로든 나쁜 쪽으로든 어떤 운명을 결정한다는 뜻은 아니다. 정체성이 형성되는 시기에 뇌는 주어진 시간과 장소의 규칙과 상징에 따라 꾸준히 조직된다. 생애 초기의 경험이 우리를 이쪽으로든 저쪽으로든 이끌어서 특정 신념과 관심사와 세상을 향한 태도를 갖춘 특정 유형의 인물로 만들어준다. 그리고 우리가 어떤 게임에 참가할지 정하는 데 일조한다. 인류학자 에이드리에 쿠스로Adrie Kusserow 교수는 사회 계층이 양육에 끼치는 영향에 관한 연구[4]를 진행했다. 쿠스로는 뉴욕의 세 구역에서 백인 부모들을 만났다. "거리가 깨진 유리 조각으로 반짝거려서 샌들을 신고 다닐 수 없는" 빈민가 퀸스턴, 주로 아일랜드계와 독일계와 이탈리아계 주민으로 구성된, 애국심이 강한 블루칼라가 많이 사는 "자부심이 강하고" "안전하고 단정한 동네"인 켈리, 그리고 맨해튼의 부촌인 파크사이드였다.

가난한 블루칼라들의 동네인 퀸스턴의 아이들은 인생의 게임은 본래 거칠기에 성공하려면 회복력을 길러야 한다고 배운다. 이 동네 아이들에게는 "버릇없는" "발랄한" "징징대는" "약해 빠진" "얌전 빼는" "온화한" "감상적인" "만만한" 성격은 허락되지 않는다. 퀸스턴의 한 엄마는 쿠스로에게 이렇게 말했다. "어떤 감정에든 지나치게 관심을 주면 곤란해요. 애들을 어린애 취급해서도 안 되고 칭찬을 퍼부어서도 안 돼요. 우리 애들이 물러 터지게 자라기를 원하지 않거든요." 어느 인터뷰에서는 네 살짜리 아이가 포도 주스를 엎자 엄마가 아이에게 "참 잘하는 짓이다, 로라. 맞기 전에 얼른 치워"라고 소리를 질렀다. 퀸스턴과 켈리의 아이들은 부모와 자식 사이의 위계를 존중하도록 배운다. "아이들의 지위가 낮은 것을 보여주는 예로 아이들은 집 안의 특정 장소나 가구를 이용할 수 없고(예를 들면 부모 방, 손님용 식당, 아버지의 의자) 부모와 대화할 때는 존중하는 어조로 말해야 한다."

두 동네 모두에서 아이들은 회복력을 최대로 발휘할 때 지위를 얻는다. 다만 부모들이 회복력을 중요한 원칙으로 삼는 이유는 양쪽이 달랐다. 퀸스턴에서 회복력은 아이들에게 게임의 밑바닥에서 절대적 파멸로 더 추락하지 않도록 자기를 지키기 위해 강인한 성격을 기르는 데 필요했다. 퀸스턴의 부모들도 "십 대 시절에는 정글과 같은 폭력과 타락의 시기를 거쳤다." 한편 켈리에서 회복력은 좀 더 낙관적인 형태를 띤다. 켈리에서는 더 높은 지위 게임으로 올라가기 위해 회복력이 필요했다. 부모는 자식들이 "뭐든 해보고" "돋보이고" "세상에서 훨씬 더 많은 것을 가져오고" "앞서 나가고" "꿈을 좇기"를 바랐다. 켈리의 한 부모는 쿠스로에게 "저는 우리 애들이 가능한 모든 것을 얻기 위해 최선을 다하기를 바랍니다. 쉽게 얻는 게 아니라 열심히 노력해서 얻기를요."

하지만 부유한 파크사이드에서는 전혀 다른 유형의 플레이어가 길러졌다. 이 동네에서는 아이들을 강인한 전사가 아니라 "세계로 뻗어 나가고 직업적으로 성공할" 섬세한 꽃봉오리로 보았다. 부모는 "아이의 섬세한 자아와 정성스러운 보살핌과 풍부한 자원과 넓은 캔버스, 그리고 이런 고유한 자아가 '꽃피우고' 잠재력을 발휘하도록 지원하기 위한 세심한 손길"을 중시했다. 한 엄마는 열두 살 아이가 생일 파티를 열어준 데 부모에게 "감사하다"고 말하지 않아서 혼나는 이야기를 읽고 몸서리를 쳤다. 그녀는 자기 딸이 "마음 깊이 죄책감에 시달릴까 두려워 그런 식으로 혼내지 않을" 거라면서 "부모는 특히 상처받기 쉬운 이 나이의 아이들에게 상처를 줄 힘이 있다"고 말했다.

파크사이드의 아이들은 부모와 자식 간의 위계를 존중하기보다 스스로 대등한 인격체로 생각하도록 길러진다. 한 엄마는 딸에게 어른 대접을 해주면 "딸이 가족 안에서 특정 지위를 얻고 대등하다고 느끼고 딸의 감정도 다른 누구의 감정만큼 중요하다고 느낄" 수 있다고 말했다. 쿠스로는 아이의 생각을 자극하는 여러 기법을 확인했다. 학교에서 교사를 이름으로 부르기, 가족 문제를 해결하는 과정에서 아이에게도 의견을 물어보기, 아이가 "부모를 가르치게" 해주기, 어른들이 "네가 원하는 것을 얻게 해주려면 내가 무엇을 도와줄 수 있을까?"라고 물어보기 등이 있다. 한 아버지는 딸에 대해 이렇게 말했다. "기본적으로 제게는 딸을 훈육할 권리가 없다고 생각합니다. … 힘의 차이를 알기에 단지 제가 몸집이 더 크고 힘이 더 세고 더 많이 안다고 해서 어떤 문제에 대한 의견이 다를 때 제 의견을 딸에게 강요할 권리는 없습니다." 그의 딸은 세 살이었다.

세 동네 모두의 부모가 자식에게 최고의 것을 주고 싶어 하지만 파크사이드의 부모는 최고 중에서도 최고를 원했다. 한 어머니는 "저는 평범한 것에는 관심이 없고, 최고를 원해요. 우리 딸은 체스와 스케이트 실력이 뛰어나요. 그렇게 잘하기까지 돈을 쏟아부었죠." 그런데 얄궂게도 이렇게 여리고 소중하게 길러지고 어른과 대등한 대접을 받고 자란 아이들이 오히려 안정감이 떨어질 수 있는 것으로 나타났다. 쿠스로는 이렇게 적는다. "파크사이드의 아이들에게는 안정과 보호와 존중의 느낌, 그리고 자기가 위계질서에서 꼭대기에 있지 **않은** 현실에 부딪히며 쌓이는 겸양의 감각이 부족해 보인다." 이 아이들은 여리다는 말을 많이 들어서 스스로 여리다고 생각하면서도 동시에 엘리트의 지위를 당연하게 여긴다. 쿠스로의 연구는 2004년에 발표되었다. 연약함과 특권 의식이 교묘히 결합한 형태가 오늘날 특권층 청소년들이 지위를 갈망하는 태도에 특징적으로 나타나는 듯 보인다.

▼▲▼

유년기에 지위를 갈망하는 성향은 원하는 것을 요구하는 과정에서 지배의 형태로 나타나고, 요구가 좌절되면 울고불고 생떼를 쓰고 이를 악물며 어떻게든 요구가 충족되게 한다. 다음으로 청소년기가 되면 이제는 어른의 게임을 시작한다. 가족의 위계를 떠나서 외부 세계에서 경쟁을 시작한다. 이때는 참가하는 시기다.

적어도 선진국의 세계에서 청소년기의 게임은 주로 패거리나 또래 집단처럼 함께 편하게 게임을 할 수 있는 사람들 사이에 나타난다. 청소년기에 이 과정이 시작되는 이유는 뇌의 일부 영역에 변형이 일어나 타인의 평가에 훨씬 민감해지기 때문이다.[5] 사회적으로 인정받고 싶어 하고 거부당할까 두려워하기 시작하는 것이다. 청소년들은 이처럼 갑자기 평판에 민감해지면서 자의식이 강해지고 수줍음을 많이 탄다. 신경과학자 세라제인 블레이크모어Sarah-Jayne Blakemore 교수에 따르면 11세에서 14세 사이의 아이들은 "점차 남들에게 그들을 평가하는 능력이 있다고 생각하고, 그래서 실제로 평가받는 정도를 과대평가할 수 있다."[6]

뇌가 계속 변형되면서 이 시기 청소년들은 "상상의 관객"이 계속 자기를 지켜보면서 평가한다고 느끼고[7], 이런 감각은 "성인이 되고도 상당히 높게 유지된다." 청소년은 어린아이와 달리 또래의 평가를 자존감이나 자존감 결핍의 진정한 지표로 생각할 가능성이 크다. **자존감의 근거가 '스스로 어떻게 느끼는지'에서 '또래가 어떻게 평가한다고 생각하는지'로 넘어가면서 또래의 인정을 갈망한다.** 그러면서 지위 추구에 온 마음을 빼앗긴다. 심리학자 미치 프린스틴Mitch Prinstein

교수는 이렇게 적는다. "열세 살이 되면 인기를 얻는 것보다 더 중요한 일은 없다. 누가 인기가 많은지만 이야기한다. 어떻게 인기를 얻을지 전략을 짠다. 인기를 잃으면 비탄에 빠진다. 단순히 지위를 얻거나 지위를 지키기 위해 그릇되거나 부도덕하거나 불법이거나 위험한 행동을 한다."[8]

청소년들은 간절히 원하는 지위를 찾아서 지위 게임에 뛰어든다. 인간은 적어도 만 년 전부터 청소년 나이가 되면 부족에 참가했다. 전근대 사회에서는 청소년기를 "지위를 획득하기 위한 결정적인 시기"[9], 곧 아동기 초기에 언어를 습득하는 기회와 상당히 유사하다고 보았다. 성인기로 진입할 때는 간혹 고통스러운 성년식을 치러야 했다. 생니를 뽑거나 새끼손가락을 자르거나 약이나 독을 먹거나 채찍질을 당하거나 피부를 잘라내거나 태우거나 문신을 새겼다. 파푸아뉴기니의 비민-쿠스쿠스민Bimin-Kuskusmin 부족은 성년식에서 화식조 뼈로 만든 단검으로 아이의 코를 뚫고 아이의 팔에 뜨거운 기름을 붓는다.[10] 그사이 아이는 "발버둥 치며 비명을 지르고, 아이의 몸에는 커다란 물집이 부풀어 오른다." 인류학자 앨런 피스크Alan Fiske 교수에 따르면 성년식 치르는 아이들은 "겁에 질리면서도 곧 성년의 지위에 오른다는 데 자긍심을 느낀다. … 대개는 기꺼이 성년식을 치르고 싶어 하거나 간절히 요구한다." 그렇게 아이의 몸에 부족의 표식이 새겨진다. "이렇게 신체가 훼손된 사람은 인류의 일반 대중에서 벗어난다."

성년식은 전통 사회에만 존재하는 것도 아니고 이렇게 과격하기만 한 것도 아니다. 일부 종교에는 청소년이 그들이 성장한 공동체의 게임을 공식적으로 수용하거나 거부하는 절차가 있다. 가톨릭과 개신교에는 견진성사가 있고, 아미시 종파에는 럼스프링가rumspringa 라는 의식이 있다. 모두 열네 살 무렵에 치러진다. 유대교에서는 성인식을 치른 열두 살 여성, 열세 살 남성을 각각 바트 미츠바Bat Mitzvah, 바르 미츠바Bar Mitzvah라고 부른다. 게임의 규칙 아래 온전히 책임을 지는 나이를 의미한다.

하지만 현대에도 폭력적 요소가 남아 있는 집단이 있다. 갱단이 나 군대에 들어가는 청년들은 '폭행'을 당하기도 한다(콩고 동부 마이 마이Mai-Mai 민병대의 어느 신병은 "우리가 받은 벌은 모두 또 하나의 이념으 로 우리에게 들어온다"고 말했다).[11] 미국에서는 엄중히 단속하는데도 명문대의 사교 클럽이나 스포츠팀에 들어가려면 혹독한 '신고식'을 치러야 한다. 자다가 발길질을 당하기도 하고 강제로 문신을 새기거 나 카누의 노로 맞거나 소변을 맞거나 성희롱을 당할 수 있다. 피스 크는 그중 한 명이 이런 행위를 합리화하는 말을 이렇게 전한다. "우 수한 '엘리트' 집단에 속하려면 정당성이 있어야 하고 신고식은 그 런 정당성을 부여합니다. 신고식을 치른 사람과 나머지 다수를 구분 해주죠. 먼저 신고식을 치른 사람은 이런 구분 덕에 신고식을 치르 지 않은 사람들보다 자기네가 더 중요하고, 위로 올라간다고 생각합 니다."

이런 식으로 수치심을 느끼거나 자기를 깨지 않더라도 우리는 옷 차림이나 문화적 취향, 신념, 태도를 통해 자신이 게임의 구성원이 라는 사실을 당당히 드러낸다. 우리가 참가한 게임에는 규칙과 상징 이 있고, 우리는 그것을 우리의 것으로 받아들이고—부모가 경악하 는 경우가 많다—그사이 신경계의 영토 안에 갇힌다. **게임을 함께 하 는 사람들은 우리 사람, 우리 부족, 우리 친족이 되고, 우리가 얻는 지**

위의 원천이 되며, 우리도 그들에게 지위의 원천이 되어준다.

이렇게 뇌가 성인의 게임으로 진입하도록 이끌어주는 과정은 보통 중학교에 들어갈 무렵에 시작된다. 청소년기 학생들은 인생을 힘들게 배운다. 게임 **안에** 지위 체계가 존재할 뿐 아니라 게임 **자체가** 다시 위계질서에 편입되어 위로 올라가는 게임도 있고 아래로 떨어지는 게임도 있다. 자연히 친구를 잘 사귀는 사람들이 엘리트 집단을 이룬다. 사회관계망을 연구하는 니컬러스 크리스타키스는 이렇게 쓴다. "사회적 포유동물은 지위를 추구한다. 말하자면 영향력이 있거나 매력적이거나 인기가 있는 사람들과 친해지는 데 관심이 있다."[12] 그리고 이렇게 덧붙인다. "매력적인 사람은 매력적인 사람들과 어울리는 경향이 있다. 누구와 친하게 지낼지 직접 선택할 수 있기 때문이다. 결과적으로 인기가 없는 사람은 다른 인기가 없는 사람과 친해진다." 이런 구분에서 "지위에 기반한 사회"가 형성된다.

1990년대 중반에 인류학자 던 머튼Don Merten 교수의 연구팀은 시카고 교외의 중산층 중학교에서 청소년들이 지위 게임의 거친 현실을 깨닫는 과정을 포착했다.[13] 신입생의 게임에 대한 인지가 고스란히 온라인에도 연결되며, 그들은 스스로 지위 게임의 위계질서에 자동으로 편입되는 것을 깨달았다. 위쪽에는 "유행에 빠른 친구" "운동을 많이 하는 친구" "모범생"이 있고, 아래쪽에는 "괴짜" "폐인" "우울한 애"가 있다. "그들이 한 해의 저를 평가해요. 그런 건 싫어요." 한 학생이 인터뷰에서 한 말이다. "그들이 작년의 저를 평가하지 않기 때문에 … 올해 제 외모, 옷차림, 제가 어울리는 친구들을 기준으로 저를 평가해요. 제 친구가 폐인이라면 저 역시 폐인이라는 뜻이죠."

지위 게임은 방과 후 활동으로도 형성되어 "학생들이 전반적으로 동의하는" "비공식 계층"으로서 존재한다. 남학생들에게 명망 있는 게임은 농구이고, 여학생들에게는 치어리더팀이다('창의적인 뜨개질 클럽'은 안타깝게도 목록에 오르지 못한다). 머튼 연구팀이 찾아간 해에는 여학생 50명 정도가 "사회적으로 돋보이는" 여학생들로만 구성되는 단 8개의 치어리더 자리에 도전했다. 치어리더로 선발된 소수의 엘리트 여학생들은 "들뜬 마음을 자제하기 힘들어도" 자신이 거물이 된 느낌을 본능적으로 숨기려 했다. 한 학생은 체육 시간에 치어리더 유니폼을 입고 들어가서 친구들에게 환호를 받은 뒤로는 학교에 갈 때 유니폼을 입지 않는다고 말했다. 그러면 "몹시 창피하다"고 했다. 그 학생은 이 외에는 "모든 것을 좋아하는 듯" 보였다.

그해, 치어리더들은 충격을 받는다. 지위 게임에서 그들의 힘겨운 수업이 시작된 것이다. 학교에서 지위 게임의 하단에는 우울한 애들이 있고, 바로 위에 폐인들이 있다. 옷도 잘 차려입고 사회적 윤활유를 바른 듯 세련된 엘리트 모범생 집단과 달리 폐인으로 분류되는 친구들은 지저분하고 반항적이고 마약과 술과 섹스에 빠졌다. 물론 폐인 집단에서는 **아무도** 치어리더로 선발되지 않는다. 그러다 예외가 생겼다. 어느 치어리더는 연구자들에게 '재키'라는 '폐인' 유형의 친구가 그들의 게임에 들어오면서 그들이 심각한 고통을 받았다고 말했다. "처음부터 너무 힘들었어요. 올해 치어리더로 뽑힌 애들을 방송으로 발표했거든요. 복도를 지나가는데 다들 '세상에, 올해는 어떻게 이런 루저가 다 들어갔지?'라고 말했어요. … 울 것 같았어요. 폴라한테 들었는데 로드가 통학 버스에서 '경기장에 안 갈 거야. 치어리더들이 다 루저니까'라고 말했대요."

치어리더들은 리허설에서 재키를 공격했다. 한 친구는 이렇게 말했다. "재키가 한 동작이라도 틀리면 다들 재키를 심하게 몰아붙였어요. 화낼 명분이 생긴 거죠. 전 그게 싫었어요. 사소한 문제라도 생기면, 가령 재키가 점프 같은 걸 잘 맞추지 못하고 2초쯤 늦으면 다들 그 애한테 불같이 화를 냈어요."

치어리더들이 두 번째로 힘겹게 배운 교훈은 지위가 새 나가는 점이었다. 지위가 높은 게임과 개인은 바로 아래 서열의 누군가에게 지위를 위협받는다. 하지만 반대로 뒤집자면 지위가 낮은 사람이 인접성 원리를 이용해 위로 올라갈 수도 있다. 이 사례는 행복한 결말로 보인다. '페인' 재키는 자신의 서열이 올라가는 것을 보았다. 어느 치어리더는 재키가 치어리더로 선발된 후 사람들이 재키를 다르게 볼 것 같냐는 질문에 이렇게 답했다. "다들 재키를 더는 그렇게 페인이라거나 날라리라고 생각하지 않겠죠. 글쎄요. 갠 마크 윌리엄스랑 사귀는데, 다들 '마크 윌리엄스라고?' 마크가 왜 걔랑 다녀?'라고 말해요."

▼▲▼

학교를 졸업하면 진정한 어른의 게임이 기다린다. 앞서 엔론의 음침하고 치열한 경쟁에서 보았듯이 어른의 세계에서 벌어지는 게임에는 우리를 타락시킬 힘이 도사린다. 패트릭 쉴츠Patrick J. Schiltz(대형 법률 사무소의 변호사와 인디애나의 명문 노트르담 법대의 부교수를 지냈고 현재 판사로 재직 중이다)가 이런 현실을 예리하게 포착했다. 그는 법대 신입생들에게 보내는 글에 이렇게 적었다. "여러분이 대형 법률 사무소에 들어간다면 처음 한두 해 만에 적어도 어떤 면에서는 비윤리적으로 일을 하게 됩니다. 대형 법률사무소의 젊은 변호사들 대다수에게 이런 일이 생깁니다. 나 역시 그랬습니다."[14]

대형 법률사무소의 변호사가 되고 싶은 사람들은 "불안 수준이 높고 경쟁심이 강한 사람들"이다. 그들은 교육 제도에서 평생 경쟁을 치르면서 그 자리에 왔다. "대형 법률 사무소에 들어왔으니 이제 어떻게 될까요? 경쟁을 멈출까요? 물론 아닙니다. 계속 경쟁합니다. 변호 시간을 더 많이 청구하고 의뢰인을 더 많이 모으고 사건에서 더 많이 승소하고 합의를 더 많이 끌어내기 위해 치열하게 경쟁합니다." 돈을 향한 이들의 열병은 법조계 신문에서 어떤 거물급 변호사가 얼마를 벌었는지 일상적으로 보도하면서 더 심해진다. 2년에 한 번씩 변호사의 소득표가 공개되고, "변호사들은 이 표를 꼼꼼히 살펴봅니다. 마치 아이들이 좋아하는 야구 선수의 기록을 살펴보듯이."

이렇게 젊은이다운 이상주의가 멈추고 꿈에 슬슬 곰팡이가 피기 시작한다. 젊은 변호사들은 대형 법률 사무소에 들어가 새로운 규칙과 상징, 그리고 새로 도전할 게임을 발견한다. 한마디로 부를 지위의 상징으로 삼고 경쟁해야 한다. 그들이 세뇌당한 이야기는 허술하지만 명확하다. "이곳의 문화는 수많은 미묘한 방식으로 우리의 가치관을 시스템의 가치관으로 바꾸도록 압박할 겁니다." 신입 변호사가 입사 첫 달을 보내는 동안 시니어 파트너 변호사가 신입 변호사들을 바비큐 파티에 초대한다. 그들은 차로 한참 달려서 줄줄이 늘어선 고급 승용차들 옆에 차를 세우고 푸릇푸릇한 진입로를 따라 거대한 저택으로 올라간다. 검정 나비넥타이를 맨 사람이 문을 열어준다. 완벽하고 널찍한 정원에 파테와 새우, 앙증맞은 키슈, 칵테일이 나온다. 출장 요리사가 황새치를 굽는다. 신입들은 한구석에서 바라본다. "시니어 파트너가 화이트 와인을 마시며 그를 선망하는 주니어 파트너와 시니어 어소시에이트들을 즐겁게 해주는 장면을 바라봅니다. 시니어 파트너는 디자이너 브랜드의 선글라스와 옷으로 꾸몄습니다. 셔츠의 로고가 터무니없이 비싼 가격을 드러내고, 반바지는 잘 다림질이 되어 있습니다. 피부가 햇볕에 그을었고―살롱에서 인위적으로 태닝한 거라 주황빛이 감돌긴 하지만―헤어스타일도 최고로 멋집니다."

이렇게, 그리고 "천 가지 방식으로" 그들은 변호사 게임을 체화하기 시작한다. "젊은 변호사가 날마다 이런 문화 속에 살면서 법대생 시절의 가치관을 지키기란 매우 어렵습니다. 젊은 변호사는 서서히 변합니다. 전에는 선망하지 않던 것들을 선망하고 전에는 부끄러워하지 않던 것들을 부끄러워하면서 전에는 없어도 잘 살던 것들이 이제는 없으면 살 수 없다고 느끼기 시작합니다. 첫 카스테레오를 사고 더없이 기뻐하던 사람이 언젠가부터 40만 달러가 넘는 보너스를 받고도 화를 내는 사람이 됩니다."

그런데 문제가 있다. 이들 젊은 변호사들이 이미 최선을 다해 열심히 일하고 있다면 어떻게 남들을 이기고 앞서갈 수 있을까? 그들은 이기기 위해 처음에는 눈감아줄 수 있을 정도의 편법을 쓰기 시작한다. 한 시간짜리 사건에 90분 비용을 청구하면서 나머지 반 시간은 나중에 갚겠다고 약속한다. 훔치는 것이 아니라 잠시 빌리는 개념이다. 그리고 약속대로 갚아준다. 그러다 갚아주기를 중단한다. 그러면서 일을 잘해줬으니 의뢰인이 "조금 더 내도 괜찮다"고 스스로 합리화한다. 그러다 남보다 앞서가기 위해 거짓말을 하기 시작한다. 기한을 넘기고 변명을 늘어놓기도 하고, 의뢰인에게 도움이 되지 않는 서류로 재판에서 "패하게" 만들기도 한다.

2년쯤 시간이 흐르는 사이 그들은 끊임없이 거짓말을 하고 속임수를 쓰고 도둑질을 한다. "여전히 날마다 수십 가지의 결정을 본능적으로, 신속하게 내리지만 개인의 삶에서 기준이 되는 옳고 그름의 개념이 아니라 직업인의 삶에서 기준이 되는 가치관에 따라 결정합니다. 말하자면 옳고 그름의 개념이 아니라 수익이 되고 교묘히 빠져나갈 길이 무엇인지에 관한 가치관입니다. 시스템은 개인의 가치관을 시스템의 가치관으로 바꾸는 데 성공하고, 결과적으로 시스템에 이익이 돌아갑니다."

우리가 성인이 되며 이 시스템─이 게임─은 우리가 어떤 사람이 될지 결정하는 막대한 힘을 발휘한다. 우리는 시스템의 규칙과 상징에 맞춘다. **하루하루를 살면서 우리가 어떤 게임을 하는지에 따라 우리의 정체성이 달라진다.** 직장에서는 건축가이고, 집에서는 엄마, 온라인에서는 활동가, 독서회에서는 샬럿 브론테 권위자, 창고에서는 로켓 발사대 복원 전문가가 될 수 있다. 그리고 각 역할에서 **잘한다고** 느끼고 싶을 수 있다. 유능하고 남보다 뛰어나고 앞으로도 더 잘하고 싶을 수 있다. 자아 감각을 각 게임에 투영한다. 마치 여러 유기체에 파고들어 필요한 것을 빨아들이는 깔때기처럼. **게임에 통합되며 각자의 개성은 그 경계가 흐려지고, 그사이 도덕적 행동과 현실에 대한 지각도 흐트러진다.** 이것이 성인으로서 우리의 정체성이 된다. 우리는 우리가 하는 게임의 총합이다.

16 —

진실이 아니라 믿음을 믿는다
지위 게임에 흡수된 진실

우리가 인류에 관해 자주 하는 이야기는 **영웅적 진보의 여정**이다. 역사의 화살이며, 모래밭의 발자국이고, 우리 모두의 성스러운 운명에 관한 이야기다. 이런 관점에 대한 증거는 어디에나 있다. 이를테면 급속히 발전하는 과학과 기술과 생활 수준에서 그 증거를 발견할 수 있다. 지난 500년 사이 과학 혁명과 '계몽'이 일어났다. 거대한 지적 운동으로 근대의 경이로운 업적이 이루어지고 과거의 비이성적 신념이 틀린 것으로 밝혀졌다. 광적인 개념에 더 매달릴 이유가 없어졌다. 그런데 왜 여전히 수십억 인간이 그런 개념에 매달릴까? 우리는 왜 아직도 미신을 믿고 잘 속고 종교에 심취할까? 아직도 비이성이 남아 있는 이유는 수수께끼다. 다만 지위 게임에서 답을 찾아볼 수 있다. **인간은 경이로운 진보의 여정에 나선 영웅이 아니라 게임에 맞게 설계된 플레이어다.** 우리는 게임에서 성공하기 위해 지위가 높은 협력자를 찾는다. 그리고 협력자를 발견하면 우리의 **모방-아첨-**

순응 회로가 켜진다. 협력자들의 행동뿐 아니라 믿음까지 모방한다. **진지하게 믿을수록 지위는 더 높아진다. 그래서 진실이 아니라 믿음이 권장된다.**

　이런 과정을 거쳐서 오늘날 우리는 인류에 깊이 뿌리를 내린 수많은 신념을 보고 있다. 신념을 선택하는 과정은 마치 요리사가 신중히 요리법을 고르는 것처럼 보일 수 있다. 하지만 대개는 그냥 우리 집단이 믿는 것을 믿고 엘리트층의 인식을 따르고 엘리트가 정의하는 세상을 받아들인다. 이것이 지위 게임이 일어나는 방식이고 인간의 문화가 작동하는 방식이다. 살면서 매사에 사실을 검증할 수 없고, 그냥 위를 쳐다보며 지침으로 삼는 것이다. **우리에게는 신념이 있다. 우리는 믿는다. 때로는 이상한 것도 믿는다.**

머랜다 딘다도 이 점을 잘 안다.[1] 2012년에 펜실베이니아 시골에 사는 열여덟 살의 임산부 머랜다는 집에서 분만하기를 원했다. 하지만 마땅한 산파를 구하기가 어려웠다. 그러다 한 명을 겨우 찾았다. 처음 만난 날 산파는 이런저런 가방과 책, 신문, 서류, 청진기 따위를 잔뜩 들고 왔다. 그녀는 머랜다를 다정하게 대했고 이상한 소리도 하지 않았고 그저 머랜다가 벼룩시장에서 산 낡은 흔들의자에 앉았다. 산파 일을 10년이나 해 오고 자식을 여덟 명 낳은 그녀는 출산을 앞둔 산모가 믿고 따를 만한 사람 같았다. "그 여자는 안전하고 똑똑해 보였어요." 머랜다가 인터뷰하면서 한 말이다. 산파는 일반적인 질문을 던지고는—임신 몇 개월이죠? 그동안 기분은 어땠어요? 아기 침대를 들여놓을 거예요?—이렇게 물었다. "아기에게 백신을 맞히지 않는 건 생각해봤어요?"

"처음에는 무슨 말인지 몰랐어요." 머랜다가 내게 말했다. "백신 접종은 원래 하는 거잖아요. 전기 요금을 내거나 차에 연료를 넣는 것처럼. 그러더니 그 여자가 물은 거죠. '차에 기름을 넣지 않은 적 있어요? 그렇게 하려고 생각은 해봤어요?'라는 식으로요."

"무슨 말인지 모르겠어요." 머랜다가 산파에게 말했다.

머랜다는 가만히 앉아서 산파의 말을 들었다. 현실에 대한 미개한 꿈이 거실 바로 눈앞에서 펼쳐졌다. 산파는 첫 아이에게 백신을 맞힌 뒤 세상에 뒤집혔다고 했다. 펑! 아들이 백신을 맞고 자폐가 되었다는 것이다. 아이의 눈에서 빛이 사라졌다. 그는 말을 이었다. 백신이 아이들에게 당뇨병을 일으키는 것은 아는가? 엄마가 아이를 때린 것처럼 보일 수 있다는 것은 아는가? 이것도 백신 접종의 부작용이다. 아동 학대처럼 보일 수 있다는 점, 그래서 아동복지국에서 아기를 빼앗아 갈 수도 있다는 것이다. 그리고 산파는 이렇게 말을 마쳤다. "어쨌든 마음을 정해야 해요. 전적으로 엄마한테 달려 있어요. 구글에 좋은 정보가 많이 올라와 있어요."

산파가 떠난 후 머랜다는 찾아보았다. 구글을 보라고 해서 구글에서 검색했다. "왜 백신 접종을 하지 않는가?" 그리고 온갖 정보가 쏟아졌다. 백신 성분을 하나부터 열까지 분석한 정보와 백인이 접종에 특히 위험한 이유, 아이들이 백신을 맞고 간질 발작을 일으키고 사망하는 과정을 상세히 설명하는 블로그, '대형 제약회사'에 관한 동영상과 의사들이 아이들에게 독약을 주사하고 받는 사례금에 관한 동영상까지. 머랜다는 조지프 머콜라 박사라고, 「뉴욕 타임스」 베스트셀러 작가'이자 '궁극적 건강의 판도를 바꾼 사람'Ultimate Wellness Game Changer Award 상을 수상한 사람의 홈페이지를 클릭했다. 전문적인 사이트로 보였다. 진지해 보였다. "머콜라: 자신의 건강을 스스로 통제하세요." 내가 이 책을 쓰는 현시점에는 머콜라의 홈페이지에 이런 기사가 올라와 있다. "7850명을 대상으로 한 어떤 연구에 따르면 백신 접종을 받은 아이는 중이염에 걸리는 비율이 22배 높고, 부비강염 비율이 32배, 알레르기 비율이 4배, 천식 비율이 2배, 꽃가루 알레르기 비율이 4배, ADHD 비율이 3배, 자폐증 비율이 19배 높은 것으로 나타났다. 그런데도 부모들의 98퍼센트가 자녀에게 백신 접종을 한다."

다음으로 머랜다는 페이스북을 보았다. "페이스북은 방대했어요. 페이스북 그룹을 찾아서 가입하면 그 안으로 빨려 들어가요." 그중 하나가 '백신에 의문을 제기하는 위대한 어머니들'Great Mothers Questioning Vaccines이라는 그룹이었다. 머랜다는 처음 글을 올리며 자신을 '접종을 주저하는 사람'이라고 소개했다. 오래 걸리지 않았다. 지렁이에 민달팽이가 들러붙듯이 그룹 멤버들이 머랜다에게 모였다. "사람들이 제게 의견을 쏟아냈어요. '전 간호사였는데 해로운 접종 사례를 보았습니다.' '저는 애가 다섯이에요. 첫애에게 백신을 맞혔고, 이런 상태가 됐습니다.' '저는 35년간 연구를 해 왔습니다.'" 사람들의 이야기에 빠져들면서 머랜다는 점점 두려워졌다. 그런데 한편으로는 기분이 좋기도 했다. 친구들은 다들 대학생이라 열여덟 살의 머랜다에게는 주변에 의견을 나눌 아기 엄마가 없던 터였다. "따스하고 편안한 느낌이 들었어요."

하지만 머랜다가 이 페이스북 그룹의 유혹에 넘어간 데는 사람들과 연결된 느낌만 작용한 것이 아니었다. "저는 원래 강인하고 자신감 넘치는 여자들을 존경해요. 전 여자가 많은 집에서 자랐거든요.

그 페이스북 그룹의 엄마들을 보면서 경험 많은 여자들에게 둘러싸여 있는 느낌이 들었어요! 다들 저보다 훨씬 똑똑했어요. 전 뭘 어째야 할지 갈피를 잡지 못하는데 다들 자기가 뭘 하는지 똑똑히 아는 것 같았어요. 소방수가 꿈인 꼬마가 소방서에 놀러 가서 건장한 소방수들이 일을 제대로 해내는 모습을 본 격이었죠. '나도 저분들처럼 되고 싶어'라고 생각했어요. 저는 멋지고 강인한 엄마가 되고 싶었어요. 제가 갑자기 얻은 그 지식을 소화해서 저를 위해, 제 아이를 위해, 세상을 위해 쓰고 싶었어요."

머랜다는 빠르게 세뇌당했다. 지위를 얻으려고 슬롯머신 앞에서 계속 손잡이를 당기며 연신 승리했다. "그 그룹에서 어울리면서 사회적 보상도 받았어요. 페이스북에 '좋아요'가 달리고, '어머니, 당신은 아주 강인하고, 아주 똑똑하고, 최고로 잘하고 있어요'라는 식의 댓글이 달렸죠. 우리 엄마보다도 나이가 많은 여자들이 젊은 엄마에게 보내는 응원이었어요." 머랜다는 이 경험에 "마음을 빼앗겼다"고 했다. "세상에 이런 일이 벌어지고 있으니 우리가 나서야 한다는 생각도 들었어요. 그래서 우리는 세를 모았어요. 정치에 참여하는 기분이었어요."

얼마 후 머랜다는 세상 밖으로 나가 도덕 게임을 하면서 자신의 새로운 신념을 전파하기 시작했다. 어머니와 사촌들에게도 알렸다. 이 문제를 사회적 의제로 제기할 이유를 찾기 시작했다. "사람들에게 이 문제를 제기해서 함께 토론하고 싶어졌어요. 내심 이런 생각이 들었거든요. '나는 당신들보다 똑똑해. 나는 당신들보다 더 많이 알아. 이거 봐. 내가 아는 이걸 당신들은 모르잖아.' 지금 생각하니 부끄럽네요. 그땐 제가 다 아는 줄 알았어요. '저들도 알게 될 거야.

나와 언쟁을 벌인 걸 후회하는 날이 올 거야.'"

　나는 머랜다에게 그 그룹으로 돌아가 활동을 보고하면 지위가 주어진다는 점도 중요하게 작용했느냐고 물었다. 머랜다가 답했다. "바로 그거예요. '저 오늘 병원에 가서 의사와 싸웠어요.' '오늘 사촌네 가서 열변을 토하고 왔어요.' 다들 이런 걸로 보상을 받았어요. 목소리가 클수록 흔들림이 없어지고 사회적으로 더 높이 올라가죠. 남들이 닮고 싶어 하는 사람이 되는 거예요. 그리고 그런 사람들을 보면 '저 사람들은 무슨 말을 하든 자신감이 넘치는구나, 자기가 하는 말을 확신하는구나. 나도 저렇게 되어야 해'라고 생각하죠. 무의식적인 거예요. 사람은 누구나 존경받고 싶어 해요. 집단의 맨 꼭대기로 오르고 싶어 해요."

　머랜다는 딸을 출산했고 백신 접종을 거부했다. 머랜다는 의사에게 이렇게 말했다. "제 생각을 존중해주세요." 하지만 2년이 지나는 사이 같은 집단 구성원이 내세우는 몇 가지 극단적인 신념이 불편해졌다. 머랜다는 평소 합리적으로 생각할 줄 안다고 자부했고 어릴 때부터 과학책을 즐겨 읽었다. "저는 늘 진심으로 과학을 사랑하고 신뢰했어요." 머랜다는 이런 반골 기질 덕에 살아남았다. 머랜다는 스스로 증거를 토대로 백신 반대 주장을 펼쳤다고 믿어 왔다. 하지만 그 그룹의 엄마들 일부는 동성애자가 되는 이유가 오로지 백신 때문이라고 주장했다. 누군가는 에이즈가 존재하지 않는다고도 주장했다. 또 누군가는 피마FEMA 죽음의 수용소°에 모두 한꺼번에 끌려갈 거라고 경고했다. "이런 댓글을 볼 때마다 저게 무슨 소리지 싶었어요." 머랜다는 이어서 이렇게 말했다. "시간이 오래 걸리기는 했지만 결국에는 이런 생각이 들더군요. 나는 왜 이런 주장 중 하나를 선택해서 '완벽한 진실'이라고 믿고 다른 주장은 '미친 소리'라고 생각하는 걸까? 역시나 내가 근거로 삼은 정보를 제공한 사람들에게서 나온 정보인데."

머랜다는 다시 구글을 검색했다. 이번에는 일부러 자신의 편견에 반박하는 정보를 찾아보았다. 그리고 자신의 삶에서 주류 의학이 어떤 역할을 해 왔는지도 고민했다. "저는 천식을 앓고 있고, 저희 아버지는 장애가 있고, 저희 집안에는 의학적 문제가 많아요. 약이 없었다면 전 아마 천식으로 죽었겠죠. 그러자 갑자기 모든 것이 이해됐어요."

머랜다는 말없이 페이스북 그룹에서 나왔다. 그리고 두 살인 딸의 백신 접종을 예약했다. 백신 찬성 페이지인 '백신을 찬성하는 목소리'Voices for Vaccines에 가입했고, 그간의 경험을 블로그에 풀어보라는 제안을 받았다. 그렇게 전에 함께 활동하던 사람들이 머랜다가 그들을 배신한 사실을 알게 되었다. "블로그가 폭발했어요. 제 글이 가장 많이 읽힌 게시물이 됐어요. 그리고 백신 반대 그룹에도 공유됐죠." 밤이 찾아오듯 그녀를 향한 혐오가 찾아왔다. "세상에서 제일 훌륭한 엄마라고 저를 추켜세우던 사람들이 이제는 형편없는 엄마라고 비난했어요. 고생스럽게 출산할 때 힘이 되어준 사람들이 이제는 '당신은 애 낳다가 죽었어야 했어'라고 비난을 퍼부었죠." 그 집단에서 머랜다와 직접 소통한 적 없는 엘리트층 인물들이 메시지를 보

내서 딸이 자라서 엄마를 미워하고 '저능아'가 될 거라고 폭언을 퍼부었다.

머랜다는 그들이 자기네 페이스북 그룹으로 돌아가 무슨 말을 나눌지 알았다. "저 같은 사람들에 관한 글을 올리고 '와, 정말 바보군요'라고 욕하는 것이 그들의 일상이었어요." **모두가 공동의 혐오 대상을 중심으로 모였다.** 그들은 누군가가 그들을 떠나는 이유를 전혀 이해하지 못했다. 그들의 뇌가 만드는 '현실에 대한 환상' 속에서 그들은 다른 어떤 이보다 **훌륭하기** 때문이었다. "그 사람들은 자기네가 더 똑똑하다고 생각해요. 남들은 시스템 안에 들어가 있고 그들은 시스템을 초월한다고 생각하죠. 자기네가 자녀를 더 사랑하는 줄 알아요." 왜 아니겠는가? '백신에 의문을 제기하는 위대한 어머니들'의 일원이 되고 싶지 않은 사람이 어디 있을까? 누군들 자녀에게 해를 입히고 싶을까?

머랜다가 비이성적인 주장에 끌린 이유는 지위가 높은 엄마들의 연합체가 훌륭한 상을 주겠다면서 머랜다를 그들이 꾸는 꿈으로 끌어들여서였다. 머랜다는 이 게임에 현혹되어 주변의 모든 지인에게 이 꿈을 전파하고 아기의 건강을 위험에 빠트렸다. 좋은 엄마가 되고 싶은 마음이 백신은 해롭다는 신념으로 흘러갔다. 좋은 엄마가 되려면 백신이 해롭다는 신념을 믿고 그들의 게임에 뛰어들어 승리해야 했다. **나를 위해, 내 아이를 위해, 세상을 위해.** 머랜다는 훌륭한 엄마가 되고 세상을 구하는 데 공헌하고 싶었다. 그렇게 해서 주어지는 지위는 엄청나게 커 보였다. 그래서 머랜다가 그들에게 등을 돌리고 저항했을 때 그는 거기서 쉽게 발을 뺄 수도 없었다. 그들은 일부러 시간을 들여 머랜다에게 메시지를 전했다. 머랜다는 그동안 누렸던 모든 지위를 빼앗기게 될 것이다. 머랜다는 아무것도 아니다. 아무도 아닌 것보다 더 심각하다. 죽느니만 못한 처지로 전락할 것이다.

머랜다의 경험은 '특별한' 게 아니다. 머랜다가 어리석어서 이런 경험을 한 게 아니다. 머랜다는 그저 인간의 본능에 충실하게 인생의 게임을 치렀을 뿐이다. 석기 시대에는 세상에 관해 듣는 이야기가 진실이 아니어도 상관없었다. 신화에 대한 믿음과 우리 부족의 편견이 우리를 연결해주고 우리의 행동을 조율하고 적에 맞서 더 치열하게 싸우도록 동기를 부여했기 때문이다. 하지만 21세기에 여러 집단이 얽히고설켜 함께 살아가는 세상에서는 우리 게임의 거창한 꿈을 받아들이는 인간의 본성 때문에 지나치게 자주 실수와 불신, 분열, 공격성, 자만, 파국에 이른다. 게다가 이런 본성은 강렬하다.

▼▲▼

확고한 신념마저 게임에 흡수되는 현상을 보여주는 심리학 연구가 상당히 많다. 정치적 신념도 예외가 아니다. 한 연구에서는 복지 제도와 관련해 공화당이나 민주당의 주장이 분명해 보이는 정책을 바꿔서 제시하자 각 당의 지지자들이 제도에 대한 지지 의사를 바꾸었다. 이들은 조작당하는 줄 모를 뿐 아니라 새로 바꾼 신념을 지지하는 근거를 찾아내 자기가 그 신념에 이르게 된 과정을 간단히 설명할 수도 있었다. 심리학자 릴리아나 메이슨Lilliana Mason 박사는 이렇게 지적한다. "국민은 대개 어떤 정책에 대한 의견에 따라 지지 정당을 선택하는 것이 아니라, 지지하는 정당에 따라 정책에 대한 의견을 바꾼다. 대개는 이런 일이 일어나는지 인지하지 못하고, 이런 가능성을 언급하면 화를 낸다."

우리의 뇌는 온갖 술수를 부려서 세상에 대해 게임이 만들어낸 이야기를 수용하고 그 이야기가 전개되는 대로 믿게 만든다. 그 이야기는 우리 집단의 구성원이 다른 집단의 구성원보다 더 똑똑하다고[2] 말해주고, 우리 집단의 신념과 주장에 반박하는 주장에 대해서는 논리적 근거를 찾기 어렵다고[3] 말해주고, 우리가 이미 동의하는 의견은 사실로 처리해주며[4], 우리와 신념이 다른 사람들은 우리보다 어리석고 편견에 치우치고 도덕적이지 못하고 믿을 만하지 않다고 전제하면서 그들의 신념을 무시하기 쉽게 만들어준다.[5]

여기서 지능은 그다지 도움이 되지 않는다. 오히려 반대. 똑똑한 사람들은 집단의 거짓 신념을 뒷받침할 증거를 찾을 때 지능을 발휘한다. 뛰어난 머리로 현실을 왜곡하는 이야기를 더 능숙하게 확인시킨다. 종교와 정치와 사회적 정체성이 개인의 신념에 어떤 영향을 끼치는지에 관한 심리학 연구에서는 **교육 수준이 높고 숫자를 잘 다루고 지능이 높을수록 자기 집단의 극단적 개념을 수용할 가능성도 커지는 것**으로 나타났다.[6] 기후 변화와 백신 접종과 진화를 부정하는 사람들도 마찬가지다. 똑똑한 사람일수록 과학적 합의를 부정할 가능성이 크다. 우리는 우리 연합체에서 믿기를 바라는 것을 믿기 쉽다. 인류학자 존 투비John Tooby 교수는 이렇게 말한다. "연합체의 마음가짐으로 인해 과학자를 비롯한 누구나 개인으로 존재할 때보다 연합체로 묶일 때 훨씬 어리석어진다."[7]

▼▲▼

당연한 말이지만 우리가 완전히 속기만 하는 것은 아니다. 진실은 강하므로 진실을 알려고 진지하게 노력하면 합리적 사고는 가능하다. 개인의 경험으로 거품을 터트리고 밖으로 나올 수 있다. 우리가 아무런 갈등 없이 받아들이는 신념의 영역이 있는데, 이런 영역에 속한 다수의 사실은 미시시피강의 길이처럼 객관적으로 측정이 가능하지만 지위로서의 가치는 전혀 없다. 이런 유형의 사실을 놓고 끈질기게 논의하지 않는 이유는 그것에 지위가 얽혀 있지 않아서다. 하지만 사실에 지위가 개입되면 우리의 생각은 순식간에 정상적 사고를 벗어날 수 있다.

지위를 얻거나 잃는 곳에서는 무엇이든 쉽게 믿을 수 있다. 수십억 명이 거대 종교가 만든 환상적인 꿈의 세계에서 게임을 한다. 기독교도는 여자가 사과를 따 먹자 하나님이 인간을 벌하기 위해 세상에 악마를 내려 보냈다고 믿고, 이슬람교도는 천사가 수요일에 창조되어 지상을 돌아다니며 신자들의 선행과 악행을 기록한다고 믿고, 유대교도는 그들이 하나님께서 '민족들에 빛'이 되라고 선택한 민족이라고 믿고, 여호와의 증인 교도는 수혈은 하나님의 뜻을 거스르는 행위이므로 수혈하느니 죽는 것이 낫다고 믿고, 불교도는 '아귀의 영역'을 비롯해 31가지 존재의 단계가 있고 사람들은 게임을 잘 치르는 정도에 따라 환생하면서 이 단계를 거쳐서 위로 올라간다고 믿고, 시크교의 남자는 욕정을 다스리기 위해 특별한 바지를 입고 머리카락은 신이 주신 것이므로 절대로 잘라서는 안 된다고 믿는다.

물론 오늘날의 종교 신자 모두가 이런 이야기를 믿는 것은 아니다. 믿기지 않는 세세한 대목을 은유로 간주하고 그 너머의 초자연적 주장을 받아들이는 사람도 있다. 하지만 세계에서 종교를 가진 인구의 84퍼센트는 이상한 개념으로 정신을 채우는 게임의 능력을 보여준다.[8] 이를테면 관계와 지위를 얻기 위한 계획을 찾아내고 그것을 둘러싼 거창한 꿈을 만들려는 강박을 보인다. 그렇다고 신을 믿지 않는 사람이 더 우월하다고 장담할 근거는 없다. 무신론자는 그저 그들의 무신론적 가치관이 우수하다고 인정받고 그들의 우상이 존경받는 장소에서 태어나고 교육받았을 뿐이다. **우리는 대체로 무엇이 진실인지 직접 확인하지 않고 엘리트에게 확인한다. 우리는 우리가 믿어야 하는 것을 믿는다.**

나아가 우리의 신념에서 가장 소중한 것, '도덕적'moral으로 분류되는 것도 마찬가지다. 우리가 살아가는 도덕적 현실은 곧 도덕 게임이다. 이 게임에서는 도덕성을 드러내면서 지위를 얻는다. 이렇게 하는 것은 바람직하다. 게다가 실용적이다. 그래서 억만장자들이 도서관과 대학, 학술 연구에 자금을 지원하고, 미국의 장기 기증 사례 1만1672회에 대한 연구에서 익명의 기증자는 31퍼센트에 불과한 것이다.[9] 혼자서 도덕적으로 행동하고 생각할 때도 우리는 상상 속 청중에게 인정받으면서 흐뭇해한다. **도덕적 지위는 우리가 우리의 이익보다 남들—특히 우리와 게임을 함께 하는 사람들—의 이익을 앞세우게 만드는 미끼다.**

우리는 도덕적 신념을 보편적이고 절대적인 진실로 여긴다. 일례로 한 연구에서 사람들은 신이 도덕적 '사실'보다 우주의 물리 법칙을 바꿀 수 있다고 믿을 가능성이 큰 것으로 나타났다.[10] 사람들의 인식에서 도덕적 사실은 현미경으로 관찰하거나 수학 공식으로 증명할 수 있는 자연의 '물질'과 동일 범주에 들어가는 듯하다. 만약 도덕적 진실이 어딘가에 존재한다면 그곳은 바로 우리의 DNA일 것이다. 수렵채집 사회에서 서로 협력하며 살아가도록 유도하는 원시적인 게임 코드다. 하지만 이런 행동 지침—**도덕적으로 보이려고 노력하라, 다른 집단보다 우리 집단에 특권을 부여하라**—은 드물고 모호하며 해석의 여지가 많다. 그리고 나머지는 공유된 상상의 행위로 채워진다. 이것은 우리가 지위 게임을 중심으로 만들어내는 꿈이다.

이 꿈은 우리가 지구상 어디에 사는지에 따라 달라진다. 마다가스카르의 말라가시 사람들에게는 눈먼 암탉을 먹는 행위나 피가 나오는 꿈을 꾸는 것, 떠오르는 태양을 발로 차듯 얼굴을 서쪽으로 돌리고 것을 금기로 삼는다.[11] 남뉴기니 마린드족의 남자 청소년들은 성인 남자의 집에 가서 자면서 항문 성교로 나이 든 남자의 정액을 흡수하면 강인해진다고 믿는 '일상화된 남색' 문화에서 산다.[12] 캐나다의 무스족에서 십 대 소녀는 납치되어, 결혼한 남자와 강제로 성관계를 맺기도 한다.[13] 심리학자 데이비드 버스 교수에 따르면 "모든 관련자가—당사자인 소녀까지도—소녀의 부모가 소녀를 그 남자에게 주는 것이 감사의 뜻을 전하는 도덕적이고 너그러운 행동이라고 여겼다." 이런 규범이 생경할 수 있지만 이것을 따르는 사람들에게는 도덕적으로 올바르게 느껴질 것이다. 이것이 그들이 살아가는 현실에 대한 꿈이다. 우리가 우리의 꿈을 믿는 것처럼 그들에게 그 꿈은 더없이 당연하고 진실해 보일 것이다.

하지만 이런 '사실'도 시간에 따라 변한다. 먼 과거까지 가지 않아도 지금이라면 비난받을 도덕관을 지닌 도덕계의 슈퍼스타들을 찾을 수 있다. 페미니스트 영웅이자 산아 제한 운동가로 「가디언」지 독자 투표에서 '지난 천 년의 여성'으로 선정되고 2008년에 영국 왕실 우정국에서 발행한 우표에도 등장한 마리 스톱스Marie Stopes는 한때 반유대주의자이자 우생학자로서, "부적격한 허약자와 병자의 비율이 무서울 정도로 높아서 우리 인종을 부실하게"[14] 만들고 있다면서 "정신적으로나 육체적으로 문제가 있으면 자식도 정신적으로나 육체적으로 오염시킬 수 있으니 이런 사람들은 부모가 되지 못하게 막는 것이 공동체의 당면한 의무"[15]라고 적었다. 또 간디는 영국에 저항하면서 이렇게 말한 적이 있다. "우리는 유럽인들이 우리를 비하하는 태도에 맞서 부단히 싸울 것이다. 그들은 우리를 원시적인 카피르Kaffir(아프리카 흑인을 비하하는 표현이다) 수준으로 떨어뜨리려 한다. ⋯ 꿈이라고는 그저 소 몇 마리를 모아서 아내를 사는 게 다이고 ⋯ 평생을 게으르고 벌거숭이로 살아가는 자들 말이다."[16] 이런 표현이 충격적으로 들릴 수 있다. 하지만 간디가 오늘날 서구의 인종 개념을 갖추지 못했다고 개탄하는 것은 바이킹에게 넷플릭스가 없다고 탓하는 격이다. **도덕적 '진실'은 상상의 행위다. 그리고 우리가 게임에 적용하는 개념이다.**

이런 꿈은 지극히 현실적으로 느껴진다. 하지만 꿈은 모두 게임을 만들어낸 뇌에서 만들어진다. 우리 몸을 둘러싼 세계는 무질서하고 혼란스럽다. 그래도 우리의 뇌는 그 세계를 이해해야 한다. 폭풍우 소리 같은 소음이 들릴 때 뇌는 그것이 무슨 소리인지 추정해서 사람들과 소통할 수 있도록 정확하고 다채롭고 구체적인 세계로 바꿔원하는 것을 얻는다. **우리의 뇌는 주어진 현실을 합리적으로 설명해주고 어떤 보상이 어떻게 주어질지 제안하는 게임을 발견하면 그 게임**

의 규칙과 상징을 열심히 받아들인다. 그러면 소음이 잠잠해진다! 혼돈이 길들여진다! 우리는 우리의 이야기를 발견할 뿐 아니라 그 이야기 속에서 우리가 맡은 영웅의 역할을 발견한다! 우리는 진실과 방식, 즉 삶의 의미를 배운다! 삶의 의미는 참마이고, 신이고, 돈이고, 사악한 대형 제약회사로부터 세상을 구하는 사명이다. 종교 체험과 비슷한 느낌이 아니라 종교 체험 그 자체다. 작가 아서 쾨슬러Arthur Koestler가 젊은 시절인 1931년에 공산당에 가입하면서 느낀 감정이기도 하다.

> "'빛을 보았다'는 말로는 개종자(어떤 종교로 개종했든)만이 아는 정신적 황홀경을 제대로 표현할 수 없다. 사방에서 새로운 빛이 쏟아져 들어와 머릿속을 관통하는 느낌이다. 온 우주에 어떤 패턴이 생겨서 마치 직소 퍼즐의 잃어버린 한 조각이 마법처럼 들어와 맞아 떨어지는 느낌이다. 이제 모든 질문에는 하나의 답만 존재하고, 의심과 갈등은 과거지사가 되었다. 무색무취의 세계에서 암담한 무지 속에 살던 **무지한 자**의 까마득히 먼 과거일 뿐이다. 개종자의 내면의 평화와 고요는 그 어떤 것에도 방해받지 않는다. 이따금 다시 믿음을 잃을까, 그래서 살 만한 인생을 만들어주는 단 하나를 잃어버릴까, 다시 바깥의 어둠으로, 울부짖음과 분노로 이를 가는 소리만 들리는 그곳으로 굴러떨어질까 두려울 뿐이다."[17]

17 —

지위의 금맥을 찾아서

신성시된 신념의 위험

'백신에 의문을 제기하는 위대한 어머니들'은 하나의 생각을 중심으로 결집했다. 백신이 해롭다는 생각. 그들과 소통하려면 이 생각을 믿기만 하면 되었다. 하지만 지위는 다른 얘기다. 지위를 얻으려면 이 생각에 동의하기만 해서는 안 된다. 신념에 사로잡히고 신념을 옹호하고 나아가 신념을 전도하고 신념에 따라 살아야 한다. 깊이 빠져들수록 더 높이 올라간다. 세상에서 벌어지는 집단적 소란은 대체로 이런 역학 관계를 연료로 해 타오른다. 사실 지위만 한 연료도 없다. 석탄과 천연가스와 석유는 채굴도 어렵고 공급도 제한적이지만 지위는 끝없이 새로 생성되고 또 생성된다. 그러면서 화력이약해지지도 않는다. 비합리적 신념을 중심으로 형성된 지위 게임일수록 무서울 정도로 널리 퍼져 나가면서 온갖 거짓과 혼란과 극심한고통을 온 세상에 퍼트린다.

1980년대 미국, 어린이집을 운영하는 악마 같은 소아성애자들의 은밀하고 강력한 조직이 존재한다는 믿음을 중심으로 새로운 지위 게임이 시작되었다. 심리치료사와 사회사업가, 특히 아동 학대에 중점을 두는 전문가들의 지위 게임이 급부상한 것이다. 이전에는 성인이 말하는 학대의 기억을 환상으로 치부하는 프로이트의 이론이 학계를 지배했다. 그래서 충격적인 사실조차 무시되는 경우가 많았다. 그러다 1980년대 초부터 상황이 급변했다. 대중이 아동 학대가 벌어지는 현실을 알게 되었고, 실제로도 아동 학대가 무서울 정도로 널리 퍼져 있는 듯 보였다. 아이를 학대하는 괴물이 지극히 평범한 어머니와 아버지의 모습이라는 사실을 이제 모두가 알았다. 게다가 완벽하게 평범한 어머니와 아버지가 **어디에나** 있다는 것도.

그렇게 학대와 싸우는 게임의 황금시대가 도래했다. 가십을 다루는 대중매체에는 사람들을 분노하게 만드는 끔찍한 사건들이 넘쳐났다. 인기 드라마와 TV 방영용 영화에서 아동 학대를 다루었고, 신문과 잡지는 불안과 공포를 자극하는 기사를 쏟아냈고, 유명인들은 지위를 가져다줄 만한 감상적인 인터뷰로 유년기의 경험을 털어놓고, 『아버지의 나날』Father's Days, 『아빠의 딸』Daddy's Girl, 『아무에게도 말한 적 없는 이야기』I Never Told Anyone, 『아빠에게 굿나잇 키스 하기』Kiss Daddy Goodnight 같은 제목의 책이 출간되었다. 『아빠에게 굿나잇 키스 하기』의 저자인 페미니스트 활동가 루이즈 암스트롱Louise Armstrong은 당시 출현한 "수많은 임상가와 상담사, 치료자, 연구자, 권위자, 전문가"가 아동 학대에 "이런저런 방식으로 주목하면서 경력을 쌓아 가는" 과정에 관해 기술했다.[1]

1980년대에는 보수적인 기독교의 게임이 뜨겁게 부활했다. 앞서 1960년대와 1970년대에는 성 혁명과 평등에 몰두하던 제2의 물결

페미니스트들이 전통적인 가정생활에 관한 기독교 교리를 공격하면서 기독교에 이념적 타격을 입힌 터였다. 1981년 로널드 레이건이 대통령으로 선출되면서 기독교가 지배적인 문화 세력으로서 힘을 되찾는 데 일조했다. 또한 1980년대가 시작되면서 미국 여성의 45퍼센트가 밖에 나가서 일하고 일하는 여성의 다수가 낯선 사람이나 다름없는 어린이집에 자녀를 맡겼다. 보수적인 기독교인들에게는 이런 세태가 악마의 승리로 보였다.

1980년에 기독교의 '악마와의 전쟁'과 치료자들의 '아동 학대와의 전쟁'이 불경하게 손잡는 과정을 다룬 베스트셀러가 나왔다. 『미셸은 기억한다』Michelle Remembers라는 제목의 이 책은 유년기에 악마 숭배 의식으로 학대당한 기억을 담은 실화로, 정신과 의사 로런스 파즈더Lawrence Pazder 박사가 집필했다. 이 책에서 미셸은 악마 숭배자들이 자기를 강간하고 자기 몸에 피와 배설물을 바르고 어떤 아이를 십자가에 못 박아 죽이는 과정을 돕게 했고, 이 사교 집단의 의사들이 아기 미셸을 수술실로 데려가 몸에 뿔과 꼬리를 이식했다고 주장했다. 이런 학대는 악마가 직접 모습을 드러내는 81일간의 의식에서 정점에 이르렀다. 예수와 성모 마리아와 미카엘 대천사가 나타나 '편리하게도' 미셸의 몸에 아동 학대의 흉터를 지워주었다. 파즈더는 기자들에게 이렇게 말했다. "처음에는 저도 미셸이 지어낸 이야기일 거라고 의심했습니다. 하지만 이게 거짓말이라면 가장 믿기 힘든 거짓말일 겁니다."[2]

파즈더의 책은 선인세로만 34만2000달러를 벌어들였고, 신문에 전면 광고까지 냈다. 파즈더는 이 책으로 미국에서 39일간 저자 강연회를 돌았다. 그는 거침없이 성장하는 '학대 타파 치료' 세계의 슈퍼스타로 떠올라 전국을 순회하면서 정신건강 임상 전문가와 경찰관들에게 악마 숭배자들의 위협에 관해 교육했다. 그리고 초창기에 권위 있는 미국 정신의학회에서 한 강연에서 '의식 학대'ritual abuse라는 개념을 소개했다.

'사타닉 패닉'Satanic Panic이라는 이 현상은 지위 게임을 연료로 굴러갔다. 지위 게임은 믿는 자들이 모이는 곳이라면 어디서든 발생했다. 학술 회의든, 세미나든, 교육 프로그램이든, 성추행당한 미취학 아동 전문가 협회, 국제 아동 협회, 전국 아동 학대 및 방임 협회와 같은 기관에서든. 의식 학대를 다루는 심리학자와 정신과 의사와 사회복지사 2000명 이상을 대상으로 한 연구에서 이들이 "의식 범죄나 의식 학대에 관한 강연이나 세미나나 워크숍에 참석하는 비율이 매우 높은" 것으로 나타났다.[3] 이 게임에 새로 진입한 사람들은 뇌에 원시적인 부족 코드가 켜지면서 게임과 연결되었다는 근사한 기분을 맛본다. 그리고 그대로 빠져드는 사이 악마 사냥꾼들이 그들에게 새로운 꿈을 제시하고 그 꿈의 세계 안에서 지위를 얻는 법을 가르쳤다.

강연은 주로 섬뜩하고 분노를 자아내는 증언으로 시작되었다. 다음으로 교육생들은 중요한 도덕적 지위를 준다는 약속에 현혹되어 정신과 의사 로널드 서밋Roland Summit 박사가 "살면서 직면하는, 아동과 사회에 가장 심각한 해악"으로 규정한 상황을 서로 경쟁하듯이 폭로한다. 이들은 'P의 규칙'과 같은 것을 배운다. 악마 숭배자들이 가장 많이 분포한 직업이 모두 알파벳 P로 시작하는 직업—돌봄 교사providers of daycare, 의사physicians, 정신과 의사psychiatrists, 교장과 교사principals and teachers, 경찰police officers, 정치인politicians, 성직자priests,

공무원public officials, 운구하는 사람pall-bearers—이라서 붙은 명칭이다. 다음으로 이 게임의 엘리트층이 집단 토론 시간을 이끌며 방황하고 의심하는 자들을 단속한다. 그러면 결국 합의에 방해가 되는 목소리가 잠잠해진다.

교육에는 악마 사냥 게임에 관한 수업도 있었다. 제1 규칙은 "아이들을 믿어라"다. 서밋에 따르면 아이의 증언이 "앞뒤가 맞지 않고 믿기 어려울수록" 진실일 "가능성이 컸다."[4] 그리고 아이들이 마음을 바꾸어 사실은 자기가 다 지어낸 이야기라고 말한다면 이것은 "정상적인 과정"이고 예상한 그대로다. 이런 식의 부정은 악마가 정신을 통제하는 재능이 뛰어나다는 증거였다. 실제로 "아동 성추행을 과장하거나 완전히 지어냈다고 밝혀진 경우는 아동 1000명에 두세 명 정도로 거의 없었다." 그렇게 '아이들을 믿어라'라는 규칙은 악마 사냥꾼들에게 신성한 믿음이자 그들의 게임을 정의하는 제1 규칙이 되었다. 그들은 라펠 배지에 이 규칙을 새겼고, 활동가 부모들이 '아이들을 믿자'라는 조직을 결성하기도 했다. 사회학자 메리 드영Mary de Young 교수는 이 구호가 "10년간의 기치가 되었다"고 지적한다.[5] "그리고 이런 기치 아래 진군하는 사람들은 어떤 성 학대 증언도 믿어주어야 하고 도중에 철회하거나 부정하는 것은 결코 받아들일 수 없다고 모두가 한마음으로 믿었다."

아이들에게 증거를 수집하기 위한 특수 기법도 교육했다. 의식 학대의 단서로는 어둠을 두려워하거나 죽음을 두려워하거나 주의 집중 시간이 짧거나 공격적인 동물을 두려워하거나 자존감이 낮은 성향 등이 있다. 그리고 아이들에게 '깜빡임 반응 검사'로 항문 검사를 실시한다. 면봉으로 항문 부근을 건드려 항문이 즉각 열리면 학대당한 증거였다. 여자 아이에게는 '질경'이라는 확대경 카메라를 삽입해서 미세한 흉터와 찰과상과 혈관 문제뿐 아니라 처녀막의 크기와 모양의 미세한 차이를 확인했다. 악마 사냥꾼들은 이것을 '미세 외상'이라고 불렀다. 미세 외상은 맨눈에는 보이지 않지만 명백한 학대의 증거였다.

다른 증거는 아이들의 면담에서 나왔다. 국제아동연구소Children's Institute International; CII 전문가들이 면담 기법을 교육했다. 이들은 수백 회에 걸쳐 강연하면서 한 번에 455달러를 청구했다. 아스트리드 헤거Astrid Heger와 키 맥팔레인Kee MacFarlane 같은 CII 회원들은 관련 연구로 권위자의 지위를 누렸다. 국내외의 각종 회의에서 강연을 의뢰받고 언론과 인터뷰하고 전국 단위 TV 프로그램에 게스트로 출연하고 여러 곳에서 학대 사례를 상담해주었다. 영상 속 아이들의 면담 장면은 면담자가 암시하고 유도할 뿐 아니라 아슬아슬하게 괴롭힘으로 보일 수도 있을 만큼 강압적이었다. 한번은 헤거가 어린 여자아이에게 "'아니요'라는 말은 더 듣고 싶지 않구나. 이 학교의 모든 아이가 그런 식의 접촉을 당했어"라고 말했다. 맥팔레인도 키스라는 남자아이가 단호하게 여러 번 부정하는데도 역시나 받아들이지 않았다.[6] 맥팔레인과 아이는 손가락 인형으로 면담을 나누었는데, 맥팔레인이 "너 어리석게 굴래? 아니면 똑똑하게 행동해서 우리를 도와줄래?"라고 묻고는 "네가 무슨 도움이 되니? 너 참 어리석구나"라고 말했다. 다른 영상에서는 다섯 살 남자아이가 맥팔레인에게 피의자인 어린이집 선생님이 "나쁜 짓" 하는 것을 본 적이 없다고 거듭 말했다. 그러자 맥팔레인이 아이에게 말했다.

"넌 그냥 무서운 거야."

"아니에요."

"너 순 겁쟁이구나. 어째서 나한테 말하지 못하니?"

이 사례에서 드러나듯이 면담자는 지위를 얻고 싶은 아이들의 본능적인 욕구를 자극해서 '올바른' 답을 받아내려 했다. 어떤 아이에게는 "너는 완전 경찰이야. 너 정말 남자답구나"라고 부추겼다. 다른 사례에서는 맥팔레인이 크리스티라는 여자아이에게 "너희 어린이집에 벌거벗기 놀이가 있는 거 알고 있어"라고 말했다.[7] 그리고 아이의 손가락 인형을 보면서 "그거 기억하니, 곰아?"라고 물었다. 아이가 곰의 머리를 흔들며 '아니요'라고 답하자 맥팔레인은 "아, 곰아! 너 기억력이 별로 좋지 않은가 보구나. 네 친구 크리스티만큼 기억력이 좋지 않아"라고 말했다. 맥팔레인과 면담한 적이 있는 남자는 아버지한테 학대당했다고 거짓말해서 보상을 받았다고 증언했다. "그때는 제가 상황을 진전시키거나 사실을 확인해주면 확실히 뭔가를 성취한 느낌을 받았어요. 저는 아무것도 기억하지 못하는 바보 같은 아이가 되고 싶지 않았어요. 제가 말하면 그 사람들이 '잘하고 있어'라고 계속 말해줬어요."

각종 학회나 세미나, 워크숍에서 아동 학대에 관한 게임을 훈련받은 정신건강 전문가 수백 명이 각자의 지역 사회로 돌아가 의식 학대의 증거를 추적하는 게임을 시작했다. '아이들을 믿어라'라는 신성한 규칙을 따르자 어떤 주장도 황당한 주장이 아니었다. 아이들은 스테이플러로 눈이 찍혀서 감기고 공기가 통하지 않는 관에 갇히고 어떤 변호사가 동물들을 도륙하는 장면을 보았다. 또 어떤 아이들은 늙은 수녀들에게 성적으로 학대당하고, 배를 타고 가다가 상어 떼가 우글거리는 바다로 던져지고, 화장실 변기를 통해 지하의 학대의 방으로 떨어지고, 묘지로 끌려가 새끼 호랑이를 죽이고, 사자들이 으르렁대는 지하실에 갇히고, 비밀의 땅굴과 비행기, 체육관, 저택, 세차장, 열기구로 끌려갔다.[8] 그리고 이런 모든 학대 행위는 어째서인지 아이들이 어린이집에 있는 동안에만 벌어졌고, 또 편리하게도 어린이집이 끝나면 아이들은 그 모든 공포를 견딘 흔적 하나 없이 부모에게 돌아갔다.

악마 사냥꾼들의 황당무계한 꿈은 낯설고 끔찍한 아동 학대에 관해 책이나 기사로 접하거나 치료자들에게 전해 듣고 걱정에 사로잡힌 부모들에게 영향을 끼치기 시작했다. 드영에 따르면 "임상적 기준과 개념은 넘쳐나는데 경험적 자료는 거의 없고 이론은 전혀 없는" 상태에서 이런 학대의 이야기는 부모들이 자녀의 행동을 '이해하는' 데 도움을 주었다. 재판정에서 어느 어머니는 이런 이야기를 접하고 나서 아이가 자꾸만 나쁜 일을 부정하는 것은 실제로 그 일이 일어났다는 신호라는 사실을 깨달았다고 증언했다.

아동 학대 게임에는 다양한 경로로 흘러들어 온 '지위'가 넘쳐났다. 특히 정부 기관과 거대한 돈의 흐름에 접근할 수 있었다. 1984년에는 법무부가 이 게임의 저명한 엘리트 85명을 한자리에 불러 모아 4일간 학회를 열면서 자금을 지원했다.[9] 같은 해, 의회 청문회에 아동 면담 세계의 슈퍼스타 키 맥팔레인 같은 인물이 나와 증언하자 의회는 아동 보호 프로그램의 지원금을 두 배로 증액해서 4년간 1억5800만 달러를 지원하기로 했고, 추가로 어린이집 보육교사 교육을 위해 급히 2500만 달러를 지원해서 아동학대를 더 잘 알아채고 예방할 수 있도록 했다. 1984년에는 전국아동학대예방센터NCCAN의 예산이 4배 이상 증가했고, 여기에는 키 맥팔레인에게 지급되는 아동 면담 비용 14만6000달러가 포함되었다. 1985년에는 NCCAN의 연구 및 시연을 위한 연간 지원금 예산이 1400만 달러로 증가했다. NCCAN은 미시간주 정신건강과 직원들에게 미시간주 나일스의 어린이집 아동을 연구하도록 보조금을 지원했다. 아이들은 교회와 땅굴에서 학대당하고 지하에 갇히고 피의 의식에 동원되고 성기에 물건이 꽂히고 상어로 위협당하는 것으로 보였다. 이 아이들에 대한 '추후 연구'를 위해 연구자에게 지급된 지원금이 44만9000달러에 달했다.

법 집행 기관도 설득당해 이 게임의 꿈이 신빙성 있고 진실하다고 믿었다. 그중에는 야망이 크고 주로 보수적인 기독교도로서 아동 보호에 중점을 두겠다고 공약을 내걸고 선출된 지방검사도 있고, 치료사나 사회복지사와 같은 경로로 이 게임에 유혹당한 열혈 경찰관도 많았다. 전직 경찰관 로버트 힉스Robert Hicks는 이렇게 말했다. 경찰관들은 "이들 광적인 집단의 세미나 몇 개에 참석하고 각자의 부서로 돌아가 악마 의식에 관한 프로그램을 신설해서 직접 교사와 부모와 경찰관들을 위한 세미나를 진행할 수 있었다. 그리고 뜻을 같이하는 경찰관들의 비공식 네트워크에 들어가 의식을 고취하기 위한 그들만의 세미나를 열기도 했다."¹⁰ 악마 의식을 적극적으로 믿는 검찰과 경찰은 정신건강 전문가들만큼이나 신뢰성이 떨어졌다. 일례로 워싱턴주 위내치에서는 성인 43명이 2만9000가지 이상의 혐의로 체포된 사건도 있었다.

게임은 미국 전역에서 명성을 얻은 유명인들로 인해 더 부풀려지고 강화되었다. 샐리 제시 래피얼Sally Jessy Raphael과 오프라 윈프리Oprah Winfrey 같은 슈퍼스타가 의식 학대에 관한 특별 방송을 편성하여 이 게임의 엘리트 인사들을 초대했다. 윈프리는 「오프라 윈프리 쇼」의 시청자 1000만 명에게 "악마 숭배에 이용당하고 인간 희생 의식과 식인 행위에 가담한" 제럴도 리베라Geraldo Rivera라는 게스트를 소개했다. 이 특별 방송 「악마 숭배: 악마의 지하실을 폭로하다」Devil Worship: Exposing Satan's Underground는 TV 다큐멘터리 역사상 최고 시청률을 기록했다. 「로스앤젤레스 타임스」지의 기자 데이비드 쇼David Shaw는 훗날 그의 신문사를 비롯해 이 시기에 광범위하게 자행되던 저널리즘의 실패를 폭로하는 기사로 퓰리처상을 수상했다.

이 게임이 지배하는 지역 사회에는 온갖 흉흉한 소문이 돌았다. 캘리포니아주 맨해튼 비치의 한 어린이집에 달걀이 날아들어 창문이 깨지고 불이 나고 건물 외벽에는 이런 낙서가 적혔다. "이건 시작일 뿐이야, 죽이겠다." 부모들은 지하의 비밀 통로를 찾으려고 땅을 팠다. 파도 파도 아무것도 나오지 않자 지방검사가 고고학자들을 불러 자문을 구했다. 그래도 아무것도 나오지 않자 부모들이 직접 고고학자들을 불렀다. 지하 땅굴은 끝내 발견되지 않았다. 그런데도 이 지역의 설문 조사에서는 98퍼센트가 사건의 피의자 중 한 사람인 레이 버키가 "유죄가 확실하거나 유죄 가능성이 있다"고 응답했고[11], 93퍼센트가 또 다른 피의자 페기 맥마틴버키도 똑같이 유죄라고 생각한다고 답했다. 80퍼센트는 유죄라는 데 "의심의 여지가 없다"고 답했다. 페기는 구치소에서 25개월간 갇혀 있다가 보석금을 내고 풀려났지만 지역 사회에서 배척당하고 심야에 살해 협박 전화를 받으며 언어적으로나 신체적으로 공격당했다.

사건 종결까지 1500만 달러가 들어간 이 사건은 미국 역사상 가장 오랜 기간 이어지고 가장 큰돈이 들어간 형사재판이 되었다.[12] 결국에는 모두 무혐의로 풀려났다. 드영에 따르면 이 사건에 밀접하게 연루된 사람들은 "미국 전역의 학회와 강연, 자문, 전문가 증언의 순회 여행"을 돌면서 "가는 곳마다 사람들을 끌어모았고, 그 사람들이 다시 자기네 지역으로 돌아가 어린이집의 의식 학대 사례를 감시하고 또 다른 사람들을 교육시켜서 그들이 다시 자기네 지역 사회에서 같은 일을 벌이게 했다." 마침내 이 게임은 끊임없이 자가 복제되어 신성하지 않은 꿈으로 점점 더 많은 사람을 현혹시켰다. 그리고 악마 사냥 게임에 새로 들어간 사람들 대다수는 "자신의 이익을 좇아 … 이들 소수의 도덕적 기업가 집단"에 이르렀다.[13]

이 기간에 190명이 정식으로 기소되고, 그중 83명 이상이 유죄 판결을 받았다. 한 남자는 3세 아동의 증언만으로 유죄 선고를 받기도 했다.[14] 그리고 이들 다수가 수년간 교도소에 수감되었다. 텍사스주 오스틴에서는 프랜시스와 댄 켈러 부부가 아이들에게 피를 섞은 쿨에이드 음료수를 마시게 하고 지나가는 사람을 쇠톱으로 절단하고 묘지에 매장하는 장면을 강제로 보게 한 혐의로 기소되었다. 이 아이들은 멕시코로 끌려가 군인들에게 성폭행당하고는 부모가 집에 데리러 오는 시간에 맞춰서 아무 일도 없던 것처럼 어린이집으로 돌아왔다고 주장했다. 켈러 부부는 22년을 교도소에서 보냈다.

이런 기소와 고발 사건에서 가장 충격적인 사실은 사건을 뒷받침할 물적 증거가 전혀 없었다는 점이다. 사실 증거가 널려 있어야 했다. 피와 흉터, DNA, 목격자, 항공 기록, 땅굴, 예복, 시체, 상어, 죽은 새끼 호랑이. 하지만 경찰과 검찰은 항문이 움찔하는 반응을 관찰하고 미세 외상을 확인하기 위해 고안된 검증되지 않은 검사법과 아이들에게서 강압적인 면담으로 받아낸 믿기 힘든 증언만으로 판단을 내렸다. 드영에 따르면 당시의 사건은 "이념이 과학을 이긴 사례"였다. 그리고 당시의 사건에서 학회나 세미나나 교육의 지위 게임의 역할은 아무리 과장해도 지나치지 않았다.

애초에 악마 사냥꾼들이 의식 학대 문제를 해결하고 싶었다면 '성공 게임'으로 접근했을 것이다. 성공 게임에서는 각자가 경쟁력을 입증할 때 보상으로 지위가 주어진다. 그리고 경쟁력은 분석과 실험, 연습, 연구, 검사, 검토, 데이터, 열린 토론이 있는 문화를 조성하는 데 일조한다. 은밀한 성적 악마주의자sex-satanist를 타파하기 위한 성공 게임에서는 문제를 실질적으로 평가하는 작업부터 시작되었을 것이다. 그러면 애초에 그런 사건이 일어난 적이 없다는 사실을 알았을 것이다. 하지만 현실은? 악마 사냥꾼들이 성공 게임을 했다면 그런 대단한 지위를 누리지 못했을 것이다.

사실 악마 사냥꾼들은 '도덕 게임'을 했다. 도덕 게임은 대개 사람들이 중대한 문제—종종 사악하고 지위가 높은 적의 형태로 드러나는 문제—를 해결하면서 동기를 얻는다고 말해주는 이야기를 만들어내지만 그들이 게임을 하는 방식에서 진실이 드러난다. **도덕 게임은 주로 게임 그 자체의 지위를 높이는 데 집중하면서 사람들이 그 게임에 계속 순응하도록 유도하고 올바른 신념과 행동의 중요성을 강조한다.** 실제로 악마 사냥꾼들의 핵심 신념은 면담 중에 아이들에게 반박당했다. 하지만 악마 사냥꾼들은 아이들의 반박을 현실에 대한 그들의 병든 인식이 옳다고 말해주는 새로운 증거로 만들었다. 그들은 "아이들을 믿어주려" 했지만 오직 아이들이 그들의 신념을 확인해주는 경우에만이었다. 그래서 결과는 어땠을까? 그들의 원대한 꿈을 뛰어넘는 거창한 지위가 주어졌다.

물론 이들 사례가 실제로 학대 사건이었을 가능성이 전혀 없다는 뜻은 아니다. 정치학자 로스 체이트Ross Cheit 박사는 피고인 다수가 유죄일 거라고 주장했다.[15] 하지만 체이트의 주장은 생략과 왜곡이 많다는 이유로 학자와 기자들에게 심각하게 비판받았다. 예를 들어 체이트는 켈러 부부에게 불리한 "증거가 상당히 많다"면서 3세 여아의 몸에서 학대의 증거를 발견했다고 증언한 마이클 모우Michael Mouw 박사의 법정 증언을 예로 들었다. 하지만 이 증거는 불확실한 미세 외상의 범주에 들어가는 것으로 보였다. 2013년에 모우 박사는 이후 여성의 성기에 대해 더 많은 연구가 이루어져서 이제는 그 아이의 처녀막이 정상이라는 데 "의심의 여지가 없다"고 생각한다고 증언했다. "모르는 무언가를 알게 되는 데 시간이 걸릴 수 있습니다. 제 실수였습니다."[16] 체이트는 또한 다른 아이의 증언을 보강 증거로 인용했지만 진지한 면담이기는 했어도 상당히 암시적인 질문을 통해 증언을 받아냈다.

▼▲▼

일부 학대 사례가 실제로 벌어졌을 가능성을 열어 둔다고 해도 의식 학대의 혐의 내용이 황당한 것은 사실이다. 아이들 눈을 스테이플러로 찍고 상어 떼에 던진 사건은 일어나지 않았을 것이다. 그 많은 사람이 악마 사냥꾼들이 지어난 황당무계한 꿈에 속아 스스로 파멸로 걸어 들어가는 일은 불가능해 보인다. 하지만 막연한 관심만으로 이 사건의 머리기사와 토크쇼를 따라가다 보면 어느새 속아 넘어갈 수도 있다. 어쨌든 이런 사건을 주도하는 사람들은 지위가 높은 사람들로, 학회에서 연설하고 신문에 글을 싣고 학술 논문을 발표하고 오프라 윈프리와 인터뷰했다. 자신의 말에 확신이 있는 사람들이었다. 또 경찰과 검찰을 비롯한 지위가 높은 사람들이 이들의 주장을 지지했고, 이어서 수많은 사람이 확신했다. 모두가 아동 학대가 미국이 당면한 가장 시급한 도덕적 위기이고 가난하고 고통받는 아이들이 오래전부터 방치된 사실을 알게 되었다. 그러니 누가 이 아이들을 믿는 데 반대할 수 있었을까? 누가 학대와 싸우려는 노력에 반기를 들 수 있었을까?

하지만 그보다 이해하기 어려운 사람들은 이 사건을 주도하면서 이 사건에서 진지하게 개인적 지위를 찾던 **전사형 전도사**warrior evangelist들이다. 이 이야기를 간단히 설명하고 보면 그중 일부 사건이 평결에 몇 년씩 걸렸고 수많은 전문가 어른들에 의해 강화된 점을 놓치기 쉽다. 사실 경찰은 계속 비밀 땅굴과 희생된 아기와 훼손된 동물 사체를 열심히 찾아다녔다. 이 사건에 연루된 당국이든 개인이든 사실을 검증하고 균형을 잡는 데 거듭 실패했다. 무고한 어린이집 관계자들을 추락시키는 데 공모한 사람들—정신과 의사, 치료자, 의사, 사회복지사, 경찰, 기자—은 진실을 찾아내려고 노력했어야 했다. 하지만 그들은 쉽게 속아 넘어갔을 뿐 아니라 그들만의 진실을 확신하고 주장하면서 교도소의 철문이 쾅 하고 닫히는 순간까지도 그것을 '전도'했다.

인간 삶의 기준으로는 이런 현상을 이해하기 어렵다. 이들 전사는 더 좋은 세상을 만들기 위해 고군분투하는 용감한 영웅일 수도 있고, 거짓을 일삼고 음모를 꾸미고 무고한 사람들을 희생시키는 악당일 수도 있다. 하지만 어느 쪽이든 받아들이기 어렵다. 악마 사냥꾼들은 그저 자연이 설정한 역할을 충실히 수행했을 뿐이다. 그들의 뇌는 환상적인 보상을 제공하는 게임을 발견했다. 비슷하게 생각하는 사람들과의 관계, 영향력과 인정과 돈과 명예, 법과 매체와 정부의 권위 있는 게임에 접근해서 얻는 지위, 그리고 미국 아이들의 삶을 지켜주고 얻는 '복수의 천사'라는 명예까지. 그래서 그들은 게임을 한 것이다. 그 꿈을 믿었고, 진지하게 믿었다. 당연했다. 그들도 한낱 인간이므로.

이런 사건을 흔히 도덕적 공황 상태moral panic라고 말한다. 일면 맞는 말이지만 이 책의 논의에서는 다른 가능성도 제기해볼 수 있다. 사실 그들의 폭발력은 공황에서 비롯된 것이 아니라 **찬사를 듣고 싶은 욕구**에서 올 수 있다. 이런 공황 상태는 대개 어떤 게임이 참가자들에게 과도한 지위를 만들어주는 방법을 찾아낼 때 발생한다. 게임에서 풍부한 지위의 금맥이 발견되면 점점 더 많은 사람이 그 게임에 끌리고, 게임의 신념이 아무리 비현실적이어도 게임의 전제 조건으로서 그 신념을 수용하게 된다. 게다가 **적극적으로 믿을 때** 지위가 주어진다. 게임이 점점 커지고 주변의 위성 게임을 흡수하는 사이 그들의 신념은 점차 주류가 된다. 참가자가 많아지면 지위도 더 많이 생겨서 게임의 흡인력은 더 강해지고 상황은 점점 걷잡을 수 없이 흘러간다. 그러면 모든 것이 자체적으로 유지되고 자체적으로 팽창하면서 마침내 사회 전체가 옳다고 느낄 만큼 거대해진다. 이 과정에서 주어지는 지위는 거대하고 거부하기 힘들 정도로 유혹적이다. 그사이 평범하게 살아가던 개인은 세상을 바꾸는 강력하고 고귀한 존재로 변모한다.

여기서 주의할 점은 '아이들을 믿어라'라거나 '백신은 해롭다'처럼

게임과 연결하게 해주는 주장을 모두 의심해봐야 한다는 것이다. 게다가 게임을 적극적으로 믿어야만 지위가 주어진다면 더 많이 의심해야 한다. 그래서 '사타닉 패닉' 사건이 발생했고, 머랜다 딘다가 백신 거부자의 세계에서 '그런' 경험을 했으며, 폰페이섬 남자들이 사력을 다해 거대한 참마를 키운 것이다. 사람들이 게임의 핵심 신념을 수용하고 그 신념에 따라 행동할 때, 관계와 지위를 얻기보다는 오히려 자신을 저당 잡힌다. 이제 신념이 지위의 상징이 된다. 사람들은 **현실에 대한 환상에 빠져들어 스스로 현실을 왜곡하면서 결국 게임의 주인이자 운동가가 되어 정신을 빼앗기고 이성적으로 토론하기 불가능한 상태가 된다.** 한마디로 신념이 신성시되는 것이다.

'신성함'의 정의는 다양하지만 이 책의 논의로 보면 무언가가 지위 게임의 상징이 될 때 신성함이라는 속성을 얻는다. 앞서 본 것처럼 뇌에서 경험하는 세계는 전체가 '상징'으로 구성된다. 그리고 이런 상징의 세계는 우리가 인생의 게임을 하는 가상의 인터페이스가 된다. 카시오 시계와 카르티에 시계는 둘 다 상징으로서 각기 다른 지위를 의미한다. 하지만 어떤 현상은 지위의 양뿐 아니라 지위 게임 자체를 상징할 수 있다. 상징은 깃발일 수도 있고, 건물, 전쟁터, 제복, 갱단의 색깔, 의식, 책, 노래, 문구, 이미지, 엘리트 선수의 생가나 유해가 될 수도 있다. 지도자가 신성시될 수도 있다. 하지만 궁극의 신성한 상징은 유일신교의 신이다. 신은 전능한 창조자이자 지위 게임의 심판이다.

신념도 신성시될 수 있다. 이런 예는 흔하다. 그래서 신성시된 신념에 대해 합리적으로 사고하는 것이 그렇게 어려운 것이다. 심리학자 조너선 하이트 교수는 "한 집단의 구성원이 무언가를 신성시하면" 그들은 "그것에 대해 명료하게 사고하는 능력을 잃는다"라고 쓴다.[17] 신념은 나의 '머틀리 크루' 티셔츠와 같아서 한없이 위험해질 뿐이다.

신성한 상징은 우리의 지위를 나타내는 수단이 될 수 있다. 그래서 누군가가 이 상징을 공격하면 우리의 게임과 동료들을 공격한다는 의미이고, 나아가 우리가 이룬 모든 것과 우리가 가치를 두는 모든 것을 폄훼한다는 뜻이다. 현실에 대한 우리의 꿈, 우리 인생의 경험, 우리가 우월감을 느끼기 위해 생각하고 행동하는 방식을 능멸하는 셈이다. 이런 이유로 신념이 우리를 비이성적이고 폭력적으로 만드는 것이다. 그리고 이런 이유로 신념은 우리를 전쟁터로 내보낼 수도 있다.

18 —

이념이라는 영토, 신념의 전쟁
타인의 믿음은 왜 '사악'한가

모든 것은 캘리포니아주 라호야 해변의 점심 식사 자리에서 시작되었다.[1] 1984년 어느 가을날, 래리 브릴리언트Larry Brilliant라는 반反문화 사업가는 출판업자 스튜어트 브랜드Stewart Brand에게 그의 온라인 회의 기술을 활용해보라고 설득했다. 브랜드는 공동체에서 살아가는 사람들을 위한 잡지이자 상품 카탈로그인 「지구 백과」The Whole Earth Catalog를 펴낸 유명한 출판인이다. 애플의 공동 창업자 스티브 잡스는 「지구 백과」를 "우리 세대의 성서"라고 부르고 "구글보다 35년 전에 나온 종이책 형태의 구글"이라고 소개했다.[2] 그날 브릴리언트는 브랜드에게 온라인에 진출해보라고 설득했다. 「지구 백과」와 후속 잡지인 「지구 평론」Whole Earth Review의 구독자들이 모뎀이나 전화선으로 컴퓨터를 연결해서 채팅할 수 있다, 그러면 어떻게 되겠나? 가상의 히피 공동체가 만들어질 수 있다, 어떻게 될지 두고 보면 흥미롭지 않겠나? 브랜든은 이 말에 동의했다. 그는 이 실험적 공동체를 '지구 전자 연결'The Whole Earth 'Lectronic Link, 줄여서 '더 웰'The Well이라고 불렀다. 웰은 1985년 4월 1일 만우절에 일반에 공개되었다.

웰이 나오기 전에도 온라인 게시판 같은 것은 있었지만 주로 학자나 공학도들이 소통하기 위한 폐쇄적인 공간이었다. 웰 같은 개념의 공간은 없었다. 오늘날 모든 SNS 플랫폼은 웰의 뼈대 위에 구축된 것이다. 현재 웰과 가장 비슷한 형태가 레딧Reddit이다. 웰의 이용자는 레딧에서 다양한 주제로 편성된 '서브레딧'subreddit과 유사한 '컨퍼런스'conference에 참여해서 공개 게시판이나 '보내기' 기능의 직접 메시지를 통해 채팅했다. 웰의 역사를 연구한 케이티 해프너Katie Hafner는 이렇게 적는다. "웰의 기본 개념은 지극히 단순했다. 자녀의 나이나 좋아하는 와인이나 음악 취향과 같은 임의의 주제로 연결되면서도 그런 연결을 진지하게 생각하는 사람들을 찾아내서, 서로 끊임없이 소통할 수 있는 수단을 제공하고, 한발 뒤로 물러나 어떤 상황이 벌어지는지 지켜보는 것이다."[3]

그러다 '임의의 연관성'으로 모인 사람들이 지위 게임을 시작했다. 대개는 특정 부류의 사람들이었다. 해프너는 이들을 "30대 후반이나 40대 초반의 베이비붐 세대이고 똑똑하고 좌파 성향이기는 해도 의식적으로 '정치적 올바름'political correctness°을 지향하지는 않으며 주로 남성이고 다수가 석사 학위를 받은 사람"이라고 설명한다.[4]

° 언어 표현이나 미디어 작품 등에서 인종, 민족, 언어, 종교, 성차별적 편견을 포함하지 않도록 주의하자는 정치적, 사회적 운동을 말한다. 표현의 자유를 제약한다는 점에서 일부 비판을 받기도 한다.

이렇게 비슷한 성향의 사람들은 온라인 포럼에서 "클럽 비슷한 것을 발견"했다. 그래서 일상과 전문 지식을 나누면서 자신의 지식을 과시했다. 웰이 시작하고 1년쯤 지나 이용자가 500명에 이르렀을 즈음 그들과는 이질적인 누군가가 들어왔다. 그의 아이디는 그랜드마 Grandma, 이름은 마크 이선 스미스Mark Ethan Smith였다. 상대적으로 특권층이 모인 웰의 이용자들과 달리 스미스는 20년 정도 노숙자로 산 적이 있고 버클리에서 차상위계층으로 살고 있다고 밝혔다. 그리고 그는 화가 나 있었다. 그는 남자들을 혐오했다. 그리고 웰의 성격을 규정하는 듯한 '백인 남성 집단'을 경멸했다.[5]

스미스는 인정사정없이 '비방'을 퍼붓기 시작하면서 다이렉트 메시지와 수백 줄의 이메일과 심지어 전화로—"스미스는 사람들의 집 전화번호를 알아내는 재주가 있었다"[6]—포럼 사람들에 대해 터무니없는 주장을 펼치거나 비난했다. 남자들은 "멍청이들을 잉태하는 페니스"였고, 포럼의 플랫폼 설계자들은 "핵무기를 개발하다가 짬짬이 아동을 성추행하거나 여자들에게 추근대며 대체로 인간관계를 제대로 유지하지 못하는 작자들"이었다. 그러자 그에게 이런 반발이 돌아왔다. "누군가는 강간범과 근친상간하는 아버지, 가족을 유기한 자, 아내를 학대하는 자, 양육비를 주지 않는 자, 차별하는 고용주, 직장 동료를 괴롭히는 자, 기타 등등을 대변해야겠죠. 당신이 해보시죠?" 그러자 스미스는 적들을 추적해서 자신에게 해를 준 죄로 고발하겠다고 협박했다. "가학성애자와 편견 종자들은 사람들을 괴롭히고 인권을 짓밟는 짓거리를 스스로 중단하지 않을 것이다. 강제로 못하게 되지 않는다면." 그리고 그는 남자 동성애자들을 향해 "에이즈나 걸려 뒈져라!"라고 쓴 것으로 보인다.[7] 이용자들이 하나둘씩 자극받았다. 사람들은 장문의 글을 올리며 스미스의 글에 반박했다. 누군가는 스미스가 "틀림없이 남의 혈압을 올리면서 쾌락을 느끼기 위해 공격적으로" 나오는 것이라고 불평했다.

마크 이선 스미스는 세계 최초의 인터넷 '트롤'이었다.

그는 생물학적으로 여성이기도 했다. 트랜스젠더는 아니고, 자신의 성별에 합치하지 않는 사람이었다. "나는 남자가 된 적이 없고, 남자로 알려지고 싶지도 않고, 그렇다고 여자로 알려지고 싶지도 않다."[8] 그리고 이렇게 썼다. "5000년 역사의 가부장제에서 나는 성별과 무관하게 한 인간으로 사는 최초의 인간일 것이다." 그는 여성의 이름과 대명사를 작은 개념이나 친애의 뜻을 담은 '지소사'指小辭로 생각한다면서 그렇게 불리기를 거부하고 자신에게는 남자들과 "대등한 단어를 쓸 권리"가 있다고 주장했다.[9] 덧붙여 자신을 "그"라고 칭해 달라면서 당시로서는 특이한 요구를 해서 웰의 많은 여성과 소수의 남성 이용자들이 환호했다. 하지만 더 많은 사람은 그런 요구가 터무니없다고 보았다. 누군가는 이렇게 썼다. "스미스의 말대로 하자면 여러분은 내가 선택한 이름이나 대명사로 나를 불러야 합니다. 앞으로는 나를 '그랜드 푸바, 그가 보는 모든 것이나 더 큰 우주 전체의 주인'이라고 불러주십시오."

웰이라는 유기체가 스미스를 반박하는 쪽으로 움직이기 시작하기까지는 그리 오래 걸리지 않았다. 웰의 전 이용자는 이렇게 기억했다. "웰을 하나의 공동체로 정의할수록 자의식이 강해지고 웰에 속하지 않는 사람들이 끼어 있다는 의심이 커지고 그들을 향한 적대감도 커졌다."[10] 더는 이성이 작동하지 않자 스미스는 매도당하고 모욕당했다. 누군가는 이런 글을 올렸다. "넌 병자니까 정신병원에 영원히 갇혀야 해. 작작 좀 하고 금문교에서 뛰어내리시지." 또 누군가는 스미스의 게시물을 필터링해주는 특수 코드를 도입하려 했다(효과는 없었다). 포럼 운영진에게 스미스의 출입을 막아 달라는 신고가 들어갔다. 당시 운영자이던 더그 맥클루어Doug McClure는 거절했다. "(스미스가) 몹시 불쾌한 사람이고 괴상한 생각을 한다는 이유만으로 (그가) 참여하면 안 되는 것은 아닙니다." 그러다 맥클루어가 포럼을 떠났다. 1986년 10월에 스미스는 새 운영자로부터 계정이 무기한 정지된다는 통보를 받았다. 스미스에 따르면 그동안 그가 올린 수많은 글이 사라졌다.[11]

온라인에서 시간을 보내본 사람이면 이런 상황이 낯설지 않을 것이다. 1980년대에 SNS가 처음 출현하고 18개월 만에 이 모든 상황이 벌어졌다. 지위를 차지하려는 노력, 집단성, '트롤 짓'과 '강퇴'까지. 심지어 대명사를 두고도 논쟁이 벌어졌다. 스미스를 지지하던 웰의 한 원년 멤버는 그의 적은 '군중'이라면서 "웰의 주민들이 주술 의식처럼 가상의 타르를 끓이고 가상의 깃털을 모으는 모습을 보면서 그들의 편협성이 안타까웠다"고 썼다. 날짜 미상의 한 에세이에서 스미스는 자신의 게시물이 사라진 것을 가장 애석해하는 듯하다. "웰의 운영자가 내 의견에 동의하지 않는다면 굳이 나를 검열하지 않고도 내게 반박할 수 있었을 것이다."

▼▲▼

어째서 이런 상황이 벌어졌을까? 웰의 이용자들은 스미스가 그들이 동의하지 않는 생각을 올렸을 때 어째서 그냥 무시하지 못했을까?

그리고 스미스가 그들을 매도했을 때 어째서 그냥 무시하지 못했을까? 스미스가 강제로 퇴장당했을 때 어째서 그의 게시물까지 삭제해야 한다고 생각했을까? 그냥 잊어버리면 되는 일이었다. 무시하는 것이 간단하기도 하고 그게 기본이다. 그야말로 아무것도 안 하면 된다. 하지만 이럴 때 간단히 무시하게 되지 않는다. 무시한다고 해서 아무 노력도 하지 않는 것이 아니기 때문이다. 실제로 우리의 믿음과 반대로 믿는 사람을 만나면 몹시 불편해진다. 신경이 쓰이고 혐오감이 들고 지배하려는 상태로 넘어간다. 신념은 우리를 전쟁으로 몰고 갈 수도 있다.

이런 태도가 잘 이해되지 않을 수 있다. 모르는 누군가가 틀린 말을 한다고 해서 그렇게 감정적으로 반응하는 이유가 뭘까? 특히 현실 세계에서 우리나 우리가 아는 사람들에게 아무런 영향도 주지 않는 사안으로 분노하는 것은 더더욱 이해가 가지 않는다. 인터넷에서 분노하는 행위야말로 그 어떤 무의미한 선택만도 못해 보인다. 그런데 왜 이렇게 반사적으로 반응할까? 우리 머릿속에 있는 인간 조건에 대한 개념을 수정해야만 이를 이해할 수 있다. 사실 **인생은 상징으로 이루어진 게임이고, 신념은 침략자의 깃발 못지않게 상징적일 수 있다.**

지위 게임은 우리의 인식에 장착되어 있다. 우리는 지위 게임을 통해 현실을 살아간다. 그래서 우리와 경쟁하는 다른 게임에 속한 사람을 만나면 불편해지는 것이다. 그 사람이 우리와 충돌하는 규칙과 상징에 따라 산다면 **우리의** 규칙과 상징―지위를 얻기 위한 기준―은 무가치해지고 현실에 대한 우리의 꿈은 거짓이 된다. 우리가 평생 쌓아 온 가치관이 부정당하는 것이다. 그들의 존재 자체가 우리에게 모욕감을 주는 것이다. 이제는 다른 신념을 품은 사람과의 만남 자체가 공격으로 느껴질 수 있다는 사실이 그리 놀랍지 않을 것이다. 지위는 자원이고 그들이 우리에게서 소중한 자원을 빼앗아 가는 것이기 때문이다. 신경과학자 세라 짐벨Sarah Gimbel 교수가 참 가자 40명에게 각자의 정치적 신념이 틀렸다는 증거를 제시하자[12] 그들의 뇌에서 "숲에서 곰을 만날 때 나올 법한 반응과 상당히 유사한" 반응이 관찰되었다.[13]

이럴 때는 생각이 비슷한 사람들이 모인 자리가 편하다. 이런 자리에서는 세상에 대한 환상에 생긴 상처를 광적인 대화로 어루만지고 서로에게 지위를 주는 말로 상처에 약을 바를 수 있기 때문이다. 이를테면 우리의 적은 무식쟁이, 정신이상자, 나치당원, 페미나치, 백인우월주의자, 터프TERF°, 아재, 꼴보수, 캐런, SJWSocial Justice Warrior°°, 등신, 걸레, 좆, 쓰레기다. 우리는 현실에 대한 그들의 꿈에서 눈에 띄는 모든 틈새에 손톱을 찔러본다. 틈새가 보일 때마다 지위를 차지하려는 그들의 위협은 약해지고 우리의 주장이 다시금 확인된다. 그러면 인생과 인생의 작동 방식을 두고 만신창이가 된 우리의 이해가 치유되고, 게임에 대한 믿음과 지위를 얻기 위한 기준이 회복되고, 자기 만족의 짙은 저녁 햇살을 즐길 힘이 난다.

하지만 지금 이 꿈이 위험해지고 있다. 그래서 우리와 경쟁자 사

°   트랜스젠더를 배제하는 급진적 여성주의자Trans-Exclusionary Radical Feminist.

°°   '사회 정의 전사'. 사회 진보적 관점, 정치적 올바름(PC)을 지향하는 사람들을 가리키는 단어. 타인의 언행을 감시하고 비판하는 성향 때문에 부정적 함의를 지닌다.

이에 차이가 있어야 하고, 그 차이에 관해서 **경쟁자들이 단순히 잘못된 자들이 아니라 사악한 자들이라고 말해주는 도덕적 이야기가 필요하다.** 그러면 비방도 허용된다. 지각이 뒤틀리고 왜곡되는 사이 우리는 복수심에 불타서 적의 행동을 감시하고, 적을 지배하려는 마음을 정당화해주는 증거를 찾아내려 한다. 여러 연구에서 인간의 이런 성향이 확인됐다. 어느 신경과학 실험에서는 참가자들이 빨간색보다 파란색을 잘 볼 때 점수가 더 많이 주어지자 단 몇 분 만에 파란색을 더 잘 볼 수 있게 되었다.[14] 우리가 경쟁자를 판단할 때 흔히 나타나는 현상이다. 또 심리학 실험에서 참가자들에게 영상 속 시위자들이 여러 가지 법을 위반하는지 판단하게 했다.[15] 한 실험에서는 시위자들이 낙태 시술에 항의하는 영상이라고 설명하고, 다른 실험에서는 군대에서 신병을 모집하는 영상이라고 설명했다. 영상 속 사람들의 행동이 합법적인지에 대한 판단은 참가자가 그 사람들과 도덕적 신념을 공유하는 듯 보이는지에 달려 있었다. 연구자들은 이렇게 적었다. "참가자들은 모두 같은 영상을 보았다. 하지만 그들이 보는 장면이 시위자의 입장과 참가자의 문화적 가치관이 합치하는지에 따라 다르게 보였다."

이런 보복적 사고를 잘 보여주는 예는 공산주의자 다이 샤오아이 Dai Hsiao-Ai가 과거 부르주아의 자식들이 학교에서 괴롭힘당하는 장면을 회고한 글에서 확인할 수 있다. "그들이 어떤 실수를 하든, 그것이 정치와 관련이 있든 없든, 모두 사회 계급의 관점에서 해석되었다. 예를 들어 그들이 농구장에서 파울을 범하면 '부농의 정신 상태가 표출된 또 하나의 사례'가 되었다."[16] **현실에 대한 병든 꿈이 계속되어 혐오를 지속시킬 때 우리는 언제든 혐오를 정당화할 새로운 이유**

를 찾을 수 있다.

혐오를 더 정당화해주는 근거는 우리의 지위 게임이 우리 부족끼리 나누는 상상의 행위가 아니라 현실 그 자체라는 신념에서 나온다. 지위를 얻기 위한 우리의 기준이 현실이라면 **모든 사람**이 그 기준에 따라야 한다는 뜻이다. 우리에게는 게임을 함께 하는 사람이든 아니든 모든 사람을 우리의 규칙으로 판단하는, 악의적이고 속물적인 습성이 있다. 그래서 미국인은 길에서 침을 뱉는 중국인을 경멸하고, 일본인은 코를 푸는 그 미국인을 경멸한다. 우리는 자신에게 중요하고 진실한 상상의 규칙에 따라 게임을 하지 않는 사람들을 보면 그들을 끌어내리려 한다. 심리학자 샘 고슬링Sam Gosling은 학생들을 성격 집단으로 분류하면서 이런 특징을 발견했다. "외향형은 활기찬 토론을 만들려 적극적으로 소통하지 않는 내향형을 무시하는 마음을 숨기지 않는다. 그들은 조용한 학생들이 토론에서 제 몫의 말을 하지 않는 이유를 이해하지 못한다. 반면에 내향형은 수다스러운 외향형을 경멸한다. 그들이 왜 발언할 가치가 있는 말이 떠오를 때까지 기다리지 못하는지 이해하지 못한다."[17]

우리는 적이 그들의 게임을 고집하면 그것을 그들이 수치스럽다는 증거로 삼는다. 그들이 자신을 옹호하면 우리의 뇌는 현실에 대한 우리의 꿈을 더 왜곡해서 그들이 결코 이길 수 없는 상황으로 만든다. 그렇게 그들의 꿈을 물리친다. 그들이 반론을 제기하면 우리는 터무니없을 만큼 강력한 증거를 내놓으라고 요구하면서 우리의 주장에서는 터무니없을 만큼 약한 증거도 인정한다.[18] 우리는 무슨 핑계를 대서라도 그들의 가장 강력한 주장을 일축하면서도, 가장 거슬리는 주장은 간단히 잊는다. 이처럼 가혹한 이중 잣대를 들이대며 그들에게는 조금도 관용을 보이지 않고 우리 자신에게는 지나치게 너그럽게 이해하고 공감한다. 비난과 분노가 쌓이는 사이 우리의 동지들은 **우리가** 옳은 이유를 더 많이 공급한다. 덕분에 우리는 스스로 도덕적이라고 생각하고 상대에게 고통을 가하면서 생기는 불협화음을 잠재운다. 우리는 그들의 게임 속 개인을 서로 구별되지 않는 얼룩 정도로 보고 그들이 모두 같은 사람이고 똑같이 경멸할 만한 사람이라고 판단한다. 그들을 보라. 그들은 이런 취급을 당해 마땅하고 **이런 취급은 자업자득이다.** 우리는 결백하고 영웅적인 다윗이다. 우리는 잔혹한 괴물 골리앗과 싸운다. 여기에 우리 부족 사람들이 등장해서 우리가 모든 승리를 쟁취하도록 응원하면서 우리를 아찔한 높이로 띄워준다.

▼▲▼

우리는 도덕성을 명백한 선으로 생각한다. 어떻게 선이 아닐 수 있겠는가? 하지만 우리가 따르는 도덕 규칙은 우리의 지위 게임, 곧 우리가 사는 꿈의 세계를 이루는 요소다. 이 꿈은 순식간에 악몽이 되어 우리를 현혹시키고 잔혹한 행위를 성스러운 행위라고 믿게 만들 수도 있다. 심리학자 스티브 라이처Steve Reicher와 앨릭스 해즐램Alex Haslam 교수는 이렇게 적는다. "사람들이 큰 잘못을 저지르는 이유는 스스로 무슨 짓을 하는지 인식하지 못해서가 아니라 그 행위가 옳다고 믿기 때문이다. 타인을 억압하고 파멸하는 행위를 정당화하고 용납해주는 이념을 지닌 집단에 적극적으로 동조해야 가능한 일이다."[19] 한편 인류학자 앨런 페이지 피스크와 티지 샥티 라이Tage Shakti

Rai 교수는 "사람들이 누군가를 해치거나 죽일 때는 대개 그래야 한다고 믿기 때문이다. 폭력을 저지르는 것이 도덕적으로 옳다거나 나아가 의무라고까지 생각하는 것이다."[20] 희생자가 "내집단을 위협하거나 집단을 오염시킬 수 있다고 생각할" 때 폭력은 "도덕적으로 칭찬할 만한 행위"로 보인다.

대개는 폭력적으로 싸우지 않는다. 그보다는 **신념의 전쟁**을 벌인다. **인간에게 이념은 영토다.** 인간에게는 타인의 마음속에 무슨 생각이 들어 있는지로 전쟁을 벌이는 놀라운 능력이 있다. 전통으로 인해 생물학적 번식이 축소되는 전근대 사회의 희귀한 사례에서 이런 능력을 확인할 수 있다. 남뉴기니의 마린드족은 정액이 정력과 생식능력의 원천이라고 믿고 정액을 몸과 머리카락에 바르는 연고로도 쓰고 음식에도 넣었다.[21] 창이나 활이나 낚싯바늘에 정액을 바르면 정액이 표적으로 이끌어주었다. 이 마법의 정액은 자위행위로는 얻을 수 없었다. 성교 의식에서 나오는 질액과 섞여야 했다. 그래서 마린드족 여자들은 성관계를 과도하게 자주 가져야 했고, 단지 이 목적만 위해서도 아니었다.[22] 여자는 혼인 첫날밤에 배우자의 모든 남자 친척과 성교하고 나서야—대개 열두 명이나 되었다—배우자와 잘 수 있었다. 아이를 낳고도 같은 일을 치러야 했다. 원래 이 관습은 출산을 늘리기 위한 것이었다. 하지만 인류학자 로버트 폴 교수는 "오히려 역효과가 났다"고 지적한다. 남자들은 지나치게 자주 정액을 생성하고 여자들은 '과도한 성교'로 자궁염을 앓아서 출산율이 오히려 떨어졌다.

그래도 마린드족의 인구와 영토는 확장되었다. 이웃 영토를 공격해서 그곳의 아이들을 납치하고 그 아이들을 자식으로 키우는 식으로 확장했다. 마린드족은 이런 방식으로 그들의 게임을 계속 살렸다. 폴에 따르면 그들은 유전자를 퍼트리지는 못했어도 "후계자와 상속자, 입양 가정의 부모에게 물려받는 문화적 상징의 전달자를 양성하는 방식으로 번식했다." 마린드족은 납치한 아이들을 "진정한 후손이고 생물학적 자손만큼 실질적인 존재"로 여겼다.

마린드족 같은 사회가 번창하는 이유는 인간의 정체성이 유동적이고 창조적이기 때문이다. **궁극적으로 우리를 정의해주는 것은 성별이나 인종이나 국적과 같은 기본적인 표지가 아니라 우리가 상상하는 게임이다.** 물론 기본적인 표지의 게임에 참여할 수도 있고 그럴 때가 많지만 의무는 아니다. 타고난 정체성과 반대인 지위 게임에 참여할 수도 있다. 최근에 미국의 많은 백인이 소수 민족의 정체성 게임에 들어가서 흑인의 지위를 누리며 부당하게 '패싱'passing하려다가 붙잡혔다. 2020년에 아프리카 역사를 가르치는 백인 부교수 제시카 크러그Jessica Krug는 성인의 삶의 "유리한 쪽에서" 살기 위해 그녀에게는 "권리가 없는 흑인의 정체성"을 차지하려 한 점을 인정하고 교수직을 사임했다.[23] 크러그의 지위 게임에는 반反백인 신념이 바탕에 깔려 있었다. 이 사건이 터진 후 크러그와 잠깐 사귄 적이 있는 아프리카 혈통의 라틴계 남자가 기자들에게 이렇게 말했다. "그녀보다 심한 인종차별주의자는 본 적이 없습니다. 백인도 욕하고 경찰도 욕하고 자본주의도 욕하고 모두를 욕했습니다. 제가 그 모든 인종의 친구가 있다고 말했을 때 그녀의 얼굴에 떠오른 표정이 가관이었습니다. 그녀의 생각에 조금이라도 반박하면 주먹이라도 날릴 기세였습니다."[24]

크러그는 그 남자에게 그녀가 누구인지, 어떤 게임을 하는지, 어떤 기준으로 지위를 얻으려 하는지 보여주었다. 우리가 이처럼 우리의 신성한 신념을 방어할 때는 결국 우리가 세상에서 얻은 경험과 세상에서 지각하는 가치를 방어하는 것이다. 하지만 우리는 우리의 입장에 대한 공격에 **방어만** 하는 것이 아니다. 우리가 공격하기도 한다. 새로운 사람을 만날 때 상대가 어떤 정치인이나 논쟁적인 사안에 대해 입장을 모호하게 드러내면서 대화를 시작하는 것을 본 적이 있을 것이다. 이때 우리는 상대에게 시험당하는 것이다. 상대는 속으로 이렇게 묻고 있다. "이 사람은 어떤 게임을 하고 있지? 나와 동족인가? 우리는 서로에게 지위를 부여할 수 있을까? 아니면 이 사람은 경쟁 게임에 뛰어든 나의 적인가?" 상대는 이렇게 조심스럽게 정탐하면서 우리의 신경계 영토에서 변죽을 울리며 우리가 동지인지 적인지 드러내는 단서를 찾아내기 위해 초경계 태세를 취한다.

▼▲▼

인간이 어디까지 호전적인지에 관해서는 논란이 많다. 우리에게 어떤 생물학적 스위치가 있어서 이 스위치가 눌리면 우리의 게임이 자동으로 적을 폭력적으로 공격한다는 주장이 있었다. 현재 학계에서는 대체로 동의하지 않는 분위기다. 한편으로 석기 시대에는 전쟁이 거의 일어나지 않았다는 주장도 있다. 하지만 역시나 여러 이유에서 잘못된 주장으로 보인다. 수렵채집 사회의 내집단 갈등에 관한 최초의 중요한 비교문화 연구 한 편에서는 일부 평화로운 집단도 있었지만 90퍼센트의 집단이 일상적으로 전쟁을 치른 것으로 나타났다.[25] 대다수의 체계적인 연구도 전쟁이 흔히 일어났다는 주장을 뒷받침

한다. 집단 내 폭력이 자동으로 발생하지 않았을 수는 있지만 폭력 성향 자체는 인간의 부정할 수 없는 성향이다. 현대 사회에서도 갱단의 폭력부터 종교의 파벌주의와 국가의 테러와 내전과 국제전에 이르기까지, 갖가지 형태의 사회에서 폭력을 발견할 수 있다. 인류학자 리처드 랭엄 교수에 따르면 우리는 씁쓸하게도 동족에게는 놀라운 수준으로 비폭력적이면서도 게임과 게임의 대결에서는 '유난히' 폭력적이다.[26]

전쟁의 개념을 이념의 영토에서 벌어지는 싸움으로까지 확장한다면 우리가 얼마나 무서울 정도로 공격적인 사람들인지 알 수 있다. 세상 어디서든 사람들은 그들의 신성한 신념을 위해 나름의 개혁 운동을 벌인다. 이런 공격에서 우리는 남들의 마음속으로 들어가 그들이 그들의 게임이 아니라 **우리의** 게임을 하고 우리의 꿈을 꾸도록 바꿔놓으려 한다. 그리고 모든 전향자에게는 도둑질이 선물로 바뀐다. 말하자면 그들은 우리에게서 지위를 빼앗는 자에서 우리에게 지위를 주는 존재가 된다. 그리고 기분이 좋아진다. **우리는 누구나 신경계의 제국주의자로서 남들의 마음에 급습해서 우리의 영토를 확장하기 위해 싸운다.**

이런 심리적 정복에 대한 갈증은 원주민들이 자기 언어로 말하지 못하게 하고 자기네 종교를 믿지 못하게 한 캐나다와 오스트레일리아의 백인 식민주의자들의 역사에 명백히 드러난다. 그리고 중국이 위구르족의 수많은 이슬람교도를 가둔 400곳 가까운 재교육 수용소에서도 명백히 드러난다.[27] 알바니아에서 서양식 나팔바지를 입거나 '제국주의 헤어스타일'을 한 사람들을 교도소에 잡아넣은 엔베르 호자 공산 정권에서도 드러난다. 동독의 비밀경찰 슈타지에 의해

감금된 20만 명 이상의 사람들에게도 드러난다.[28] 그들 다수는 심리적으로 고문당하고 일부는 신체적으로 짐승처럼 취급당하고 교도소 지하실에서 총살당했다. 그들의 가장 흔한 범법 행위는 공산주의 동독을 떠나 자본주의 서독으로 가고 싶어 한 혐의였다. 13세기 프랑스에서 순결파 신자들이 개종을 거부하자 가톨릭 신자들은 그들을 산 채로 불태웠다.[29] 그리고 하나님과 악마에 관한 그들의 조금 다른 신념이 어떻게든 되살아나 자신들의 심리적 영역을 정복할까 두려워하며 유골을 파내서 불태웠다.

정치심리학자 릴리아나 메이슨 박사는 우리가 계속 전쟁을 벌이며 승리하려는 이유에 관해 "사람들은 반드시 자기 집단을 다른 집단보다 우월하다고 생각해야 한다. 그렇지 않으면 스스로 열등하다고 느끼기 때문"[30]이라고 지적했다. 사람들은 "지극히 원시적인 차원"에서 "자기 집단의 우월성에 중점을 두는 경쟁의 렌즈로 세상을 보고" 싶어 한다. 인간은 우월하기를, 승리하기를 좋아한다. 연구에서는 **한 집단이 다른 집단을 이기면 그 집단의 구성원에게 돌아가는 혜택이 적어도 단지 우리 집단이 승리한다는 사실 자체를 선호하는 경향**이 있는 것으로 나타난다. 사회학자 니컬러스 크리스타키스 교수는 이런 결과가 "외국인 혐오증보다 나를 더 우울하게 만든다"고 적는다. 우리는 자연히 우리 집단이 더 많이 얻기를 바라지만 그보다 중요한 것은 우리와 경쟁자 사이에 커다란 승리의 격차를 만드는 것이다. 크리스타키스는 이렇게 적는다. "사람들은 우리 집단의 구성원이 얼마나 가졌는지가 아니라 다른 집단의 구성원보다 얼마나 더 많이 가졌는지를 중요하게 생각한다. 우리 집단이 많이 가질 뿐 아니라 다른 집단보다 더 가져야 한다는 뜻이다."[31]

신념의 전쟁에서도 마찬가지다. 우리는 이념의 적과의 논쟁에서 이기고 싶을 뿐 아니라 상대를 지배하고 싶어 한다. 웰의 시민들이 마크 이선 스미스를 대하는 태도처럼. 그들이 스미스를 무시하지 못한 이유는 그가 그들에게서 지위를 빼앗아 가기 때문이었고, 같은 이유로 스미스도 그들을 무시하지 못했다. 그들은 스미스가 선호하던 대명사를 쓰지 못했다. 상징적으로 그의 규칙과 상징을 존중한다는 의미이므로 결국 패배를 뜻하기 때문이었다. 그래서 스미스는 위협과 비하로 대응했고, 그들은 경멸과 추방과 검열로 맞섰다. **그들은 지위를 요구하는 상대와는 함께 살 수 없었다. 반드시 어느 한쪽이 이겨야 했다.**

이것은 우리가 하는 인생 게임의 불가피하고 끔찍한 결과다. 우리는 본래 우위를 점하기를 좋아하도록 태어났다. 우리는 계속 우리의 게임이 정점에 머물도록 세상을 재편하려 하고, 그러는 내내 우리 행동에 오류가 없다는 자기중심적인 이야기를 스스로 들려준다. 많은 사람이 받아들이지 못할 교훈이 있다. **경쟁자와 그저 '평등'하기만 바란다고 주장하는 집단을 절대로 믿지 말라는 것이다.** 이런 집단은 무슨 말을 하든 무엇을 믿든 결코 평등을 원하지 않는다. 그들은 '모두를 위한 공정'에 관해 환상적인 꿈을 만들지만 그 꿈은 거짓이다.

3부

극단의
게임

19 —

SNS 속 부족 전쟁

온라인 군중과 평판 살해

지위 게임은 강력한 유기체다. 때로는 그 자체로 지능이 있어서, 게임에 참가한 사람들의 지능을 압도하려는 의지를 드러낸다. 악마 사냥꾼들은 게임의 꼭두각시로서 게임의 거창한 꿈을 흡수해서 세상으로 나가 게임을 위해 싸웠다. 이들의 충성으로 게임은 세를 키웠다. 마찬가지로 '백신에 의문을 제기하는 위대한 어머니들'이 머랜다 딘다를 공격하고 웰의 이용자들이 마크 이선 스미스를 공격한 것도 사실 자신들이 속한 유기체에 복종하려는 행동이었다. 개인에게는 이런 집단행동의 스위치를 켜거나 끄는 능력이 없었다. 게임의 면역계가 참가자의 마음에서 작동하는 것 같았다. 게임의 이런 기묘한 권위 아래서 집단은 외부의 대상을 거부하는 방향으로 움직였다.

게임이 참가자들에게 내리는 명령은 전쟁 상태로 전환될 때 강해진다. 참가자들 사이의 관계가 **끈끈해진다.** 이런 효과는 수많은 연구에서 확인됐다. 2차 세계대전 참전 용사들의 사회적 유대를 분석한 연구에서는 전투에 함께 나간 전우들이 40년이나 지난 뒤에도 사적으로 더 끈끈한 관계를 유지하는 것으로 나타났다.[1] 게다가 부대에 전사자가 발생한 경우라면 전우들 사이의 유대감은 더 굳건했다. "사회적 위협이 강할수록 사회적 유대가 더 커진다." 한편 중국인 피실험자들에게 일본의 위협에 관한 글을 읽게 하고 뇌를 스캔하자 참가자들 사이에 "신경계의 동시성이 더 높게" 나타났다.[2] 이처럼 유대가 더 단단해지고 서로의 연결이 강화되자 참가자들은 집단의 과제에 더 빨리 협조했다. 게임이 끈끈해지면 함께로서 더 잘 움직인다. 말하자면 개인의 지배가 줄고 집단의 지배가 강화되어 외부의 공격으로부터 집단을 더 잘 방어할 수 있다.

하지만 이처럼 결속력이 강한 전쟁 모드는 승리하면 돌아오는 지위가 있을 때 발동한다. 이를테면 주어지는 보상에서 광적인 에너지가 생기는 듯한 '사타닉 패닉' 같은 운동에서 이런 특징을 발견할 수 있다. 여러 연구에서 집단은 (공격이든 방어든) 이런 방식으로 결속력을 높일 수 있는 것으로 나타났다. 한 연구에서는 집단에 트랜지스터 라디오를 상으로 제시하자 집단의 화합이 높아지고 우호적인 분위기가 만들어졌다. "자원을 획득할 기회"[3]는 "집단의 화합을 끌어내는 데 효과적인 조건"이었다. 이는 인간 집단이 전쟁을 일으키는 여러 방식에서 일관되게 관찰된다. 우리는 외부의 공격으로부터 우리를 방어하고 우리가 남들을 공격하기도 한다. 어느 쪽이든 상당히 협조가 필요한 과정이라 집단 안에서 화합이 잘되어야 효과를 볼 수 있다.

게임이 치열해지면 개별 참가자들은 서로 융합하고, 게임의 꿈은 더 강력해진다. 그러면 우리는 점차 게임 안에서 자기를 잃고 게임에 헌신한다. 하지만 어느 한 사람이 이렇게 게임이 치열해지는 과정을 통제하는 것은 아니다. 무섭게도 그냥 그렇게 흘러간다. 우리는 자신과 서로를 강제하기 시작한다. 지위 게임과 이 게임이 성장한 전근대적 사회에 대해 우리의 관념에 가장 어긋나는 사실 중 하나가 바로 이것이다. 바로 **지위 게임은 어느 한 사람이 통제할 수 없다는 사실**이다. 오늘날처럼 대통령과 여왕, 교황, 유명인, 슈퍼스타 활동가, CEO의 시대에는 리더십이 자연스러운 현상이라고 생각하기 쉽다. 하지만 사실이 아니다. 물론 수렵채집 사회가 계층을 중심으로 조직되기는 했지만 한 사람의 '거물'이 사회 전체를 통제하는 경우는 드물었다.[4] 인류학자 크리스토퍼 보엠 교수는 이렇게 말한다. "간혹 지혜로운 누군가가 잠시든 영구적이든 지도자의 지위에 오를 수는 있다. 하지만 그는 겸손해야 한다. 지도자의 소양은 자신의 의견을 내세우기보다 모든 이의 의견을 겸허히 경청하고 합의를 끌어내기 위해 온화하게 조력하는 것이기 때문이다. 자연스러운 합의가 이루어지게 조율해야 한다. 집단의 다음 행동을 선택하거나 심각한 일탈자를 처리할 방법을 결정할 때 지도자 혼자서 결정할 수는 없다. 이것은 집단 전체를 위한 결정이다." 따라서 최종적으로 권위를 지니는 당사자는 지도자 한 사람이 아니라 집단 전체다.

우리가 이렇게 진화한 데는 어느 정도는 집단 내부의 지배적인 구성원을 다루기 위한 방식이 작용한 것으로 보인다. 수만 년에 걸쳐 개인(주로 남자)이 반복해서 공격성을 드러내며 집단을 압박하고 강압적으로 지위를 올리려 할 때면 우리는 그런 개인을 죽였다. 하지만 이렇게 원치 않는 구성원을 처단하면 새로운 문제가 생긴다. 한 사람이 다른 사람에게 지배적으로 행동을 했다는 이유만으로 비난하고 그 사람의 목숨을 빼앗을 수 있는 게임이라면 그런 게임은 플레이어가 참여하기 어렵다. 지배 행동이라는 골칫거리가 사라지기는커녕 오히려 플레이어들이 경쟁자의 부당한 행위를 비난하고 상대의 목숨을 빼앗을 수 있어서 문제가 더 심각해진다. 따라서 게임이 스스로 결정을 내렸다. 플레이어들은 생각하는 유기체를 이루었고, 그 안에서 합의에 도달해야만 살인이 허용되었다. 우리의 친족 기반의 게임에서는 친족들은 원치 않는 사람을 살릴지 죽일지를 집단적으로 결정했다.

인간은 사실 지구상에 살아온 대부분의 시간에 지도자의 독재에 예속되지 않았다. 그보다는 인류학에서 '사촌들의 독재'tyranny of cousins라고 일컫는 독재를 두려워하며 살았다.[5] 여기서 '사촌들'이 꼭 실제 사촌을 의미하는 것은 아니다. 주로 얕은 계층 구조에서 엘리트층을 이루는 씨족의 원로들을 의미했다. 이들은 거의 남자들이었던 것으로 보이지만 구성원의 생사를 결정하는 합의에는 남녀 모두 참여할 수 있었다. 보엄은 "집단이 함께 독재자를 끌어내릴 때는 여자들도 남자들만큼 정치적 역학 관계에 적극적으로 개입할 것이다"라고 쓴다.[6] 어떤 문헌에는 남자와 여자가 누군가를 처형하는 책임을 상징적으로 공유한다는 기록이 있다. 가령 여러 남자가 한 남자를 때린 후 그의 몸에 독화살을 쏴서 "호저처럼 보이게" 만들었다고 적혀 있다.[7] 그리고 그가 숨을 거두면 여자들이 나와서 창으로 시체를 찔렀다.

가혹하기는 해도 공정해 보인다. 한 개인이 테러로 게임을 지배하려고 시도하다가는 축출당할 수도 있다. 처형은 궁극의 굴욕이다. '끝'이라는 건 말할 것도 없이 신체적으로나 정신적으로 거부당하는 상태다. 하지만 인류 역사에는 불행하게도 그렇게 간단한 문제가 아니다. 문제는 독재자와 독재자가 아닌 자로 간단히 구분되는 두 인간 유형이 따로 있지 않다는 점이다. **누구나** 독재자가 될 수 있다. 게다가 우리의 '사촌들'도 독재자 못지않게 잔혹할 수 있다.

실제로 수렵채집 사회에서 함께 피의 숙청으로 독재자를 처단한 사람들이 게임의 다른 규칙을 위반한 사람들을 처벌할 때도 그만큼 치명적인 위력을 썼다. 가령 도둑질, 고기를 몰래 숨겨 두기, 악의적인 마법, 부족의 상징인 '마법의 나팔'을 허락 없이 보여주기, "남자들만 갈 수 있는 길을 몰래 따라가기" 따위로 처형당할 수 있었다.[8] 우리가 진화의 결과로 하는 이 게임은 억압적이고 무서울 수 있었다. 인류학자 리처드 랭엄 교수는 우리가 "전통이라는 사회적 우리"[9] 안에서 "순응하겠다는 의지에 따라 살거나 죽는" 존재라고 표현한다. 사촌들의 힘은 '절대적'이었다. "사촌들의 명령을 따르지 않으면 위험에 처했다."

앞서 인도 메라나에서도 이런 힘의 논리를 보았다. 높은 카스트의 소녀가 불가촉천민 소년과 함께 있다가 붙잡히자 마을 장로들은 밤새 논의한 끝에 두 사람을 바니안나무에 매달아 처형하기로 결정했고, 3000명이나 되는 마을 사람 중 어느 하나도 이의를 제기하지 않았다. 랭엄은 이와 유사한 사례로 뉴기니 게부시족이 극단적인 방식으로 합의에 이르는 과정에 관한 기록을 언급한다.[10] 게부시족에서 한 부족민이 중병에 걸리자 흑마술에 비난의 화살이 쏟아졌다. 부족민들이 모인 자리에서 영매가 마법의 나뭇잎으로 제사를 올리면서 병자의 친척인 마법사를 범인으로 지목했다. 그 마법사는 위협을 받는 상황에서 전략을 세워야 했다. 노골적으로 혐의를 부인하면 염치를 모르는 사람으로 보일 위험이 있었다. 그보다는 절절하게 고백하면서 호소해야 했다. "전 정말 모르는 일이에요. 그분은 제 친척입니다. 제가 어떻게 그분을 병들게 하겠습니까. 요새 제가 생선을 많이 먹지 못해서 조금 화가 났을 수는 있지만 절대로 제 친척을 병들게 하지는 않아요." 부족 회의가 열리고 며칠 사이 이 남자를 지목한 영매는 조용히 부족을 돌아다니며 치명적인 조치를 하기 위한 지지를 쌓았다. 랭엄에 의하면 어느 밤 회의에서 사촌들은 "그 마법사가 병자의 죽음에 책임이 있다는 주장에 더 열을 올렸다." 그리고 "마침내 합의에 이른다. 모두가 이 마법사가 유죄라고 판단한다. 그들은 새벽에 숨어 있다가 몽둥이나 화살로 그를 죽인다. 고문을 하기도 한다. 그리고 죽여서 시신을 요리한다."

우리 집단에서 합의가 이루어졌다는 인상이 중요했다. 엄밀한 의미의 합의일 필요는 없었다. **집단이 하나의 유기체로서 그 행위를 지지한다는 전반적인 인식**이 중요했다. 대개는 소문이 들끓고 과거의 죄가 낱낱이 밝혀지는 분위기가 조성되면서 죄인을 향해 도덕적 분노가 폭발했다. 집단은 죄인을 처형할 뿐 아니라 모멸감을 안겨줄 수도 있었다.[11] 우선 표적이 된 사람에게 인사하지 않는 식으로 단순한 '사회적 무관심'부터 시작할 수 있다. 또 무시하고 조롱하고 모멸감을 줄 수도 있다. 콩고 음부티족에서는 부족민 하나가 사냥하면서 속임수를 쓰다가 들키자 사람들은 그에 대한 소문을 퍼트리며 뒤에서 욕하고 과거의 잘못을 낱낱이 까발렸다. 그의 평판은 점점 괴상해지고 그가 타락한 인간이라는 쪽으로 합의가 이루어졌다. 그는 부족의 야영지로 돌아와서도 무시당했다. 아무도, 아이들조차 그에게 제대로 앉을 자리를 내주지 않았다. 그가 억지로 자리를 빼앗으려 하자 "짐승은 맨바닥에서 잔다"는 핀잔만 돌아왔다. 그는 속임수를 쓴 잘못으로 공개적으로 비난당하자 처음에는 거짓말로 둘러대려다가 이내 읍소하며 용서를 구하고 존중받지 못하니 차라리 죽겠다고 말했다. 이렇듯 사촌들은 무시무시하고 막강했다. 사촌들에 대한 공포는 여전히 우리의 마음 깊이 박혀 있다. 사촌들이 방대한 문헌에 등장하는 것을 보면 우리가 집단의 인식에 얼마나 본능적으로 순응하는지 알 수 있다. 1951년에 심리학자 솔로몬 아시Solomon Asch 교수의 유명한 실험에서는 참가자들에게 3개의 선 중에서 어느 선이 다른 선과 길이가 더 비슷한지 판단하라는 단순하고 명료한 과제를 내주었다.[12] 가짜 참가자 7명이 다수의 목소리를 내자 진짜 참가자의 32퍼센트가 다수의 판단에 동조했다. 참가자들을 노골적으로 압박하지는 않았다. 집단의 힘이 매우 약하고 위험도가 낮은데도 참가자의 3분의 1 가까이가 눈에 보이는 명백한 증거를 부정했다. 그러니 제2차 세계대전이 일어나기 직전인 1938년에 모스크바나 베를린에 살던 사람이 집단의 꿈에 얼마나 동조했을지 미루어 짐작이 간다. 우리는 사촌들을 두려워하고 규칙이라는 사회적 우리cage에 순응하면서 게임을 해야 한다.

하지만 사촌들은 우리 마음속에도 있다. 누구나 독재자가 될 가능성을 내재하고 있다. 8개월 된 아기도 인형극을 보고 극 중에서 죄인을 벌주는 역할을 한 인형을 가지고 놀고 싶어 한다.[13] 3세 정도의 아이도 자발적으로 규칙을 만들고 따른다.[14] 5세에서 7세 사이의 초등학교 저학년생들이 놀이 친구를 거부하는 이유를 알아본 연구에서는 상대 아이가 주로 그들이나 친구들의 지위를 위협하는 행동을 했기 때문인 것으로 나타났다.[15] 심리학자 프란시스코 후안 가르시아바세테Francisco Juan García Bacete 교수는 이렇게 말했다. "거부하는 근거는 그 아이의 행동에 대한 해석과, 그 아이의 행동이 그들이나 사회 집단에 부정적인 영향을 끼친다는 판단에 있다."[16] 한편 뇌 스캔 연구에서는 규칙을 깨고 잘못을 저지른 사람이 그 행동으로 처벌받을 거라고 기대하기만 해도 기분이 좋아지는 것으로 나타났다.

▼▲▼

하지만 우리는 우리가 이런 사람이라고 믿고 싶지 않다. 우리는 게임을 하는 인간의 본성에서 압제와 혐오를 지우고 타락한 지도자와 사악한 계략에 책임을 넘기는 이야기를 선호한다. 이런 순진한 발상은 사람들이 온라인으로 연결되면 유토피아가 창조될 거라고 기대한, 인터넷과 SNS의 선구자들에게서도 찾아볼 수 있다. 1996년에 웰의 전 이용자 존 페리 발로John Perry Barlow는 '사이버 공간 독립 선언문'을 발표하여 새로운 '마음의 문명'이 창조되고 여기서는 낡은 권력 계층은 환영받지 못한다고 선포했다. "우리가 건설하는 지구적 사회 공간은 자연히 당신들이 우리에게 가하려는 독재로부터 독립할 것이다. … 우리가 만들어 갈 세상에서는 어디에 사는 누구든, 얼마나 특이한 신념을 지녔든, 침묵하거나 순응하라고 강요당할까 두려워하지 않고 자신의 신념을 당당히 표현할 수 있을 것이다."[17]

하지만 결과는 그렇지 않았다. 오늘날 SNS에서는 아무런 악의가 없는 발언에도 사람들이 우르르 몰려들어 분노를 표출한다. 온라인 군중은 지배-도덕 게임을 한다. 지배-도덕 게임에서는 집단 안이든 밖이든 모든 사람에게 자기 집단의 규칙을 강요하는 사람들에게 지위가 주어진다. 그들은 또한 끈끈하다. 관련된 모두가 매우 순응적이다. 온라인 군중은 사촌들의 무시무시한 권력을 등에 업고 맹렬하게 흥분한다. 이들의 공격은 일단 발생한 후에는 삭제되거나 스위스 치즈처럼 녹아버린다. 하지만 간혹 일부가 살아남기도 한다. 그중 하나가 캐런 템플러Karen Templer의 사례다.[18] 템플러는 유튜브와 인스타그램을 비롯한 여러 플랫폼에서뿐 아니라 블로그의 댓글로도 군중의 공격을 받지만 그 어떤 것도 삭제하지 않는다. "역사적 기록을 편집하는 것을 믿지 않기 때문이에요."

템플러는 뜨개질하는 사람이자 프린지 어소시에이션Fringe Association(슬로건은 '뜨고, 뜨게 하세요'Knit and Let Knit다)이라는 뜨개질 사이트의 운영자다. 2019년 1월에 템플러는 블로그에 '나의 색깔의 해'라는 글을 올렸는데, 이 글에 인도 여행을 고대한다는 내용이 있었다. 전에는 해외여행을 생각하면 "겁부터 났지만" 이제는 "더 많이 '예스'라고 답하는 사람이 되고 싶다"고 적었다. 인도의 문학과 역사에 "평생 집착"해 왔다고도 적었다. 어릴 때 친구인 인도인 가족에게 같이 가자는 제안을 받았다고 했다. "중서부 교외에 살고 불안장애가 심한 십 대 소녀에게는 화성행 우주선의 한 자리를 제안받는 것과 같았다. 신나는 일이었다. 정말 농담 아니죠?" 새로운 기회가 찾아왔고, 템플러는 용기를 내서 '예스'라고 답했다. "마음이 붕 뜬 것 같고 이루 말할 수 없을 만큼 신이 났다."

처음에는 호의적인 댓글이 달렸다. "잘했어요!" 크리스틴 린덥의 댓글이었다. "그 오렌지색 샌들이 가리키는 방향이군요." 곧 비슷한 댓글이 줄줄이 달렸다.

이스트런던니트: 인도라니, 너무 멋져요!!

티나 M 버리: 이 글이 오늘 제게 큰 기쁨과 훈훈한 마음을 선사해 주었네요! 예스!!

셔릴 오르트바인: 야호오오오

미스 애그니스: 아자아자!

디파: 미국은 이제 어엿한 제 고향이고(20년!) 제 마음도 여기에 있지만 제 영혼은 언제까지나 인도에 있을 거예요. 저는 사람들에게 지구상에 그런 곳은 또 없다고 말하고 다녀요. 정말요. 인도에 관해 온갖 얘기가 다 있지만 가보면 정말 모든 면에서 놀라실 거예요.

다이앤: 지금까지. 최고의. 게시물!

말라 스리칸스: 저는 인도 쪽 히말라야에 살아요. ⋯ 멋진 시간을 보내실 거예요.

나랑카르: 멋져요! 인도는 제가 자란 곳이라 제게는 늘 특별해요.

마리 카터: 당신은 제가 생각한 것보다 훨씬 더 영감을 주시는 분이군요♥

더니: 대박 축하해요!

그러다 불길한 글 하나가 올라왔다. "인스타그램에서 이 글에 관한 흥미로운 의견을 보았고, 저 역시 특권층 백인이지만 비판적인 의견에 동의합니다. 우리가 색깔을 이야기할 때는 특히 신중해야 합니다. 언어는 매우 강력합니다. 이 글의 일부 표현에는 문제가 될 만한 부분이 있고 사려 깊지 못해 보입니다."

템플러는 걱정되었다. "어떤 비판에 동의하신다는 건지요? 저는 그 글을 보지 못했습니다. 제가 이 공간에 올린 글에서 사려 깊지 못한 부분이라는 게 어떤 부분일까요?"

그러자 앨릭스 J 클라인이 이렇게 지적했다. "당신이 올린 글을 다시 읽어보고 당신의 표현에 인도와 비서구권 국가에 대한 식민주의/제국주의의 사고방식이 얼마나 배어 있는지 고민해보길 바랍니다. 당신은 인도에 가는 것을 다른 행성에 가는 것에 여러 번 비유했습니다. 인도 사람이 들으면 기분이 어떨까요?"

인도 출신으로 보이는 세 명 이상은 템플러의 글에 유쾌한 응원을 남겼다. 템플러는 이렇게 적었다. "제가 말하려는 건 십 대 시절에는 인도가 아주 멀게 느껴져서 제게는 화성만큼 가기 어려운 곳 같았다는 뜻입니다. 두 곳 모두 실제로 갈 수 있을 거라고 기대하는 것이 불가능했다는 뜻이에요. 이 말이 얼마나 제국주의적인지는 모르겠지만 고민해보겠습니다." 이어서 인도인 친구들과 템플러의 게시물을 읽은 사람들이 긍정적으로 반응해줬다고 덧붙였다. "제가 한 말이 그분들께 상처가 됐는지 확인해봐야겠군요."

그러자 클라인이 이런 댓글을 달았다. "인도인 친구들에게 당신을 위해 추가로 감정 노동을 하면서 당신네 백인 여자들의 눈물을 닦아달라고 부탁하지 마시고요, 인도와 외계를 동급으로 놓는 표현이 제국주의와 식민주의의 핵심인 '타자'의 사고방식을 얼마나 강화하는지 스스로 고민해보시죠."

이내 공격하는 사람들이 몰려들었다. 캐럴라인이라는 방문자는 클라인에게 처음에 이 문제를 잘 지적해줬다면서 고맙다고 말했고—"당신의 댓글을 진심으로 지지합니다"—세라라는 이는 "다른 나라와 문화를 낭만적으로 그리는 것은 위험한 행위"라고 댓글을 달았다. 템플러는 사과했다. 그리고 다시 한 번 해명하려 시도했다. "제가 인도와 화성을 동일시한 단 하나의 이유는 바로 위에 앨릭스에게도 댓글을 달았듯이 두 곳 모두 멀리 떨어져 있고 십 대의 저에게는 도달할 수 없는 곳처럼 보여서였습니다."

그러자 캐럴라인이 이런 댓글을 달았다. "변명보다는 여기서나 인스타그램에서나 사람들이 당신에게 무슨 말을 하는지 진지하게 경청하시길 바랍니다. 게다가 인도인 친구들에게 이 문제에 관해 의견을 묻는 것이 감정 노동이 아니라고 생각한다면 가서 유색 인종people of color; POC 감정 노동에 관한 글을 꼭 읽어보고요. 그러는 김에 백인의 유약함, 그리고 의도 대^對 영향에 관해서도 읽어보셔야 할 겁니다. 당신이 이 게시물로 무엇을 의도했든 사람들에게 어떤 영향을 끼치는지는 완전히 다른 얘기입니다. 스스로 공부하셔야 해요."

템플러가 다시 댓글을 달았다. "제 글로 불쾌하셨을 모든 분에게 지적을 하나하나 새겨들었고, 죄송하다는 말씀을 전하고 싶습니다."

레이철이 댓글을 달았다. "사람들이 불쾌해해서 죄송하다는 건가요? 당신의 뿌리 깊은 인종차별주의와 환원주의적 발언에 대한 사과가 아니네요. 제발 다시 고민해보세요. 인도분들이 당신과 당신의 식민주의적 사고방식을 떠안게 만들지 마시고요."

템플러의 글을 본 사람 중 일부는 지지를 표명했지만 다른 사람들은 등을 돌리기 시작했다. 앞서 "제가 생각한 것보다 훨씬 더 영감을 주시는 분이군요♥"라고 댓글을 단 마리 카터는 다시 이렇게 댓글을 달았다. "부끄러운 말이지만 사실 저는 이 게시물이 우리 비백인non-white 모두에게 끼치는 영향을 제대로 살피지 못했습니다. … 속상하지만 앞으로 살면서 이 게시물의 표현이 저나 저와 같은 사람들에게 주는 고통을 인지하고 살겠습니다. 더는 침묵하지 않겠습니다."

"저도요." 리즈 N이 인스타그램에서 템플러의 게시물에 관한 "댓글 수천 개"를 읽었다면서 단 댓글이다.

텐플러는 결국 동의했다. 이후 "말은 중요하다"라는 게시물을 올려서 인도를 "백인들을 위한 배경"으로 취급하고 "인도인(그리고 전반적으로 유색 인종)은 '타자'나 두려움의 대상이라는 해로운 개념"을 고착시키는 데 "무감각하고" "끔찍하고" "부주의"했다고 고백했다.[19] 마지막에 다시 한 번 사과하면서 이렇게 적었다. "저로 인해 상처받은 모든 분, 제게 이 부분을 지적하면서 열의를 보여주신 모든 분께 깊이 사죄드립니다. 제가 틀렸고, 위험을 무릅쓰고 지적해주신 여러분이 옳습니다."

인류학자들이 전근대 사회에서 관찰한 모습과 여기 21세기의 SNS에서 벌어지는 부족 전쟁은 얼마나 유사한가. 템플러가 그녀를 비난하는 사람들에게 처음에 보인 반응을 보면 앞서 게부시족의 이야기가 떠오른다. 죄인으로 지목당한 마법사가 불안하게 방어와 고백 사이를 오가는 이야기 말이다. "그분은 제 친척입니다. 제가 어떻게 그분을 병들게 하겠어요. 요새 제가 생선을 많이 먹지 못해서 조금 화가 났을 수는 있지만 절대로 제 친척을 병들게 하지는 않습니다." 비록 현실이 아닌 온라인이지만 일탈자를 배척하는 방향으로 무섭게 합의가 이루어지는 정서, 그리고 소문이 퍼지고 사회적으로 거리를 두고 수치심을 주는 과정에서도 그렇다. 혐의가 지극히 '국부적'local이라는 점에서도 마찬가지다. 템플러를 비판하는 사람들의 꿈에서는 그들의 표적이 어떤 규칙을 어겼는지가 명백해 보였다. 하지만 외부인의 눈에 템플러의 죄는 모호했다. 템플러가 '마법의 나팔'을 보여주었다는 것이다. 사촌들은 템플러를 배척하기로 합의했고 합세해서 템플러의 죄를 단죄하기 위해 공격했다. 모두 그들의 정의와 열망에서 비롯된 일이다.

결국 템플러는 스스로를 구해냈다. 이 책을 쓰는 시점에도 템플러의 뜨개질 모임은 건재하고 블로그도 그대로 남아 있다. 억압하는 사촌들에게 순응하고 SNS로 퍼져 나간 소문의 광풍에 휘말려서 '말소'당하지cancelled 않았다. 온라인 군중이 조롱하고 비난하고 망신을 주는 정도에서 멈추지 않고 현실 세계에서도 최대의 수모를 안겨주려 할 때, 이런 상태를 '말소시킨다'고 한다. 말소당하면 약간의 일거리를 잃는 정도의 가벼운 벌을 받을 수도 있고 심하게는 생계를 잃고 평판을 빼앗기거나 그 이상의 수모를 겪을 수도 있다. 말소의 사례는 주변에서 쉽게 찾을 수 있다. 최근 몇 년 사이 몇몇 학자가 비난받고 논문이 취소당하고 존칭을 빼앗겼다. 대중 지식인들이 "플랫폼을 빼앗기고", 저널리스트와 편집자, 에이전트, 경영자들이 해고당하거나 강제로 물러나야 했다. 운동선수와 작가들이 계약을 잃었다.

온라인 군중은 희생자를 설득해서 자기네 쪽으로 포섭하려 하지 않는다. 희생자의 지위와 상징을 최대한 제거하려 하고, 가장 이상적인 목표로 평판을 죽이려 한다. 명성의 게임이 지배하는 세상에서 새로운 살인 방법이다. 말소의 궁극적인 표적은 그 당사자가 아니라 그의 신념이다. 군중은 행동한다. 그리고 구경꾼들에게 "당신도 우리와 같은 의견을 표명하지 않으면 사촌들의 부름을 받게 될 것"이라고 보여준다. 어느 한 사람이 책임지는 것이 아니므로 어느 한 사람이 막지도 못한다. 온라인 군중은 저절로 발생하고, 누군가가 게임의 신성하고 상징적인 신념을 거스르는 관점을 피력할 때 주로 등장한다. 이런 압제적인 집단은 그들의 기준에 도전하며 지위를 얻으려는 시도를 용납하지 않는다. 군중이 불어나고 지위의 금맥을 찾아 '골드러시'가 펼쳐질 때 거대한 복수의 광풍이 희생자들에게 불어닥친다. 포상에 끌린 야심 찬 사람들이 점점 더 몰려가서 게임은 그 자체로 지배의 황홀경에 도취된, 공격하는 짐승이 된다.

▼▲▼

이런 형태의 지위 게임이 사회에 어떤 영향을 끼치는지 이해하기 위해 북부 이라크로 가보자. 2014년 여름, '셀카'를 좋아하는 밀레니얼 세대 활동가 몇이 이라크 모술로 향했다.[20] 그들은 이슬람 극단주의 무장 단체 '이라크 레반트 이슬람 국가'ISIS 가입자였고 지배-도덕 게임을 하고 있었다. 그들의 SNS에는 검은 옷을 입고 중무장한 사진, 포로를 잔인하게 고문하고 처형하는 영상이 올라왔다. 모두 #AllEyesOnISIS모두가 ISIS를 주목한다라는 해시태그가 붙어 있었다. 트위터에서 아랍 지역 최고 인기 해시태그였다. ISIS는 지역마다 디지털 허브를 50개 가까이 구축하고 허브마다 다른 인구 집단에 맞는 콘텐츠를 올렸다. 그리고 포로를 어떻게 처형할지 물어서 이용자의 참여도를 높였다. "요르단인 조종사 돼지를 죽일 방법을 제안해주세요." 그들은 다른 인기 주제에 편승하기도 했다. 월드컵 기간에 한 ISIS 전사는 섬뜩한 사진을 게시하면서 이렇게 달았다. "이것이 우리의 축구공이다. 살가죽으로 만든 축구공. #월드컵"

이라크군 1만 명이 모술을 방어했다. 하지만 연구자 P. W. 싱어P. W. Singer와 에머슨 브루킹Emerson Brooking은 ISIS의 SNS 캠페인이 모두를 "공포에 떨게" 했다고 지적한다. ISIS의 해시태그는 "눈에는 보이지 않는 폭격으로서 위력을 발휘했고, 수많은 메시지가 진격하는 군대에 앞서서 날아갔다. 그들의 포탄은 공포와 분열과 변절을 심었다." ISIS가 모술로 접근하는 사이 이라크군 수천 명이 탈영하고 그 중 다수가 무기와 차량을 버리고 달아났다. ISIS가 모술의 변두리에 도착했을 때는 "소수의 용감한(혹은 혼란에 빠진) 군인과 경찰만 남아 있었다." ISIS는 "인터넷 자체를 무기로 삼는 새로운 종류의 진격전" 을 펼쳤다. 이것은 전투가 아닌 대학살, 온라인에 쉽게 배포한다는 다음 목표를 위해 충실하게 촬영되고 편집된 대학살이었다. 그리고 이것은 "말도 안 되는 추진력"으로 계속되었다.

온라인 군중은 ISIS와 같다. 그들은 테러 집단 ISIS와 같은 방식으로 SNS를 활용한다. 서구 문화에는 과도한 편견을 금지하는 신성한 규칙이 있다. 기업 경영진과 정부와 언론과 교육계 지도자는 여성 혐오자나 인종차별주의자나 동성애 혐오자나 트랜스젠더 혐오자라는 의혹을 받으면 평판의 죽음을 맞는다는 것을 안다. 온라인 군중이 위협하는 지점이 바로 이 **평판의 죽음**이다. 어떤 위반 사항을 저지른 엘리트들을 꼭 직접 비난하지 않아도 된다. 군중의 행동을 지켜보는 것만으로도 충분하다. ISIS와 같은 이런 방법으로 온라인 군중 활동가들은 SNS라는 무서운 장치를 이용해 일정한 지위—지위에 따라오는 영향력과 권력—를 누리고 그 수에 비해 과도하게 세를 키운다.

대중에 대한 설문 조사를 통해 이런 현실을 알 수 있다. 템플러가 온라인 군중의 표적이 되기 1년 전, 영국 사회심리학계에서 1만 명 이상의 응답자에게 설문을 받은 최대 규모의 연구 하나가 발표되었다.[21] 이 연구에서는 7개의 의견 집단을 발견했고, 그중에 "사회 정의를 추구하는" 집단으로 표현되는 "진보 활동가" 집단이 있었다. 이들은 "정치가 집단 정체성의 중심에 있는 강력하고 강경한 집단"이다. 이들은 게임이 본래 확정된 것이고, 인생의 결과는 "개인의 노력보다는 개인이 성장한 사회 구조에 의해 결정된다"고 믿는다. 7개 집단 중 "진보 활동가" 집단은 교육 수준이 가장 높고 경제적으로도 가장 부유해서 가계 수입은 5만 파운드 이상으로 나머지 집단보다 많다. 이들은 SNS에서 "지배적인 목소리"를 내면서 "지휘하는 역할"을 맡는다. 트위터와 여러 플랫폼에서 나머지 집단들보다 6배나 많이 정치적 견해를 피력한다. 영국에서 이들의 SNS 활동량이 나머지 전체보다 많다. 2020년 현재 이들 집단은 인구의 13퍼센트에 불과하다. 미국의 유사한 연구에서는 8퍼센트로 나왔다.[22]

전국 단위의 여러 설문 조사에서 진보 활동가들의 신념과 행동이 얼마나 주변적인지 드러난다. 영국과 미국의 전반적인 입장은 비교적 진보적으로 보인다. 1958년에는 미국인의 4퍼센트만 인종 간 결혼에 호의적이었지만 2013년에는 87퍼센트가 호의적이었다.[23] 현재 영국인의 3퍼센트만 "진정한 영국인"은 백인이어야 한다고 믿고[24], 73퍼센트는 증오 발언은 문제라는 데 동의하며[25], 절반 이상이 트랜스젠더 혐오는 "어느 정도" 혹은 "상당히" 문제가 된다고 생각한다.[26] 대중의 태도가 이런데도 실제로 진보 활동가와 그들의 군중이 보이는 여러 가지 특징적인 행동에 대한 평판은 썩 좋지 않다. '정치적 올바름'을 잣대로 사람들의 발언을 검열하고 지적하는 행동은 양국 모두에서 대체로 환영받지 못한다. 미국의 모든 인종 집단에서 80퍼센트가 "정치적 올바름이 이 나라의 문제"라고 생각하고[27], 히스패닉계의 87퍼센트와 아프리카계의 4분의 3이 여기에 동의한다. 영국에서는 72퍼센트가 정치적 올바름이 문제가 되었다고 생각한다.[28] 비교적 큰 비율의 소수 의견으로 영국인의 29퍼센트가 영국이 "조직적으로나 제도적으로 인종차별주의 국가"라는 데 동의한다.[29] 여론 조사 기관 유고브YouGov는 사람들이 진보적 활동과 관련된 몇 가지 입장을 훨씬 적게 지지한다는 결과를 얻었다.[30] 가령 십 대 시절에 온라인에 문제가 될 만한 게시물을 남긴 사람을 성인이 된 이후에 처벌하는 것이 공정하다고 생각하는 사람은 12퍼센트이고, 일본인이 아닌 사람이 기모노를 입는 것은 "괜찮지 않다"고 생각하는 사람은 10퍼센트이며, 영국은행의 차기 총재는 여자가 되어야 한다고 생각하는 사람은 5퍼센트에 불과했다(3퍼센트는 남자가 되어야 한다고 생각하고, 87퍼센트는 성별은 상관없다고 답했다).

진보 활동가들은 군중 행동을 통해 그 수에 비해 비대한 지위만 얻는 것이 아니다. 비견할 데 없는 부와 교육 수준을 모두 갖춘 그들은 그들의 엘리트 구성원을 각계각층의 게임에 투입할 수도 있다. 물론 **모든** 진보 활동가가 군중 행동에 찬성한다는 결론에 이른다면 전혀 공정하지 않을 것이다. 하지만 이것이 핵심이다. 군중 행동을 주도하는 사람은 전체 사회에서 소수 집단 중에서도 소수라는 뜻이다. 하지만 SNS에서 이들의 우세한 목소리가 민주주의의 우세한 목소리가 되는 경우가 지나치게 많다. ISIS과 마찬가지로 이들 진보 활동가들은 두려움을 전파하여 비대한 지위를 차지하는 측면이 있다. 이들이 퍼트리는 소문과 비난과 무자비한 분노는 사회 전체가 여기에 합의했다는 착각을 불러일으키고 사촌들에 대한 원시적인 두려움을 일깨우고 결국 우리를 협박하여 사회적 우리 안에 가둔다.

이렇게 군중 심리가 승리한다.

20 —

'주작'하는 정서

희생자, 전사, 그리고 마녀사냥

게임이 전쟁으로 들어가면 그것은 더욱 경직된다. 개인에 대한 지배가 강해지고, 개인의 자아가 점차 게임 활동과 뒤엉킨다. 게임이 들려주는 꿈이 점점 원대해진다. 영웅은 더 영웅으로 보이고, 악당은 더 악랄해 보이며, 도덕적 교훈은 더욱 순결해진다. 게임의 자기중심적 서사를 거듭 확인해주는 사람들은 지위를 차지한다. 이들이 들려주는 희생자 서사는 대개는 적을 막강하고 무자비하고 위험하게 묘사한다. 이런 이야기는 현실에 충분한 근거가 없어도 간단히 지어낼 수 있다. 2013년에 와이오밍대학교에서는 학생들이 주로 '사랑의 열병'에 관한 글을 올리는 페이스북의 익명 페이지에 유명한 페미니스트이자 수상 경력이 있는 블로거를 저격하는 글이 올라왔다.[1] "메그 랭커사이먼스Meg Lanker-Simons를 거칠게 다루면서 증오의 강간을 시전하고 싶다. 그 진보적인 주둥이로 쉴 새 없이 떠들면서 누가 뭐라든 귓등으로도 안 듣는 그 여자. 엄청 섹시하면서도 분노가 치민다. 나랑 하룻밤 보내면 선량한 공화주의자 계집년이 될 텐데." 랭커사이먼스는 이 글에 직접 댓글을 달아 "역겹고 여성혐오적인 글인데, 페이지 관리자는 여기에 완벽히 허용되는 정서라고 보는 듯하군요"라고 적었다. 그러자 한 학생이 랭커사이먼스가 지적한 '강간 문화'에 대한 반대 시위를 시작했다. 경찰은 이 사건에 대한 수사를 종결하며 사실 이 게시물은 메그 랭커사이먼스가 직접 작성한 글이라고 발표했다.

완전히 새로운 사건은 아니었다. 최근 벌어진 악명 높은 주작做作 사건으로 미국 배우 주시 스몰렛Jussie Smollett 사건이 있다.[2] 스몰렛은 "배우로서 경력을 키우기 위해" 도널드 트럼프 지지자들에게 인종차별적이고 동성애 혐오적인 공격을 받았다고 가짜로 꾸몄다가 기소당했고, 결국 스몰렛 자신이 경찰에 거짓 공격을 신고한 것으로 밝혀져 유죄 판결을 받았다. 또 바사대학의 "어이 젠더야. 네 분수를 알렴"을 비롯한 낙서 공격 사건에서도 사실 낙서를 한 두 학생 중 하나가 트랜스젠더 활동가이자 이 대학의 편견사건대응팀 소속인 제너시스 허낸데즈Genesis Hernandez로 밝혀졌다.[3] 또 「로스앤젤레스 타임스」에서 "학생들에게 억압받는 사람들을 위한 목소리를 가르치는"[4] 사람으로 불리던 심리학자 케리 던Kerri Dunn 교수가 증오 발언에 관한 강의를 마친 후 주차장에서 자신의 차가 부서지고 긁힌 채 '유대인 창녀' '깜둥이한테 빠진 년' '쌍년' '닥쳐' 등의 말과 함께 반쯤 그리다 만 나치의 십자 표식이 낙서되어 있었다고 주장했지만[5] 결국 자작극으로 밝혀진 사건도 있었다. 이런 식의 과시적인 주작 사건은 좌파 진영에서만 발생하는 것이 아니다. 2008년에 공화당 선거 운동 자원봉사자 애슐리 토드Ashley Todd는 아프리카계 미국인이 자기를 때려서 쓰러트리고 얼굴에 버락 오바마의 'B'를 새겼다고 거짓 사건을 만들어냈다.[6] 비슷하게는 2007년에 프린스턴대학교의 학생 프랜시스코 나바Francisco Nava는 자신이 보수적인 앤스콤 학회Anscombe Society의 회원이라는 이유로 협박받고 폭행당해 의식을 잃었다고 거짓으로 꾸며냈다.[7]

▼▲▼

자작극을 벌이는 사람들은 조작과 날조로 그들의 게임이 세상에 관해 들려주는 단순한 도덕적 이야기를 재확인하면서 지위를 얻기 위한 그들의 기준이 진실이라고 확신한다. 그들은 TV와 신문, 강연장, 대학의 시위 현장에서 선봉에 선다. 그들의 이야기는 고난과 용기와 생존의 이야기다. 그들은 희생자의 처지를 딛고 분연히 일어나 영웅이 된다. 그들은 게임의 다른 참가자들도 괴물들에 맞서 함께 고결하게 저항하면서 그들도 스스로 영웅이 되었다고 자부하게 해준다.

그리고 적극적으로 앞에 나가서 적에게 전쟁을 선포할 용기와 야망을 품은 소수의 **전사**가 출현한다. 전사들은 남들보다 지위를 더 갈망하는 사람들이다. 전근대 사회에서 전사의 자세를 분석한 결과, 갈등의 강도와 전사에게 주어지는 지위 사이에 정적 상관관계가 나타났다.[8] 전사들은 포상을 받기 위해 전쟁에 나가고 싶어 한다. 포상에는 '지위 상승이나 존칭이나 특수 휘장'이 포함된다. 전사들은 또한 집단적 자아도취자일 가능성이 높다. 전사들은 그들의 게임이 우월하므로 마땅히 존중받아야 한다고 믿는다. 연구에서는 우리 집단에 대한 만족감과 자부심이 과대망상으로 발전하지만 않는다면 꼭

부정적인 것만은 아니고 오히려 관용의 미덕을 끌어올릴 수 있는 것으로 나타났다. 중요한 차이는 그것이 자아도취적 꿈이냐에 있다. 우리 게임은 특별하고 남다른 대접을 받아 마땅하다고 확신하는 태도다. 어느 신문에서는 "내집단의 우월성과 남들의 인정에 집착하는 집단적 자아도취자들은 그들의 집단이 충분히 인정받지 못한다는 신호에 유독 민감하게 반응해서 그 신호를 과장하고 모욕적이라고 받아들일 가능성이 크다"[9]라고 지적했다. 집단적 자아도취는 "내집단에 대한 과민성과 적대적 과잉 반응의 성향을 예측하는 특수하고 고유하고 체계적인 예측 요인"으로 밝혀졌다.

전사들은 게임에 강하게 동일시하면서 게임을 과도하게 신봉하고 개인적인 지위를 게임에 더 많이 투영할 가능성이 크다. 정치심리학자 릴리아나 메이슨 박사는 "집단의 지위가 위협받으면 그 집단과 강하게 동일시하는 개인은 집단의 지위를 지키기 위해 싸울 것"이라고 말한다. 예를 들어 어떤 심리학 연구에서 참가자들에게 영화「록키 4」를 보여주었다.[10] 참가자의 일부에게는 영화를 편집해서 미국인 영웅이 러시아인 전사 이반 드라고에게 패하는 줄거리로 보여주었다. 미국인에 가장 밀접하게 동일시하는 참가자들은 그들의 지위에 대한 '심각한 타격'에 괴로워하면서 "록키가 패하는 장면을 보고 자기에 대해 상당히 부정적인 감정"을 느꼈다. 다음으로 참가자들에게 경쟁자인 러시아인들에게 적대적인 의견을 표출할 기회를 주었다. 그러자 러시아인들을 "모욕적으로 판단하는 말을 한" 사람들은 상처받은 자존감이 회복되는 느낌을 받았다.

전사들, 곧 게임에 강하게 동일시하고 게임을 대신해서 자아도취감을 느끼는 사람들은 전쟁에서 얻은 지위에 도취되어 어디에서나 전쟁

을 벌이고 싶어 한다. 방어하기 위해서든 공격하기 위해서든 걸핏하면 적에게 싸움을 건다. 이런 지배-도덕 게임은 SNS에서 전사들이 공격과 수비와 승리의 게임을 하면서 그들과 그들의 집단을 위한 지위를 얻는 행동에서 두드러진다. 전사들의 트윗을 분석하여 그들의 전략을 살펴본 결과, 그들은 도덕적 표현과 도덕적 감정과 도덕적 분노를 더 많이 리트윗할 가능성이 큰 것으로 나타났다.[11] 중국의 SNS인 웨이보에서 7000만 개의 메시지를 분석한 결과, "SNS를 통해 가장 빠르고 가장 멀리까지 퍼져 가는" 정서는 분노였다.[12] 한편 트위터의 군중 행동 사건에 대한 연구에서는 조롱과 공격을 주도하는 계정의 팔로워 수가 그렇지 않은 계정보다 더 빠르게 늘어나는 것으로 나타났다.[13]

역사적으로 '사촌들'은 게임의 규준을 강화하는 역할을 하고, 전사들은 세상 밖으로 나가 게임을 위해 싸우며 경쟁 집단에게서 자원을 쟁탈하거나 침략자에게서 자기 집단을 지키는 역할을 한다. 하지만 현대 사회에서는 두 역할의 원형이 통합되는 예가 많다. 이론상으로는 '백신에 의문을 제기하는 위대한 어머니들'의 경우 사촌들이 페이스북 그룹 안에서 그들의 신념을 강화하는 사이 전사들은 지위를 얻기 위해 밖으로 나가 그들의 기준을 옹호하고 널리 전파해야 한다. 하지만 실제로 두 부류는 대개 같은 사람들이었다. 온라인 군중의 행동에 뛰어든 사람이 전사가 되어 사촌들의 명령을 수행하기도 한다. 그리고 누구나 이런 행동에 뛰어들 소질을 갖추었다. 이것은 우리의 유전자에 새겨져 있다. 경직된 상태라고 경고하는 신호는 게임의 신성한 신념과 그 신념을 수행하는 일에 완전히 집착하는 태도다. 전사들은 그들과 다르게 생각하거나 말하는 것은 불가능하다고 여기는 듯 보인다. 게다가 그들은 상징적 지위 게임을 하고 있기에 이런 '불가능' 상태를 유쾌하게 받아들인다. 말하자면 적극적인 믿음을 자신의 모든 생각과 발언과 표현으로 드러내어 지위라는 상을 받기 때문이다.

영국의 TV 스타 자밀라 자밀Jameela Jamil은 TV 출연이나 연기보다는 온라인 전쟁으로 더 높은 지위를 얻은 듯하다. 자밀은 신체 이미지와 정신건강의 연관성에 주목하면서 자신의 사진을 '보정'했다고 인정하지 않는 사람들은 '역겨운 범죄'를 저지르는 것이라고 주장했다.[14] 자밀은 미국 유명 연예인 카다시안 자매, 카디 비, 리아나, 마일리 사이러스, 니키 미나즈, 이기 어제일리어, 캐럴라인 캘러웨이, 비욘세나 영국 작가 J. K. 롤링 같은 유명인들을 공개적으로 비판했다. 2019년에는 캐럴라인 플랙이 진행하는 TV 성형수술 프로그램을 비판하면서 트위터에서 플랙과 살벌한 설전을 벌이기도 했다.[15] 이후 플랙은 자밀의 팔로워들에게 '온라인 공격'을 당했다. 그중 한 사람은 플랙에게 어떻게 "이런 유해하고 착취적인 프로그램을 아무렇지 않게 진행하고" 옹호할 수 있느냐고 물었다. 넉 달 후 사생활이 노골적으로 공개된 후 플랙이 자살하자 자밀은 이렇게 적었다. "언론과 장기간의 SNS 공격이, 그녀의 경우 **몇 달씩이나** 지속된 공격이 한 사람을 낭떠러지로 밀어버리는 것은 시간문제였다." 이후 한 기자가 플랙에게 사적으로 받은 메시지를 공개했다. "전 자밀과 싸우고 있어요. 그 여자가 절 증오해요."[16] 자밀은 이렇게 전쟁을 벌이면서 중요한 지위를 얻었다. 2019년에 자밀은 서식스 공작 부인 메건 마클이 선정하는 "변화를 위한 힘"의 열다섯 명의 여성에 들어 패션 잡지 「보그」의 표지를 장식했다. 자밀의 트위터 팔로워는 100만 명 이상이고 인스타그램 팔로워는 300만 명 이상이다.

반대편에도 당연히 전사들이 있다. 2020년 1월에 영국의 배우 로런스 폭스Laurence Fox는 BBC의 토론 프로그램 「질문 시간」Question Time에 출연해서 자신이 '인종차별주의자'로서 '백인 남성 특권'을 누린다는 주장을 논박해 헤드라인을 장식했다. 나중에 그는 1차 세계대전을 다룬 영화 「1917」에서 시크교도 용병을 등장시킨 것은 '강요된 다양성'이라고 비판했다가, 실제로 1차 세계대전에 시크교도 13만 명이 참전한 사실을 알고 사과했다.[17] 이후 그는 슈퍼마켓 체인인 세인즈버리가 '인종 분리와 차별'을 조장하는 '흑인 역사의 달'을 지지한다면서 불매 운동을 벌이려 했다. 「질문 시간」에 출연하기 전에 폭스의 트위터 팔로워는 5만 명에 조금 못 미쳤다. 2020년 말에는 팔로워가 25만 명을 넘었다.

자밀이나 폭스 같은 전사들은 실수하고 번복하고 수모를 당하면서도 엄청난 지위를 얻는다. 전사들은 게임의 엘리트다. 게임에서 눈에 띄는 참가자이자 게임에 가장 밀접하게 연결된 참가자로서 중요한 도덕적 지위를 생성할 방법을 찾는다. 전사들의 공격은 쉽게 분노에 휩쓸리고 야망은 크지만 지위는 낮은 참가자들이 열심히 소문을 퍼트리고 군중 행동에 동참한 덕에 가능하다. 한 연구에서는 SNS의 음모론과 '가짜 뉴스'를 비롯해 '적대적인 정치적 소문'을 퍼트릴 가능성이 가장 큰 부류는 주로 "지위에 집착하지만 사회적으로 소외된" 사람들이고, 이들의 행동은 "높은 지위를 향한 욕망이 좌절되면서" '급발진'하고 이들의 목표는 "대중을 선동해서 워낙에 반감을 많이 산 엘리트들을 공격하는 것"이라는 결과가 나왔다.[18]

이런 조건에서 만들어지는 현실에 대한 꿈은 야만적이고 히스테리적일 수 있다. 캐런 템플러가 겪은 군중 행동에서 보았듯이 게임의 도덕적 지위는 점점 더 극단적인 형태로 변형될 수 있다. 템플러는 인도 여행에 초대받고 마치 "화성행 우주선 좌석을 제안받은 것" 같다는 글을 올리고 군중의 표적이 되었다. 템플러를 비난하는 사람들의 병적으로 엄격한 꿈의 세계에서 이런 표현은 템플러가 인종차별주의자이자 식민주의자이자 백인우월주의자라는 증거였다. 연구자 저스틴 토시Justin Tosi 박사와 브랜던 웜키Brandon Warmke 박사는 지위를 갈망하는 사람들이 서로 앞서려고 싸우면서 게임의 도덕적 지위를 점점 경직된 자리로 밀어 넣으며 '강화하는' 과정을 이렇게 설명한다.[19] "일단 남들의 관점이 무엇인지(적어도 그들이 뭐라고 말하는지) 들으면 우리에게는 두 가지 선택지가 주어진다. 우리가 도덕적으로 평범하다는 점을 인정하고 우리의 세계관을 유지하거나, 아니면 우리의 세계관(혹은 적어도 세계관의 표현)을 조금 변형해서 우리가 집단에서 도덕적 모범이라는 지위를 계속 지키려 할 수 있다. 많은 사람이 두 번째 선택지를 선호한다." 이런 식으로 전사들이 늘어날 때 그들은 "올바른 도덕적 주장에 도달하려고 시도하지 않는다 … 그들을 움직이는 힘은 도덕적으로 가장 강렬한 인상을 심어주는 존재가 되고 싶은 욕구다."

게임이 경직될수록 게임의 꿈은 더 기묘해진다. 더 순수하고 더 엄격하며 더 극단적인 신념에 기반한 꿈이 된다. 그러면 우리 같은 평범한 참가자들은 어떻게 할까? 사촌들과 전사들에게 분노를 살 위험을 감수하면서 이 꿈에 의구심을 표현해야 할까? 아니면 그냥 묵묵히 고개를 숙이고 동조하는 척해야 할까? 앞에서 집단 동조에 관련한 솔로몬 아시의 유명한 '선 연구'를 보았다. 이 연구에서는 비교적 느슨한 실험 집단에서 참가자의 3분의 1이 눈에 보이는 명확한 증거를 부정하고 자신의 신념이 다수의 신념과 같다고 단언했다. 심리학자 로브 윌러Robb Willer 교수의 연구에서도 이와 유사한 역학 관계가 나왔다.[20] 참가자들은 와인 샘플을 시음하고 점수를 매겨서 자신이 선호하는 와인을 선택했다. 다만 샘플이 모두 같은 병에서 따른 같은 와인이라는 설명은 듣지 못했다. 그리고 모든 참가자는 여섯 명 중 다섯 번째 시음자가 되었다. 앞서 네 명의 시음자가 한 가지 샘플을 우수하다고 평가하는 모습을, 말하자면 참가자의 절반이 조금 넘는 사람이 합의하는 모습을 지켜본 터라 이들이 동조할 비율은 아시의 선 연구 실험보다 훨씬 높았다. 그러다 반전이 나왔다. 여섯 번째 참가자가 들어와서 모든 샘플의 맛이 똑같다고 진실을 말한 것이다. 이어서 진짜 참가자에게 다른 시음자들을 평가하게 했다. 누구의 미각이 더 좋다고 생각하는가? 거짓말한 처음 네 명인가? 아니면 진실을 말한 여섯 번째인가? 한 사람씩 따로 불러서 물어볼 때는 여섯 번째 시음자에게 높은 점수를 주었다. 하지만 공개적으로 물었을 때 그들은 거짓을 말하는 다수의 관점을 수용할 뿐 아니라 진실을 말하는 한 사람을 깎아내려서 여섯 번째 시음자를 처벌했다.

연구자들에 따르면 이런 행동은 위험할 수준으로 경직된 게임에서 예측할 수 있는 결과다. 일부 참가자는 집단의 꿈을 진심으로 믿고 그것에 흡수된다. 그렇지 않은 참가자도 있다. 이들은 사람들이 모여서 발생하는 광기를 감지한다. 그러나 사촌들의 위력을 예민하게 알아채고 그들의 꿈을 믿는 척한다. 이렇게 거짓으로 믿는 척하는 사람들은 계속 충실한 참가자인 것처럼 행동하지만 머릿속 은밀한 영역에서는 게임이 지어낸 이야기를 믿지 않는다. 경직된 집단은 비이성과 공격적인 순응으로 흘러가므로 이 집단은 대개 진실한 신자와 거짓 신자로 채워진다. 거짓 신자들은 적극적으로 믿는 척하여 충성심을 보여주면서 게임의 규칙을 강화한다. "진심을 보여주기" 위해서다. "다시 말해서 그들이 단순히 사회적 승인을 받으려고 순응하는 것이 아님을 보여주는 것이다. 왜냐하면 진정한 신자들에게는 단순히 순응만으로는 충분하지 않기 때문이다. 집단에서 인정받기 위해 가식적으로 순응할 수 있기 때문이다."

그러면 진실한 신자는 누구인가? 그리고 현실에 대한 집단의 꿈을 폭로할 숨은 일탈자는 누구인가? 게임이 경직될수록 참가자들은 "의심을 숨기기 위해 서로를 압박한다." 그러면 의심은 더 강해진다. 이 다음으로 게임은 사회학자 브래들리 캠벨Bradley Campbell 박사와 제이슨 매닝Jason Manning 박사가 '순수성의 악순환'이라고 부르는 단계에 진입할 수 있다.[21] 사람들은 "열성을 다해 서로를 앞서려고 노력하면서 게임의 핵심 도덕에서 조금이라도 벗어난 일탈 행위를 이유로 사람들을 비난하고 축출한다." 앞다투어 사람들을 비난하고 고발하면서 자기가 진실한 신자라는 것을 증명하려 하고 각자가 게임을 어떻게 생각하는지를 절실하게 보여주려 한다. 일탈자는 발각되면 수모를 당하거나 배척당하거나 심하게는 죽임을 당할 수 있다. 게임이 이 단계에 접어들면 **마녀사냥**이 시작된다.

▼▲▼

유럽의 마녀사냥은 15세기에서 17세기 사이에 가장 성행했다.[22] 험악한 기후로 작황이 실패하고 식량이 부족해지자 집단에 압박이 심해졌다. 역사가 피터 마셜Peter Marshall 교수는 이런 압박으로 인해 "사회적 순수성과 획일성에 대한 요구가 강해지고 일탈자 중 가장 비정상적인 사람들을 배척하는 조치로 이어졌다."[23] 기상학상의 사건으로 인해 사악한 꿈이 만들어졌다. 이 꿈은 초자연적 힘을 지닌, 게임의 '거짓 신자'들이 사람들 사이에 섞여 살면서 이상 기후를 일으켰다는 이야기를 들려주었다. 하지만 이 거짓 신자들이 부린 마법을 증명하기란 쉽지 않았다. 게임이 이런 상태까지 떨어지면 대체로 집행자들은 특수한 상황이므로 법적 보호를 예외적으로 느슨하게 풀어야 한다고 주장한다. 마녀 사냥꾼 앙리 보게Henri Boguet는 이렇게 말했다. "마법은 별개의 범죄다. … 이런 범죄에 대한 재판은 특별한 방식으로 진행되어야 한다. 일반적인 법과 일반적인 절차를 엄격하게 따를 수는 없다."[24] 프랑스 정치가 장 보댕Jean Bodin은 "악마를 가리키는 증거는 모호하고 난해해서 정상적인 법적 절차를 일일이 따르다 보면 백만 명의 마녀 중 한 명도 처벌하지 못할 것"이라고 주장했다. 마녀사냥이 절정에 이른 한 세기 반 동안 8만 명 이상이 재판을 받았고, 그중 절반 정도가 처형되었다.[25] 대다수가 빈곤층 여성이고 주로 과부들이었다.[26] 독일의 한 도시에서는 하루에 400명 정도가 살해당했다.

스페인 종교재판에서도 비슷한 상황이 펼쳐졌다. 1478년에 스페인 군주들은 원래 유대인이었다가 한동안 압박을 받은 뒤에 기독교로 개종한 사람들의 마음의 영토에 무슨 생각이 들어 있는지 알아내기 위해 특별한 법정을 열도록 승인했다.[27] 스페인의 종교재판소에서는 기독교로 개종한 유대인인 콘베르소converso가 남몰래 유대교의 신념과 관행을 따른다는 혐의를 심문하려 했다. 심문에서는 법적 보호 장치가 제거되었다. 원래 교회법에서는 익명으로 하는 공개 비난을 금지하지만 이때는 허용될 뿐 아니라 권장되기까지 했다.[28] 역사가 헨리 카멘Henry Kamen은 "종교재판소의 기록에는 이웃끼리 고발하고 친구끼리 고발하고 가족이 서로를 고발하는 사건이 넘쳐난다"고 쓴다. 그들 중 누군가는 순전히 사적인 탐욕에서 고발했다. 고발당한 콘베르소는 일터에서 쫓겨나고 재산도 몰수당했다. 어느 콘베르소는 이렇게 적었다. "성직자에게 붙잡혀 화형당한 사람들 다수가 단지 재산이 많다는 것 때문에 체포당하고 화형당했다." 또 어떤 콘베르소는 카스티야 지방에서 "1500명이 거짓 증언으로 화형당했다"고 적었다. 하지만 재판관들은 재판에서 '거짓 증언'이 극히 드물었다고 단언했다. 1172건의 재판을 기록한 공식 문서에는 단 8건만 위증죄로 결론이 났다. 유럽 다른 지역의 마녀 사냥꾼이나 1980년대 미국의 악마 사냥꾼이나 SNS 시대의 온라인 군중과 마찬가지로, 스페인 종교재판소는 일탈자를 찾아내면 상을 주는 게임에 뛰어들었고, **어디서나** 일탈자를 찾아냈다.

스페인 종교재판소의 지배-도덕 게임은 이렇게 보상을 받으며 세를 불렸고, 현실에 대한 이들의 꿈은 갈수록 음침해졌으며 사회병리적 복수심이 강해졌다. 콘베르소들은 가톨릭의 게임을 조금이라도 거스르는 사고방식을 지녔다는 이유로 고발당했다. 한 여자는 누군가 성모 마리아를 언급할 때 미소를 지었다는 이유로 고발당했고,

또 어떤 여자는 돼지고기를 먹지 않고 토요일에 침대보를 갈지 않는 다는 이유로 고발당했으며(끔찍한 고문이 이어졌다), 80대의 한 남자는 가톨릭 전통에서 고기를 먹지 않는 금요일에 베이컨을 먹은 죄로 재판소에 끌려 나왔다. 또 가톨릭 교리를 모르는 단순한 무지가 이단을 믿는다는 증거로 채택되었다. 혐의를 받는 사람을 둘러싼 분위기는 숨이 막힐 정도였다. 겁에 질린 콘베르소가 자수하기 시작했다. 곤살레스 루이스라는 남자는 카드 게임을 하다가 "하나님이 자네와 편을 먹어도 자넨 이 게임에서 이기지 못할 걸세"라고 말했다면서 종교재판소에 자수했다. 많은 사람이 '사회적 우리'의 공포에 사로잡혔다. 1538년에 한 콘베르소는 이렇게 적었다. "설교자들은 감히 설교하지 못하고 설교하더라도 논쟁거리를 건드리지 못하고, **이번 생에는 누구도 자기 안의 감시자 없이는 살지 못한다.**"

인생이 경직될 때 흔히 나타나는 현상이다. 강압적인 사촌들이 권력을 휘두르고 전사들이 싸우고 마녀들이 화형당하고 게임의 신경계 영역은 지배-도덕 연극의 초현실적이고 질식할 듯한 악몽으로 뒤덮인다. 순응과 순수에 대한 요구가 일어나고, 소문과 공포, 피해망상, 규탄이 터져 나오고, 법적 보호 장치를 느슨하게 풀어 달라는 요구가 빗발치고, 적에 대한 이중 잣대가 생기고 환상의 죄를 부당한 수단으로 처벌하고, 절망과 수치와 고통이 일어나고, 누군가의 삶은 유린당하고, 때로는 끝장이 나기도 한다. 물론 승자도 있다. 도덕의 모범으로서 자신의 지위를 확신하면서 높은 지위에서 승리감에 도취해서 활짝 웃는 자신만만한 전사들이다.

21 —

합리적인 광신도

종교는 도덕 게임을 제공한다

게임이 한동안 큰 위협을 받으면 결국에는 경직된 채로 수 세기가 흐르면서 그 흔적을 남긴다. 심리학자 미셸 겔팬드Michele Gelfand 교수는 전 세계에서 이런 흔적을 연구한다. 겔팬드는 질병이나 기근, 자연재해, 분쟁 같은 사건을 겪은 국가일수록 다른 느슨한 국가들보다 사회 규준이 더 엄격하고 관용이 적은 경직된 문화를 형성한다는 사실을 발견했다. "생태적, 역사적 위협에 맞서는 집단은 혼돈 앞에서 질서를 잡기 위해 최선을 다해야 한다. 그래서 위협이 강할수록 사회가 더 경직된다."[1]

경직된 문화─파키스탄, 독일, 말레이시아, 스위스, 인도, 싱가포르, 노르웨이, 튀르키예, 일본, 중국─에서는 사람들이 비슷하게 옷을 입고 비슷한 물건을 사고 자제력이 강한 편이다. 따라서 범죄와 알코올 남용과 비만 비율이 낮다. 이들 국가의 국민은 시간을 엄수하고 대중교통도 시간을 잘 지킨다. 스위스의 열차는 평균 97퍼센트 시간을 엄수하고, 2014년에 싱가포르에서는 1년간 30분 이상 연착한 열차가 14대에 불과했으며, 2013년에 일본의 신칸센은 평균 54초 연착했다. 경직된 국가에서는 공공장소의 시계도 시간이 정확히 맞는다.

경직된 문화에서 자란 사람들은 위계질서와 권위를 더 많이 존중한다. 경직된 사람들은 우스꽝스러워 보일 정도로 정확하고 올바른 도덕적 행동으로 지위를 얻을 가능성이 크다. 일주일에 일정한 시간을 '조용한' 시간으로 규정한 독일에서는 주민들이 이웃집 개가 짖는다고 신고를 했다. 법정에서 판사는 개에게 10분 간격으로 하루 30분 동안 짖도록 허락했다. 경직된 문화는 도덕적 순수성에 관심이 많아서 사형제를 유지할 가능성이 크고 외지인을 반길 가능성이 적고 지배적인 지도자를 선호할 가능성이 크다. 경직된 문화의 사람들은 그들의 게임에서 제시하는 광적이고 신성한 꿈을 더 잘 믿는다. 미국의 각 주에서 경직성-유연성을 분석한 결과, 경직된 주일수록 "종교를 믿는 사람의 비율이 월등히 높은" 것으로 나타났다. 그중에 캔자스와 미시시피와 사우스캐롤라이나에서는 성인의 약 80퍼센트가 종교를 믿었다.

물론 보편적으로 그렇다는 뜻이다. 싱가포르와 스위스의 모든 개인은 영국과 브라질의 모든 개인보다 순응적이다. 경직성-유연성의 2진법으로 나뉘는 것이 아니라 스펙트럼상에 분포한다. 하지만 누구나 불편할 정도로 게임이 경직되면 상황이 어떻게 되는지 다들 안다. 사회적 우리가 내려앉고 현실에 대한 꿈이 더 완벽히 결합하며 게임의 플레이어들은 서로에게 섞이면서 '단일한 정신'으로 뭉친다. 사람들은 점차 게임과 신성한 신념에 집착한다. 이들의 사촌들이 횡포를 부리면 우리는 그들이 '세뇌'되었다고 말하고 그들의 집단이

'종교' 혹은 '사이비 종교'cult 같다고 말한다.

사이비 종교는 가장 경직된 게임이다. 이들 집단은 신도들에게 관계와 지위를 주는 유일한 원천이 되어 권력을 유지한다. 사이비 집단에서 지위를 얻는다는 것은 그 집단의 신념 체계를 적극적으로 수용하고 그 신념 체계에 따라 생각하고 행동하면서 게임에 집착해서 신경계 영역 전체를 게임에 종속시킨다는 뜻이다. 진정한 사이비 종교의 신도에게는 하나의 정체성만 있을 뿐이다. 사이비 종교에 빠져드는 사람들은 인생의 게임에서 실패한 사람들이다. 소외되고 상처받고 궁핍한 사람들의 뇌는 자신에게 확신을 주는 것처럼 보이는 게임을 찾으려 한다. 이런 게임에서는 절대적이고 정확한 규칙을 따르면 관계와 지위를 얻을 수 있다.

▼▲▼

오랫동안 '인간 개인 변형'Human Individual Metamorphosis이라는 이름으로 알려진 미국의 사이비 종교 집단의 신도들에게도 해당하는 얘기다. 이 사이비 종교 집단의 지도자 보니 네틀스Bonnie Nettles와 그의 대리인 마셜 애플화이트Marshall Applewhite는 그들이 세운 규칙을 철저히 지키면서 졸업하면 존재의 '다음 단계', 곧 '인간을 넘어선 진화 단계'에 진입할 수 있다는 터무니없는 꿈을 설계했다. 이 꿈은 교육 기간을 마치면 선발되어 UFO를 타고 천국으로, "천국으로 갈 만한 영예를 얻는 사람들이 도달할 수 있는 실재"하는 곳으로 날아갈 거라는 이야기를 들려주었다.

네틀스와 애플화이트는 티Ti와 두Do를 포함해 여러 이름으로 불렸고, 그들 자신이나 제자들에게는 그야말로 하나님과 예수의 현현으로 군림했다. 두 사람은 성스러운 존재이자 살아 있는 상징이자 게임의 절대적 주인이었다. 하지만 1972년에 두 사람이 처음 만났을 때 그들은 평범한 인생의 게임에서 멀어진 처지였다. 두는 음악 교수였고 16년간 결혼 생활을 이어 갔지만 남자 제자와 성관계를 맺은 혐의로 결혼 생활과 교수 인생에 종지부를 찍었다. 티, 보니 네틀스의 딸은 어머니가 하늘을 쳐다보며 비행접시가 날아와 데려가주기를 기도했다고 회상한다. "우리 중에 누구도 우리가 이 세상에 속한다고 생각하지 않았습니다. 우리는 늘 외부에서 안을 들여다보았어요. 우리는 다른 무언가를 원했어요."[2]

네틀스와 애플화이트는 뉴에이지 관련 주제를 함께 가르치기 시작했고 자신들이 요한 계시록의 '두 증인'으로서 지위가 높은 사람들이라고 믿었다. 하나님이 "권세를 내려줄 테니" "성긴 베옷을 입고 1260일간 예언할" 거라고 한 두 사람 말이다. 티와 두는 전도를 시작했다. 그러자 추종자들이 모여들었다. 그중 다수가 티와 두처럼 세상의 게임과 단절된 사람들로 보였다. 어떤 사람은 "세상에서는 아무리 노력해도 소외감과 무력감, 무능감, 극단적인 불만족"만 느껴졌다고 고백했다.[3]

티와 두에게는 남들이 따르는 게임의 규칙은 중요하지 않았다. 종교학자 벤저민 젤러Benjamin Zeller 교수는 "이들은 자신들이 '두 증인'의 지위를 누리고 중요한 영적 사명을 받았으니 인간의 법은 어겨도 된다고 믿었다"라고 전한다.[4] 유일하게 효력이 있는 규칙은 그들이 만든 규칙이었다. 추종자들은 다음 차원으로 진입할 자격을 갖추기 위해 "문자 그대로 인간의 모든 사치와 욕구를 극복해야" 했다. 그리고 이런 변형의 과정이 "가장 어려운 과제"가 될 터였다. "모든 것을 잃어야 한다. 세상과의 모든 애착을 끊어야 한다." 신도들은 게임에 온전히 머무르며 지위를 얻기 위한 기준에 맞추기 위해 다른 모든 것을 버려야 했다. 직업과 배우자, 자녀, 재산, 심지어 이름까지 과거의 자신을 모두 버려야 한다. 모두가 여섯 개의 철자로 이루어지고 '-오디'ody로 끝나는 이름으로 개명했다.

1976년 남녀 88명은 와이오밍주 메디신 보 국유림의 외딴곳에 들어가 살면서 내세의 지위를 보장하는 확실한 길을 제시하는 게임에 참여했다. 규칙을 따르지 않으면 티와 두에게 용서받지 못했다. 그해 한 해에만 19명이 퇴출당했다. 이후 20년에 걸쳐 이 게임 안에서 그들만의 은밀한 언어가 발달했다. 가정은 '수공업', 침실은 '쉬는 방', 주방은 '영양 실험실', 세탁실은 '섬유 실험실', 욕실은 '목욕 방', 몸은 '수단', 브래지어는 '새총', 방귀는 '푸푸퍼스'였다. 수백 가지 규칙이 「절차의 서」에 기록되었다. 이 책은 다음 차원의 올바른 행동을 명시했다. 어떤 TV 프로그램을 볼지부터 목욕 시간, 양치질할 때 사용하는 치약의 양(칫솔의 4분의 1을 덮을 정도), 남자들의 면도 방법(위가 아니라 아래 방향으로), 스크램블드에그를 얼마나 익힐지(완전히 익히지만 타지는 않는 정도), 푸푸퍼스를 꾸어도 되는 장소(참았다가 목욕 방에서 배출할 것). 하루의 일과도 이와 비슷하게 세세하게 정해져 있었다. 가령 비타민은 19시 22분에 먹어야 한다는 식이었다. 소문과 '잡담'은 금지되고, 속삭임도 금지되었다. 고의로 절차를 어기면 '중범죄'로 여겨져서 추방당할 수 있었다.

신도들의 신경계 영역은 인간 개인 변형이 창조한 상상의 게임에 완전히 잠식당해야 했다. 이곳의 범죄는 이렇다. '호불호 가리기' '부적절한 호기심 품기' '개인적인 생각을 하기' '자신의 판단을 믿기' 혹은 '자신의 마음에 따르기' 등이다. 신도들은 마음속에 옳지 않은 생각이 일어나려 하면 '빈 카드를 들어' 마음을 올바른 곳으로 옮겨야 했다. 이 집단의 신도였던 스위요디는 이렇게 회고한다. "우리는 어떤 생각이 형체를 갖추기도 전에 어떤 종류의 생각인지 확인할 수 있었다. 먼저 생각의 출발점을 들어보고 그 생각의 언어가 머릿속에서 완성되지 못하도록 단칼에 잘랐다."[5] 그는 또한 티와 두에게 가르침을 받은 기억을 이렇게 떠올린다. "두 사람이 천막에 물방울무늬가 있다고 하면 그렇게 보이지 않아도 물방울무늬라고 믿고 싶어지고 그들이 보는 대로 보려고 영적 기운을 끌어올려야 했다." 그리고 감시 과제가 있었다. "각자가 클립보드를 하나씩 들고 반 친구들을 감시하라는 지시를 받았다. 친구들이 의문을 품거나 티와 두가 알고 싶어 할 만한 말이나 행동을 하거나 절차를 어기는 말이나 행동을 하면 클립보드에 적었다. 티와 두가 매일 기록을 확인했다." 절차를 어긴 사례는 정기적으로 열리는 '불이행 회의'에서 발표되었다. 사람들은 둥글게 둘러앉아 자신의 '불이행'을 공개적으로 고백했다. 남들이 어떻게 했으면 좋았을 거라고 제안하면 그들은 '고맙습니다'라고 말해야 했다. 이런 고백을 보고서로 작성해서 티와 두에게 보냈다.

스위요디에게 가장 고통스러운 규칙은 성 활동과 성적인 생각을 금지하는 규정이었다. 올바른 절차에 따르면 두 손을 허리 위에 두고 자야 했다. 야한 꿈을 꾸다가 '몽정'을 하면 그 용도로 마련된 수건으로 닦아야 했고, 수건에는 각자의 서명이 되어 있어서 티와 두에게 확인받아야 했다. 스위요디는 수치심으로 가끔 이 절차를 생략했다. 성적인 생각이 일어나면 '빈 카드'를 들고 생각이 커지기 전에 열심히 막아보았지만 불가능했다. "오랜 시간 몸과 마음의 순결을 지키면 민감한 시한폭탄이 되어 한 가지 생각에도 당장 발기할 수 있는 상태가 된다."

1987년에 해법이 나왔다. 두가 남자들을 모아 회의를 열었다. 두가 남자들에게 르보디라는 여신도가 고환적출술을 집도하는 외과의 밑에서 일한 적이 있다고 말했다. 르보디는 자신이 고환적출술을 할 수 있다고 말했다. 두는 남자들에게 거세를 명령하지는 않고 그저 가능성을 고민해보라고만 말했다. 마침 스위요디는 다른 신도인 스로디와 경쟁 관계에 있었다. "목표에 도달하는 데 스로디가 지닌 수단은 그가 아일랜드 혈통이고 빨간 머리라는 점이었다. 그리고 그는 모든 면에서 여우처럼 빨랐다." 스로디는 티와 두를 기쁘게 해주는 일에 늘 앞장섰다. "스로디와 경쟁한다는 생각이 들었다. 나는 두에게 내가 얼마나 간절히 거세를 원하는지 보여주기로 했다." 두가 스위요디에게 조금이라도 의구심이 드느냐고 묻자 그는 이렇게 답했다. "제 '수단'(몸)은 그걸 고대하지 않지만 저는 제 수단을 능가합니다."

하지만 문제가 생겼다. 스로디도 거세를 원한 것이다. 그들은 동전 던지기로 결정하기로 했다. 스위요디로서는 실망스럽게도 스로디가 이겼다. 르보디가 임시 수술실의 문 앞에 '멕시코'라고 적힌 팻말을 내걸었다. "그래야 문제가 생기면 멕시코에 가서 수술을 받았다고 솔직하게 말할 수 있었다." 스로디는 테이블에 올라갔다. 르보디가 그의 성기를 들어 음낭을 면도하고 국소 마취제를 주사했다. 그리고 메스를 들어 절개하고 음낭을 열었다. "나는 무릎에 힘이 풀려 기절할 것 같았다." 두가 스위요디를 부축하며 이렇게 말했다.

"이걸로 우리가 결속하지 못하면 무엇으로도 결속하지 못한다." 르보디는 음낭을 벌려서 수술 가위로 몇 군데 자르고는 양쪽 고환을 모두 꺼냈다. 그러나 수술 부위를 다 꿰매자 고환이 붓기 시작했다. "스로디의 음낭이 농구공만큼 부풀었다." 스위요디는 스로디를 병원으로 데려가 멕시코에서 수술받은 수도승이라고 말했다. 스로디는 다시 완벽히 나았다. 지나칠 정도로 완벽히. 스위요디는 질투심에 불탔다. "나는 그런 절차를 밟지 못해서 실망스러웠다."

이후 몇 달간 스위요디의 성욕은 전보다 더 폭발할 지경이 되었다. "마치 콘센트에 꽂혀 있는 느낌이었다. 내 몸을 만지지 않고도 오르가슴을 느끼고 몇 분 지나 또 느꼈다." 결국 그는 포기하고 다시 자위를 시작했다. "변하고 싶은 욕망도 없었다. 이제 다른 사람이 된 것 같았다." 1994년 9월, 게임에 충실하게 참여한 지 19년이 지난 후 스위요디는 지금은 '천국의 문'Heaven's Gate으로 알려진 사이비 종교 집단에서 나왔다. 그가 떠난 후 두는 자신을 포함해 남자 일곱 명을 더 거세하기로 했고 이번에는 진짜 멕시코에 가서 진짜 외과의에게 수술을 받게 했다.

스위요디가 떠난 그달에 두는 창고에서 회의를 소집했다. 이 집단의 수장이던 티는 1985년에 이미 암으로 세상을 떠난 터였다. 티의 죽음은 게임을 하며 살아가는 신도들의 꿈에는 심각한 도전이었다. 꿈이 말하는 이야기에 따르면 티와 두는 추종자들을 다음 단계로 실어 나를 UFO까지 그들을 직접 안내해야 했기 때문이다. 티의 죽음으로 두는 이야기를 수정해야 했다. 육신을 떠나서도 인간 다음의 단계로 올라갈 수 있는 것으로 바꾸기로 했다. 이제 죽으면 졸업할 수 있었다. 그래서 두는 신도들에게 이렇게 물었다. "우리가 스스로 선택해서 육신을 떠나야 한다면 어떨까요? 그러기로 동의하지 않으시겠습니까?"

　동의한 것은 한두 명이 아니었다. 1997년 3월에 두를 포함한 39명은 푸딩으로 쓴맛을 죽인, 진정제 섞은 보드카를 마시고 머리에 보자기를 뒤집어쓰고 자살했다. 그들은 세 집단으로 나뉘어 자살했고, 각 집단은 회색 셔츠와 짙은 색 운동복 바지와 검은색과 흰색의 나이키 디케이드 운동화를 신고 합의된 절차를 정확히 지켜서 비슷하게 자살했다. 어깨에 '천국의 문으로 떠나는 사람들'이라고 적힌 견장이 붙어 있었다. 이들의 집단 자살은 국제 뉴스가 되었다. 기자들은 현장을 방문해 신도들의 마지막 날들을 재구성하려 했다. 신도들은 다음 단계로 떠나기 일주일 전에 칼스배드의 마리 칼렌더 레스토랑에서 최후의 만찬을 한 것으로 밝혀졌다. 웨이터가 어리둥절한 표정으로 기자들에게 말했다. "다들 똑같은 메뉴를 시켰어요."[6]

▼▲▼

인간 삶에 대한 기존의 고찰로는 '천국의 문'을 제대로 설명할 수 없다. 굳이 설명하라고 하면 지극히 단순한 '교훈 만화'로나 그릴 수 있을 뿐이다. 이를테면 사이비 종교 집단의 신도들은 섹스나 돈에 혈안이 된 사악한 조종자들의 통제에 '세뇌'를 당했다는 식으로 설명하는 것이다. 물론 사이비 종교 집단에서 신도들이 충분히 순응하지 않거나 떠날 궁리를 하면서 그들의 '신성한' 신념을 능멸하면 폭력으로 단속하기도 하고, 또 일부 사이비 종교 지도자는 실제로 사타구니와 지갑에서 운영의 동기를 얻기도 한다. 하지만 어떤 사이비 종교도 신도들에게 결정적인 뭔가를 내놓지 않으면 결국에는 살아남지 못한다. 천국의 문 신도들은 세뇌를 당해서 그곳에 머물렀던 것이 아니다. 그들의 뇌는 인간의 뇌가 본능적으로 원하는 기능을 수행했을 뿐이다.

우리는 지위 게임의 기준이 될 만한 규칙과 상징을 찾으려 한다. 적합하고 올바르게 보이는 기준을 발견하면 그 안의 이야기가 아무리 난폭해 보여도 순순히 받아들인다. 악마 사냥꾼들도, 백신을 반대하는 어머니들도, 폰페이섬에서 참마를 기르는 남자들도, ISIS도, 온라인 군중도, 세계 각지에서 종교를 믿는 신자들도 마찬가지다. 천국의 문에서 13년간 함께 생활한 어느 신도는 연구자들에게 이렇게 말했다. "우리는 보호받았어요. 우리는 세상의 규칙을 좋아하지 않아서 우리만의 규칙을 만들었어요. 그곳은 유토피아였어요." 우리의 뇌는 "관계와 지위를 얻기 위해서는 어떤 사람이 되어야 하는지" 알고 싶어 한다. 티와 두는 정교한 지침을 내리고 정확히 어떤 사람으로 변형되어야 한다고 제시하는 환상의 꿈을 창조했다. 그래서 신자들은 그렇게 했다.

신도들이 제대로 순응하는지 사촌들이 나서서 감시할 필요는 거의 없었다. 신도들의 마음속에 이미 사촌들이 살고 있었다. 스위요디는 이렇게 강조했다. "나는 티와 두의 프로그램 안에서 살고 싶고 그들의 모든 규칙을 따르고 싶었다. (순응하지 않는다는 것은) 나사 우주인이 되고 싶으면서도 이런저런 절차를 따를 필요가 없다고 생각하는 것과 같았다." 신도들은 '불이행 회의'에서 자신의 불이행을 고백할 만큼 열성적이었다. 한 신도는 이렇게 적었다. "우리는 교리 시간에 우리가 사이비 중 사이비라고 농담하곤 했다. 우리는 프로그램에 의해 조종당하거나 세뇌당해서 여기에 온 것이 아니다. 오히려 세뇌해 달라고 간청하러 온 것이다." 39명은 스스로 죽음을 선택했다. 사회학자 로버트 볼치Robert Balch 박사와 데이비드 테일러David Taylor 교수는 이들의 죽음은 "외부의 위협이나 강압에 의한 것이 아니라 신중히 내린 결정이었다"라고 전한다. "신도들이 기꺼이, 심지어 열성적으로 죽음에 이른 이유는 자살이 (그들의) 신념 체계 안에서 합리적 결정이었기 때문이다."[7] 그것은 죽음이 아니라 승리였다. 신도들이 인간 위의 다음 단계로 올라가는 과정에서 얻은 영광스러운 지위였다.

천국의 문 신도들이 사망하고 두 달쯤 지나서 한때 그곳의 신도였던 사람이 그들을 뒤따라갔다. 그보디라는 이름의 신도는 천국의 문에서 나간 후 다음 단계로의 출발을 놓친 것을 한탄하면서 스스로 목숨을 끊었다. 그는 그 집단을 떠나고 얼마 후인 1995년에 천국의 문에서 지낸 시간에 대해 담담히 이렇게 적었다. "어쨌든 그들은 내 가족이었다. 나는 그들을 끔찍이 사랑했다. 우리는 끈끈한 집단이었다."[8]

22 —

히틀러의 지위 게임
정치가 시민을 굴복시키는 법

성공적인 게임은 지위를 생성하는 장치다. 게임에 참가한 사람들을 위해서만이 아니라 게임 그 자체를 위해 지위를 생성할 때 그 게임은 성공한다. 전쟁 시대든 평화 시대든, 경직된 시대든 유연한 시대든 마찬가지다. 나아가 정치든, 사이비 종교든, 갱단이든, 지위의 금맥을 찾아 나서는 골드러시 운동이든, 기업이든, 종교든, 스포츠팀이든, 종교재판이든, 군중이든, 상상할 수 있는 모든 게임에서 마찬가지다. 앞서 보았듯 인간에게는 지위가 **필요**하다. 그래서 게임에서 지위를 얻으려 한다. 중요한 게임을 이끄는 지위 높은 사람들이 눈부신 스포트라이트를 받으며 히스테리 상태의 군중에게 환호받고 전 세계 매체에서 가십으로 다뤄지고 수행단을 거느리고 다니면, 아닌 게 아니라 전능한 존재로 보일 수 있다. 하지만 모두 우리를 현혹하는 이미지일 뿐이다. 책임자는 궁극적으로 이런 사람들의 아랫사람들이다.

지도자들은 아래에 있는 사람들에게 왕관을 빌렸을 뿐이다. 공식적으로 높은 지위를 지키고 거대한 책상 뒤에 느긋하게 앉으려면 사람들의 마음에서 진정한 지위를 얻어야 한다. 말하자면 집단을 위해 지위를 창출하는 힘겨운 임무를 제대로 수행하고 그렇게 생성한 지위를 위계질서의 위아래로 적절히 분배해서 모두가 규칙을 준수하게 해야 한다. 여기서 지위는 직위나 돈, 훈장, 기밀, 천국이나 인간 위의 단계로 올라가는 사다리, 혹은 단순한 감사의 형태를 띨 수 있다. 독재자도 구성원들을 기쁘게 해주어야 하고, 특히 독재가 오래 존속되려면 적절한 보상을 기대하는 군부 엘리트들을 충분히 만족시켜야 한다. 한 명을 제외하고 나머지 모두가 절망과 무력감에 빠진다면 어떤 게임도—사이비 종교 집단이라도—살아남을 수 없다.

전설의 전략가 니콜로 마키아벨리도 이런 측면을 간파했다. 마키아벨리는 성공한 군주는 "재능을 존중하는 모습을 보여주면서 유능한 인재를 적극적으로 격려하고 각자의 역할을 뛰어나게 잘하는 사람에게 명예를 주어라"라고 조언했다. 물론 이렇게 후한 베풂은 엘리트층에 속하는 모두에게 골고루 돌아가야 한다. 더욱 교묘하게도 마키아벨리는 의무를 다할 때 군주에게 상을 받을 수 있다는 믿음을 확고하게 심어주라고 조언했다. "현명한 군주는 신민이 모든 상황에서 군주에게, 그리고 군주의 권위에 의존하게 할 방법을 찾아야 한다. 그러면 신민은 언제나 군주에게 충성할 것이다."

수 세기가 지난 후 마키아벨리가 말한 몇 가지 개념이 진실로 밝혀졌다. 한 연구에서는 성공적인 기관은 "가장 유능한 직원에게 높은 지위를 주어 그가 조직을 떠나지 않게" 한다고 밝혔다.[1] 직원들은 지위로 보상을 받으면 그가 속한 조직에 더 많이 동일시하고 더 헌신하고 조직을 더 긍정적으로 바라본다. 사회학자 서실리아 리지웨이 교수는 지위 체계가 이런 식으로, 말하자면 구성원이 "집단적 노력에 대한 가치를 인정받으면 그 대가로" 그에게 존중과 영향력을 보상해주는 식으로 작동한다는 "확실한 증거"가 있다고 주장한다.[2] 우리는 우리 게임이 승리하게 해주는 사람들에게 보상한다. 그들의 지위를 올려준다. 그들이 충분히 쓸모 있는 사람이라고 증명하면 한동안 그들이 우리를 이끌게 하기도 한다.

성공한 지도자는 똑같이 거부하기 어려운 이야기를 사람들에게 들려준다. "우리는 더 높은 지위를 누릴 자격이 있고 내가 이끄는 대로 잘만 따라오면 그런 지위에 오르게 될 것"이라는 이야기다. 미국의 45대 대통령 도널드 트럼프는 "미국을 다시 위대하게" 만들겠다고 약속하면서 이와 같은 맥락의 이야기를 들려주었다. 그리고 바로 전 대통령인 버락 오바마는 '희망'을 실현할 방법을 찾겠다면서 역시나 같은 이야기를 들려주었다. ISIS 테러 조직은 SNS라는 가공할 만한 장치를 이용해서 적에게 공포를 심어주는 한편, 그들 자신을 위해서는 전혀 다른 환상을 만들었다. ISIS의 「다비크」Dabiq라는 기관지를 분석한 연구에서는 이 잡지의 사진 중 5퍼센트만 폭력을 묘사했고, 압도적 다수가 '이상적인 칼리프 국가'에서의 영광스러운 미래를 담은 이미지였다.[3]

행복한 결말로 가는 이야기는 경쟁자의 위협이 도사릴 때 더 유혹적으로 보인다. 게임의 지위가 적의 위협으로 위태로워질 때 구성원들은 게임을 지지하기 위한 전투에 뛰어들고 열성적으로 싸울 만한 사람을 지도자로 내세울 가능성이 크다. 연구에서는 **경쟁적 분노가 승리를 향한 낙관적인 열정과 결합할 때 구성원에게 더 큰 동기를 불**

어넣는 것으로 나타났다.[4] 정치심리학자 릴리아나 메이슨 박사에 따르면 사람들은 분노하거나 열광하게 만드는 정치적 메시지를 읽으면 "링에 올라가고 싶어 한다." 말하자면, "사람들은 관여하고 싶어 한다." 다른 경쟁 게임으로부터 위협을 받으면 다른 게임에 대해 편견에 찬 악의적 서사를 더 많이 이야기한다. "사회 집단에 대한 위협이 없으면 구성원이 외집단을 폄훼할 가능성이 적고 자기 집단의 지위를 높이려는 동기도 떨어진다."

아돌프 히틀러를 싫어하든 혐오하든, 어쨌든 그는 현대사에서 가장 성공한 지도자 중 한 사람이다. 역사가 이언 커쇼Ian Kershaw는 이렇게 말한다. "20세기의 정치 지도자 중 누구도 권력을 잡은 후 10여 년 동안의 히틀러만큼 국민에게 인기를 끈 인물도 없었다."[5] 사람들은 2차 세계대전이 종식된 후 어떻게 그렇게 비이성적이고 악랄한 세력이 독일처럼 발전한 국가에서 그렇게 광적으로 부상할 수 있었는지 의아해한다. 다시 말하지만 인간 본성에 대한 우리의 기본 전제와 상충하는 현상이기 때문이다. 어떻게 그렇게 교양 있고 영리한 민족이 폭력적인 반유대주의자를 지도자로 선출할 수 있었을까? 그리고 수천 명이 광장에 모여 그가 신이라도 되는 양 광적으로 환호할 수 있었을까? 하지만 지위 게임의 관점에서는 나치의 부상을 설명할 수 있다.

앞서 우리는 세 명의 다중 살인자를 만났다. 엘리엇 로저, 에드 켐퍼, 테드 카친스키. 이들은 모두 과대망상에 사로잡혀 자기가 높은 지위에 오를 자격이 있다고 확신했지만 오랜 세월 심각한 모멸감에 시달렸다. 앞서 보았듯이 모멸감은 궁극적인 심리적 비하다. "자아를 소멸시키고" 주요 우울장애와 자살 기도, 정신증, 극단적 분노, 심각한 불안을 일으킬 수 있는 "정서의 핵폭탄"이다. 마찬가지로 잃어버린 지위를 폭력으로 되찾으려는 명예 살인의 가해자들도 행동의 근원에 모멸감이 있던 것으로 보인다. **전쟁 전 독일에서 바로 이런 감정이 포착된다. 국가 차원의 총체적 모멸감.**

1차 세계대전이 발발하기 전 독일은 유럽에서 가장 부유하고 발전한 국가였다.[6] 역사가 리처드 에반스Richard Evans 교수는 독일은 "자본주의 기업이 조직의 규모와 수준 면에서 전례 없는 성장을 이뤘다"라고 적는다. 독일은 유럽 대륙의 철강 생산량의 3분의 2, 석탄 생산량의 절반, 전력은 이탈리아와 프랑스와 영국의 생산량을 총합한 양보다 20퍼센트나 더 많이 생산했다. 독일의 여러 주요 산업(화학, 제약, 전기)이 세계를 이끌었고, 지멘스Siemens, 아에게AEG, 바스프BASF, 회흐스트Hoechst, 크룹스Krupps, 티센Thyssen을 비롯한 독일 기업들은 제품의 품질이 좋기로 정평이 나 있었다. 독일의 농부들도 크게 성공해서 전 세계 감자의 3분의 1을 재배했다. 20세기에 접어들면서 생활 수준도 급격히 향상되었다. 전쟁이 발발하자 국민들 사이에서는 이렇게 우수한 독일인이 단번에 승리할 거라는 가정이 퍼져 나갔고, 이 가정은 동부전선에서 대승을 거두고 폴란드를 손쉽게 점령하면서 더욱 확고해졌다. 그러다 전쟁에 패하고 독일은 갑작스럽고 충격적으로 패배를 선언하면서도 베르사유 조약의 강화 조건이 공정하게 조율될 것으로 기대했다.

하지만 실상은 달랐다. 에반스는 이렇게 적는다. "독일에서는 아무도 아무런 대비를 하지 못한 채 강화 조약에 강제로 합의해야 했다." 독일은 전쟁을 일으킨 죄와 그 결과에 대해 "단독 책임"을 진다는 조항을 받아들여야 했다. 유럽의 방대한 지역을 양도하고, 다른 대륙의 식민지를 포기하고, 잠수함을 포함하여 막대한 군사 장비를 이양하고, 소총 600만 정, 항공기 1만5000기 이상과 기관총 13만 정 이상을 폐기하고, 전함 6척만 소유하고 공군은 유지할 수 없는 등 향후 군사 활동에 대한 엄격한 제약을 따라야 했고, 현재 가치로 3000억 파운드에 달하는 배상금을 지급하고, 석탄 2400만 톤을 포함하여 방대한 전리품을 헌납해야 했다. 그리고 독일에 대한 파괴적인 경제 봉쇄가 이어졌다. "이런 조항은 거의 모든 독일 국민에게 국가에 대한 부당한 능멸로 받아들여졌다."

하지만 여기서 끝나지 않았다. 독일은 다른 모든 국가의 전쟁 비용을 충당해야 할 뿐 아니라 그들 자신의 비용도 치러야 했다. 사실 독일 정부는 새로 병합한 산업 지역의 배상금과 부가 외부가 아니라 내부로 흐를 거라고 기대하고 현금을 마구 찍어서 사용한 터였다. 그러다 전쟁에서 패하자 초인플레이션이 황당할 만큼 심각해졌다. 물건 가격이 무서운 속도로 치솟아서 상점 주인은 칠판에 수시로 가격을 적어야 했다. 어느 신문 기사에 따르면 오전 10시에 500만 마르크던 축음기가 다섯 시간 지나서 1200만 마르크로 치솟았다. 카페에서 주문할 때는 5000마르크였던 커피가 다 마시고 나면 8000마르크로 올라가 있었다. 1922년 8월에는 미국 화폐 1달러가 약 1000마르크였는데, 1923년 12월에는 1달러가 4조2000억 마르크가 되었다. 노동자들은 급료를 손수레에 담아 가져갔다. 이런 국가적 모멸감은 더 큰 모멸감을 촉발했다. 독일이 배상금으로 낼 금과 석탄을 제때 지급하지 못하자 프랑스와 벨기에가 독일 소유의 주요 산업 지역인 루르를 점령해서 배상금을 받아내려 한 것이다.

어떻게 이런 일이 일어날 수 있었을까? 에반스는 이렇게 쓴다. "격분과 불신의 정서가 독일 중상류층을 휩쓸면서 거의 보편적인 정서로 퍼져 나갔다. 독일은 강대국의 서열에서 가혹하게 축출당하고 독일의 입장에서는 부당해 보이는 수모를 당했다." 독일은 우월했고, 독일인들은 그렇게 믿었다. 독일인들은 위계가 무너진 현실을 보면서 그들의 패배는 막강하고 사악한 세력에 의해 조작당한 결과라고 말해주는 자기중심적인 이야기를 지어냈다. 특히 군사 지도자들은 독일이 일탈자들의 "은밀하게 계획된 선동 작전"에 희생된 것이라고 주장하기 시작했다. 소문과 비난과 도덕적 분노의 시간이었다. 독일의 국가 문화는 1차 세계대전이 발발하며 경직되었고, 이후 위태롭고 수치스러운 시기에도 다시 느슨해지지 않았다. "독일은 계속 전시 체제에서 그들 자신과 전쟁하고 세계와 전쟁하는 사이 베르사유 조약의 충격으로 정치권의 모든 세력을 통합했다. 이들은 베르사유 조약의 핵심 조항을 폐기하고 빼앗긴 영토를 되찾고 배상금 지급을 중단하고 중부 유럽의 지배 세력으로서 독일의 위상을 재건하자는 암울한 결의로 뭉쳤다."

초인플레이션이 잡힌 후 대공황이 터졌다. 1932년에는 약 1300만 명이 실직자 가정에 속한다는 보도가 나왔다. 그러자 더 많은 사람이 자본주의에 환멸을 느끼고 공산당에 가입했다. 러시아에서 혁명이 일어난 뒤로 공산당원들은 진정으로 두렵고 위협적인 존재가 되었고, 특히 기업가와 중산층은 동유럽에서 그들과 같은 계층이 약탈당하고 고문당하고 살해당하고 실종되는 사태를 지켜본 터라 더 큰 위협을 느꼈다. 마침 반유대주의가 유럽 전역에 일상적으로 퍼졌다. **독일인들은 일탈자를 사냥하면서 대공황과 공산주의의 위험성과 1차 세계대전 이후의 부당한 상실과 그로 인한 모멸감의 책임을 유대인에**

게 돌리는 편리한 망상을 받아들였다.

당시 독일제국에서 활동하는 유대인은 약 60만 명이었다. 이들은 대개 지위가 높은 집단으로 더 높이 올라가려 했다. 경제적으로나 문화적으로 성공해서 금융업과 소매업에서 유명한 집안도 있고, 예술, 의학, 법학, 과학, 언론계의 전체 엘리트 게임에서 명망 있는 유대인도 있었다. 유대인을 향한 강렬한 반감이 끓어올랐고, 독일이 '유대인-볼셰비키 음모°'의 희생양이라는 이야기는 유전에 관한 새로운 과학 이론이 되었다. 이것은 독일의 발전을 위해 국가의 유전자 풀에서 원치 않는 특질을 어떻게 제거할지에 관한 이론이었다. 독일은 이미 콜레라와 결핵을 비롯한 각종 질병의 원인을 밝혀내면서 위생 문제에 관심을 끌어올리는 방면으로 중요한 지위를 확보한 터였다. 이런 개념들이 결합하면서 독일은 '인종 위생'racial hygiene에 위험하게 집착했다. 이는 더욱이 극우파만의 생각이 아니었다.

하지만 수많은 독일인이 자신들이 느낀 모멸감의 책임을 유대인에게 돌리기는 했지만 유대인에게 가혹한 조치를 가하는 데 지지한 사람은 거의 없었다.[7] 독일인들은 국가 질서와 국민 통합과 독일의 지위를 회복하기 위한 영광의 길에 훨씬 관심이 많았다. 에반스에 따르면 "1920년대에서 1930년대 초에 보통의 정당 활동가들 사이에 나치 이념에서 가장 중시하는 측면은 사회 연대─모든 독일인의 유기체적 인종 공동체 개념─를 강조한 부분이었고, 그로부터 얼마간

° 유대인들이 1917년 러시아 혁명을 일으킨 핵심 세력이라고 주장하는 반유대주의적 음모론을 말한다.

지나서야 극단적 민족주의와 히틀러를 추종하는 사이비 집단이 나타났다. 반유대주의는 아직 소수에게만 중요한 개념이고 대다수에게는 부차적인 개념이었다."[8] 히틀러는 이를 간파하고 공식적으로는 반유대주의에서 한 발 물러섰다. 사실 1922년 이전에는 유대인에 대해 줄기차게 떠들어댔지만 이후 1930년대의 연설에서는 '유대인 문제'를 비교적 드물게 꺼냈다.[9] 반유대주의 폭력 사태를 두고 다수의 독일 국민은 과격한 극단주의자들이 과도한 열정으로 저지르는 불행한 사태지만, 그런 폭발이 이해는 된다는 정도로 생각했다.[10]

인종 혐오보다 훨씬 더 효과적으로 사람들을 결집시킬 방법은 미래의 지위를 약속하는 것이었다. 히틀러의 정당은 젊고 진보적으로 사고하는 정당, 독일의 정당한 지위를 되찾는 데 필요한 힘과 조직과 열정을 갖춘 정당으로 자리매김했다.[11] 히틀러는 수많은 유권자에게 거부하지 못할 환상적인 꿈을 제시했다. 독일인은 우수한 엘리트인 아리안족 혈통이고 "명석한 머리에서 항상 신성한 천재성의 불꽃이 번쩍이는 인류의 프로메테우스"[12]라는 꿈이었다. 히틀러가 지위 게임에 관해 들려준 이 이야기에서는 계급이 아니라 인종이 중요했다. "계급 같은 것은 없다. 있을 수가 없다. 계급은 카스트를 의미하고, 카스트는 인종을 의미한다."[13] 히틀러는 독일인들이 "20세기 최악의 극악무도한 행위"의 희생양이 되었고 전쟁에서 패했다는 소식에 "눈앞의 모든 것이 암흑으로 변했다"라고 말하고는 울었다.[14] 그러나 독일인이 모여서 하나의 민족이 될 때 이 모멸감의 시대가 종식될 거라고 말했다. 그리고 그가 이끄는 대로 더 높이 올라가서 영광스러운 천년 아리안족 왕국, 곧 제3 제국을 함께 건설하자고 제안했다.

"마침내 민족 부활을 위한 현실적인 제안이 나왔다!" 1929년에 열여덟 살이던 한 지지자가 한 말이다. "정당을 없애라! 계급을 허물어라! 진정한 국가 공동체를 이룩하자! 이것은 내가 아무런 조건 없이 헌신할 수 있는 목표였다." 1933년 3월 5일에 히틀러의 정당은 50퍼센트에 못 미치는 득표율을 올리기는 했지만 어쨌든 선거에서 승리했다. 나치는 곧 그들의 게임의 규칙과 상징을 독일 전체로 퍼트리기 시작했다. 나치의 선전장관 요제프 괴벨스는 독일이 "한 몸으로 생각하고 한 몸으로 반응하며 제국 정부에 진심으로 봉사해야 한다"라고 선언했다. 3월 21일에 부당관행법Malicious Practices Act이 도입되었다. 이 법에 따르면 "국가를 생각하는 모든" 국민은 누구든 "제국 정부를 모욕하거나 국가 혁명을 비하하는" 사람을 당국에 신고해야 했다.

괴벨스는 선거가 끝나고 단 3주 만에 라디오 방송국에 불순분자들을 '숙청'하라고 통보했다. 악질분자를 정리하지 못하면 방송국이 정리당했다. 나치 이념의 적과 유대인을 중요한 자리에서 제거하는 작업이 계속되었다. 머릿속에 '그릇된' 생각이 가득 찬 대학 교수와 화가, 작가, 기자, 과학자가 해고당했고, 그중에는 알베르트 아인슈타인과 에르빈 슈뢰딩거를 비롯해 노벨상을 이미 받았거나 나중에 받게 될 학자 20명도 포함되었다. 나치의 게임은 사이비 종교 집단 '천국의 문'만큼이나 극단적으로 경직되었다. 이 게임에 뛰어든 사람들은 나치의 지위를 얻거나 얻지 못하거나 둘 중 하나였다. 사촌과 전사들이 활개를 쳤다. 스페인 종교재판이 한창이던 경직된 시대처럼 주로 사적인 불만에서 비난의 물결이 일기 시작했고, 결국에는 사회 전반에 "협박하거나 누가 엿들을까 경계하는 분위기"가 팽배했다. 선거 이튿날부터 공산당이 공식적으로 금지되었다.[15] 그해 말에는 적어도 수만 명에 이르는 공산당원이 투옥당하거나 처형당했다. 공산당원들이 혁명을 일으킬 거라고 예상하고 시작된 대대적이고 폭압적이고 잔혹한 공격이었다. 얼마 후 다른 정당도 모두 금지되었다. 모든 공무원에게 '하일 히틀러' 경례법을 의무로 하는 법령이 제정되었고, "불순분자로 의심을 받지 않으려고 모두가 의식적으로 히틀러 경례법을 따랐다."[16]

사실 독일 국민의 절반이 넘는 수백만 명은 히틀러나 나치당에 투표하지 않았다. 독재자의 시대가 그렇듯이 진심으로 믿는 자와 거짓으로 믿는 척하는 자—당시 청소년이던 한 사람은 교사가 "승진하고 싶으면 진심이든 아니든 그가 얼마나 훌륭한 나치인지 보여주어야 했다"고 말했다—, 무관심층과 저항 세력으로 국가가 분열되었다. 나치 정권 심장부의 열혈 수뇌부는 단순히 강압적인 지배 전략만으로는 방황하는 사람들을 끌어들이지 못한다는 것을 알았다. 괴벨스는 정권을 잡고 첫 언론 연설에서 이렇게 말했다. "혁명을 일으키는 데는 두 가지 길이 있습니다. 우선 기관총을 잡은 쪽이 우위에 있다는 사실을 적이 제대로 알아먹을 때까지 총을 발사할 수 있습니다. 이게 한 방법입니다. 혹은 영혼의 혁명으로 국가를 변화시켜서 적을 궤멸시키는 대신 우리 편으로 끌어들일 수 있습니다."[17] 그래서 나치는 두 가지 전략을 모두 써먹었다.

게임을 사회 전반으로 퍼트리면 그 게임을 이루는 작은 게임들이 통제된다. 말하자면 관료 사회, 지역 사회, 언론과 클럽, 그 외의 다양한 사람들이 규칙에 따라 지위를 얻는 모든 영역이 통제되는 것이다. 대학은 이미 나치로 넘어갔다. "교수 대다수"가 "강력한 국가주의자"[18]이자 반유대주의자였기 때문이다. 에반스에 따르면 순순히 따르지 않는 저명한 교수들은 쫓겨나고 "나치이고 나치 학생 조직의 지지를 받는 자격만 갖춘 평범한 인물들"이 그 자리를 차지했다. 이런 교수들이 다시 "인종주의와 반유대주의와 독일의 우수성을 당연시하는 엘리트" 학생들을 길러냈다. 그리고 야심 찬 학생 전사들이 "마음에 들지 않는 교수들을 공격하는 광고를 지역 신문에 내고, 여럿이 뭉쳐서 강의를 방해하고, 돌격대원들을 이끌고 가택 수색과 불시 습격을 주도했다." 1933년 5월에 학생 전사들은 여러 대학에서 "독일답지 않은 정신에 반대하는 행동"을 조직하며 도서관에서 정치적으로 올바르지 않은 책을 꺼내서 쌓아놓고 불태웠다.

그러나 대학만으로 충분하지 않았다. 나치의 규칙과 상징은 가능한 모든 게임을 식민지화해서 지위를 얻기 위한 낡은 기준을 새로운 기준으로 바꿔야 했다. 1933년 말까지 나치 청소년 조직인 히틀러 유겐트는 청소년들 200만 명 이상을 모집했다. 1935년에는 유겐트 회원이 두 배로 증가했고, 1939년에는 10세 이상 아동은 의무적으로 가입해야 했다. 나치는 거대한 사회 복지 행정 조직을 인종의 순수성을 신봉하는 전문가들로 채웠고, 이런 신념은 의료계, 경찰, 교도소와 같은 강력한 관료 조직으로 퍼져 나갔다.[19] 모든 마을과 소도시와 대도시의 수의 집단들이 나치화되었고, 나치당에서도 지역 기반의 게임을 만들어 모든 지역 조직을 "충실하고 열정적이면서 교육을 많이 받고 행정 능력이 뛰어난 공무원으로 채웠다." 나치 여성 조직이 창설되고 공무원과 농부와 상이용사를 위한 특별 조직도 만들어지고 "선거구를 대상으로 그 지역에 맞는 선전 전략"을 시도했다. 나치당은 하위 게임마다 그 가치관에 맞춰 메시지를 조율했다.[20] 이를테면 지방 노동자를 위한 히틀러, 사상가를 위한 히틀러, 참전용사를 위한 히틀러, 사업가를 위한 히틀러, 여성을 위한 히틀러가 만들어졌다. 역사가이자 마케팅 연구자인 니컬러스 오쇼너시Nicholas O'Shaughnessy 교수는 "나치는 모두에게 뭔가를 제공"했다고 전한다. '사타닉 패닉'의 '골드러시'처럼 집단마다 저마다의 지위 게임을 해나가며 나치 연극의 규칙과 상징을 신속히 전파하는 매개체가 되었다.

이제 나치의 게임은 대다수 독일인에게 중요한 지위를 제공하는 유일한 원천이 되었다. 히틀러가 총리가 되고 몇 달 사이 당원이 세 배로 증가해서 250만 명이 되었고, 당원이 되려는 사람이 많아서 가입 절차를 일시 중단한다고 발표할 정도였다. 1939년에 "모든 독일인의 적어도 절반이나 3분의 2"가 나치 조직에 속했다.[21] "나치 조직원 신분은 사회생활에서 위로 올라가는 계층 이동의 열쇠였다. 나치당은 촘촘한 조직망을 기반으로 고위급 공무원과 약 200만 개의 명망 있는 자원봉사직을 창출했다." 개인들이 게임에 참여해서 게임이 주는 보상을 누리기 시작하면 이것이 게임의 정체성이 된다. 이제 그들은 게임에 의존하고 게임을 옹호하고 게임을 전도한다. 그래서 게임이 스스로 강화되는 사이 각 개인은 이제 자신의 지위를 다지기 위한 실질적이고 진실한 게임이 필요해진다. 이제 강압적인 사촌들이 활개를 친다. 골드러시 열풍이 거세지면서 게임은 새로운 참가자들을 끌어들인다. 그 사람들은 나날이 더 빛나는 보상에 이끌려 게임에 빠져든다. 이처럼 게임의 힘이 막강해지는 사이 지위는 더 많아지고 위대해진다. 게임이 더 커지고 강력해진다.

이 모든 과정에는 결정적인 경고 신호가 있다. 강압적인 사촌들은 주로 우리가 이미 믿고 있는 이야기를 들려주면서 시작한다. 그들은 우리가 거부할 수 없는 자기중심적인 이야기를 만들어 우리에게는 더 높은 지위를 누릴 자격이 있으니 꼭 그렇게 되게 해주겠다고 약속하고 우리가 이미 적으로 간주하는 사람들, 이를테면 아동 학대범이나 콘베르소, 대기업, 공산주의자, 유대인을 지목해서 비난한다. 사촌들이 비난하고 소문을 퍼트리면 우리는 분노하고 열광하고 도덕적으로 격분한다. 그리고 게임에 뛰어든다. 사촌들은 일단 우리를 포섭하면 그때부터 더 엄격해진다. 그들의 신념이 더 극단적으로 치닫고 더 세세한 부분까지 관여하면서 우리의 신념을 더 철저히 감시한다. 그리고 또 하나의 전략으로 지배 전략이 널리 적용된다. 가장 강압적인 게임—사이비 종교와 근본주의자의 정치와 종교 운동—은 우리에게 생각과 행동 면에서 완벽히 순응하도록 요구하고, 그들이 말하는 현실에 대한 꿈이 우리의 신경계를 완전히 장악한다. 그들은 우리에게 지위를 주는 유일한 원천이 되려 하고, 다른 경쟁 게임을 허용하지 않는다. 국가 전반에서 대학이나 언론이나 관료의 형태로 존재하는 다른 게임도 모두 전체의 규칙에 복종해야 한다. 어느 게임에서나 전체를 위해 봉사하는 사람에게 지위가 주어지고 의심하는 일탈자에게는 무서운 처벌이 돌아간다.

▼▲▼

히틀러가 게임에 참가하는 사람들을 위해 지위를 생성하지 않았다면 어느 하나도 성공하지 못했을 것이다. 만약 나치 정권의 명백한 '성공'을 있는 그대로 살펴보기만 해도 비난받는다면, 그건 우리가 나치의 '극악무도함'에 관한 신성한 이야기를 믿기 때문이다. 나치의 조금이라도 긍정적인 측면을 언급하면 금기의 경고음이 울릴 것이다. 그래도 용기를 내야 한다. 괴물은 상상 속에만 존재한다. 나치의 재앙을 제대로 알려면 독일인들이 **왜** 그들의 지도자를 신처럼 떠받들게 되었는지, 또 나치가 어떻게 괴벨스가 1933년 선거에서 선언한 목표대로 "의심하는 자들이 우리에게 중독될 때까지" 공을 들여 마침내 포섭할 수 있었는지 알아야 한다.

히틀러 정권의 중요한 승리로 알려진 성과[22]를 열거하자면 어지러울 정도로 끝없다(요점만 보려면 맨 뒤로 넘어가라). 우선 나치는 집권 후 몇 달 만에 초현대식 고속도로 건설을 인가했고, 히틀러가 직접 다리와 휴게소의 설계를 승인했다. 1935년에 남자들 12만5000명을 고속도로 건설 현장에 투입하여 1938년 여름에 3500킬로미터까지 완성했고, 그해 말에 일자리 창출 계획에 50억 마르크를 투입했고, 소외 지역에 상당한 금액을 지원했고, 젊은 약혼자들이 가정을 꾸리도록 무이자 대출을 지원했고(첫해에만 거의 25만 건의 대출이 발생했다), '기쁨을 통한 힘'Kraft durch Freude이라는 여가 단체를 통해 공연 관람권 수천 장을 구입하고 보조금을 지급했고(1938년 베를린의 모든 관람권 판매량의 절반 이상을 사들였다), 공장에서 콘서트를 열었고, 전시회와 오페라와 연극을 기획했고(1938년에 750만 명 가까운 사람이 연극을 관람하고 650만 명이 오페라와 오페레타를 관람했다), 리비아나 핀란드, 불가리아, 이스탄불 같은 여행지의 패키지 여행을 대폭 할인해서 열차표를 75퍼센트나 깎아주고 숙박비를 50퍼센트 할인해주었고(1937년 한 해에만 독일인 170만 명이 "'기쁨을 통한 힘'을 통해 휴가를 다녀오고 700만 명 가까이가 주말여행을 다녀왔다. 그래서 무려 국민의 11퍼센트가 독일의 모든 호텔에서 1박을 묵었다), 강에 유람선을 띄웠고(한 해에만 승객이 14만 명이었다), 겨울철 지원 활동으로 어려운 이웃을 위해 매년 수천만 마르크를 모금해 음식과 옷과 연료를 나눠주었고, 히틀러가 페르디난트 포르셰Ferdinand Porsche를 고용해 합리적인 가격대의 '국민 차'(오늘날 폭스바겐사의 '비틀')를 제작하게 해서 대중적으로 큰 성공을 거두게 될 디자인이 나왔고(비록 전쟁이 터져서 한 대도 팔리지 않았지만), 외채가 안정되었고, 다양한 분야에서 선진적인 공중보건 기준치가 도입되었고(석면, 방사능, 농약, 식용 색소 기준치 등 "다른 국가들보다 수십 년 앞선" 직장 건강 및 안전 기준), 나치의 과학자들이 세계 최초로 흡연과 폐암의 연관성을 찾아내 당 차원에서 적극적으로 금연 홍보에 나섰고, 나치가 처음 집권할 때는 인구의 3분의 1인 610만 명이 실업자였지만 1935년에는 실업자 수가 220만 명으로 떨어지고 1937년에는 100만 명 아래로 떨어지고 나치의 주장으로 1939년에는 완전 고용이 이루어졌고, 1933년에서 1939년 사이에는 농업 경제가 71퍼센트 성장했고, 1932년에서 1939년 사이에는 국민총생산이 무려 81퍼센트나 급증했다.[23]

물론 국민의 삶은 완벽과는 거리가 멀었다. 공식 수치는 일부이고 운과 시기와 통계 조작과 같은 요인은 감춰졌다. 게다가 이런 성과 이면의 악의도 알아채야 한다. 그들의 정책은 인종적으로 배타적이고, 이렇게 '창출된' 수많은 일자리는 전쟁 준비를 위해 강제로 사라지거나 보류되었다. 게다가 물자가 군대로 빠져나가며 국민은 항상 결핍된 상태였다. 종군기자 윌리엄 쉬러William Shirer는 목재 펄프로 만든 옷과 "배급소 앞에 음산한 얼굴로 길게 늘어선 사람들"에 관해 적는다.[24] 게다가 국민들은 지위의 의미를 과도하게 질문해서도 안

되었다. 사실 빈민들은 국가가 제공하는 이런저런 편의에 편안함을 느끼지 못했다. 저렴하게 휴가를 다녀오는 즐거움은 지위가 아니고, 고속도로의 편리함과 찌릿함도 지위가 아니며, 실업의 불안과 공산주의의 위협에서 잠시 벗어나는 것도 지위가 아니다. 그렇다고 이런 혜택에서 배제되는 것도 지위가 아니다. 말하자면 국가가 제공한 '지위'는 개인의 삶과 국가 전체가 발전하고 명예를 회복한다는 감각, 그리고 독일인들과 독일이 약속의 땅으로 가는 여정에 올라섰다는 사실을 알고 다시 한 번 어깨를 펼 수 있었던 데 있다.

이런 여정을 거쳐 히틀러가 거둔 승리에 명백히 드러나는 것이 있다. 커쇼에 따르면 "독일인의 압도적 다수는 분명 '국가의 성공', 다시 말해서 독일이 유럽에서 다시 권력과 영광을 얻기를 원했다."[25] 히틀러의 광기 하면 우리는 주로 히틀러가 당시 독일에서 원성을 샀던 베르사유 조약의 모멸감을 치유해주는 장면을 떠올린다. 가령 1936년에 히틀러가 연합국의 큰 저항 없이 라인란트 지방을 탈환하자 그를 향한 존경심이 "새로운 경지로 치솟았고" 이는 사람들이 "광적으로 환호하는" 장면으로 이어진다. 당대의 누군가는 "베르사유 정신은 모든 독일인에게 분노를 샀다. 히틀러가 이 저주받은 조약서를 찢어서 프랑스인들의 발밑에 던졌다"라고 말했다. 마찬가지로 1938년에 독일이 오스트리아를 쉽게 정복하자 히틀러의 인기는 "전례 없는 수준으로 치솟았고" 수많은 독일인이 거리로 쏟아져 나와 떠들썩한 황홀경에 도취했고, 당대의 누군가는 그동안 체제에 대해 의심하던 사람들마저 "히틀러는 위대하고 영리한 정치인으로서 독일을 1918년의 패배에서 끌어올려서 다시 위대해지고 다시 우뚝 서게 할 것"이라고 믿게 되었다고 말했다. 히틀러는 국민의 뜻을 거슬러 독일을 전쟁으로 몰아넣고도 급속도로 눈부시게 성공했다. 커쇼에 따르면 독일이 숙적 프랑스를 점령하고 항복을 받아낸 사건은 "상징적인 의미에서 1918년에 같은 자리에서 독일이 항복하고 받은 모멸감을 일거에 날려 버린"[26] 사건이었다.

효과적인 선전의 도움을 받아 이제 히틀러는 독일 부활의 강렬한 상징이 되었다. 히틀러는 지위 게임의 논리에 따라 신성한 존재, 곧 신과 동의어가 되었고, 그의 게임에 참여한 모두가 가치를 두는 상징이 되었으며 사실상 그 자신이 그들의 지위가 **되었다.** 당대의 오토 디트리히Otto Dietrich는 이렇게 적었다. "우리는 그에게서 보았다. … 아돌프 히틀러로 부활한, 파괴할 수 없는 독일의 생명력을." 바이에른 공화국의 장관 한스 셈Hans Schemm은 "히틀러라는 인물을 통해 독일 국민이 소망하는 백만 겹의 열망이 실현되었다"[27]라고 적었다. 그리고 당시의 선전 구호는 "독일은 히틀러이고, 히틀러는 독일이다"였다.

히틀러 역시 국민에게 왕좌를 빌렸을 뿐이었다. 실제로 그에 대한 찬사는 절정으로 치솟았지만 그가 통치하는 독일의 흥망성쇠에 따라 찬사도 오르내렸다. 하지만 인간이 참여하는 게임의 위력과 꿈의 광기가 히틀러의 성공 시대만큼 명백한 적도 없다. 실제로 사람들은 수많은 도시와 마을에 '히틀러 참나무'와 '히틀러 보리수나무'를 심고, 광장을 '아돌프 히틀러 광장'으로 바꾸고, 여자 아기에게 히틀러리네, 아돌피네, 히틀러리케, 힐러리네라는 이름을 지어주고, 깃발과 현수막을 걸고, 상점 진열창에 히틀러의 초상화와 흉상을 꽃으로 장식해 두고, 아름다운 날씨를 '히틀러 날씨'라고 부르고, 히틀러의 생일에 수많은 편지와 선물과 시를 보냈다. "열렬히 사모하는 총통님!

총통님의 탄신일을 맞아 저희는 오로지 두 가지만 간절히 소망합니다. 우리 조국이 현재와 미래에 총통님께서 원하시는 모습이기를 바라고, 총통님께서 저희를 위해 지켜주신 모든 것이 영원하기를 바랍니다." 또 폐결핵 환자는 히틀러의 사진을 몇 시간이고 들여다보며 기운을 차렸고, 집이 폭격당해도 히틀러의 초상화를 걸어둔 벽은 멀쩡하다는 믿음이 퍼졌으며, 나치의 하켄크로이츠 모양 소시지가 판매되고, 여학생들은 그 모양으로 매니큐어를 바르고, 정육점 주인은 돼지비계를 굳힌 라드로 히틀러를 조각하고, 젊은 여자들은 "오르가슴의 순간에 하일 히틀러를 외치며 나치식 경례를 올려붙였다." 수십만, "어쩌면 수백만 명"이 거리로 쏟아져 나와 행진했다. 윌리엄 쉬러는 이렇게 적었다. "나는 히틀러의 호텔을 에워싸고 '저희는 총통님을 원합니다'라고 외치는 1만여 명의 광적으로 흥분한 군중 속에 있었다. 그리고 히틀러가 마침내 발코니에 잠시 모습을 드러냈을 때 사람들의 얼굴을 보고 적잖이 충격을 받았다. 전에 루이지애나의 시골에서 먼 길을 떠나려는 광신도들의 얼굴에서 본 광기가 떠올라서였다. 그들은 히틀러를 메시아처럼 쳐다보았고, 그들의 얼굴은 긍정적인 의미에서 비인간의 모습으로 바뀌었다."[28]

그것은 종교였을까? 사이비 종교였을까? 둘 다이기도 하고 둘 다 아니기도 했다. 폭압적이고 철저한 지위 게임이었고, 제대로 작동했다.

23 ——

테러와 모멸감

과대망상과 모멸감이 폭력의 동력이다

게임이 경직되면 그 게임이 세상에 관해 들려주는 이야기도 경직된다. 게임은 위계질서—우리 게임의 위치 대 경쟁 게임의 위치—를 살피고, 그런 질서의 형성 과정을 설명해주는 단순하고 자기중심적이며 도덕적인 이야기를 만들어낸다. 이런 이야기는 항상 똑같다. 우리는 도덕적인 사람들이라 더 많이 누릴 자격이 있고, 우리의 앞길을 방해하는 자들은 사악한 무리라는 식이다. 그리고 이런 이야기는 유혹적이다. 게임에 참가한 사람들이 믿고 싶은 이야기다. 이런 이야기는 지위의 원천이 되고, 더 큰 지위를 얻으리라는 희망과 적을 향한 분노—신의 진노—의 원천이 된다. 이런 이야기는 신성한 이야기다. 모두가 세세한 부분까지 믿어야 한다. 사촌들이 날뛰며 협박하고 강요하는 사이 우리는 급류에 휘말린 나뭇잎처럼 이야기에 휩쓸려 들어간다. 이야기의 서사는 더욱 극단적이고 비정상으로 흐른다. 그래도 우리는 계속 믿는다. **이야기는 지극히 사실적으로 느**

껴진다. 우리는 꿈을 꾸는 사람들이고, 우리의 꿈은 우리가 참가하는 게임의 꿈이다. 우리는 꿈속에서 살아간다. 꿈속에서 연기한다. **그리고 꿈이 어두워지면 우리가 악몽이 된다.**

그리고 지위 게임으로 향하는 우리의 여정에 지옥문이 열린다. 이 책의 앞부분에서 살인자들의 혼란스러운 내면세계를 들여다보았고, 그 안에서 과대망상과 모멸감의 거센 흐름을 확인했다. 이어서 역사상 가장 치명적인 게임 중 하나인 나치 집단의 꿈에서도 같은 흐름을 발견했다. 나치는 문화 차원의 엘리엇 로저이자 에드 켐퍼이자 테드 카친스키였다. 그들은 모두 지위를 박탈당한 파국적인 처지를 설명해주고 살상으로 지위를 회복하려는 시도를 정당화해주는 자기중심적인 이야기를 만들어냈다. 하지만 독일인들만 이런 이야기에 현혹된 것은 아니다. 세상의 많은 국가가 모멸감을 느끼면 그렇게 된다. 1648년 이후 94차례 발발한 전쟁을 분석한 연구에서는 그중 67퍼센트가 국가의 지위와 연관된 문제나 복수를 위한 전쟁이었고[1], 다음으로 비중이 높은 안보 문제는 그보다 한참 낮은 18퍼센트에 불과한 것으로 나타났다. 인류학자 앨런 페이지 피스크와 티지 샥티 라이 교수는 "국가 지도자와 국민이 뜻을 모아 전쟁을 선포하는 경우는 대개 자국의 지위를 지키거나 다른 국가보다 끌어올리기 위해, 특히 다른 국가에 비해 부당하게 낮은 지위로 하락했다고 생각하는 경우"라는 사실을 발견했다. **전쟁을 일으키는 당사자는 주로 해로운 도덕성을 품은 꿈을 꾸고 자신의 선한 의도를 확신하면서 공격을 개시한다.** "한 국가가 그들에 대한 도덕적 훼손에 모멸감을 느낄수록, 그리고 도덕적으로 충격적인 상황을 많이 겪을수록 복수를 감행할 가능성이 커진다."

과대망상과 모멸감은 사망자가 50만 명에서 200만 명으로 추산되는 중국의 문화혁명 당시 앞장서서 싸우던 어린 홍위병들의 꿈에도 동력을 공급했다. 지도자 마오쩌둥은 자기애가 강하기로 악명 높은 인물로서[2] "지구라는 행성을 공산주의로 이끄는 사람"을 자처했다. 하지만 1959~1960년 대기근으로 그를 향한 반발의 조짐이 나타났다. 마오쩌둥의 공산당은 "부르주아 독재"를 꾀하는 은밀한 자본가들이 중국의 영광스러운 발전을 방해한다는 이야기를 만들어냈다.[3] 그리고 인민들에게 "공산당에 잠입한 부르주아 대표"인 "괴물과 유령"을 근절하고 "낡은 사회의 악습"을 척결하라고 촉구했다. 학생들은 "대자보"로 교사들을 고발했다(오늘날의 트윗과 유사한데, 종이에 적어 공개적인 장소에 내걸었다). 당시 홍위병이던 다이 샤오아이는 그가 좋아하는 교사가 고발당하는 것을 보고 놀랐다. "나는 그분을 비난하거나 그분과 대적하고 싶지 않았다. 하지만 우리 반 친구들이 그런 나를 감상적이라고 몰아세우며 나도 결국 그분처럼 될 거라고 경고했다. 그들은 내가 화를 자초한다고 했다. 나는 서서히 그들 말이 옳다는 것을 깨달았다. 공산당은 틀릴 수 없고 투쟁에 동참하는 것이 내 의무였다. 나는 투쟁에 동참했고, 마침내 열정적으로 뛰어들었다."[4]

요주의 인물은 이른바 "투쟁 시간"을 거쳐야 했다. 홍위병들이 때로는 며칠이나 몇 주씩 비난을 퍼부으며 자백을 강요하는 시간이었다. 이 시간은 "항상 몹시 가혹했다"고 다이 샤오아이는 말한다. 홍위병들은 모멸감의 도살자들이고 그들의 목적은 기성세대의 뼈대에서 지위와 지위를 얻을 권리를 완전히 발라내는 것이었다. "우리는 교사들에게 '나는 괴물이다'라는 문구가 적힌 모자를 쓰거나 팻말을 목에 걸도록 요구했다. 각 계급이 삶의 방식을 개혁하라는 구호와 비난과 경고에 직면하고 매도당했다. 우리는 그들에게 변소 청소를 시키고 그들의 몸에 먹물을 칠하고 '괴물 통제 부서'를 만들어 그들이 제대로 하는지 감시했다. … 이렇게 '투쟁 시간'이 일주일 가까이 지나자 결국 (그 문학 교사가) 누군가와 대화하다가 '마오쩌둥이 잘못했다'고 말한 적이 있다고 자백했다 … 2주쯤 지나자 나는 교사가 자살이라도 할까 두려웠다. 우리는 그를 계속 감시하면서 대자보를 써서 그의 침대 모기장에 붙였다. 우리가 감시하고 있으니 자살은 꿈도 꾸지 말라고 경고한 것이다." 다이 샤오아이의 전기에는 이렇게도 적혀 있다. "다이 샤오아이는 권력을 쥔 자들, 특히 교장을 능멸하면서 잔혹한 쾌락을 맛보았다고 인정했다. 한번은 온종일 사람들과 어울려서 마분지로 소머리 모형을 만들었다. 첸 교장에게 어울리는 왕관을 상징하는 모형이었다." 교사들은 결국 홍위병들의 폭동에 항복하여 대자보에 "우리는 학생 동지 여러분의 비난과 거절을 환영한다"고 적었다.

혁명이 거리를 메우자 홍위병들은 집마다 수색하며 '낡은 것'을 찾아다녔다. 그들이 꾸는 복수의 꿈속에서 낡은 것이란 남몰래 공산주의 이전 세계에 복무하는 마음을 상징하는 물건이었다. 족자, 장신구, 서적, 몸에 달라붙는 청바지, 뾰족구두, 홍콩산 퀼트 등이었다. 다이 샤오아이는 이렇게 술회한다. "우리 중 누군가가 벽을 부수고 석고 벽 안쪽을 살펴보는 사이 다른 누군가는 삽과 곡괭이로 지하실을 파내서 집 주인이 몰래 숨겨 둔 물건을 찾아내려 했다. 두세 명이 치약을 짜서 치약 속에 보석이 숨겨져 있는지 찾던 모습도 생각난다." 그들이 집 안을 뒤지는 동안 그 집 사람들은 밖에 나와 기다리며 반혁명 범죄를 자백해야 했다. "여자들의 머리가 길면 우리가 머리를 잘랐다. 남자들도 머리를 절반만 밀어서 남은 머리도 밀 수밖에 없게 해놓았다. 우리의 목적은 그들에게 최대한 모멸감을 주는 데 있었다. … 나는 우리가 하는 일이 중요하다고 믿었다. 그래서 나 자신이 그 일을 온전히 즐겼다. 엄청난 즐거움이 느껴졌다."

다이 샤오아이는 이런 상황에서 재미를 찾았다. 인간 본성에 관한 보편적 관점에서는 이런 심리를 쉽게 이해하기 어렵다. 그래서 다이 샤오아이는 사악하고 그들 모두가 사악했다고 단순하게 결론을 내린다. 하지만 다이 샤오아이는 이야기에 등장하는 악당이 아니라 보통의 뇌를 지닌 보통의 인간이고, 그저 타고난 본성에 따라 지위 게임을 했을 뿐이다. 그들은 게임의 신념을 단순히 믿기만 하는 것이 아니라 적극적으로 믿고 순응해야만 지위를 얻을 수 있었다. 그는 의심하지 말라는 경고를 듣고 스스로 게임의 악몽에 휩쓸려 들어갔다. 다이 샤오아이는 자신이 하는 일이 중요하다고 믿었다. 그가 동참한 혁명은 지위의 금맥이었고, 보상은 어마어마했다. 물론 재미도 있었다. 총구 뒤의 자발적 참여자에게 독재는 언제나 재미있다.

모멸감은 다른 많은 테러 행위의 근간이다. 오사마 빈 라덴은 9.11 테러 이후 첫 공식 성명에서 이렇게 말했다. "현재 미국이 겪는 상황은 우리가 그동안 겪은 상황의 복제판일 뿐이다. 우리 이슬람 국가는 80년 넘게 그런 모멸감과 불명예에 시달렸다." 연구에 따르면 자살 폭탄 테러범의 주된 동기는 "자기네 나라에 주둔한 외국 군대가 그들에게 가하는 수치심과 모멸감"이다. '팔레스타인 시민권 독립

위원회'Palestinian Independent Commission for Citizens' Rights의 창립자인 정신과 의사 에야드 엘사라즈Eyad El-Sarraj 박사는 팔레스타인의 자살 폭탄 테러범들은 "오랜 모멸감의 역사와 복수의 열망"에서 동기를 얻는다고 지적한다.[5] 이런 정서는 특히 명예를 중시하는 중동 문화에서 극심한 것으로 알려졌다. 폭력을 무기로 충격적인 모멸감에서 벗어나려던, 과대망상에 빠진 미국의 다중 살인자들을 떠올리게 하는 사고방식이다. 그들은—사이비 종교 '천국의 문'처럼—구성원이 스스로 죽음으로 걸어 들어갈 만큼 유혹적인 힘이 있는 게임을 하는 것이다. 어느 연구자가 인도네시아의 이슬람 극단주의자와 나눈 인터뷰에서 다음과 같은 대화가 오갔다.[6]

"돈 많은 친척이 당신에게 순교 행위를 포기하거나 미루는 대가로 돈을 많이 주겠다고 하면 어떻게 하시겠습니까?"

"농담하세요? 그 양반 얼굴에 돈을 던지죠."

"왜죠?"

"오직 대의를 위해 싸우다 죽어야만 진정으로 가치 있는 삶이니까요."

테러리스트들은 자신의 도덕적 가치를 확신하고, 인종차별적 식민주의자들도 마찬가지다. 대영제국의 제국주의자들은 식민지의 미천한 삶을 문명화된 약속의 땅으로 가는 길로 이끌어준다는 자기중심적 이야기를 풀어놓았다. 영국 시인 러디어드 키플링은 이런 정서를 「백인의 짐」The White Man's Burden이라는 시로 노래했다. "백인의 짐을 져라 / 백인의 오랜 보상을 받아라 / 너희가 개화시키는 자들의 비난 / 너희가 지켜주는 자들의 증오 / 너희가 비위를 맞추어 / (아아, 비록 느리지만!) 광명으로 이끌어갈 자들의 통곡." 미국의 백인 정착민들도 자신들이 문명화라는 사명을 떠안았다고 믿었다. 미국의 26대 대통령 시어도어 루스벨트는 "정착민과 개척자들은 근본적으로 정의를 그들의 편에 두었고, 이 위대한 대륙에 불결한 야만인을 위한 게임을 남겨 둘 수 없다"라고 말했다.

▼▲▼

이런 과대망상이 능멸당하면 대량 살상으로 이어질 수 있다. 가해자들은 그들이 희생자들보다 우월한 족속이고 사실상 다른 종이라고 말해주는 영웅의 이야기 속에서 살기 때문이다. 이 이야기는 대체로 그들의 표적을 미천한 존재로 서술한다. 예를 들어 공산주의자에게 중류층은 '거머리'이고, 나치에게 유대인은 '이'이고, 알제리의 프랑스인에게 이슬람교도는 '쥐'이고, 보어인에게 아프리카인은 '개코원숭이'였다. 따라서 이런 타자들이 방어하거나 보복하려고 시도한다면 그 자신들의 꿈이 망상이고 지위를 얻기 위한 그들의 기준도 거짓이라는 뜻이 되었다. 그들에게는 거슬리는 시도다. 그래서 상대의 도발에 비해 과도하게 지배적인 행동으로 반응한다. 그들은 인간 이하로 보는 상대가 순순히 복종하지 않으면 도덕적으로 격분하고 눈 하나에 눈 두 개를 뽑는 식으로, 혹은 눈 200개든 2000개든 도덕적으로 그들의 눈 하나에 합당하다고 여기는 수만큼 가져온다는 원칙에 따라 응징한다. 일례로 알제리인들이 폭동을 일으켜 프랑스인 103명을 살해하자 식민지 종주국 프랑스는 전투기를 보내 알제리의 마을 44개를 초토화하고 순양함을 보내 해안가 도시를 폭격하고 특공대를 보내 육지에서 사람들을 살육했다.[7] 프랑스는 사망자 수를

1500명으로 집계했지만, 알제리는 5만 명이라고 주장한다. 따라서 심리학자 에벨린 린드너Evelin Lindner 박사는 "대량 살상의 가장 강력한 무기"는 "모멸감을 느끼는 마음"이라는 결론에 이르렀다.[8]

사회학자 브래들리 캠벨 교수는 인간 세계의 가장 야만적인 현상인 집단 학살에 주목했다.[9] 그는 지위가 높은 집단이 "지위의 추락이나 지위에 대한 위협"을 경험하거나 지위가 낮은 집단이 "지위가 상승하거나 지위 상승을 시도"할 때 집단 학살이 발생한다는 점을 발견한다. 서로 간에 서열이 좁아진 것이 무서운 광기가 폭발하는 데 일조한 것이다. 집단 학살에는 해로운 도덕성이 깊이 뿌리내린다. 알고 보면 "집단 학살은 지극히 도덕적"이다. 집단 학살은 지배-도덕 게임으로서 정의와 공정과 올바른 질서의 회복이라는 미명 아래 자행된다. 집단 학살은 단순한 살인이나 적을 '처단'하는 일이 아니라 가해자의 상처 입은 과대망상을 괴이한 지배와 모멸감 치료의 행위로 치유하는 과정이다.

집단 학살에서 가해자들은 특히 희생자들에게 "모멸감을 안겨주는 데 유난히 열의"를 보인다.[10] 아르메니아인 집단 학살 당시 오스만 제국 경찰들은 말에 탄 사람들을 땅에 꽂힌 칼 위로 떨어트리는 게임을 했다. 인도 서부 구자라트의 집단 학살 당시에는 힌두교도들이 이슬람교도들의 수염을 뽑고, 코란 위에 대변을 보고, 이슬람교도를 벌거벗겨서 손가락이 잘린 채로 거리를 걷게 하고, 힌두교 신의 화신인 "라마왕을 찬미합니다"라고 외치게 하고 이슬람교도의 목을 잘라 머리통으로 크리켓을 했다. 르완다 인종 학살 당시에는 후투족은 지위가 높은 투치족의 아킬레스건을 잘라서 기어 다니게 만들면서 상징적으로 그들의 "콧대를 꺾어놓은" 다음에 살해했다.[11]

후투족 강간범은 희생자들에게 이렇게 말했다. "너희 투치족 여자들은 너희가 우리보다 훨씬 좋은 사람들이라고 생각한다." "너희 투치족 계집애들은 콧대가 너무 높다." "지난 몇 달간 너희가 우리를 하찮게 여기며 오만하게 우리를 쳐다보지도 않던 걸 기억하느냐? 이제 그런 날은 다시 오지 않을 것이다."

홀로코스트 전에도 이런 일들이 자행되었다. 대규모 유대인 집단 학살은 전쟁이 히틀러에게 불리하기 돌아가기 시작한 때부터 시작되었다. 히틀러의 조국과 과대망상의 꿈이 실패하기 시작한 것이다. 유대인 생존자 마리안 투르스키Marian Turski에게 아우슈비츠에서 최악의 상황은 추위나 굶주림이나 폭행이 아니라 "모멸감"이었다.[12] "우리는 유대인이라는 이유만으로 인간 대접을 받지 못하고 이나 빈대나 바퀴벌레로 취급당했다." 나치는 공산주의자와 집시, 동성애자, 장애인을 비롯해 그들의 게임에서 일탈한 온갖 부류의 인간들을 '청소'했지만, 그중에서도 그들이 가장 시기하고 혐오하던 유대인에게 가장 큰 모멸감을 안겨주려 했다. 이런 상황이 수없이 벌어졌다. 나치는 공개된 장소에서 유대인의 머리카락을 자르고 수염을 깎고 바지를 잘라 벗기고 목에 팻말을 걸고 거리를 돌아다니게 하고 복통과 설사를 유발하는 피마자유를 위험한 정도로 많이 마시게 했다. 그리고 매트리스를 뒤집었다가 다시 원래대로 해놓게 하거나 벽을 세웠다가 허물고 다시 세우게 하거나 무거운 통나무를 들고 쪼그려 앉게 하는 식의 무의미한 일을 시켰다.[13]

중국 문화혁명의 홍위병들처럼 나치도 그들의 표적인 유대인들에게 강제로 청소시키는 것을 즐겼다. 윌리엄 쉬러는 빈에서 이런 장면을 목격했다.[14] "돌격대원들이 야유하며 빙 둘러 서 있고 그 가운데 유대인들이 엎드려 바닥에 새겨진 반나치 정치인 슈슈니크 Schuschnigg의 기호를 문질러 지웠다. 많은 유대인이 스스로 목숨을 끊었다. 나는 나치의 가학증에 관한 보도와 오스트리아에서 들려오는 소식에 충격을 받았다. 유대인 남자와 여자들이 변소를 청소했다. 유대인 수백 명이 거리에서 불시에 붙잡혀서 나치 유겐트들의 변소를 청소해야 했다."[15] 나치가 점령한 동유럽에서도 사람들이 노래하고 웃고 아코디언을 연주하며 구경하는 가운데 유대인들이 마구간에서 말똥을 치우고 소총과 쇠지렛대로 죽도록 맞고 고압 호스를 입에 물고 위가 터지도록 물을 마시고 그러다 모두가 죽으면 다음 유대인 무리가 들어와 그들의 피와 시신을 치웠다. 어느 교외에서는 유명한 랍비가 "그의 피로 푹 젖은 책 위에 몸을 수그리고 있고 그의 잘린 머리가 다른 방에서 바라보는" 채로 발견되었다.

이는 결코 편의를 위한 행위, 즉 단순히 물질적 이득을 위해 적을 제거하는 행위가 아니다. 이런 악몽에는 메시지가 있다. 우리가 누구이고 어떻게 게임을 하는지에 대해 현실적인 이야기를 들려주는 메시지다.

24 —

지옥에서 벗어나는 길

신실한 신앙에서 지식의 추구로

인류 역사에서 사촌들이 감시하는 게임은 매우 공고하다. 수천 년에 걸쳐 지배-도덕 게임이 인류의 방향을 결정해 왔다. 우리는 사촌과 삼촌, 이모, 고모, 시집, 처가로 이루어지고 오래전 과거부터 독특한 생활 양식과 노동 방식으로 통합되면서 집단 정체성을 공유한 친족 중심의 관계망 속에서 태어났다. 함께 어울려 잘 산다는 것은 집단의 규칙과 상징에 순응하고 남들의 실수를 감시하고 우월한 사람들을 따르고 주어진 책무를 다하고 충성심과 의무감으로 명성을 쌓고 게임의 성공을 위해 중요한 역할을 한다는 의미다. 지배-도덕 게임이 이렇게 오랜 세월 건재한 이유는 이런 식의 도덕 게임이 자가 복제가 수월하기 때문인 측면도 있다. 수 세기에 걸쳐 결혼은 주로 친족 집단 안에서 일어났다. 14세기에 프랑스의 기사 라 투르랑드뤼La Tour-Landry는 처녀들에게 항상 "자신의 영지에서 혼인하라"라고 권고했다.[1] 오늘날에도 전 세계의 결혼한 부부 중 열에 하나는 사촌을 포

함한 친척 간의 결혼이다.[2]

하지만 지배와 도덕만이 인간이 지위를 얻는 유일한 통로는 아니다. 성공 전략으로도 지위를 얻을 수 있다. 말하자면 부족에서 뛰어난 재능을 보여주고 부족민들에게 쓸모 있는 사람이 되어서도 지위를 얻을 수 있다. 최고의 사냥꾼, 최고의 마법사, 최고의 꿀 채집가가 되는 것이다. 오늘날에는 과학자와 기술자, 연구자, 기업인, 창작자의 **성공 게임**이 중요하다. 이런 지위는 도덕적 올바름을 증명하거나 강화해서 얻는 것이 아니라 더 똑똑하고 더 부유하고 더 창조적이고 더 효율적인 사람이 되어 얻는 것이다.

▼▲▼

근대성modernity은 서양에서 발생했다. 여러 가지 이유가 있지만 해당 지역에서 태어난 사람들이 우월해서는 아니다. 사실 이유는 복합적이다. 지리적으로 운이 좋았던 점도 있다.[3] 농작물을 재배하고 가축을 키우는 데 유리한 기후 조건이다. 밀과 보리를 재배하고 양과 소를 키운 덕에 한곳에 정착할 수 있었고, 부를 축적하면서 계급에 기반을 둔 노동의 분배 과정이 가속화되었다. 한편 서양의 개인주의의 뿌리를 탐색하는 연구자들은 고대 그리스로 시선을 돌린다.[4] 그리고 역시 지리적 특징을 지적한다. 고대 그리스는 약 1000개의 도시국가로 구성된 점묘화 같은 문명이었다. 도시국가가 수많은 해안과 험준한 바위섬에 점점이 흩어져 있어서 대규모로 농사를 짓는 것이 거의 불가능했다. 이런 지리적 환경에서 사람들은 농업 공동체의 순종적인 구성원이 아니라 각자가 어부나 도공이나 무두장이와 같은 사업가로서 살아야 했다. 고대 그리스인들은 자발적으로 행동하는 사람들이었고, 다른 지역, 심지어 먼 대륙에서 건너오는 새로운 시각을 지닌 상인들을 자주 접했다. 그래서 개인의 능력과 토론으로 이루어진 성공 지향적인 게임이 중요해졌다. 이 게임에서 전능한 개인이 중심이 되는 이상적인 자아 개념이 출현했고, 이것이 서양 문화의 중요한 특징이 되었다.

하지만 이런 해석도 정답의 일부일 뿐이다. 또 하나의 요인으로 유일신교와 돈과 관련된 지위 게임이 급부상한 현상을 들 수 있다. 세계적으로 부와 거대 종교가 왕과 왕비와 황제의 지배 권력을 위협하는 세력으로 성장했다. 종교 지도자와 부유한 상인이 부상하면서 새로운 엘리트 계급이 출현하여 서로 경쟁하는 게임을 주도하기 시작했다. 성공 게임이 처음으로 낡은 도덕 게임을 압도하고 새로운 문화를 꽃피운 곳은 서양이었다.

이것은 전략이나 술책의 결과가 아니라 의도치 않은 우연의 결과였다. 이 과정을 살펴보면 우리가 지위를 얻기 위해 참여하는 게임이 자아와 문화와 역사를 정의하는 데 얼마나 중요한 역할을 하는지 알 수 있다. 사람들은 알고 싶어 한다. **사람들과 잘 어울려 지내면서 성공하려면 어떤 사람이 되어야 할까?** 지배와 도덕, 계급이나 친족에 순종하는 환경에서 태어난 사람들은 그런 사람이 되고 그런 게임을 한다. 그들은 그들이 만든 꿈에 따라 살아간다. 그러다 서양에서 근대가 시작될 즈음 사람들은 친족 집단 밖으로 나가서 관계와 지위를 찾기 시작했다. 다른 집단과 대륙에서 건너온 새롭고 유용한 개념에도 관심을 보였다. **연구하고 혁신하고 현실을 올바르게 예측하고 사실을 발견하고 활용하면서 서로에게 보상을 주며 중요한 지위를 생성**

했다. 이런 성공 게임이 또 하나의 골드러시가 되어 서유럽과 미국, 이어서 다른 세계로까지 널리 퍼져 나갔다. 성공 게임으로 모든 것이 달라졌다. 성공 게임은 우리가 지옥에서 벗어나게 해주는 길이 되었다.

사실 가톨릭교회가 근친상간을 근절하는 데 이상할 정도로 집착하지 않았다면 이런 변화는 일어나지 않았을 것이다.[5] 가톨릭교회는 305년부터 시작해서 1000년 이상에 걸쳐서 친족과 확대 가족 중심의 안으로 향하는 과거의 도덕 게임을 무너트리고 새로운 게임으로 유도하기 위해 규칙의 변화를 시도했다.[6] 그리고 일부다처제, 6촌 이내 혈족 간 결혼, 삼촌과 조카나 계모나 양녀와의 결혼을 비롯해 모든 친인척 간의 결혼을 금지했다. 나아가 강제 결혼도 금지하고 신혼부부에게 대가족에서 나와서 따로 살림을 차려서 씨족 안에서 자동으로 재산을 물려받는 것이 아니라 개인의 의지와 신앙으로 스스로 유산을 불리도록 권장했다. 수 세기가 걸리기는 했지만 가톨릭교회의 신앙과는 무관한 이런 집착으로 인해 인간의 게임이 완전히 달라졌다.

이런 규칙의 변화와 그로 인한 역사적 결과를 포착한 사람은 인간 진화 생물학 교수 조지프 헨릭Joseph Henrich이다. 그의 연구팀은 규칙의 변화로 인해 "유럽에서 씨족과 친척이 일부일처의 핵가족으로 체계적으로 분열되었다"고 말한다.[7] 사람들은 친족 범위 밖에서 낯선 사람들과 게임을 하면서 지위를 얻어야 했다. "물려받은 끈이 거의 없이 세상을 탐험하는" 법을 배워야 하기 때문에 새로운 심리가 발달했고 게임을 하는 장치도 다시 설계해야 했다. 그래서 이제 사람들은 "자신의 특별한 자질을 갈고 닦으며 이런 자질로 친구와 배우자와 동업자를 끌어들여 그들과의 관계를 이어가는" 과정에서 "성공과 존경"이 따르는 게임을 창조했다. 헨릭의 연구에서는 특히 가톨릭교회의 새로운 규칙이 우리가 누구인지를 바꾸는 데 결정적으로 작용한 것으로 나타났다. 오랜 세월 새로운 규칙에 따라 살아가는 사이 씨족은 느슨해지고 사람들은 집단에 순응하지 않고 외부를 내다보고 외부인을 잘 믿고 자기중심적이고 개인주의적인 사람이 되어 갔다.

애초에 이런 대대적인 심리적 재설계가 가능했던 이유는 주요 종교가 수많은 사람의 마음속에 그 종교의 꿈을 주입해 왔기 때문이다. 처음에는 기독교, 이어서 이슬람교, 이렇게 가장 성공한 두 종교가 널리 퍼져 나간 데는 이들 신학이 지닌 약간의 차이점 덕분이었다.[8] 신전에 신들이 북적대는 이교도와 애니미즘과 달리 두 종교는 유일신교였다. 두 종교의 신은 그냥 신이 아니라 하나님이었다. 단하나의 신. 하나님의 도덕 규칙은 보편적인 규칙이므로 모두에게 적용되었다. 다른 신의 진리를 믿고 하나님의 규칙을 어기는 행위는 이단으로 여겨지고 유일신교에서 지위를 얻는 기준을 거부하는 행위가 되었다. 그래서 이들 종교의 신자들은 주위 사람들을 개종시키면서 그들의 신경 영역을 정복해야 했다. 연구에 의하면 종교는 강렬하고 신성한 존재가 말을 타고 마을에 나타나 사람들을 집단으로 개종시키는 방식으로 퍼져 나가지 않는다. 그보다 신자들이 가까운 친구나 가족을 끌어들이면서 사적인 관계를 통해 전파된다.[9] 그리고 이 방법이 효과적이다. 개종의 효과에 관한 연구에서는 "대다수 개종자의 경우 개종한 후 심리적, 정서적 상태가 향상되는" 것으로 나타났다.

유일신교도들이 삶의 게임 위에 직조한 꿈은 절대적 믿음을 요구했다. 하나님은 이교도의 신들처럼 희생을 바쳐서 숭배하는 대상이 아니라 "올바른 믿음"으로 섬겨야 할 대상이었다. 신약성서 연구자 바트 어먼Bart Ehrman 교수의 말이다. "옳은 것을 믿지 않는 사람은 하나님 앞에 죄인이 된다."[10] 잘못된 믿음에 대한 벌은 우리가 상상할 수 있는 가장 가혹한 벌, 바로 끝없이 모멸감을 안고 지옥의 고통 속에 사는 것이었다. 성 레오나르도의 설교에서 가혹한 고문은 육체가 "영원히 불타면서도 죽지 않는"[11] 상태라고 겁을 주었다. "불, 불. 이것이 너희의 사악함, 너희 지독한 죄인들에게 돌아갈 벌이다. 불, 불, 지옥불. 너희의 눈 속에 불, 너희의 입속에 불, 너희의 창자 속에 불, 너희의 목구멍에 불, 너희의 콧구멍에 불, 너희의 몸속에 불, 몸 밖에 불, 아래에도 불, 위에도 불, 사방에 불. 아아, 사악한 인간들아, 너희는 이 불길 속에서 잉걸불처럼 타들어 가리라." 하나님을 믿지 않으면 현세에서 지위가 떨어지고 정말 현실적인 결과가 나타나기도 했다. 믿지 않는 자는 노골적으로 박해받지 않는다고 해도 법적, 사회적 권리를 빼앗기고, 이슬람교 사회에서는 간혹 세금을 더 많이 내야 했다.[12] 이들 두 종교에 참여해서 얻는 보상은 현세의 관계와 지위이고, 내세의 무한한 낙원이다. 어먼은 이렇게 적는다. "이전에는 종교가 이런 개념을 홍보한 적이 없다." 그리고 이렇게 적는다. "기독교는 이전에는 존재하는지도 몰랐던 구원의 욕구를 창조했다. 그러면서 기독교도만이 그 욕구를 채워줄 수 있다고 주장한다. 그리고 그들은 크게 성공했다."

중세 시대에 가톨릭교회는 지구상에서 가장 강력한 제도로 자리 잡았다. 이 게임의 꼭대기에 있던 교황과 주교와 사제는 예수의 사도들과 직접 연결되는 '사도전승'을 구성하는 사람들로서 신성하게 임명되었다. 사제를 모욕하는 죄는 하나님에 대한 죄였다. 교회는 나날이 부유해져서 유럽 최대의 지주가 되었고, 프랑스의 44퍼센트와 독일의 절반을 소유했다.[13] 그러자 성직자 계급이 지위에 취해 보석으로 치장하고 거대한 모자를 쓰고 그들 앞에서 절대적인 경의를 표하도록 요구하고—무릎을 꿇고 모자를 벗기—성하와 각하와 좌하 같은 교황과 주교와 사제를 부르는 존칭을 쓰게 했다. 교회 재산의 상당 부분은 게임의 규칙에 영합해서 쌓은 것이다. 예수는 "낙타가 바늘구멍으로 빠져나가는 것이 부자가 하나님 나라에 들어가는 것보다 쉽다"라고 말했다고 하지만 이제는 이 말에 교묘한 단서가 붙었다. 현세에서 부를 다 누리다가 죽기 직전에 교회에 헌납하면 된다는 식이었다. 엄밀히 말해서 심장이 멈추기 1초 전에라도 부를 벗어던지면 천국의 문에 당도하는 순간에는 가난하다는 뜻이다.

학자들은 중세의 보통 사람들이 기독교의 꿈을 어디까지 받아들였는지에 대해 이렇게 말한다. 일부는 자연히 의심했고, 다수는 이중 게임을 하면서 여전히 과거의 다신교 전통을 따랐다(이런 전통 중 다수는 기독교에도 계속 남아 있었다. 성자들이 뷔페처럼 널려 있고 이교도의 축일도 곳곳에 포진해 있었다). 하지만 천국의 희망과 지옥의 공포가 현실로 존재하고 널리 퍼져 있었던 듯하다. 실제로 부자들은 교회에 큰돈을 갖다 바쳐서 더 나은 내세를 사려고 했고, 세속의 지도자들은 이런 지출을 제한하기 위한 법을 제정해야 했다.[14]

가톨릭교회는 하나님의 은총을 받아야만 밑바닥에서 벗어날 수 있는 지배-도덕 게임이었다. 성녀 제노바의 카타리나는 이렇게 적었다. "하나님의 은총 없이 저 혼자 살아가는 자는 대체 어떤 인간인가? 악마보다 더 악한 존재다." 인생은 영원한 지위를 얻기 위한 게임이고, 최종 결과는 인생의 게임을 얼마나 잘 치렀는지에 달려 있었다. 이 게임의 규칙은 다소 복잡했다. 하나님은 무조건 사랑하는 존재로서 모든 신자에게 은총을 베풀지만 신자들은 지상에서의 선행으로 하나님의 너그러운 은총을 받아들이는 것을 증명해야 했다. 역사가 피터 마셜Peter Marshall 교수는 이렇게 적는다. "하나님의 부르심에 '예'라고 답할 수 있을 만큼 선행을 베풀었는지 아는 것은 어려운 문제였다."[16] 사람들은 겁을 먹고 이 문제에 집착했다. 중세 말에 "널리 퍼져 있고 병적으로 심각해진" "구원 불안" 심리는 기독교 세계를 거의 장악했다.

가톨릭교회는 구원 불안에서 기회의 냄새를 맡았다. 교황은 성자들의 '잉여' 선행을 이용하여 그들이 천국에서 누군가의 자리를 보장해줄 수 있다고 주장했다. 그래서 죄를 사해주고 내세의 안락을 약속하는 면죄부를 발행하기 시작했다. 면죄부는 원래 이슬람교에 대적하기 위해 십자군에 남자들을 끌어들이기 위한 미끼로 발행되었지만 얼마 안 가서 수익을 창출하는 수단이 되었고, 특히 교회나 대성당처럼 화려한 지위의 상징을 짓기 위한 자금원이 되었다. 면죄부 시장이 커지면서 교회는 사촌 간 결혼을 비롯한 죄를 용서해주는 면죄부도 팔았다. 심지어 아직 저지르지 않은 죄에 대한 면죄부까지 팔았다. 일례로 프랑스의 루앙 대성당의 '버터탑'은 금식을 해야 하는 사순절 기간에 버터를 먹게 해주는 면죄부를 팔아서 쌓아 올린 탑이다.

하지만 문제가 있었다. 가톨릭교회는 이미 수 세기 전에 신자들의 뇌를 재설계하기 시작했다. 근친상간 금지에 대한 집착으로 일련의 규칙을 바꾸었고, 그 결과로 계급과 확대 가족에 기반한 삶의 방식이 해체되었다. 기독교인들은 더는 내부로만 향해서는 제대로 살아남을 수 없게 되었다. 점차 자녀 두 명에서 네 명을 둔 핵가족 형태로 살았다. 영주의 땅에서 일하는 사람도 있고, 큰 도시로 옮긴 사람도 있었다. 게다가 전쟁과 역병으로 시골을 떠난 사람들은 도시의 거리와 시장과 광장을 메우며 낯선 사람들과 어우러져 생산적이고 믿음직하고 전문적인 관계를 유지해야 했다.

요컨대 함께 어우러져 잘 사는 삶의 모습이 변화하고 있었다. 대학이 설립되기 시작해서 1500년에는 50개 이상의 대학에서 법률가와 작가, 수학자, 논리학자, 천문학자를 배출했다.[17] 출생보다 개인의 선택으로 더 자유롭게 직업을 선택할 수 있게 되자 기능공들은 이제 직업 길드를 결성했다. 길드는 성공 게임이었다. 대장장이와 양조업자, 방직공, 유리공, 염색공, 제화공, 자물쇠공, 제빵사, 가죽 상인을 비롯한 모든 직종으로 길드가 퍼져 나갔다. 길드마다 규칙과 상징이 있어서 성공에 따른 지위를 부여하고 '장인'이라는 칭호를 주었다. 야망을 품은 청년들이 장인 밑에서 견습공 생활을 하면서 일을 배우고 본격적으로 게임에 참여하고 다른 장인에게 가서 기술을 더 연마했다. 전문 기술이 발전하면서 상등품에 대한 수요도 늘어났다. '직업 윤리'가 생기면서 일 자체가 명예가 되었다. 역사가 안드레아 콤로시Andrea Komlosy는 이렇게 적는다. "이런 변화는 일 중심의 사회가 시작된 것으로 이해할 수 있다. 새로운 사회에서는 모든 구성원의 다양한 활동이 점차 적극적인 생산과 고된 노력의 특성을 띠어야 했다."[18]

이제 사람들은 새로운 유형의 게임에서 지위를 얻었다. 씨족 집단에 대한 의무에서 이제는 개인의 능력과 성공 쪽으로 지위의 판도가 요동치며 바뀌었다. 그러자 우리의 심리도 달라지고 게임에 참여하는 뇌의 문화적 영역이 재설계되어 이제 인간은 새로운 유형의 인간으로 거듭났다. 더 독립적이고 더 자기중심적이고 더 외부로 향하고 개인의 우수함에 관심이 더 많아지고 덜 순응하고 전통과 혈통, 의무, 권위에 대한 경외감을 덜 느끼게 되었다. 한마디로 더는 타락하고 지위에 취한 교회로부터 협박받고 유혹당하고 모욕당하기 쉬운 사람들이 아니라는 뜻이다. 16세기에는 가톨릭교회와 신자들의 심리적 성격이 분열되었다. 이제 뭔가가 터지려 했다.

▼▲▼

1517년 10월에 그 뭔가가 터졌다. 교황은 로마에서 면죄부를 팔아 화려한 지위의 상징인 성 베드로 대성당을 짓기 위한 자금을 모았다. 독일에서는 설득자 테첼이라는 열성적인 사제가 면죄부 판매를 주도하면서 이렇게 설교했다. "성금함에 동전이 짤랑하고 떨어지는 순간 지옥에서 천국으로 단번에 올라갑니다."[19] 테첼이 독일로 오자 비텐베르크 대학교의 윤리신학 교수 마르틴 루터가 격노했다. "어째서 부자 중 부자인 교황은 성 베드로라는 성당을 그의 돈으로 짓지 않고 가난한 신자들의 돈으로 지으려 하는가?"[20] 루터는 대주교에게 항의의 뜻을 담은 '95개조 반박문'을 보내고 도시의 교회 문에 붙였다. 지난 수 세기에 걸쳐 유럽인들의 정신이 변화해 오지 않았다면 이처럼 소박하고 국지적인local 반항은 간단히 묵살되었을 것이다.

루터의 행동은 엘리트층에게 인정과 지지를 받았다. 주로 왕과 대공과 공작 같은 각 지역의 지배자들이었다. 루터는 최신 기술도 활용했다. 인쇄술이 발전하면서 루터의 서한이 멀리까지 빠르게 전해졌다. 1517년부터 1520년 사이에 루터의 책과 소책자와 연설문은 30만 부 이상 배포되었다. 루터와 다른 사상가들, 그중에 가장 유명한 장 칼뱅은 여러 면에서 합의하지 못했지만 결국에는 '프로테스탄트'를 위한 새로운 형태의 기독교 게임이 출현했다. 이 게임에는 개정된 규칙과 상징이 있었고, 도시와 대학, 길드, 시장에서 활동하는 성공 중심적인 사람들에게 적합한 방식이었다.

개신교도에게 인생은 더는 천국으로 올라갈지 지옥으로 떨어질지 판가름하는 어려운 시험이 아니었다. 하나님은 이미 우리가 어디로 갈지 알았다. 신도들은 '확신'의 단서를 찾아서 구원받을지 저주받을지 알아내려 했다. '선택받은 지위'를 보여주는 신호는 도덕적이고 진실한 삶과 같은 개인의 행동만이 아니라 지상의 부와 서열에서도 발견할 수 있었다. 신자들은 각자가 '소명'을 받았다는 설교를 들었다. 하나님이 그들에게 특별한 재능을 내렸으니 그에 맞는 직업을 정해서 재능을 최대로 발휘할 방법을 찾아 열심히 노력해야 했다. 각자가 자유롭게 선택한 게임에서 열심히 일하고 마음을 닦으면 하나님이 내려주신 은사恩賜가 꽃피울 수 있었다. 각자가 성공을 위해 노력하는 것이 신성한 예배가 되었다. 몇백 년 후 돌아보면 이때 인간이 어떤 존재인가에 대한 문화적 혁신이 일어난 것이었다. 한마디로 근대로 가는 긴 걸음이었다.

변화는 여기서 멈추지 않았다. 기독교인과 하나님의 관계는 이제 엘리트층인 성직자를 통해 중재받지 않아도 되었다. 루터는 이렇게 적었다. "우리는 모두 평등한 사제다." 신도들은 라틴어에서 번역한 성서를 스스로 읽을 줄 알았다. 교육은 신성한 덕목이 되었다. 독서는 배우도록 권장되는 일일 뿐 아니라 개인의 도덕 행위를 발전시키고 하나님과의 개인적인 관계를 형성하는 데 필요한 게임의 기본 규칙이 되었다. 이 한 가지 변화로 인해 인간 심리는 더 크게 변화됐다. 다시 말하지만 연구에서는 이 변화가 중요한 원인이었다. 헨릭의 연구에서는 "개신교가 가장 깊이 뿌리내린 국가에서 식자율이 가장 빠르게 증가했다"라고 밝힌다.[21] 루터가 사망한 후 수 세기에 걸쳐 어떤 국가에서든 개신교도가 많아질수록 식자율도 증가했다.

개신교도들의 새로운 종교는 서유럽에 빠르게 퍼져 나갔다. 자기중심적이고 구원 불안에 시달리지 않으며 좀처럼 엘리트층에 속아 넘어가거나 모욕당하지 않는 개인들을 통해서였다. 당시 대중의 분노는 수도사를 늑대나 악마로 묘사하고 교황을 용으로 묘사한 반反사제 선전에 드러난다. 1520년대에 케임브리지셔의 한 마을에서 어떤 남자가 새로 머리를 깎은 사제를 만나자 삽으로 소똥을 퍼 와서 사제의 정수리에 던지며 말했다.[22] "당신네 모두 머지않아 그 빡빡 깎은 정수리를 감추고 다니고 싶어질 거요." 교회는 분열되었다. 가톨릭과 개신교가 전쟁에 돌입했다. 그리고 세계 어디선가는 여전히 싸우고 있다.

▼▲▼

하지만 여전히 도덕 게임이 지배했다. 개신교의 게임이 급진적으로 보이지만 사실 종교에 심취한 개신교인들에게 '성공'은 '도덕'의 범주를 벗어나는 것이 아니라 범주를 확장하는 것이었다. 개신교가 능력을 발휘하는 사람에게 지위를 주기는 하지만 여전히 강력한 기독교의 도덕 게임에 크게 영향을 받았다. 결국에는 교황과 주교와 사제가 지배하든 왕과 대공과 공작이 지배하든, 여전히 순종과 의무의 게임이었다. 새로운 유형의 성공 지향적인 사람들이 이런 공고한 권위에 도전하려면 그들 자신이 강력한 엘리트층이 되어야 했다. 그리고 그들은 부를 통해 그렇게 되려고 했다.

루터의 종교 개혁에 이르기까지 수 세기 동안 부는 신성하지 않고 존귀하지 않은 계급 출신에게 사회적으로 높은 지위로 오르기 위한 수단이 되어주었다. 이렇게 형성된 새로운 엘리트층은 지위를 추구하면서 얻는 이익으로 나날이 번창했다. 지난 천 년의 중반 몇 세기에 걸쳐 아시아와 아프리카, 인도네시아, 아메리카 대륙으로 교역로가 열리면서 향신료와 비단, 설탕, 아편, 대마초, 벨벳, 흑단, 백단유, 튤립, 코코넛, 다채로운 염료, 바나나, 파파야, 대황, 감자, 파인애플, 자위기구, 머스크와 사향 향수와 같은 고가의 사치품이 유행했다. 노예도 거래되었다. 그사이 유럽은 직물과 목재, 유리 제품, 종이와 같은 숙련된 장인이 만드는 상품을 수출했다. 교역을 주도하던 상인들은 부자가 되었고 그중에는 막대한 부를 축적한 사람도 많았다. 일부 상인 가문은 탐험가들에게 탐험 자금을 대주고 투자 수익을 올리기 시작했다. 이들 '상인 은행가들'도 부자가 되었고, 훨씬 큰 부를 축적했다. 사회 계층의 이동도 나타났다. 이를테면 야망은 크지만 자본이 없는 사람들이 탐험대의 선박에 화물을 싣고 다니며 자본금을 마련하고 교역 게임에서 상단으로 올라갈 수 있었다. 마침내 무역회사들이 사병을 조직하여 먼 대륙에 식민지를 건설했다.

교역을 통해 부자들이 탄생하고, 중산층 장인과 기능공이 출현하고, 흑사병의 창궐로 자원이 더욱 소수에게 집중되고, 능력과 성공을 위해 게임이 펼쳐졌다. 그리고 이 모든 요인이 더해져서 더 많은 돈이 게임 전체에 분배되었다. 새로운 부가 기존 권력을 위협하기에 이르렀다. 새로운 성공 게임의 승자가 도덕 게임의 승자와 같은 지위의 상징물을 누리기 시작했다. 그러자 기존 엘리트층이 격분했다. 사치 금지법이라는 특별법이 제정되었다. 각 계층이 지위를 드러내는 물건이나 행동으로 자기를 어느 정도까지 표현할 수 있는지를 규정하는 법이었다. 계층마다 어떤 옷을 입고 어떤 음식을 먹을 수 있는지, 장례식과 결혼식을 어떻게 준비할 수 있는지, 어떤 마차를 소유할 수 있는지, 마차에 양탄자를 어떻게 깔 수 있는지가 정해져 있었다.[23] 1363년에 잉글랜드에서는 "자신의 영지와 계급에 맞지 않게 유별나고 과도한 복장이 온 나라를 파멸시키고 피폐하게 만드는 지경"에 이른 세태를 막기 위한 법이 제정되었다.[24] 짐마차꾼과 목동, 쟁기질하는 사람부터 기사에 이르기까지 계급마다 의복에 돈을 얼마나 쓸 수 있는지도 규정되었다. 어떤 법에서는 일부 사람들의 "고기와 고급 요리의 과도한 소비"를 금지하고 "영주의 영지에서 어떤 기사도, 어떤 향사나 신사도, 누구도 구두창의 징이나 앞코가 5센티미터를 넘는 구두나 부츠를 신으면 벌금 50펜스를 내라"고 명령했다.[25] 1574년에 어느 런던 사람은 "법을 어기고 안감에 태피터를 댄 바지와 가장자리에 은박을 두른 셔츠"를 입은 죄로 감옥에 갇혔다.[26] 서양에서만 부유층의 부상과 지위의 상징이 기존 엘리트층에 불안감을 조성한 것은 아니었다. 1591년에 중국의 한 작가는 "헌 빗자루도 없는 집안이 마차를 타고 다니고 … 부유하고 저명한 사람들의 갓과 의복을 입는다"고 개탄했다.

당시 세계에서 가장 부유한 지역은 현재의 이탈리아에 속한 무역 도시 제노바와 피렌체와 베네치아였다. 이들 도시는 계층이 뚜렷이 나뉘는 불평등한 사회, 즉 이전 시대처럼 상류층이 힘들게 일하는 평민들 위로 높이 동떨어져 있는 사회가 아니었다. 이런 도시의 성공 게임에서 장인과 상인을 중심으로 건강한 중산층이 형성되었고, 불평등 수준은 오늘날의 미국 정도에 비견할 수 있을 정도였던 듯하다.[27] 이처럼 비교적 평등한 사회에서 상류층은 다른 계층과의 차별화가 어려워 그들의 지위를 드러내줄 새로운 방법을 항상 모색해야 했다. 정원과 광장, 집, 조각, 가구, 외모로 취향과 미적 감각을 표현했다. 그 덕분에 더 다채로운 성공 게임의 시장이 열렸다. 이를테면 화가와 조각가, 건축가, 도예가, 가발과 틀니 장인의 시장이 출현했다. 당대의 시인 지오반니 폰타노Giovanni Pontano는 사적인 즐거움을 추구하며 돈을 쓰는 미덕에 관한 논문까지 썼다.[28]

사치와 우아함을 향한 근대적 열망은 이탈리아에서 음식을 둘러싼 지위 게임에서 가장 잘 드러난다. 유럽의 다른 지역에서는 식사 문화가 기본적인 차원에 머물렀다. 1530년에 로테르담의 에라스뮈스Erasmus of Rotterdam가 쓴 예법서에는 사람들이 식사할 때 고블릿 잔을 앞에 놓고 늘 가지고 다니는 나이프로 공용 고기를 잘라 먹는다고 적혀 있다. 접시는 많지 않았고 주로 백랍으로 만들어졌고, 대체로 두툼한 빵 덩어리를 손으로 뜯어 먹었다. 왕과 왕비까지 누구나 음식을 손으로 먹었다. 에라스뮈스는 이 예법서에서 건강을 이유로 헛배가 부르면 참지 말고 구토하라고 조언했다. "토하는 것보다 토하고 싶은데 참는 것이 더 더럽다."[29]

이탈리아의 풍경은 달랐다. 부유한 무역 도시들의 귀족과 중산층은 도자기 접시에 포크와 나이프와 스푼으로 음식을 먹었다. 1475년에 피렌체의 한 은행가는 유리잔 400개를 주문했고, 1565년에 열린 한 연회에서는 '모두 도자기'로 된 접시 150개와 그릇 50개가 차려졌다.[30] 부유한 상인과 귀족 가문은 개인 식기 수백 벌을 수집했다. 역사가 리처드 골드스웨이트Richard Goldthwaite는 이렇게 적는다. "음식을 예법에 맞게 준비하면서 점차 위계질서를 의식하는 사회에서 지위를 얻기 위한 경쟁이 시작되었다." 다른 지역 사람들은 이탈리아의 음식 문화가 화려하고 파격적이라고 보았던 듯하다. 프랑스의 지식인 몽테뉴는 개인마다 냅킨과 은 식기를 따로 주는 점을 놀라워했다. 그가 만난 이탈리아인 요리사는 "근엄하고 진지한 표정으로 식사 행위의 과학에 관해 마치 신학의 중요한 이론을 강론하듯 일장연설을 하고, … 나를 위해 식욕의 차이에 관해 한참 설명하고, … 그런 다음 중요하고 세심한 고려가 필요한 코스를 주문하기 시작했고, … 이 모든 과정에서 제국 정부에 관해 말할 때나 쓸 법한 거창하고 화려한 언어로 말했다."

하지만 장인과 상인의 성공 게임이 강력하기는 해도 그들의 문화는 여전히 종교와 귀족의 도덕 게임의 지배를 받았다. 그들은 사실상 계속 과거로 향해 있었다. 이탈리아의 엘리트층은 성서나 고전을 통해 도덕적으로 향상되고 직업적 잠재력을 찾는 데 도움을 받았고, 현재의 문제를 해결하려면 과거의 지혜를 참조해야 한다고 믿었다.

그러다 서양에서 이런 분위기가 바뀌기 시작했다. 이미 수 세기 전부터 기독교의 엘리트층은 사람들이 더 개방적이고 자기 집단에 덜 순응하도록 뇌의 설계를 바꾸기 시작했다. 그래서 서양인들은 새로운 개념을 더 열린 자세로 받아들였다. 시선이 안으로 향하는 동양이 서양의 기술과 개념을 비교적 덜 받아들이는 사이 서양은 더 적극적으로 동양의 것을 자기 것으로 흡수하기 시작했다. 가령 이탈리아인들은 음식을 중국에서 온 '도자기'china에 담아 먹기를 좋아했다. 서양은 동양의 아름답고 맛있고 취하게 만드는 것에만 탐닉한 것이 아니라 힌두-아랍의 0부터 9까지의 숫자 체계와 계산법과 회계법(소수점, 덧셈, 뺄셈, 곱셈, 나눗셈, 이자 원리와 환어음)을 비롯한 동양의 천재성을 흡수했다.[31]

새로운 개념에 열린 자세는 지위를 만들어내는 문화가 되었다. 처음에는 1500년대에 이탈리아에서 시작되어, 서유럽 전역으로 '유용한 지식'을 소유하는 유행이 퍼져 나갔다. 경제사가 조엘 모키르 Joel Mokyr 교수에 따르면 초반에는 "상류층이 학문과 예술에 매료되어 학자와 신사의 특징이 결합된, 진지하지만 다소 아마추어적인 지식인의" 형태로 나타났다.[32] 이들 신사 계급의 사상가들은 애호가 virtuosi로 불리며 임학이나 수학이나 사치 금지법처럼 전혀 다른 주제로 책을 집필했다. 이들의 성공 게임은 지식 그 자체를 사랑하는 태도에서 찾을 수 있다. 애호가들은 "과거에는 악덕으로 여겨지던 호기심을 미덕으로 바꿔놓았다." 지식을 드러내는 것이 지위의 상징이 되었다. "궁정의 신하들이 학자가 되었고, 사회적 장신구를 얻기 위한 문화가 명예와 존경을 얻기 위한 학문으로 바뀌었다."

▼ ▲ ▼

애호가들의 꿈이 귀족층에서 아래로 내려와 더 광범위한 지식인들에게로 퍼져 나가는 사이 새롭고 유용한 지식을 둘러싸고 중요한 지위 게임이 형성되었다. 베네치아의 정치인이자 사상가 프란체스코 바바로Francesco Barbaro가 '편지 공화국'Respublica Literaria이라고 일컬은 이 게임은 서유럽의 넓은 지역에 우편 제도가 정립되면서 가능해졌다. 남자든 여자든 유능한 사람들이 이제는 자기 생각을 소책자나 간행물, 책, 서신을 통해 소통할 수 있었다. 이들의 전문 지식은 의학과 과학, 철학, 신학, 천문학, 문헌학을 비롯한 다양한 학문을 아울렀다. 이들은 뛰어난 능력을 보여주면 중요한 지위를 차지하는, 국제적인 성공 게임을 만들었다.

이 게임에서는 단순히 과거의 지식을 통달하는 것은 큰 의미가 없었다. **지위를 얻으려면 새로운 지식을 개척해야 했다.** 진보와 혁신, 통찰, 독창성이 관건이었다. 금전적 보상도 어마어마하게 따라왔다. 최고의 지식인이 왕과 군주와 공작에게 후원을 받았고, 지도자들은 유능한 지성을 선발해서 그들의 뛰어난 지식을 국가 건설에 활용한다고 자랑했고, 상인들은 수학자와 공학자를 채용해 각자의 게임에서 우위를 점하려 했다. 하지만 편지 공화국의 주된 동력은 돈이 아니었다.[33] 모키르는 이렇게 적는다. "동료들의 평가에 따른 평판이 중요했다. … 동료에게 대가로서 인정받는 것이 가장 바람직했고, 이것이 근대 초기 유럽에서 대부분의 학문적 노력을 이끄는 원동력이었다."[34] 이 게임의 참가자들은 국제적인 슈퍼스타가 되어 유럽 전역에서 명성을 떨치고 그들의 이름을 딴 새로운 발견-법, 방법론, 과정, 천체, 뇌와 몸의 일부-을 내놓는 방식으로 중요한 지위를 얻을 수 있었다.

편지 공화국 게임의 규칙은 과학과 기술의 미래에 대한 성명서로 읽힌다. 지식인들은 시기심에 사로잡혀 자신의 개념을 독점하려 하기보다는 널리 알리려 했고, 지식을 공공선公共善으로 여기면서도 새로운 개념을 선보이는 사람은 마땅히 그 개념으로 이익을 볼 수 있었고, 지식의 채무를 인정해주고 남의 생각을 훔치는 행위는 불명예로 여겼으며, 편지에는 꼭 답장을 보내야 했고, 새로운 개념에는 이의를 제기할 수 있고 반드시 그래야 했으며, 친족이나 씨족, 국가, 종교가 경계가 되지 않았다. 어느 학자에 따르면 이론을 검증하기 위한 '과학적 방법론'이 개발되어 "인간에게 겸손을 가르치고 자신의 실수를 알아채서 마음속의 온갖 자만과 오만을 없애게 해주었다."[35] 실험에는 엄격한 기준이 적용되었다. 편향되지 않게 자료를 분석하고, 지속적으로 정확히 기록하고, 실험을 복제할 수 있어야 하고, 결과를 발표해야 했다.

편지 공화국의 건립은 인류 역사에서 중요한 사건이었다. 불과 야영지, 소문, 평판, 제국과 지배적인 종교의 부상으로 이어지는 시간의 자에서 한 눈금을 차지하는 사건이었다. 두 개의 전선이 한데 엮여서 폭발하면서 인류는 새로운 시대로 날아갔다. 첫 번째 전선은 **문화에 대한 수용력**이었다. 인류가 지구를 정복한 한 이유는 인간이 저장된 정보의 그물망 안에 살기 때문이었다. 지구상에 태어난 모든 사람이 모든 것을 직접 배울 필요가 없다. 지식은 앞선 세대가 다음 세대로 전달하면서 세대를 거듭해 전해 내려왔다. 하지만 과거 친족 중심의 도덕 게임에서 이런 지식은 주로 집단 안에서만 전해졌다. 다른 집단의 생각에는 거의 관심이 없었다. 이처럼 조상의 지혜를 숭배하는 문화가 사람들의 사고를 지배하던 도덕 게임에서는 혁신이 안정적으로 자리 잡을 수 없었다. 문제가 발생하고 그 문제를 해결하는 과정에서 자연히 혁신이 일어나는 것이지, 혁신 그 자체를 위해 혁신이 일어나지는 않았다. 도덕 게임의 시대에는 돌발적으로 발전하는 몇몇 사례를 제외하고는 대체로 더디게 발전했다.

두 번째의 전선은 **성공에서 오는 지위**였다. 인간의 뇌는 알고 싶어 한다. '지위를 얻으려면 나는 어떤 사람이 되어야 할까?' 폰페이섬의 성공 게임은 참마를 크게 재배하는 일을 둘러싸고 발전했다. 결과적으로 거대한 참마가 나왔다. 편지 공화국의 성공 게임은 지식을 축적하는 능력을 둘러싸고 발전했다. 그 결과로 방대한 지식이 축적되었다. 현실을 정확히 관찰하고 예측하고 책이나 소책자나 편지에서 배운 지식을 저장하고, 나아가 그 지식이 더 커지고 더 유용한 지식으로 발전하게 만들고 다른 사람들이 그 지식을 채택하고 발전시키게 해주는 식으로 성공하는 게임이었다. 편지 공화국의 규칙은 결과를 자유롭게 공유하고 동료들에게 평가받는 것이고, 승자는 확실히 축하받고 서열의 상단으로 올라갔다. 이것은 아름답게 구축된 성공 게임이었다. 이 게임의 참가자들은 알 수 없었겠지만 사실 편지 공화국은 서로 협력하며 살아가는 수렵채집 사회의 부족들이 생존하기 위해 진화한 뇌의 원시적인 회로에 의존했다. 사람들이 지식을 쌓는 능력과 지위에 대한 욕구를 연결해서 미래를 발견한 것이다.

하지만 그들에게는 아직 미래가 오지 않았다. 편지 공화국은 아직 규모가 작았다. 지식인과 귀족의 좁은 엘리트층의 게임에 불과했다. 왕국과 제국과 거대 종교처럼 수많은 사람의 정신으로 스며들어 문화를 정의할 만큼 강력하지 못했다. 친족 중심의 왕권과 종교의 도덕 게임은 시기심에 사로잡혀 자신들의 지배를 유지했고, 제국들이 반격했다. 이탈리아에서는 기존의 엘리트층이 결국 새로운 엘리트층에 대한 지배를 재확립했다. 베네치아에서 무역상과 은행가는 아직 핵심 정치 권력인 시의회에 진출할 수 없었다. 시의회는 당시 부를 축적한 상인들의 능력을 갉아먹던 귀족 계급이 장악했고, 결국 피렌체는 쇠퇴했다.[36]

하지만 세계에서 낡은 질서가 새로운 질서를 제약하지 못한 곳이 있었다. 영국이다. 1215년에 남작들의 엘리트층이 존 왕에게 대헌장 Magna Carta에 서명하도록 강요했다. 왕이 세금을 올리지 못하게 막는 등 여러 방면에서 왕권에 도전하는 헌장이었다. 그들은 위원회를 결성하여 왕이 순순히 따르게 했다. 1265년에 처음 선거를 통해 의회가 구성되었고, 결국 귀족과 기사, 고관대작뿐 아니라 부유한 농부와 산업과 상업의 지도자, 다시 말해서 성공 게임의 승자들이 의회로 진출했다. 이후 1688년에 '명예혁명'이 일어나고 '권리장전'을 통해 의회가 국가의 지배 권력으로 자리 잡았다. 더는 왕이 완전한 통치권을 쥐지 못했다. 이어서 성공 게임에 유리한 수많은 규칙과 제도가 생겼다. 잉글랜드은행이 창립되었다. 신용 거래의 기회가 더 많은 사람에게 돌아갔다. 보장된 자산과 특허권, 그리고 법이 만인에게 공평하게 적용되어야 한다는 원칙을 비롯한 법적 혁신이 일어나 사업가가 더 안전하게 사업할 수 있고 그들의 성공 게임이 더 번창할 수 있게 되었다. 독점이 철폐되고, 자유무역의 원칙이 정립되고, 국가가 총력을 다해 상인들을 지원하고 보호했다. 경제학자 대런 애쓰모글루Daron Acemoglu와 제임스 A. 로빈슨James A. Robinson 교수에 따르면 이런 독특한 환경에서 혁신가들은 "그들의 아이디어로 경제적 기회를 포착할 수 있었고, 재산권이 보장될 것이라 확신할 수 있었으며, 그들의 혁신이 판매되고 활용되는 수익성 높은 시장에 접근할 수 있었다."

영국에는 건축가 크리스토퍼 렌Christopher Wren, 철학자 로버트 보일Robert Boyle, 경제학자 윌리엄 페티William Petty, 박식가 로버트 후크Robert Hooke 등 편지 공화국에서 왕성하게 활약하는 인물이 많았다. 이들이 활동하는 영국은 미래를 창조하는 역할을 점차 이탈리아에서 빼앗아 왔다. 1675년에는 런던에서 누구도 도자기 접시를 소유하지 않은 것으로 보이지만, 1725년에는 35퍼센트가 소유했다.[37] 왕권과 교회의 도덕 게임이 서서히 힘을 잃어 가던 영국에서는 편지 공화국의 지식을 토대로 한 소규모의 성공 게임이 대중에게 널리 확산되었다. 영국에서는 성공한 혁신가가 동료들 사이에서만 명예를 얻는 것이 아니라 큰 부를 축적하고 전국적으로 명성을 얻을 수 있어서 지위의 저장고가 엄청나게 커졌다. 그리고 성공 게임이 점차 지식인 엘리트만이 아니라 기계공과 기업가, 기술자, 수선공, 장인에게도 열렸다.

▼▲▼

'산업혁명'은 지위의 골드러시였다. 산업혁명이 영국의 정서와 문화를 정의했다. 역사학자 앤턴 하웨스Anton Howes 박사는 영국인들은 "유익한 사고방식을 채택하여 혁신가가 되었다"고 말한다.[38] 그리고 이런 사고방식이 마치 '질병'처럼 전염되어 "누구에게나 … 부자든 빈자든, 도시민이든 시골사람이든, 국교도든 비국교도든, 휘그당원이든 토리당원이든, 유능한 기술자든 순수한 아마추어든, 누구에게나" 스며들었다. 점점 많은 사람이 "혁신에 관한 책을 출간하고 강의하고 자금을 지원했다." 사람들이 관심사를 중심으로 공동체를 이루고 혁신적인 사고방식을 전파하기 위한 협회를 결성했다. 이들 협회에서는 새롭고 유용한 지식을 양산할 뿐 아니라 성공한 혁신가들에게 큰 지위를 부여했다.

이런 혁명으로 지위 게임이 분출했다. 역사학자 피터 클라크Peter Clark 교수는 영국이 "협회의 세계"가 되었다고 말한다.[39] 사람들은 각자의 전문 분야를 중심으로 게임을 형성했다. 클럽과 대화 모임이 만들어졌고, 1700년에 런던에만 2000여 개가 새로 생긴 커피 하우스에서 모였다.[40] 그리고 새롭고 유용한 지식의 축적과 전파에 전념하는 학습 기관이 세워졌다. 경제학자 제임스 도위James Dowey에 따르면 이런 기관이 1750년에는 50개 미만이었다가 1850년에는 약 1500개로 늘어났다.[41] 그중 하나인 '예술, 제조업, 상업 장려 학회'The Society for the Encouragement of Arts, Manufactures and Commerce는 런던의 커피 하우스에서 출발해서 문제를 해결하거나 독창적인 혁신을 창안한 회원들에게 수천 파운드의 상금이나 훈장을 수여할 만큼 규모가 커졌다. 그중에는 구조선을 발명한 사람, 기중기용 공기 제동기를 발명한 사람, 굴뚝 청소 장치를 발명해서 네 살밖에 안 된 아이들을 굴뚝에 들여보내지 못하게 하는 법안이 나오는 데 일조한 사람이 있었다.[42] 이 학회는 현재도 남아 있다. 지금은 '왕립 예술 학회'Royal Society of Arts라는 이름으로 더 유명하다.

각종 협회는 성공 게임을 통해 능력을 입증한 사람에게 지위를 부여하는 기능을 했다. 도위에 따르면 왕립 예술 학회는 초창기 20년 동안에는 발명가들에게 상금보다는 훈장을 많이 수여했다.[43] 이 학회가 주는 상은 많은 야심가에게 영향을 끼치며 사회적으로 중대한 영향력을 발휘했다. "런던의 사회적, 지적, 상업적 엘리트층이 후원하는 전국적인 기관"인 왕립 예술 학회가 혁신에 공헌한 가장 중요한 역할은 "전반적으로 발명가들의 위상을 높여주고 명예를 부여하는 것"이었다. 이런 역학 관계에서 왕립 예술 학회 같은 지위 게임은 혁신의 주조 공장이 되었다. 사람들은 찬사와 존중을 좇으면서 새롭고 유용한 지식을 양산하는 주역이 되었다. 도위의 연구에 따르면 협회가 많은 지역일수록 그 지역에서 받는 특허도 많았다. 1851년 런던 만국박람회의 출품자를 분석한 연구에서도 같은 양상이 나타났다. 어떤 지역에 협회가 많을수록 만국박람회 출품자도 많고 그만큼 상도 많이 받는 것으로 예측되었다. 예를 들어 어떤 지역의 협회 회원이 745명이면 출품자 수가 42퍼센트 증가하고 수상자 수는 48퍼센트 증가했다. 도위는 산업혁명 시기에 협회와 혁신의 관계는 "인과관계로 해석해야 한다"고 강조한다.

그래서 이런 지위의 골드러시 시대에 인류 역사상 전례 없이 지식이 축적되었다. 당대의 분위기는 수학자 올린서스 그레고리Olinthus Gregory 박사가 1826년에 한 연설에서 엿볼 수 있다. "농업, 제조업, 상업, 항해, 예술과 과학, 유용하고도 장식적인 이것들이 이곳에 방대하고도 다양한 방식으로 편의와 아름다움을 더해준다. 도시에 시민이 가득하고, 창고에 물건이 들어차고, 장터와 박람회에 시골 사람이 북적이고, 들판과 마을과 도로와 항구가 모두 부자들과 우리 조국의 영광에 이바지한다. … 진보를 향하는 새로운 사회 … 새로운 기계로 기술을 발전시키고 노동을 촉진하고, 황무지에 울타리를 두르고, 도로를 정비하고, 다리를 놓고, 운하를 뚫고, 터널을 파고, 습지를 메워 개간하고, 항구를 확장했다. 이런 수많은 작업은 마음의 눈에 바로 보이며, 우리는 아직 정점에 도달하지 않았고 앞으로도 안정되고 위대한 미래가 펼쳐지리라는 강렬한 예감을 가능케 한다."[44]

산업혁명은 곧 세계 여러 지역으로 퍼져 나갔다. 처음 진보의 열병이 미국을 사로잡았을 때만 해도 경쟁 구도였지만 현재 미국은 혁신을 향한 독창성 면에서 서유럽을 가뿐히 뛰어넘는다. 미국의 명성은 주로 실리콘밸리의 기술 회사들이 얻은 것이다. 이들 혁신가의 게임은 편지 공화국의 학자들이 창조한 게임으로, 과거 대영제국의 개혁과 제도에서 세상을 변화시킬 힘을 얻었다.

17세기와 18세기의 계몽주의 사상가들은 이성과 자유, 관용, 정교분리에 관한 이념으로 서유럽을, 나아가 다른 세계를 변화시켰는데, 사실 이들도 이전 세대가 다져놓은 게임을 계승한 것이다. 그중 가장 유명한 인물 중 하나가 '자본주의의 아버지'로 불리는 스코틀랜드의 경제학자 애덤 스미스다. 고도로 개인주의적이고 자기중심적이며 돈에 집착하는 오늘날의 세계는 바로 애덤 스미스와 그의 이론, 곧 자유시장과 경쟁에서 번창하는 방식에 관한 이론과 연결된다. 하지만 스미스는 부에 대한 탐욕이 경제의 궁극적 동력이라고 말하지는 않았다. 그는 인간 정신의 더 깊은 영역에서 다른 무언가가 작용한다고 보았다. "인간은 위대해지기를 바라는 것이 아니라 사랑받고 싶어 한다."[45] 스미스가 1759년에 쓴 글이다. "부자들이 부를 이루고 기뻐하는 이유는 부가 자연히 세상의 관심을 끌기 때문이다. … 그리고 부자는 부를 통해 얻을 수 있는 어떤 혜택보다 이처럼 세상의 이목을 끄는 측면을 가장 좋아한다." 스미스에 따르면 관심과 인정을 향한 욕구는 인간의 기본 조건이다. 우리가 더 잘 살려고 노력하는 이유는 "주목받고 관심을 끌고 눈에 띨" 방법을 찾기 때문이다. 부와 같은 지위의 상징이 완벽한 행복을 가져다줄 거라고 말해주는 꿈은 우리가 "땅을 경작하고 집을 짓고 도시와 연방을 건설하고 각종 과학과 예술을 발전시켜서 인간 삶의 품격을 높이고 장식하도록, 그래서 지구상의 모든 지역을 완전히 변화시키도록 영감을 불어넣었다."

우리는 우수해지기를 소망하고 열심히 노력하면서 엄청나게 잘 살게 되었다. 19세기 말에는 기대 수명과 생활 수준이 높아지고 극단적 빈곤과 영아 사망률이 감소하고 오랜 세월 대중을 위협하던 기근과 기아의 위협이 약해지기 시작했다.[46] 유용한 지식이 끝없이 쌓이면서 기술과 의학과 과학 분야에서 놀라운 혁신이 일어났다. 우리가 지옥에서 벗어나는 길은 이런 건강과 행복의 데이터 위에 펼쳐진다. 산업혁명 이전에는 세계 인구의 기대 수명은 30세 언저리였다. 산업혁명 이후에는 기대 수명이 70세 이상으로 치솟았고, 선진국에서는 80세 이상으로 올라갔다. 과학의 진보가 수십억 명의 생명을 살렸다. 물을 염소 처리해서 1억7700만 명을 살렸고, 천연두를 근절해서 1억3100만 명을 살렸으며, 홍역 백신을 개발해서 1억200만 명을 살렸고, 감염병을 통제해서 1990년 이후 아동 1억 명 이상을 살렸고, 2021년에는 여러 종의 코로나바이러스 백신이 전 세계를 살렸다. 우리는 그 어느 때보다 잘 먹고 잘산다. 1947년에는 세계 인구의 절반 정도가 영양 부족에 시달렸다. 현재는 이 비율이 개발도상국에서는 13퍼센트이고, 선진국에서는 5퍼센트 미만이다. 게다가 이제 우리는 더 부유해졌다. 1800년에는 인류의 95퍼센트 가까이가 극빈층이었다. 1990년에서 2018년 사이에는 극빈층 인구가 19억 명에서 6억 5000만 명으로 감소했다.

역사는 개인이 아니라 집단에 연결된 개인들에 의해 만들어진다. 그리고 집단은 곧 지위 게임이다. 데이터와 역사는 명확히 보여준다.

우리가 진실로 남을 돕고 세상을 더 나은 곳으로 만들고 싶다면 성공 게임을 해야 한다.

25 —

너 자신을 사랑하라
신자유주의의 자아

그렇게 우리의 여정이 오늘에 이르렀다. 21세기의 우리도 언제나처럼 모두가 공유하는 환상 속에서 관계와 지위를 좇는 유인원이다. 오늘날 서구의 자아는 이상하고 불안하고 굶주렸다. 시장 경제에서 새롭게 출현한, 성공에 목매는 자아다. 우리는 지배와 도덕 게임을 중단하지 않을 테지만 이제 사회는 개인의 능력과 성과에 집중한다. 우리는 우리의 삶에서, 곧 고도로 형식화되고 세밀하게 등급이 나뉘는 학교와 대학과 직장의 게임에서 개인적인 성공으로 점수를 올린다. 거리에서, 사무실에서, SNS에서 우리는 외모와 직업과 생활 양식으로 우리의 성과를 알린다. 우리가 이렇게 자기에게 집착하는 이유는 이것이 우리가 참여하도록 길러진 게임이기 때문이다.

인간은 원래 개인주의자로서 '나'에게 집중하는 경향이 있다. 그러다 20세기 후반에 자기에 대한 집착이 심각한 수준에 이르렀다. 사실 대공황과 양차 세계대전을 거치면서 미국과 영국의 경제는 더 규칙에 얽매이고 도덕을 중시하고 집단에 집중하게 되었다. 은행과 기업에 대한 규제가 강화되고, 세금이 증가하고(1940년대와 1950년대의 미국에서는 90퍼센트의 세금을 유지했다[1]), 노동조합이 확산하고, 뉴딜 정책과 사회보장법과 최소임금제와 복지국가와 같은 '큰 정부' 혁신이 일어났다. 그에 따라 미국과 영국에서는 사람들이 집단으로 움직였다. 1950년대 교외 지역의 정장을 입은 '회사원'들은 자기네보다 더 집단적이고 반물질주의적인 가치관을 지닌 히피들을 낳았다. 언제나처럼 거대한 게임은 우리 안에 있었다. 게임의 규칙과 상징이 우리의 게임 장치에 새겨졌고, 우리는 게임의 꿈을 꾸고 게임을 위한 자아로 살아갔다.

그러다 1980년대에 게임이 다시 바뀌었다. 이전 10년간 서구 경제가 무너지기 시작했다. 그리고 새로운 게임 방식이 출현했다. 영국과 미국의 지도자 마거릿 대처와 로널드 레이건이 훨씬 경쟁적인 게임을 구축하기로 한 것이다. 1981년에 대처는 기자들에게 이렇게 말했다. "지난 30년간 우리 정치의 방향성에서 가장 거슬리는 측면은 항상 집단주의 사회를 향해 왔다는 점입니다."[2] 대처와 레이건의 정부는 이전의 도덕에 얽매인 게임 방식을 과감히 공격했다. 방위비를 감축하고 세금을 삭감하고 은행과 사업의 규제를 철폐하고 국가 자산을 사유화하고 노동조합을 해체하고 노동자의 권리를 억제했다. 새 시대에는 거의 모든 곳에서 정치가 아니라 시장이 통제력을 지녔다. 이런 '신자유주의' 게임은 더 자유롭고 규칙에 덜 얽매이며 더 개인주의적이 되었다. 이 게임에서 이기려면 우리의 뇌를 다시 한 번 재설계해야 한다. 함께 어우러져서 잘 살려면 더 경쟁적이고 더 물질적이고 더 자기에게 집중해야 했다.

그리고 우리는 그렇게 했다. 1965년의 사람들과 1985년의 사람들을 비교하면 놀라울 따름이다. 고작 20년 만에 우리는 '정부는 물러가라'라는 태도에서 탐욕은 좋은 것이라는 신념으로 옮겨 왔다. 신자유주의 시대가 더 깊어질수록 신자유주의적 게임의 꿈속으로 더 깊이 빠져들었다. 변화는 순식간에 찾아왔다. 1983년부터 3억 명 이상의 출산에 관한 연구에서는 미국인들이 자녀에게 특이하게 철자를 조합해서 흔하지 않은 이름을 지어주기 시작한 것으로 나타났다.[3] 이 연구의 공저자 진 트웽이Jean Twenge 교수는 부모들이 자녀가 "돋보이고 스타가 되기를" 원했다고 썼다. 1980년대에는 운동 비디오가 1백만 장씩 팔리고 여피족yuppie이 코카인을 하고 휘트니 휴스턴이 "자기를 사랑하는 법을 배우라"고 가르치는 차트 1위 곡 「위대한 사랑」The Greatest Love of All이 "모두에게 가장 사랑받는"the greatest love of all 노래가 되었다. 이런 자기애 개념이 문화적 가치가 되었다. 1992년에 「뉴스위크」지가 갤럽에 의뢰해서 실시한 여론조사에서는 응답자의 89퍼센트가 "어떤 사람에게 열심히 일하고 성공하도록 동기를 부여하는" 데서 "가장 중요한" 요인은 "자존감"이라고 생각한다고 답했다(가장 중요하지 않다고 생각한 요인은 "남들에게 보이는 지위"였다).[4] 신자유주의 정신은 1987년 골드 마스터카드 광고에서 요란하게 울려 퍼졌다.[5] 그리고 이 게임의 참가자들도 동의했다. 1970년대 고등학교 학생들 사이에서 "돈이 많은" 것이 "매우 중요하다"고 믿는 비율은 1990년대 고등학교 학생의 절반 정도였다.[6]

새 천 년에 신자유주의적 가치관이 더 단단히 뿌리내리는 사이 사람들은 점점 더 명성에 관심을 가졌다. 2006년에 10세 미만의 영국 아동 2500명을 대상으로 한 설문 조사에서는 아이들이 "세상에서 가장 좋은 것"은 "유명인이 되는 것"이라고 생각하는 것으로 나타났다(두 번째와 세 번째로 좋은 것은 "아름다운 외모"와 "돈이 많은 것"이었다).[7] 2003년 소니는 전면에 카메라를 장착한 첫 전화기를 출시했다. 비즈니스 회의용으로 개발된 기술이었다.[8] 하지만 사람들은 그 기능을 그 용도로 쓰지 않았다. 2019년에 구글에서는 안드로이드 스마트폰 이용자가 매일 9300만 장의 셀카를 찍는다고 밝혔다.[9]

신자유주의가 심해지면서 과거에 지역 사회에서 친구와 이웃 사이에서 펼쳐지던 관계와 지위의 게임은 퇴락했다. 정치학자 로버트 퍼트넘Robert Putnam 교수는 이 현상을 이렇게 설명했다.[10] "이번 세기 전반 3분의 2 동안 미국인들은 지역 사회 기반의 사회적, 정치적 삶에서 점점 더 적극적인 역할을 했다. 교회와 회관에서, 볼링장과 클럽에서, 위원회 테이블과 카드놀이 테이블과 저녁 식사 테이블에서." 이들 모임은 "관계가 확장되는 새 시대의 문턱처럼 보였다." 그러다 "거의 동시에 이 모든 모임에 적게 나가기 시작했다."

아서 밀러는 자신의 희곡 『세일즈맨의 죽음』에 관해 논의하면서 비극적인 주인공 윌리 로먼의 세계관을 이렇게 표현했다.[11] "여기서 성공의 법칙은 실패하면 죽는다는 것이다. 그리고 우리는 이제 그 옛날에 하나님께서 인간을 심판하기 위해 달았던 저울과 같은 저울로 평가받는다." 신자유주의 시대에는 누구나 조금씩 로먼의 모습을 하고 있다. 오늘날 우리는 그 어느 시대보다도 더 직업적 성공과 상징으로 지위를 평가한다. 우리가 매일 추구하는 대상은—교육과 예술에서조차—나날이 경제적인 목적으로 향하고, 목적을 달성했는지는 재산으로 측정된다. 조사에 따르면 사람들은 이제 분주한 상태 자체를 지위의 상징으로 보기도 한다. 여러 연구에서 분주한 사람들은 "더 유능하고 야망이 클 뿐 아니라 그만큼 더 희소하고 찾는 데가 많은 사람으로 보이기 때문에 지위가 더 높다"라고 여겨지는 것으로 나타났다.[12]

신자유주의적 꿈의 세계는 이런 상징들로 번쩍거린다. 성공의 상징은 처음에 사냥꾼의 목에 걸린 짐승의 이빨에서 시작했을지 몰라도, 21세기 서구화된 문화에서는 어디서나 성공의 상징을 찾을 수 있다. 우리는 이런 상징에 열광해 땀 흘리고 시간을 투자하며 다급히 목표를 좇는다. 향상되려 하고 개성을 눌러 주어진 틀에 맞추려 하고 더 나은 다른 사람이 되려고 애쓰며 살아간다. 그런데 현대의 이상적 자아는 어디서 오는 걸까? 사실 주변 곳곳에 이런 완벽한 인간이 포진해 있다. 광고와 영화, 텔레비전, 미디어, 인터넷에서 완벽한 치아를 드러내며 환하게 웃는 사람들. 젊고 호감 가고 건강해 보이고 자발적이고 생산적이고 인기 있고 세계적인 사고방식을 갖추고 세련되고 자신감 넘치고 외향적이고 분주한 사람들. 이렇게 우리가 스스로 다그쳐서 닮으려 하는 이 사람은 누구인가? 우리가 뛰어든 게임에서 그 어떤 이보다도 지위를 얻는 데 최적의 자질을 갖춘 인간형이다. 신자유주의적 영웅, **경제의 환상**이다. 그리고 우리가 이 기준에 못 미치면 성공의 상징은 우리에게 실패의 신호로 읽힌다. **우리는 개인주의자들이다. 승리가 우리의 능력에 달렸다고 믿는 시대에는 승리하지 못하면 결국 우리의 잘못, 오로지 우리의 잘못이 된다. 그러면 우리는 패자가 된다. 그리고 이것이 우리의 존재가 된다.** 우리는 하나님의 잣대로 심판받고 부족한 인간으로 결판난다.

▼▲▼

심리학은 이처럼 실패 신호에 민감한 사람들에게 명칭을 붙여주었다. 바로 **완벽주의자**다. 완벽주의에는 여러 형태가 있다.[13] '자기지향적 완벽주의자'는 과도하게 높은 기준을 설정하고 승리하기 위해 자기를 더 강하게 몰아붙인다. '자기애적 완벽주의자'는 이미 자기가 최고라고 믿고 세상이 그 기준에 못 미치는 대접을 하면 불안해한다. '신경증적 완벽주의자'는 자존감이 낮고 다음번에 승리하면 충분히 좋아질 거라고 믿는다. 마지막으로 신자유주의 게임에 유난히 예민한 '사회적 완벽주의자'는 게임에 함께 참가한 사람들을 이겨야 한다는 압박감에 시달린다. 이들은 "사람들은 내게서 그야말로 완벽을 기대한다"와 "성공하려면 남들을 기쁘게 해주기 위해 더 열심히 노력해야 한다"라는 진술에 그렇다고 답하는 경향이 있다. 사회적 완벽주의자들은 평판과 정체성에 민감하다. 그들은 스스로 나쁜 직원, 나쁜 활동가, 나쁜 여자가 되어서 주변 사람들에게 실망을 안겨줬다고 생각하기 쉽다. 사회적 완벽주의자의 특히 위험한 특성은 남들이 어떻게 생각하는지에 좌우된다는 점이다. 그러면 상상과 현실의 검은 틈새로 악마가 들어온다.

제로섬의 공식적인 게임과 무수한 실패 신호가 도사리는 신자유주의의 꿈에서 우리는 스스로 더 완벽해져야 할 것처럼 느낀다. 지위 게임의 규칙이 달라지면 우리의 존재도 달라지는 현상을 보여주는 강력한 증거는 미국과 영국과 캐나다에서 학생 4만 명 이상을 대상으로 한 연구에서 찾을 수 있다.[14] 심리학자 토머스 커런Thomas Curran 박사의 연구팀은 그들의 연구 주제인 모든 형태의 완벽주의가 1989년에서 2016년 사이에 출현한 사실을 발견했다. 그리고 그중에서도 사회적 완벽주의가 가장 크게 성장했다. 사람들이 "완벽함을 보여주어야 인정받을 수 있다"고 생각하는 정도가 32퍼센트나 증가했다. 연구자들은 "젊은 사람들이 사회적 상황을 점점 더 부담스럽게 받아들이고 사람들이 자기네를 더 가혹하게 평가하고 완벽한 모습을 보여줘야 인정받을 수 있다고 생각한다"라는 결론에 이르렀다. 연구자들은 신자유주의에 원인이 있는 것으로 추정했다. 그리고 연구 대상인 서구의 여러 국가가 "이 시기에 더 개인주의적이고 물질주의적이며 사회적으로 적대적이고, 젊은 사람들은 더 경쟁적인 환경과 비현실적으로 높은 기대와 과거 어느 세대보다도 더 불안하고 통제적인 부모와 직면한다"라는 결론에 이르렀다. 사회적 완벽주의와 물질주의적 목표 추구는 모두 우울증과 불안증, 섭식장애, 자해를 비롯한 각종 심리 질환과 관련이 있고, 이들 질환은 최근에 특히 젊은 세대에서 증가했다.

인간 뇌의 기본 설계와 신자유주의적 삶을 이루는 거대하고 불공평한 게임은 서로 심각하게 어긋나 있다. 지위는 상대적이다. 우리의 지위는 우리가 남들은 얼마나 가졌다고 생각하는지에 달려 있다. 지위 게임은 주로 거대 기업이라는 부족에서 공식적인 제로섬의 상을 두고 벌이는 경쟁에 관한 것이다. 현재 세계 거대 경제 100곳 중 69곳은 국가가 아니라 기업이다.[15] 2021년 일사분기에 기술회사 애플은 135개국의 연간 GDP보다 많은 돈을 벌어들였고, 애플의 시장가치는 이탈리아와 브라질, 캐나다, 대한민국, 러시아의 GDP보다 높았다.[16] 오늘날의 거대한 위계질서에서는 개인이 가족에게 충분한 음식과 거주지와 안전을 제공하고도 실패한 것처럼 느끼기가 훨씬 쉬워졌다. **신자유주의적 꿈속에서 산다는 것은 일종의 지위 불안에 시달리는 과정이다.** 이것이 기본 상태다. 그리고 이것은 우리가 어떤 사람이고 게임에 어떻게 참여하는지를 말해준다.

게다가 이 게임은 더 어려워지고 있다. 신자유주의 시대에는 불공정이 증가한 채로 보상이 분배된다. 1978년과 2014년 사이에 미국에서 인플레이션을 보정한 CEO의 임금은 거의 1000퍼센트 상승했다.[17] 비슷한 기간인 1975년부터 2017년 사이에는 인플레이션을 보정한 미국의 GDP는 거의 세 배 증가하고 노동자의 생산성은 60퍼센트 정도 상승했다.[18] 하지만 미국의 일부 근로자 집단의 임금이 상승하는 사이 대다수 미국인의 실질 시급은 동결되거나 오히려 감소했다. 영국도 사정은 마찬가지였다.[19] 1970년대에는 최고로 부유한 1퍼센트가 전체 국민소득의 7퍼센트를 차지했다. 그런데 2005년에는 이 비율이 16퍼센트로 증가했다. 그러나 영국 통계청의 보고에 따르면 1970년대부터 전반적인 임금이 "대대적으로 하락하는 추세"다.[20]

이렇게 우리의 게임이 거대 기업에 지배당하는 사이 다수에게 돌아가는 지위의 질은 떨어졌다. 나는 웨일스의 아만퍼드라는 작은 도시에 갔을 때 이런 현실을 절감했다. 한때 자부심 강하던 이 광산 도시에는 지역 소유의 독립 사업체가 가득했다. 그러다 1976년에 광산이 문을 닫자 대형 슈퍼마켓 체인이 들어오기 시작했다. "테스코 때문에 지역 상권이 무너졌습니다." 인터뷰에 응한 한 청년은 그의 세대가 "실질적인 목표도 없이 이리저리 흔들리는 처지"가 되었다면서 "테스코에서 오래 일하면서 '나는 인생에서 뭔가를 이뤘어!'라고 말할 사람은 없잖아요. 그렇게 일하다가 아무것도 이루지 못하고 나오는 거예요"라고 말했다.

영국에서는 100만 명 이상이 '제로아워' 계약Zero-Hour Contract°이라는, 고용자에게만 유리한 계약하에 일한다.[21] 가이 스탠딩Guy Standing 교수는 영국에 프레카리아트precariat°°라는 새로운 사회 계층이 출현했다고 보았다.[22] 프레카리아트들은 주로 낮은 임금의 단기 일자리로 생계를 유지하는 심각한 저임금 상태의 이민자 노동자들이다. "프레카리아트의 생활은 불안정과 불확실, 채무, 모멸감으로 점철되어 있다." 그리고 "그들은 시민이라기보다 거류민으로서 이 사회에서 여러 세대에 걸쳐 축적된 문화적, 시민적, 사회적, 정치적, 경제적 권리를 상실한다." 많은 사람이 자신의 삶에서조차 영향력을 거의 행사하지 못한다. 수익 창출에 힘쓰는 기업들은 이들이 생계를 유지할 만큼의 임금을 주지 않아서 이들은 임금에 더해 복지 수당으로 생계비를 충당해야 한다. 기업이 지위의 압도적인 중요성을 고려하지 않는 것이다. 노동자들이 근면하게 일을 해도 지원금을 받아야 한다면 이 게임이 애초에 불공정하다는 뜻이다. 그들이 일해서 번 무언가를 빼앗고 있다는 뜻이다.

좌우의 정치 분쟁은 주로 성공 게임을 어떻게 조직하고 부를 어떻게 분배할지에 관한 것이다. 게임을 창조하는 사람들에게 최대한 많은 돈을 가져갈 자유를 보장해서 전체 경제를 먹여 살리게 하는 편이 나을까? 아니면 통제를 강화하여 세금과 규제로 도덕적 요소를

° 최소 노동 시간이 정해지지 않은 임시직 계약. 안정적인 소득 예측이 불가능해 노동자에게 불리한 업무 형태다.

°° 이탈리아어 '불안정한'precario과 임금 노동자를 뜻하는 프롤레타리아트proletariat를 합성한 단어.

늘려서 게임 전반의 공정성을 강화하는 편이 나을까? 자본주의가 거의 마법 같은 능력으로 생활 수준과 기대 수명을 높인 것은 맞지만 성공 게임의 지도자들이 이기려는 욕망을 드러내며 무자비하고 소시오패스적 일면을 보여주는 것도 사실이다.

2008년 세계 금융 위기가 터진 이후의 대학생 청년층을 연구하는 심리학자들은 사회가 경직되어 간다는 증거를 발견했다.[23] **신자유주의 게임이 무너지고 기대한 보상이 더는 주어지지 않는다는 인식이 확산되자 학생들 사이에 개인주의와 자기애의 표지도 감소했다.** 같은 시기에 **SNS 자아**처럼 보이는 무언가가 출현했다. 트위터와 텀블러와 레딧 같은 웹사이트의 규칙과 상징을 이용해 온라인에서 어울리는 핵심 집단이 이들 플랫폼만의 야만적인 가치와 유동적 정체성의 게임 방식을 오프라인으로 끌고 나온 것이다. 반항적이고 맹렬한 그들의 게임은 이제 젊고 특권 있는 사람들을 위한 지위의 골드러시가 펼쳐지는 장이 되었다. 그들이 뛰어든 많은 전쟁터는 신자유주의의 실패와, 우리가 여전히 인종과 성별을 뛰어넘어 모두에게 게임을 할 평등한 기회를 주려고 고군분투한다는 사실에 초점을 맞춘다.

26 —

공정과 불공정
지위라는 환상이 만들어내는 차별들

21세기에 접어들고 20여 년간 우리는 여전히 16세기에 촉발된 문화적 혁신의 돌풍에 올라타 있다. 편지 공화국 사람들에게는 태어난 국가가 아니라 생각의 질이 중요했다. 이것은 근대성을 지탱하는 성공 게임에 우리가 바라는 작동 방식이기도 하다. 우리가 누구인지가 아니라 무엇을 하는지로 찬사를 받기를 바라는 것이다. 산업혁명이 널리 확산하고 이런 게임이 사회 전반에서 영향력을 키우는 사이 개인의 가치와 행복은 더 중요해졌다. 1859년에 영국에서 최초의 자기계발서인 새뮤얼 스마일스Samuel Smiles의 『자조론』Self-Help이 출간되었다. 영감을 주는 사례들로 채워진 이 책에서는 게임의 밑바닥에 있는 사람도 인내하면서 열심히 일하면 위로 올라갈 수 있다고 강조한다. 스마일스는 철학자 존 스튜어트 밀의 표현으로 이 책을 시작한다. "국가의 가치는 길게 보면 국가를 이루는 개인의 가치다." 이 책은 곧 베스트셀러가 되었다.

우리는 한때 부족에 속했지만 이제는 우리 자신에게 속하기 시작했다. 모든 인간이 소중해졌고, 개인에게 권리가 생겼다. 여기서 나온 규칙―위대한 게임은 계급이나 인종이나 성별이나 성적 취향의 경계 없이 작동해야 한다는 규칙―은 급진적이고 새롭다. 이런 규칙에 따라 여전히 수많은 사람이 매일 고군분투하며 살아간다. 그리고 이런 사람들이 풀어내는 불공정 이야기가 현재 각종 매체와 SNS의 소문의 네트워크를 장악한다. 하지만 초조하게 분노를 분출하는 사이 공정에 대한 우리의 기본 관념이 얼마나 달라졌는지 쉽게 간과한다. 계몽주의 사상가 데이비드 흄은 노예제를 비판하면서도 1754년에 "흑인과 다른 모든 인종(네다섯 유형의 인종)이 자연히 백인보다 열등한 게 아닌지 의심하는"[1] 편이었다. 1879년에 선구적이고 영향력 있는 사회심리학자 귀스타브 르봉Gustave Le Bon은 이렇게 적었다. "여자들의 뇌 크기는 대다수 성인 남성의 뇌보다는 고릴라의 뇌에 가깝다. … 물론 일반 남자보다 특출 나게 뛰어난 여자도 있기는 하지만, 이들은 이를테면 머리가 둘 달린 고릴라처럼 괴물로 태어난 예외적인 존재일 뿐이다."[2]

오늘날에는 이런 관점은 충격적인 것이며 금기이다. 서구에서는 이런 생각을 공개적으로 밝히면 아무리 극단주의자라고 해도 게임의 신성한 규칙을 위반한 죄로 고발당하거나 직장에서 퇴출당하거나 공개적으로 수모를 당하고 신체적 공격까지 받을 수 있다. 하지만 불과 얼마 전까지도 이런 편견에 찬 관념이 주류였고, 세계의 많은 명석한 사상가에게 받아들여졌다. 뇌는 인생의 게임에 관해 설명할 방법을 찾아서 세상이 왜 그런 식으로 돌아가는지에 관한 단순하고 자기중심적인 이야기를 만들어낸다. 흄과 르봉 같은 지식인들은 성별과 인종에 따른 명확한 서열이 존재하는 현실을 살았다.[3] 그들은 백인 남자가 우월하다고 말해주는 꿈을 중심으로 위계질서를 만들어냈다. 오늘날의 우리와 달리 그들은 서구 문화가 타고난 우월성이나 나아가 정교한 계획의 산물이 아니라 순전히 운과 우연과 의도하지 않은 결과라는 사실을 이해하지 못했다. 그들은 지구상에서 여자들에 대한 억압이 자연의 필연적인 현상이 아니라 서사적이고 역사적인 불공정의 산물이라는 사실을 아직 깨닫지 못했다.

서구에서 성공 게임의 문화를 낳은 규칙의 변화는 얼마 후 인간이 서로를 보는 관점과 공정한 게임이 무엇인지에 관한 개념까지 바꿔놓았다. 18세기 말에 이르자 서구에서는 '인권'에 관해 더 일상적으로 논의하고 1780년대에서 1790년대에는 '권리'라는 용어가 들어간 출간물이 네 배 증가했다.[4] 같은 기간에 개인의 가치에 대한 신념을 강화하기 위한 법적 개혁이 일어났다. 프로이센과 스웨덴, 보헤미아, 프랑스를 비롯한 유럽의 여러 국가가 1754년에서 1788년 사이에 고문을 철폐했고, 미국의 의사 벤저민 러시Benjamin Rush는 1787년에 범죄자들도 "우리의 친구들과 같은 물질로 이루어진 정신과 신체의 소유자"라고 주장했다. 영국에서 공개 처형은 한때 거대하고 시끌벅적하게 군중을 끌어모았고, 런던의 교수형에 관한 당시의 언론 보도는 "만취와 난봉이 난무하는 굉장한 현장"이자 "무자비한 군중이 … 소리를 지르고 웃고 떠들며 서로 눈덩이를 던지는 자리"였다고 전한다. 1868년에 의회에서 마침내 공개 처형을 폐지했다. 그로부터 고작 80년 전에야 여자들을 마녀로 몰아세워 화형에 처하는 관행도 금지되었다.

역사가 린 헌트Lynn Hunt 교수는 이런 변화는 인간이 한 개인을 보는 관점이 크게 달라져서 나타난 현상이라고 설명한다. "고통과 신체가 이제 공동체의 것이 아니라 오직 개인에게 속한 것이므로 개인은 더는 공동체의 선이나 고귀한 종교적 목적을 위해 희생당할 수 없게 되었다."[5] 고문이나 공개 처형과 같은 잔혹한 관행이 서서히 사라진 이유는 "고통과 인간성에 대한 기존의 관념이 무너지고 개인이 자기 몸을 소유하고 독립성과 신체적 불가침의 권리를 지니며 타인에게서도 자기와 같은 열정과 정서와 공감을 인식하는 새로운 개념이 서서히 자리 잡았기 때문이다."

▼▲▼

평등한 권리라는 원칙은 소수 종교와 소수 인종과 여성에게로 확산했다. 문명이 발생할 때부터 존재한 노예제가 마침내 사라지기 시작했다. 덴마크에서는 1804년에 노예 무역에 가담하는 행위를 금지했고, 영국에서는 1807년에 투표를 통해 노예 무역에 가담하는 행위를 금지하고 1834년에는 대다수 식민지에서도 노예 무역을 폐지했다. 미국 의회에서는 1865년 12월 6일에 수정헌법 제13조를 통과시켜 노예제를 폐지했다. 1918년에는 영국의 국민대표법으로 인해 무산 계급 남자와 일부 유산 계급 여자에게로 선거권이 확대되었다. 이 법은 385 대 55의 다수결로 통과되었다. 그로부터 10년 뒤 여성이 평등한 선거권을 획득했다. 미국에서는 1920년에 여성이 완전한 선거권을 획득했다(스위스에서는 1971년에야 여성이 완전한 선거권을 획득했다). 한때 인류의 보편적인 형벌이던 사형제가 점차 금지되었다. 17세기에 미국 뉴헤이븐의 한 주민은 자위행위를 했다는 이유로 사형을 당했고[6], 영국에서는 1834년까지도 살인자의 시신을 교수대에 매달아 전시했다.[7] 2020년까지 전 세계 국가의 절반 이상이 공식적으로 사형제를 폐지했다. 최근에는 평등의 원칙이 성적 소수 집단으로 확대되었다. 이 책을 쓰는 현재 28개국에서 동성 결혼이 합법화되었고, 그들 대다수가 서구 문화권에 있다.

하지만 이 과정은 여전히 진행 중이다. 인종과 성별과 성적 지향 같은 계급 정체성caste-identities보다 능력을 중시하는 분위기는 비교적 최근에야 나타난 현상이다. 여전히 지구상의 수십억 인구가 기존의 게임을 하면서 피부색이나 출신국이나 XX 염색체인지 XY 염색체인지에 따라 상당한 지위를 얻는다. 이것은 도덕virtue 게임이다. 시선을 안으로 돌리고 우리 친족을 지키는 게임이다. 따라서 명예와 의무와 도덕적 주장이 능력이나 재능이나 지식에 앞선다. 안타깝게도 인간의 뇌는 컴퓨터가 아니다. 모든 인간에게 새로운 운영 체제를 설치해서 모든 성별과 인종과 성적 정체성을 편견 없이 인정하라고 명령할 수는 없다. 앞서 보았듯이 우리는 여전히 인간의 기본 설계에 따라 작동하기에 게임을 함께 할 상대를 찾을 때 '자기 유사성'을 단서로 삼는다. 한마디로 우리 자신에게 끌리는 것이다.

인종 차별에 관한 연구에는 부끄러운 현실이 담겨 있다. 서구 9개국에서 입사지원서 20만 개 이상을 분석한 연구에서는 지원자가 회신을 받을 가능성에 인종 요인이 얼마나 작용하는지 알아보았다.[8] 그리고 9개국 모두에서 "백인이 아닌 인종 사이에 만연한 고용 차별"의 가능성이 발견되었고, 특히 프랑스와 스웨덴에서 문제가 가장 심각한 것으로 나타났다. 두 나라에서 소수 인종에 속하는 사람은 백인과 같은 횟수의 회신을 받으려면 지원서를 70퍼센트에서 94퍼센트 더 많이 제출해야 했다. 3위인 영국에서는 지원서를 55퍼센트 더 많이 제출해야 했다.

그나마 희망의 빛을 찾자면 인종 문제가 심각하기로 유명한 미국이 밑에서 세 번째라는 점이다. 연구자들은 미국에서는 주요 기업이 직위별 인종 구성을 '평등 고용 기회 위원회'Equal Employment Opportunity Commission에 보고해야 하는 반면에 유럽에는 이런 감시 제도가 없다는 점을 지적한다. 이보다 더 고무적인 소식은 한때 인종주의가 심각하기로 악명 높았던 독일에서 나왔다. 이 연구의 조사 대상국인 9개국 중에서 독일이 가장 공정했다. 사회학자 링컨 퀼리언Lincoln Quillian 교수는 독일의 "차별 수준이 낮은" 이유 중 하나는 수습직 보고서와 같은 여러 가지 관련 서류를 지원서와 함께 제출해야 하기 때문이라고 보았다.[9] "1차 지원서에 정보가 많이 포함되면 소수 집단 출신의 지원서를 덜 좋게 보거나 부적격으로 보는 경향이 줄어든다." 고용주가 지원자의 능력에 관해 많이 알수록 편견에 빠질 가능성이 줄어드는 듯하다.

다른 여러 연구도 이런 측면을 뒷받침한다. 한 연구에서는 집단 구성원의 인종에 관해 처음 품은 편견은 실험자가 "집단 과제와 직접 관련된, 적합하고 모호하지 않은 지위 정보와 함께 그 구성원이 그 자리의 다른 사람들보다 유능한 측면을 추가로" 소개하자 극복되었다.[10] 비슷한 결과가 나온 다른 연구에서는 흑인과 같은 팀이 된 백인 참가자는 "처음의 인종에 관한 편견을 넘어서고" 자기 팀에 호의적인 편향을 보여주었다.[11] 이 연구에서 희망을 엿볼 수 있다. 사실 **인간은 애초에 인종차별주의자가 되도록 설계된 것이 아니라 자기 집단에 편향을 보이도록 태어난 것이다.** 지위를 향한 욕구를 인종적 정체성과 지나치게 결부시키면 결국에는 인종 게임을 하게 된다. 하지만 그럴 필요가 없다. 인간은 누구나 이기고 싶어 한다. 그리고 자신의 게임이 이기기를 바란다. 지위를 향한 욕구가 성공 게임과 맞물리면 참가자의 피부색보다는 능력에 더 관심을 보일 것이다.

앞으로 우리의 후손들도 계속 성평등을 위해 싸울 것이다. 하지만 여전히 성차별적 전제가 만연하다. G7 국가인 캐나다와 프랑스, 독일, 이탈리아, 일본, 영국, 미국에서 실시한 조사에서는 응답자의 약 80퍼센트가 언론과 과학, 의료, 법, 정치, 금융 분야에서 남녀가 대등하게 지도력을 발휘할 수 있다고 생각하는 것으로 나타났다.[12] 스포츠와 기술, 항공우주, 공학 분야에서는 이 비율이 65에서 75퍼센트 사이로 나타났다. 국방과 경찰, 패션, 화장품, 유아교육 분야에서는 지도력에서 남녀의 차이가 없다고 생각하는 비율이 절반 정도였다. 아마도 다수의 응답자가 공학 분야에는 남자가 더 많고 유아교육 분야에는 여자가 더 많은 현실을 보고 이들 직업에서는 어느 한쪽 성이 더 유능할 거라고 판단하는 듯하다. 이런 편견을 깨트리기란 어려워 보인다. 하지만 사람을 성별에 따라 과소평가하는 태도는 무지에서 나왔을 뿐 아니라 성공 게임에는 나쁜 전략이다.

남자든 여자든 위의 모든 직업에서 대등하게 지도력을 발휘할 수 있다. 하지만 일부 직종에 어느 한쪽 성이 많은 이유는 논쟁거리다. 많은 연구자가 남녀의 보편적인 차이에서 어느 정도 답을 찾을 수 있다고 본다. 현재로서는 누구도 남성의 심리와 여성의 심리가 **절대적으로** 다르다고 보지 않는다. 남자와 여자가 각기 화성과 금성에서 온 사람들이 아니고 서로 다르기보다 비슷한 면이 훨씬 많다고 생각한다. 하지만 연구에서는 남녀가 평균적인 성격과 관심사와 직업적 선호도에서 차이를 보이고 이런 차이가 인생의 게임에 영향을 끼치는 것으로 나타났다. 전 세계 53개국에서 응답자 20만 명을 조사한 연구에서는 남자와 여자가 일부 성격 특질에서 유의미하게 다르고 직업 선호도에서도 "크고 일관된 성차"가 나타났다.[13] 자주 언급되는 한 연구에서 남자들은 '사물'과 일하는 데 관심이 많은 데 비해 여자들은 사람과 일하는 데 관심이 많은 편으로 나타났다. 50만 명 이상을 분석한 연구에서는 이런 차원에서 "나이를 막론하고 장기간에 걸쳐 놀랍도록 일관되게" "커다란 효과"가 나타났다. 심리학자 스티븐 핑커Steven Pinker 교수는 "이런 차원에서 여자와 남자 사이에 평균적으로 큰 차이가 있다"[14]고 지적했다.

이런 차이가 게임에서 성별의 균형에 반영될 수밖에 없다. 다만 여기서 두 가지 중요한 요소를 짚어야 한다. 첫째, 이것은 대규모 집단의 평균치다. 따라서 특정 여자나 남자에 대해서는 아무것도 말해주지 않는다. 둘째, 선호도는 능력이 아니다. 그런데 지도력 조사에서도 드러나듯이 성차별적 관점에서 어떤 일에서는 남자가 **더 유능하고** 어떤 일에서는 여자가 **더 유능하다고** 해석한다. 옳지 않은 해석이다. 단순히 수치의 문제일 뿐이다. 남자와 여자 100명을 모아놓고 트랙터에 관심이 있는 사람은 앞으로 나와 달라고 하면 당연히 여자보다 남자가 더 많이 나올 것이다. 실제로도 트랙터 공장에는 남자들이 더 많이 일하고 이 업계의 지도자도 남자가 더 많을 것이다. 그렇다고 해서 트랙터 공장에서 일하는 여자가 남자보다 일을 더 잘하거나 더 못한다는 의미가 아니다.

한편 페미니스트 연구자들은 대개 이런 연구 결과의 타당성을 부정한다. 현상 유지를 위한 편리한 핑계라고 비웃는다. 나아가 이런 결과가 나온 원인에 관해서도 논의한다. 순전히 문화적으로 주입된 현상일까? 말하자면 여자들이 성차별적 환경에서 성장하면서 자기는 트랙터에 관심이 없다고 생각하도록 길러진 것일까? 아니면 아주 먼 과거에 우리의 DNA에 새겨진 것일까? 여자들이 사람과 관련된 게임에 관심이 더 많은 이유는 이미 수백만 년 전 시작된 노동 분업과 모성이라는 생물학적 사실 때문일까? 물론 이런 주장에는 논란의 여지가 있다. 지위의 문제와 직결되는 주장이므로 우려할 만하고 위험할 수도 있다. 이런 주장은 자칫 일각에서 믿듯이 남녀의 불평등은 남성적인 악에 의해서만 발생한다는 식으로 사촌들을 선동할 수 있다. 하지만 양쪽 진영 모두에는 증거를 중심으로 주장을 펼치는 합리적이고 선의 있는 전문가들이 있다. 어느 쪽도 남녀의 불평등이 실재하고 중요하다는 데 의문을 품지 않고, 성차별적 전제가 문제라는 데 동의한다. 남녀 차이의 원인이 어느 정도는 유전에서 기인하는 것으로 밝혀진다면 많은 여성이 더는 본연의 모습을 드러내는 것만으로 불리한 대접을 받지 않는 쪽으로 사회와 경제가 재편될 것이다.

▼▲▼

성별과 인종만이 오늘날 우리가 하는 게임에 내재한 부당성이 아니다. 농경 사회의 여명이 밝은 지 500세대가 지난 지금도 우리는 어느 정도는 타고난 사회 계층에 따라 지위와 직업이 정해지는 시대에 살고 있다. 계급이 끈질기게 남아 있는 이유는 쿠스로 교수가 맨해튼 어퍼이스트사이드의 양육에 관해 연구하면서 발견한 것처럼 그 안에서 자라는 아이들의 뇌에 날 때부터 엘리트의 규칙과 상징이 새겨져 있기 때문이다. 사회 계급은 단지 재산과 혈통만의 문제가 아니라 예술과 음식, 스포츠, 휴가, 의복 취향의 문제다. 억양과 단어에도 계급의 규칙이 새겨져 있다. 2대 남작 레더스데일의 고상한 딸 낸시 미트퍼드Nancy Mitford는 1955년에 '상류층의 영어 사용법'을 고찰한 에세이로 작은 파문을 일으켰다. 미트퍼드는 'U'(상류층 upper class)와 '비U'(비상류층non-upper class)가 쓰는 단어를 정리했다.[15] "Sweet(디저트): U의 푸딩을 뜻하는 비U의 단어, Toilet paper(휴지): U의 'lavatory paper'를 뜻하는 비U의 단어, U는 한낮에 luncheon(오찬)을 먹고 저녁에는 dinner(만찬)를 먹는다고 말하고, 비U는(U의 아이와 U의 반려견도) 한낮에 dinner를 먹는다고 말한다." 미트퍼드는 또한 U는 꾸중과 비판적인 침묵을 사용한다고 지적했다. "침묵은 U가 오늘날 수많은 당혹스러운 상황에서 보일 수 있는 유일한 반응이다. 가령 술을 마시기 전에 다들 '건배'를 외치거나 작별인사하고 나서 상대가 '만나서 반가웠다'고 격 없이 말할 때 U는 침묵으로 반응한다. 또 잘 모르는 사람이 성 빼고 이름만 부르거나 경칭 없이 이름과 성으로 소개받는 끔찍한 상황에서도 U는 침묵으로 일관한다."

오늘날 사립 명문 이튼 칼리지에서는 '새로운 소년 지침'의 일부로 이튼의 단어집을 나눠주어 이튼에 새로 들어오는 모범생들이 '천국의 문' 신도들의 언어만큼이나 기이하게 들리는 소수의 언어를 배우게 한다.[16] 'Beak, 선생님, 교사', 'Dry Bob, 크리켓 부원', 'Oppidan, 이튼 칼리지 학생이 아닌 학생', 'Porny School, 이튼 하이스트리트의 초등학교', 'The Wall, 이튼에서만 하는 공놀이(월 게임Wall Game)을 하는 벽'. 명문 학교에서 그들만의 언어를 쓰는 것이 특이한 현상은 아니다. 명문 학교 졸업생들은 그들이 성장하면서 쓰던 용어를 '이튼 개념'이나 '옥스퍼드 개념'이라고 부른다. 로버트 버카이크Robert Verkaik는 이렇게 적는다. 나이 많은 이튼 출신들은 "억양과 넥타이 이외에 미묘한 단서로 서로를 알아본다. 서로 이튼에 다녔을 것 같은 두 사람이 만나면 이튼식 인사로 '학교에 다녔습니까?'라고 묻는다."[17]

버카이크에 따르면 이런 특수 언어는 "선택받은 공동체에 속한다는 즉각적인 감각"을 주어서 명문 학교 학생과 거리의 일반인을 구분해준다. 도덕적으로는 비난받을 수는 있지만 원래 모든 지위 게임은 이런 식으로 작동한다. 'oppidan'과 'dry bob'이 무슨 뜻인지 알고 'toilet'이 아니라 'lavatory'라고 말하는 것은 인도를 화성에 비유하는 것이 인종차별적이고 식민주의적이라는 것을 알고 다른 남자의 참마를 넘보면 안 된다는 것을 아는 것과 마찬가지다. 이처럼 우리가 게임을 함께 하는 사람들과 공유하는 상상의 합의는 곧 게임이 펼쳐지는 공통의 영역이다. 이런 합의를 토대로 서로의 존재 앞에서 편안하고 서로의 가치를 인정하면서 게임의 규칙과 상징을 이해하고 그에 따라 게임을 잘하는 사람에게 지위를 주는 것이다. 따라서 이런 특수한 단어는 친족을 알아보는 마법의 단어다.

작가 앨런 베넷Alan Bennett은 케임브리지 킹스칼리지 예배당에서 연설하면서 이렇게 말했다.[18] "사립학교 교육은 공정하지 않습니다. 교육을 제공하는 사람들은 압니다. 교육비를 대는 사람도 압니다. 교육비를 대기 위해 희생하는 사람들도 압니다. 그리고 교육받는 사람들도 알고, 또 알아야 합니다." 영국은 법조계와 정부, 언론계, 예술계의 명성 게임에 사립 교육을 받은 사람들이 과도한 비율로 포진해 있는 것으로 유명하다. 영국인의 7퍼센트 정도가 사립 교육을 받지만[19] 이들은 법정 변호사의 70퍼센트 이상[20]과 오스카상 수상자의 60퍼센트를 차지한다.[21] 인구의 1퍼센트 미만이 옥스퍼드나 케임브리지에 다녔지만 이들 대학의 졸업생이 영국의 총리 대다수를 배출했다.[22] 2019년의 한 연구에서는 부장 판사의 71퍼센트,[23] 장관의 57퍼센트, 신문 칼럼니스트의 44퍼센트가 옥스퍼드나 케임브리지 출신으로 나타났다. 2010년에서 2015년까지 의회를 구성한 총리와 야당 대표의 학력 역시 정확히 일치했다.[24] 모두 옥스퍼드에서 철학, 정치학, 경제학을 전공했다(야당의 예비 내각 총리, 외무장관, 재무장관도 마찬가지였다).

이런 불공정의 주요 원인은 상류층 게임에 진입할 수 있게 해주는 '명문 사립학교 동문 인맥'이다. 이튼은 동문 연락처에 평생 접근할 수 있도록 데이터베이스를 유지한다. 그밖에 더 교묘한 불공정 형태가 있다. 이들 명문 사립학교 졸업생들은 기업의 중역 회의실이나 회원제 클럽에서 만나면 그들만의 언어로 말한다(물론 마법의 단어도 사용한다). 그들의 가상현실 시스템이 같은 공장에서 제조되었기 때문에 이들은 서로 무수한 문화적 단서를 감지하면서 한눈에 '우리 팀'임을 알아본다. 이 과정은 대부분 무의식중에 발생한다. 그들은 자연히 서로의 존재에서 힘을 얻고, 서로 지위를 부여하고, 서로의 존재를 통해 자신들이 꾸는 꿈의 진실성을 확인한다. 이튼을 비롯한 명문 사립학교에서 교육받은 사람들이 느끼는 강력한 유대감은 외부의 다른 야심 차고 능력 있는 사람들이 끼어들지 못하게 가로막을 수 있다. 유능한 인재도 그들만의 무의식적 지위의 언어로 소통하지 못해서 결국 갈피를 잡지 못하고 배제된 느낌을 받을 수 있다.

이런 소외감은 사회학자 마이크 새비지Mike Savage 교수의 연구에서도 확인할 수 있다.[25] 이 연구에서 인터뷰한 루이스라는 사람은 런던 남부의 한 공공 임대 주택에서 성장했고 열네 살까지도 읽거나 쓰지 못했다. 하지만 나중에 자라서 주요 화장품 회사 몇 곳에서 중역을 지내면서 25만 파운드 이상의 연봉을 받았다. 루이스는 매일 상류층 가정에서 자란 동료들을 상대해야 했다. 그들은 루이스의 배경과 삶의 여정을 존중해주었다. 하지만 루이스는 "직장에서 잡담을 나누는 자리의 문화"에서 "강렬한 소외감"을 느꼈다고 했다. 그러면서 이렇게 말했다. "예술에 관해 대화하거나 휴가 다녀온 이야기를 나누거나 자녀 교육에 관해 의견을 주고받는 문화는 비즈니스 관계라는 바퀴에 기름칠하거나 선배들과 관계를 맺는 데 중요한 요소이기도 해요. … 사실 저는 제대로 끼지 못하고 동떨어져 있어요."

문화적 게임에서 옆길로 샌 사람들도 비슷하게 소외감을 느낄 수 있다. 주로 하나의 규칙과 상징의 문화에서 성장했지만 성인이 되면서 다른 규칙과 상징을 지닌 문화로 스며든 이민자들이다. 새비지의 연구팀이 인터뷰한 지타의 부모는 우간다에서 이민을 와서 런던 이스트엔드에서 신문 가판대를 운영했다.[26] 연구자들은 지타가 "노동자 계급과 소수 민족과 중산층 직업인의 정체성 사이에서 협상하듯이 어렵사리 균형을 잡아 가는" 과정을 소개한다. 지타는 이렇게 말했다. "저는 진정으로 소속감을 느낀 적이 없는 것 같아요. 하지만 어쩌면 그런 모습이 제가 아닐까 싶어요. 저는 인도 문화를 완전히 체화한 것도 아니고 훨씬 자유로워 보이는 영국인 친구들의 삶에도 끼지 못해요. 그래서 늘 붕 떠서 이런저런 문화에 기웃거리고 어디를 가든 늘 동떨어져 있어요."

이런 거리감, 이런 무심함, 이런 소외감. 루이스와 지타는 이런 감정 때문에 지위 게임에서 뒤처진 거라고 생각할지 모른다. 성공은 상류층이나 한 국가에서 다수의 인구가 공유하는 문화에서 성장한 사람에게 수월할 수 있다. 그렇다고 해서 소수 집단의 사람들과 교류하는 사람들이 이들에게 적의를 품은 것은 아니다. 다들 그저 각자의 뇌에 새겨진 규칙과 상징에 따라, 한 인간으로서 자기가 아는 유일한 방식으로 게임을 해 나갈 뿐이다. 하지만 그들이 유리하게(특권을 쥐고) 인생의 게임을 시작하는 것도 사실이다.

특권은 폭발력이 있는 개념이다. 앞서 보았듯이 인간은 본능적으로 남들이 자기 위에서 우쭐하게 활보하고 자기가 부당한 지위에 있고 자신의 지위가 전시되고 있다고 생각하면 분노한다. 그래서 사회적으로 거리를 두든 조롱하든 멸시하든 추방하든 처형하든 어떤 식으로든 자기 위에서 활보하는 사람들을 끌어내리고 싶어 한다. 사실 이런 식의 분노가 인류 역사상 가장 치명적인 사건에 동력을 공급해왔다. 나치와 공산주의자들은 스스로 얻어내지 않은 지위를 부당하게 누리는 것처럼 보이는 집단을 분노의 표적으로 삼았다. 그러면서 이들이 정당하지 않은 부와 영향력과 권력을 차지하고 있으니 이들을 사냥하고 살해해서 특권층의 지위에서 끌어내려야 공정한 게임이 된다고 말해주는 이야기를 전파했다.

위험은 이 꿈에 있다. 우리보다 위에 있는 사람들은 사실 땀과 노력으로 그 자리에 올라갔을 수도 있고, 교묘한 계략으로 높은 지위를 독차지했을 수도 있다. 가능한 전략을 총동원해서 올라갔을 것이다. 진실이 무엇이든 우리는 그들이 '속임수를 썼다'는, 뇌가 만들어낸 단순한 이야기만 믿고 그들의 가시적인 성공이 우리를 속이고 있다고 믿기 쉽다. 사실 그들의 성공이 어떻게 표현되는지는 우리가 무슨 게임을 하는지에 따라 다르다. 그들이 우리보다 더 큰 부를 누릴 수도 있고, 그들의 게임이 사회에서 더 존경받을 수도 있고, 그들의 신성한 믿음이 더 영향력이 있을 수도 있다. 하지만 우리가 지위를 어떻게 측정하든, 좋은 상이 보관된 창고가 이렇게 으스대며 활개를 치는 쥐들에게 갉아 먹힌다는 의심에 사로잡힐 수 있다. 이런 이야기를 앞장서서 전파하는 전사들은 게임에서 중요한 지위를 차지하고 지위의 골드러시 분위기를 조성하면서 이렇게 비난할 수 있다. **망할 이민자들, 망할 백인놈들, 망할 남자들, 망할 여자들, 망할 밀레니얼 세대, 망할 베이비붐 세대…**.

어디서 접했든 이런 정서는 그저 '고르디우스의 매듭'처럼 복잡한 현실을 단순하게 전할 뿐이다. 인종을 예로 들어보자. 백인이 특권을 누리는 것은 사실이다. 하지만 영국에서 소득 면에서 가장 성공한 인종 집단은 백인이 아니라 중국인과 인도인이다.[27] 중국인의 소득이 백인보다 30퍼센트나 높다. 영국의 공립학교에서 대학에 진학하는 학생의 비율은 중국인 가정의 학생이 69퍼센트[28], 아시아인 학생이 50퍼센트, 흑인 학생이 44퍼센트다. 맨 밑에 누가 있을까? 백인 학생이 30퍼센트다. 미국도 마찬가지로 소득 면에서 가장 성공한 인구통계학적 집단은 백인이 아니라 아시아계다.[29] 그렇다고 인종차별이 실재하지 않고 심각하지 않다거나 시급히 관심을 가질 필요가 없다는 뜻이 아니다. 전사들이 들려주는 이야기를 넘어서, 세상을 더 복잡하고 혼란스러운 곳으로서 들여다보자는 것이다.

인생의 게임에서 특권을 누릴 방법은 많다. 똑똑하거나 잘생기거나 재능이 출중하거나, 심리적으로 건강하거나 신체가 건강하거나,

남성이 지배하는 게임에서 남성이거나 여성이 지배하는 게임에서 여성이거나, 30세 미만이거나, 사교육을 받거나 대학을 나오거나, 가난한 집에서 태어나지 않거나, 직업적으로 연결되거나, 적절한 억양으로 말하거나, 한 국가에서 적절한 지역에 살거나, 성과를 냈거나, 다정하고 유대감을 주는 부모 밑에서 자라거나, 자유롭고 기회가 열려 있고 평등과 인권에 관심이 있는 서구화된 문화에서 사는 등 다양하다. 특권이란 이 모든 요소가 결합한 것이다. 따라서 특권은 복잡하고 역동적이며 우리라는 존재와 우리가 참여하는 게임에 따라 그 성격이 달라진다.

특권의 중요한 형태는 유전이다. 성공에 필요한 특성이 있다. 기질과 투지, 지능, 사교성, 지위를 향한 갈망을 타고나고, 그런 다음에 운 좋게 이런 쪽으로 양육을 받으면 성공에 필요한 특성이 더 강화된다. 엘리트층의 다수는 단지 재능을 타고났을 뿐이고, 이런 재능은 신의 은총으로 적절한 부모에게서 태어나면서 얻은 선물이다.

약속의 땅이 도래하고 계급과 성별과 인종의 해묵은 벽이 무너진다면 우리는 기본적으로 유전적 엘리트, 다시 말해서 태어날 때 '로또에 당첨된' 승자들에게 지배당할 것이다. 선망의 대상이 되는 이들 소수는 함께 살고 일하고 게임을 하면서 서로에게 지위를 주는 원천이 될 것이다. 그들은 특정한 방식으로 말하고 특정한 방식으로 옷을 입고 특정한 방식으로 여가를 보내고 그들만의 독특한 규칙과 상징을 채택할 것이다. 그들은 의식적으로나 무의식적으로 게임을 공고히 다지면서 그들과 자식들을 위해 더 많은 특권을 만들어낼 것이다. 그리고 우리는 그들을 선망하고 그들을 모방하고 그들에게 분노할 것이다. 꼭 지금처럼. 엘리트가 누리는 특권은 해결할 수 없는 문제다. 우리가 해야 하는 게임에서 피할 수 없는 요소다. 엘리트는 언제까지나 존재할 것이고, 그들이 우리를 초라하게 만들지 않을 날은 영원히 오지 않을 것이다.

27 —

게임의 붕괴

신좌파, 신우파로 갈라진 MZ세대

신자유주의 영토에서 치열한 전쟁이 벌어지고 있다. 현실에 대한 각기 다른 꿈속에 살면서 경쟁하는 두 집단 사이의 전쟁이다. 양쪽 모두 인생의 게임이 이미 확립되어 있다고 믿는다. 한쪽에서는 이 게임이 백인, 특히 백인 남자, 특히 이성애자 백인 남자들에게 부당하게 지배당한다고 인식한다. 다른 한쪽에서는 비교적 최근에 사회의 계층 구조 안으로 대거 진입한 고등교육을 받은 엘리트층이 부당하게 게임을 지배한다고 생각한다. 한쪽은 정치 분야에서, 특히 2016년에 미국에서 도널드 트럼프의 대선 승리와 영국의 유럽연합 탈퇴 결정에서 중요한 승리를 거두었다. 다른 한쪽은 일련의 인상적인 승리를 거두며 문화와 교육과 상업의 게임을 점령했다. 이들 두 진영의 싸움은 **신자유주의 시대 종말의 초입**을 알리는 특징적인 사건이다.

두 집단은 온갖 모욕적이거나 거추장스럽고 부정확한 이름으로 알려졌다. 한쪽 진영에는 오크woke°, SJW, 진보 활동가가, 다른 쪽에는 알트라이트alt-right, 백인우월주의자, 우익 포퓰리스트가 있다. 여기서는 논의의 간결성과 공정성을 위해 신좌파New Left와 신우파New Right로 통칭하겠다. 두 진영은 모두 도덕virtue 게임을 한다. 이들은 신념을 비롯한 신성한 상징을 위해 싸우면서 같은 게임에 참가한 사람들에게서 도덕적 지위를 구한다. 치열한 게임을 치르고 지배 전략을 쓰면서 인터넷과 거리에서 공격을 일삼고, 폭력 시위를 이끌고, 적의 신성한 상징을 파괴한다. 왼쪽의 안티파Anti-Fascist Action°°, 오른쪽의 프라우드 보이스Proud Boys°°° 같은 집단들은 상대를 협박하고 힘을 과시한다. 이것은 비주류의 전쟁이다. 인구의 대다수는 이들의 게임과 게임의 작동 방식을 정확히 인지하지 못한다. 문제는 신좌파든 신우파든 각자의 신념을 지지하지 않는 모두를 적으로 돌려세운다는 점이다. 그래서 인구의 다수가 속한 정치적 중도파는 양쪽 모두에서 공격받는다. 마구 동요하는 세상에서 신좌파와 신우파 다수는 소외당했다고 느끼고 좌절하고 두려워하고 분노한다.

이 장에서 주장하려는 내용은 앞의 논의와는 달리 좀 더 추측에 기반을 둔다. 하지만 지위 게임의 관점에서 보면 문화 전쟁에 동력을 공급하는 숨은 세력이 모습을 드러내기 시작한다. 우리는 역사에서 이미 어떤 게임에서 기대한 보상이 주어지지 않으면 사회가 긴

° 아프리카계 미국인 문제에 '깨어 있는' 사람.

°° 파시즘·백인우월주의·신나치주의(네오나치) 등의 극우 세력에 대항하는 극좌파 집단.

°°° 반이민, 반페미니즘, 백인우월주의를 내세우는 극우파 집단.

장 상태에 놓인다는 사실을 배웠다. 이것은 신좌파의 다수에게 나타나는 현상이다. 영국의 분석에서는 신좌파는 영국의 7개 인구통계학적 집단 중 가장 어린 집단으로, M(밀레니얼) 세대와 Z세대에 과도하게 밀집한 것으로 나타났다.[1] 자신의 상대적 지위가 하락하기 시작했다고 생각하는 집단이다. 이들은 베이비붐 세대보다 자격을 더 많이 갖추고도 베이비붐 세대가 그들 나이였을 때보다 20퍼센트 덜 부유하다.[2] 그리고 2016년에 밀레니얼 세대의 평균 가치는 1989년에 같은 나이의 청년들보다 41퍼센트 떨어진다. 게다가 부동산을 사지도 못하고 학자금 대출을 많이 받아서 미국에서는 1인당 평균 3만 2700달러[3], 영국에서는 4만 파운드를 빚진 채로 대학을 졸업한다.[4]

역사적으로 사회 붕괴의 또 하나의 전조가 '엘리트 과잉 양산'이다. 앞서 보았듯이 엘리트가 지나치게 많이 양산되면 한정된 지위를 두고 경쟁해야 한다. 특히 신좌파의 다수에게 이런 현상이 나타난다. 이들은 7개의 인구통계학적 집단 중 엘리트층으로서 부유한 가정에서 성장하고 최고 수준의 교육을 받았다.[5] 신좌파 다수가 다른 집단보다 학사뿐 아니라 석사와 박사 이상의 학위를 더 많이 받았다. 2019년에 영국 대졸자의 31퍼센트가 자격에 비해 부족한 자리에서 일하고 있었다.[6] 1992년에는 이 비율이 22퍼센트였다. 2020년에 대졸자 21만5000명을 조사한 결과에서는 이들의 불안 수준이 다른 국민보다 더 높은 것으로 나타났다.[7] 미국에서는 성인의 무려 13퍼센트가 석사나 박사 학위를 받았지만(2000년 이래로 두 배 증가했다[8]) 대졸자의 34퍼센트[9]가, 그리고 최근에 졸업자의 41퍼센트가 실업 상태였다.[10] IT 분야를 비롯해 일부 산업에서는 새로운 일자리가 만들어지는 반면 그밖의 분야는 심각한 타격을 입었다. 미국과 영국 모두에

서 예술과 인문학과 언론을 전공한 졸업자의 실업률이 가장 높다.[11]

이처럼 젊고, 인터넷에서 사람들과 소통하고, 고등교육을 받은 사람들이 경험하는 상대적 지위의 하락은 게임 자체에 대한 거부감으로 번져 나간다. 2015년부터 2018년까지 불과 3년 사이에 미국의 청년층에서 자본주의에 대한 지지가 39퍼센트에서 30퍼센트로 떨어졌고[12], 2019년의 한 여론조사에서는 밀레니얼 세대의 36퍼센트가 공산주의를 찬성한다고 응답했다.[13] 사회학자 토머스 쿠시먼Thomas Cushman 교수는 "반자본주의는 지식인들의 세속 종교의 중추, 비판적인 현대 지식인이라는 지위 집단의 '제2의 본성', 즉 아비투스habitus가 되었다"라고 지적한다.[14] 2020년에 밀레니얼 세대에서 민주주의에 대한 만족도는 처음으로 50퍼센트 밑으로 떨어졌다.[15] 연구의 제1 저자인 로버토 포아Roberto Foa 박사는 "부채 부담이 커지고, 집을 소유할 가능성이 낮아지고, 결혼해서 가정을 꾸리는 과정이 어려워지고, 성공하기 위해 근면이나 재능보다는 물려받은 재산에 의존하는 경향이 커지면서 청년층의 불만이 거세졌다"라고 지적한다.[16]

이번에는 반대편의 신우파를 보자. 트럼프와 브렉시트에 찬성표를 던진 **모든 사람**, 소수 민족까지 포함한 수천만이 신우파의 범주에 들어가는 것은 아니다. 신우파는 그보다는 대학을 나오지 않은 백인 노동자와 중하층으로, 신자유주의 시대에 들어와서 상대적으로 지위가 하락한 사람들이로 이루어진다. 1979년에서 2005년까지 미국에서 고등학교 졸업장이 없는 백인 노동 계급의 평균 실질 시급은 18퍼센트 감소했다.[17] 정치학자 캐서린 크레이머Katherine Cramer 교수는 자식 낳고 살면서 열심히 일하는데도 삶의 질이 점점 떨어진다는 생각에 대해 이렇게 설명한다. "그들은 '성공하려면 어떻게 해야 한다'고 배운 대로 열심히 일한다고 생각한다. 그런데 어째서인지 그걸로는 충분하지 않다."[18] 강경 보수 단체 티파티Tea Party를 지지하는 루이지애나의 백인 노동 계급 사이에서도 유사한 태도가 발견되었다. 사회학자 서실리아 리지웨이 교수에 따르면 그들은 "근면하게 일하고 전통적인 중산층 미국인의 지위를 누리며 스스로 미국의 존중받는 중심"이라고 생각하면서 성장했지만 이제 사회적으로나 경제적으로 하락한 처지에서 "그들을 무식하고 편견이 심한 촌놈들로 깎아내리며 그들만큼 열심히 일하지 않는 것처럼 보이는 사회 집단에 특권을 안겨주는 해안가 부촌의 미국인과 도시의 엘리트들에게 무시당한다"고 느낀다.[19] 그들의 분노는 인종차별주의로 굳어진다. 그들이 '특권'을 누린다고 보는 '다른 사회 집단'에는 아프리카계 미국인들이 포함된다.

이들 백인 집단은 고등교육을 받은 엘리트가 모든 권력을 쥐고 자신들을 '백인 쓰레기'이자 '구제 불능'으로 깎아내리면서 소수 집단을 부당하게 띄워준다고 말한다. 영국의 같은 계층도 비슷한 이야기를 한다. 영국에서 소수 집단은 주로 이민자다. 양국 모두에서 고등교육을 받은 엘리트층은 수십 년에 걸쳐 신자유주의적 세계화를 추진하면서 가능한 한 넓은 지역을 상품과 서비스와 노동이 자유롭게 흐르는 열린 시장으로 만들려고 시도했다. 영국의 백인 노동 계급은 영국으로 들어오는 흑인과 동유럽인, 이슬람인 노동자들로 인해 크게 영향을 받았다. 이런 신자유주의적 계획으로 발생한 경제적 변화로 인해 "강렬한 상대적 박탈감, 곧 특정 집단에서 남들에 비해 상대적으로 손해를 본다는 믿음이 굳어졌다."[20] 국가 포퓰리즘의 부활을 분석한 정치학자 로저 이트웰Roger Eatwell과 매슈 굿윈Matthew Goodwin 교수의 지적이다. "따라서 그들은 미래를 걱정하고 그들과 자식들 앞에 펼쳐질 상황을 몹시 두려워한다. 이런 깊은 상실감은 이민, 정체성 같은 문제를 바라보는 관점과 긴밀히 얽혀 있다. 오늘날 수많은 유권자가 과거가 현재보다 나았고 현재가 아무리 암울해도 미래보다는 낫다고 생각한다."

신우파의 이런 정치적 입장은 좌파의 다수와 중도 우파의 일부에게 혐오감을 산다. 신우파는 민족 국가를 지향하고 세계화에 반대하고 이민에 반대하고 '과도한 인종 변화'에 반대한다. 이트웰과 굿윈에 따르면 이들은 정치인 중에서도 "자국의 문화와 이익을 우선에 두고, 그들과는 동떨어진, 대체로 타락한 엘리트들에게 무시당하고 심하게는 멸시당한다고 느끼는 사람들에게 목소리를 주겠다고 약속하는" 정치인을 지지한다. 이런 식의 상대적 박탈감—자기 집단이 게임에 패한다는 인식—이 신우파 운동의 '절대적 중심'을 이룬다.[21] 신자유주의와 세계화는 "사회에서 다른 사람들과 비교하면서 인식하는 존중과 인정과 지위의 수준에 강력한 영향을 끼쳤다." 최근에 능력이 부족한 백인 남성 노동자들이 스스로 "경제적 격랑을 헤쳐 나갈 능력을 제대로 갖추지 못했다고 생각하면서 특히 그들의 사회적 지위가 다른 사람들에 비해 하락했고 더는 더 넓은 사회에서 제대로 인정받거나 가치 있는 구성원이 되지 못할 거라고 생각한다. 이들은 경제적 변화의 강풍—안정적이고 영구적인 고임금의 일자리 감소—과 대학을 졸업한 사람들에게 혜택을 주는 지식 경제를 온몸으로 받아낸 사람들이다." 2016년 영국의 유럽 연합 탈퇴BREXIT와 트럼프의 미국 대선 승리는 바로 이런 걱정스러운 부분을 제대로 건드렸다. 신보수 세력은 유럽 전역에서 증가하고 있고, 프랑스의 마린 르펜과 이탈리아의 마테오 살비니, 헝가리의 빅토르 오르반 같은 극우 정치인으로 대표된다.

이렇게 신좌파와 신우파의 꿈이 충돌하는 상황은 미국의 저널리스트 라니 몰라Rani Molla가 올린 일련의 트윗에 잘 드러난다.[22] 몰라는 지방의 닭고기 가공 공장에서 시급 13달러만을 받고 일하는 가난한 백인 노동자의 역경에 관한 보도를 링크하면서 이렇게 트윗을 올렸다. "제발 닥쳐… 링크: '온갖 혜택은 다 누리면서도 징징대는 한심한 인간으로 사는 건 어떤 느낌인가?'" 몰라는 「월스트리트 저널」, 「블룸버그」, 「복스」Vox에 기사를 써 왔고, 명문 오벌린컬리지와 컬럼비아저널리즘대학에서 학위를 받았다. 몰라와 신좌파는 이 게임을 하나의 고정된 관점으로 바라본다. '백인'이라는 생물학적 범주가 사람들에게 '온갖 혜택'을 제공한다는 관점이다. 하지만 반대파는 이 게임을 다른 고정된 관점으로 바라본다. 엘리트 교육이 몰라와 같은 부류에 '온갖 혜택'을 제공한다고 보는 것이다. 이트웰과 굿윈은 신우파가 위쪽을 바라보면 "주로 교육 수준이 다르고 근본적으로 다르게 살며 가치관도 전혀 다른 사람들이 보인다"라고 적는다.[23] "이런 분열의 중심에 교육이 있다." 2016년에 트럼프에게 표를 준 백인 밀레니얼 세대의 41퍼센트 중 대다수는 대학 학위가 없었다. 전체적으로 대학 학위가 없는 백인 유권자가 2016년 트럼프 지지자의 약 5분의 3을 차지하고 영국에서는 학위가 없는 사람의 74퍼센트가 브렉시트를 지지했다. 교육의 차이가 사회 계급이나 소득이나 나이의 차이보다 이들의 분열에 더 중요하게 영향을 끼친 것이다.

대학에 다니면 남들보다 "문화적으로 진보적인 사고방식"을 지닐

가능성이 크다. 이런 사고방식에는 신좌파와 신우파의 핵심 의제인 국가와 이민에 관한 신념이 포함된다. 영국에서 교육 수준이 높은 신좌파는 다른 인구 집단보다 영국인으로서 자부심이 낮은 편이고[24] 이민이 영국에 긍정적인 영향을 끼친다는 주장에 동의하는 비율이 전체 영국인의 43퍼센트에 비해 85퍼센트나 된다. 반면에 신우파는 민족주의 게임을 한다. 백인과 기독교인의 것이 아닌 언어와 상점, 음식, 종교가 그들의 것을 밀어내는 현상을 패배의 상징으로 경험한다. 신우파는 주변에서 벌어지는 게임에서 소외감을 느끼고 미래에는 그들이 멸시당하고 지위가 하락할 거라고 생각한다.

신우파는 더 광범위한 문화에서 그들의 적이 득세하는 현실을 보여주는 상징에도 분개한다. 적들의 승리는 사회의 수많은 엘리트 게임에서 두드러진다. 기업에서도 나타난다. 예를 들어 스타벅스는 논란 많은 트랜스젠더 인권단체 머메이드Mermaids를 홍보하는 쇼트브레드 쿠키를 팔고, 면도기 회사 질레트Gillette는 남자들(거의 백인)을 난폭한 사람이나 성차별주의자나 성희롱하는 사람으로 표현하면서 "이런 일이 너무나 오래 이어졌습니다"라고 광고하고[25], 미국의 스트리밍 회사 훌루Hulu에서는 "올해 '훌루윈'Huluween을 위해 차려입을 거라면 문화적으로 적절하고 타인을 존중하는 옷을 입으세요"라는 트윗을 올렸다.[26] 신좌파가 엘리트 게임에서 주도적인 지위를 차지하는 점에서도 그들의 부상을 엿볼 수 있다. 이를테면 영국 국립도서관 관장 리즈 졸리Liz Jolly는 "인종차별주의는 백인이 만든 것"이라고 주장했고[27], 에든버러희극상의 위원장인 니카 번스Nica Burns는 "깨어 있는woke 세계에서 희극의 미래를 기대한다"고 말했고[28], 미국심리학회를 대표하는 시어피어 잭슨Theopia Jackson 박사는 "미국의 모든 기관은 백인우월주의 이념과 자본주의의 피를 물려받아 태어났고, 이 것은 질병이다"라고 말했고[29], 「뉴욕 타임스」의 편집위원이 된 저널 리스트 세라 정Sarah Jeong은 인종차별적 트윗을 여러 번 날렸다.[30] "와 우, 늙은 백인 남자를 괴롭히는 게 얼마나 짜릿한지 속이 울렁거릴 정도다." "백인들은 자식 낳는 것을 중단했다. 당신네는 곧 멸종할 것 이다. 그것이 줄곧 내 계획이었다." "백인 남자는 똥덩어리다." "멍청 하고 재수 없는 백인들이 인터넷에 의견이랍시고 올리는 건 마치 개 들이 소화전에 오줌을 싸지르는 것과 같다." "#cancelwhitepeople백 인을 없애자"까지.

신좌파는 또한 급속히 커지는 '다양성, 평등, 포용.'Diversity, Equity, Inclusion; DEI 산업을 통해 그들의 게임과 현실에 대한 꿈을 제도화하 는 데 성공했다. 다수의 대학이 거대한 DEI 팀을 꾸리고 수백만 달러 의 예산을 들여 DEI 개념을 적극적으로 전도한다. 미시간대학교 DEI 팀의 연간 임금은 1100만 달러 이상이고 정식 직원이 100명 가까이 되고 그중 25명이 연봉 10만 달러 이상을 받는다.[31] 예일대학교에서 는 직원과 학생 대표 150명 이상이 DEI라는 목표를 위해 일한다.[32] 미국의 대학교 669곳을 대상으로 한 연구에서는 3분의 1 가까이가 교직원들에게 정식 DEI 교육을 하는 것으로 나타났다.[33]

이것은 대학만의 현상이 아니다. 2019년에 「뉴욕 타임스」는 DEI 산업이 "급속히 성장하면서 새로운 직접 경로와 역할을 창출한다" 고 보도했다.[34] 미국의 한 직업 에이전시에서는 DEI 관련 구인 광 고가 2017년에서 2018년 사이에 18퍼센트 증가하면서 DEI 전문가 를 모집하는 광고가 100만 건에서 130만 건에 달했고[35], 2018년에서 2019년 사이에는 여기서 추가로 25퍼센트가 늘어났다고 밝혔다.[36]

S&P 500 기업 중 234개 기업에 대한 조사에서는 63퍼센트가 지난 3년 동안 DEI 전문가를 임명하거나 승진시킨 것으로 나타났다.[37] 예일과 코넬과 조지타운을 비롯한 대학들은 DEI 전문가 자격 과정을 개설하기 시작했다.[38] DEI 학회는 등록비만 2400달러를 청구했고, 구글은 2014년에 DEI 프로그램에 1억1400만 달러를, 2015년에는 1억 5000만 달러를 투자했다.[39] 미국의 기업들은 DEI 훈련에 연간 80억 달러를 쏟아 붓는 것으로 추산된다.[40] 이 돈은 다 어디로 갈까? 유출된 문서에 따르면 2006년과 2020년 사이에 어느 DEI 컨설턴트 한 명이 법무부와 법무장관 사무실을 비롯해 미 연방 기관에 다양성 교육을 하겠다며 500만 달러 이상을 청구했고[41], 2011년에는 미국항공우주국NASA에 '권력과 특권의 성적 지향 워크숍'으로 50만 달러를 청구했다.

한편 #미투 운동의 여파로 설립된 자선단체 '타임스 업'Time's Up에서는 첫해에 360만 달러를 모금해서 임금으로 140만 달러를 지급했지만—CEO에게 34만2000달러, 최고마케팅책임자에게 29만 5000달러, 회계 담당자에게 25만5000달러—성 학대 피해자를 돕기 위한 기금에는 31만2000달러만 기부했다.[42] 신좌파는 강력한 골드러시 운동에 뛰어들어 이 게임에서 유독 뛰어난 사람에게 돈과 함께 중요한 지위와 상징을 주었다. 이제 많은 사람의 생계가 이 게임의 강령을 적극적으로 믿는 데 달려 있고, 수많은 개인이 언론과 출판, 정치, SNS의 게임에서 열심히 싸우면서 스스로 중요한 지위를 창출한다. 이들은 유일신교의 신도들이 개척한 수법을 적절히 적용하여 성공했다. 기독교는 지옥이라는 개념을 창조하여 '구원 불안'을 만들어냈고, 이어서 기독교의 게임을 구원 불안에서 벗어날 수 있는 유일한 길로 제시했다. 마찬가지로 신좌파 활동가들은 편협성을 비난하기 위한 용어를 급진적으로 수정해서 그저 백인이거나 남성성을 죄의 징표라고 여길 만큼 낮춰진 기준으로 사람들을 협박한다. 이런 식으로 구원 불안을 조장하고 신좌파의 운동만이 유일하게 가능한 치유책이라고 제시한다. 자신들의 방식으로, 뚜렷하고 열성적이고 지극히 올바른 게임으로만 지옥으로 떨어질 위협에서 벗어날 수 있다고 주장하는 것이다.

▼▲▼

경직된 도덕 게임에서는 적대적인 꿈이 만들어진다. 이런 게임은 해로운 도덕성의 바람이 휘몰아치는 상상의 영토에서 펼쳐진다. 게임에 참가한 사람들은 스스로 기괴하고 부당한 세력과 싸우는 영웅이라고 믿는다. 이처럼 현실을 지나치게 단순화한 게임에서는 적은 만화 캐릭터처럼 1차원적 악당으로 표현되면서 더욱 위험해진다. 이를 테면 신좌파의 문명화 사명은 백인(특히 백인 남성 등)을 악마화하는 한편, 신우파는 소수 집단이 교육받은 엘리트들에게 부당하게 지위를 받았다고 믿고 이들을 악마화한다. 정책 및 정부를 연구하는 저스틴 제스트Justin Gest 교수는 백인 노동 계급 지역인 오하이오의 영스타운과 런던 동부의 대거넘에서 이런 현상을 발견했다. 두 지역모두에서 백인 노동 계급은 소수 집단에 수적으로 밀리고 정치에서 배제되어 인종적 편견에 빠지기 쉬웠다. "백인 노동 계급의 다수가 평등한 대접을 받기 위한 싸움을 개인적인 지위의 상실로 보았다. 말하자면 다른 소수 집단을 끌어올리기 위한 노력이 아니라 백인을 끌어내리기 위한 운동으로 보았다."[43]

영스타운은 20세기에 '세계 철강 수도'를 자처하던 지위에서 연간 평균 소득 14만996달러에 불과한 도시로 전락했다. "이건 미국의 악몽입니다." 어떤 남자가 제스트에게 한 말이다. "솔직히 여기서는 잘 살 가망이 없어요." 제스트가 백인 노동 계급에게 그들의 이익을 누가 지켜주는지 묻자 주로 "아무도 없다"거나 "당신과 나"라고 답하고 가장 흔한 답은 "나 스스로 지킨다"였다. 인종적 분노가 팽배했고, 아프리카계 미국인이 백인들과 다르게 보살핌을 받고 걱정과 관심의 대상으로 주목받는다는 말이 많이 나왔다. 두 아이를 둔 엄마는 제스트에게 "다들 백인들이 잘사는 줄 알아요. 넌 백인이니까 부자여야 해. 우리는 일자리를 두 개씩 구해서 애들을 학교에 보내려고 안간힘을 쓰면서 살아요. 그런데도 넌 백인이니까 할 수 있어, 넌 도움도 필요 없고 소수 집단 대출도 필요 없고 정부 할인도 필요 없어, 라고 말하죠." 그리고 옆집을 가리키며 말했다. "저 집에는 갱단이 살아요. … 저 사람들이 동네를 망치고 있어요. 그래서 여길 떠나려고요. … 흑인 아이는 건드리지도 않고, 말을 걸지도 않고, 위협하지도 않아요. 하지만 백인 아이한테는 함부로 말하거나 행동할 수 있죠." 또 어떤 사람은 암호문 같은 말로 "새 차를 타고 다니는 사람들"에 대해 불만을 털어놓았다. "나는 차를 살 돈도 없어요. 정부에서 저 사람들 집세랑 공과금을 대주니까 저들은 금목걸이와 캐딜락에 돈을 써요. 난 쉐보레 카발리에 살 돈도 없는데요."

한편 대거넘에는 이런 은유적인 말도 없다. 한때 백인 영국인 지역이던 이곳은 이제 인구의 절반 가까이가 아프리카, 아프리카계 카리브해, 남아시아, 동유럽에서 온 이주민들이다. 대다수가 포드 자동차 생산 공장에서 일했지만 2002년에 공장 가동이 중단되었다. 제스트는 59세의 낸시 펨버튼의 집을 찾아갔다. 그 집 정원에는 영국 국기 다섯 개가 나부꼈고 그중 하나는 3.5미터 높이에 걸려 있었다. 국기를 향해 피도록 꽃밭도 만들어졌다. 펨버튼은 제스트에게 이렇게 말했다. "예전에는 공동체가 있었어요. 대다수가 영국인이었어요. 동네엔 아시아 여자가 한 명 살았어요. 그리고 흑인 소년도 하나 살았는데, 그 애 엄마는 크고 뚱뚱한 레즈비언 여자고 딱히 조용한 사람은 아니었어요. 그래도 우리는 잘 지냈어요." 펨버튼은 유럽연합이 영국으로의 이민을 '부추겼다'고 보았다. "보조금을 받기에는 영국이 최고죠. 어느 날 밤에는 열차를 타고 런던 바킹지구에 내렸더니 루마니아 여자들 수십 명이 애들을 데리고 있었어요. 경찰서에 다녀온 거였죠. 부도덕한 루마니아인들. 밖에 나가보면 온 거리가 할랄 식당과 쓰레기로 정신 사나워요. 나이로비의 교외 같아요."

　인종차별적 견해는 나이 든 사람들만 지닌 게 아니었다. 스물두 살의 한 여성은 제스트에게 이렇게 말했다. "취업 면접에서 이민자가 합격하지 못하면 사장이 인종차별주의자라서 그렇다고 해요. 이민자들이 우리 일자리와 집을, 그리고 정부가 영국인에게 제공하려는 모든 것을 가져가는 것 같아요. 그것도 제일 먼저." 열여덟 살의 한 남성은 아시아인들이 "우리보다 잘났다는 듯이 활보해요. 우리나라에 온 걸 받아준 사람이 우리인데도요. 다들 그걸로 정말 화가 났어요. 제가 외부인이 되어 이민자들을 들여다보는 느낌이에요."

　인터뷰에는 "인종차별주의자는 아니지만…"이라는 표현이 자주 나온다. 제스트는 이것을 편협한 사람으로 보지 말아 달라는 진지한 요청이 아니라 그들의 말을 제발 들어 달라는 호소로 해석했다.

말하자면 인종차별주의자라는 말은 그들이 "상실감을 호소하는 동안 상대방의 입을 막는 음 소거 버튼"이다. 제스트는 40회에 걸친 인터뷰에서 "인종차별주의자는 아니지만…"이라는 말을 무려 서른두 번 들었다. 몇 가지 예를 들어보자. "제가 인종차별주의자는 아니지만 여긴 원래 영국인들이 사는 좋은 동네였어요. 알바니아인과 아프리카인들이 넘어오기 전에는." "전 인종차별주의자가 아니에요. 그놈의 염소 카레도 좋아한다고요. 말이 거칠어서 죄송합니다. 그래도 영국인 가정이 최우선이 아니라는 원칙은 옳지 않아요." "전 인종차별주의자가 전혀 아닙니다. … 하지만 폴란드인들이 일자리를 다 차지하고 성매매 조직과 마약 조직을 운영해요." "전 인종차별주의자가 아니에요. 다만 이 나라는 흑인과 보스니아인들로 뒤덮였어요."

대거넘의 백인 노동 계급 주민들은 인종과 민족성의 상징을 통해 게임을 하기 때문에 이런 해로운 꿈 속에서 산다. 신자유주의와 세계화 프로젝트로 인해 그들의 게임이 추락하고 그들의 물리적 영토와 신경계 영토는 패배의 상징으로 뒤덮였다. 그들에게는 이민이 영국 경제에 승리를 안겨준다는 측면이 중요하지 않다. 그들의 지위가 하락하는 데는 자동화와 아웃소싱의 책임도 있다는 사실도 중요하지 않다. 그들에게는 지위가 하락한 현실만 보인다. 낸시 펨버튼은 어느 정치인에게 보낸 편지에 이렇게 적었다. "저는 영국인이라서 자랑스럽고 영국을 사랑하지만 영국이 사라져 가고 우리나라 말이 온갖 나라 사람들의 말에 섞여 사라져 가는 꼴을 지켜보는 게 싫습니다. … 우리의 삶의 방식이 점점 사라지고 우리의 모든 가치관이 무시당하는 현실을 보는 게 싫습니다. 그나마 남은 푸르른 풀밭에 이민자들을 더 수용하기 위해 주택이 들어서는 현실을 보는 것도 싫습니다. 우리 사회를 고갈시키고 우리에게 아무런 이익도 가져다주지 않는 사람들을 위한 것이니까요." 2007년에 한 여론조사에서 대거넘과 바킹의 주민들에게 지역 사회를 발전시키기 위해 어떻게 하면 좋을지 물었다. 가장 많이 나온 답변은 "50년 전 원래 모습으로 되돌리는 것"이었다.

우리가 자면서 꾸는 꿈은 진실과 광기의 결합이다. 밤에 자면서 보는 환영은 완전히 환상은 아니다. 말하자면 꿈속에서 우리는 우리 자신이고 우리가 아는 장소에서 우리가 아는 사람을 만나지만, 현실을 가장하는 이런 꿈에는 망상이 삽입된다. 하지만 우리가 인생과 위계질서에 대해 꾸는 꿈은 조금 다르다. 신좌파는 이 게임이 전적으로 성차별적이고 백인우월주의적이라고 주장한다. 적들의 편견을 보는 것이다. 반면에 신우파는 교육받은 엘리트가 그들에게 전적으로 관심을 끊었다고 주장한다. 엘리트들이 백인을 멸시하고 소수 집단의 고통에만 주목하고 그들만 존중한다고 여기는 것이다. 양쪽 모두 과장의 오류를 범하고 있다. 모든 백인이 편견 덩어리가 아니듯이 모든 교육받은 엘리트가 백인 노동 계급에 편견을 보이는 것이 아니다. **하지만 그들은 생략 때문에 잘못된 길로 이끌린다.** 양쪽의 꿈이 충돌하는 가운데 서로의 꿈에 증오와 진실이 모두 존재한다는 사실을 보지 못한다.

28 —

공산주의자들의 우화

레닌, 스탈린이 꿈꾼 유토피아

지위 없이도 살 수 있다면 어떨까? 앞서 나가기 위한 조건을 없애고 함께 어울려 사는 것이 가장 중요한 사회를 건설한다면? 지위 게임의 고통과 부당성, 지위 게임이 만들어내는 시기와 격분과 지독한 탈진 상태, 이 모든 것이 사라진다면. 상상해보라! 유토피아이자 지상에 펼쳐지는 진정한 낙원이자 인간 진보의 이야기에서 아름다운 마지막 장일 것이다. 하지만 어떻게 해야 할까? 어디서 시작해야 할까? 애초에 무엇이 우리를 구분할까? 무엇이 불공평을 유발할까? 재산이다. 부동산, 상품, 토지, 사업, 산업, 모든 것의 사유권이다. 그러니 여기서부터 시작하자. 이제 사유권이 없다. **모든 것**을 공유해야 한다. 공동으로 일하고 함께 살아간다. 모두가 나만이 아니라 서로를 위해 열심히 노력한다면 보상이 풍성하게 축적되어 탐욕이 아니라 필요에 따라 분배할 수 있다. 이것을 '공산주의'라고 부르자.

이 개념은 고대 그리스에 뿌리를 둔 것으로 보인다. 고대 그리스는 최초로 사유지를 매매한 곳이자 이런 제도가 불러올 수 있는 불평등을 처음으로 목격한 곳이기도 하다. 플라톤은 아내와 자녀까지 모든 것을 공유하고 "사적이고 개인적인 것이 완전히 사라지고 눈과 귀와 손처럼 사적인 것이 공공재가 되는" 이상적인 국가를 주장했다.[1] 공산주의라는 용어는 1840년대에 파리에서 만들어졌다. 공산주의는 완벽한 플라톤적 평등의 이상, 다시 말해서 개인이 사회 현실에서 효과적으로 사라지고 사유재산이 불법화되는 이상에 관해 이야기했다. 나아가 공산주의라는 용어는 이런 순수한 연결의 꿈을 구현하기 위한 프로그램과 체제를 의미하기도 했다.

산업혁명이 일어난 이후 이 시기에는 계급 간의 심각한 불평등이 점차 가시화되었다. 이전에는 세계 경제의 80퍼센트에서 90퍼센트가 농업에 기반을 두었다. 하지만 이제 새로운 계급―기업가, 자본가, 곧 '부르주아'―이 현저하게 부유해졌고, 그들의 부는 대다수의 노동자가 겪는 부당한 처우와 수모를 바탕으로 쌓인 부였다. 분노가 끓기 시작했다. 노동 계급에서만이 아니라 졸부들의 지위가 상승하는 데 염증을 느낀 지식인들 사이에서도 분노가 끓어올랐다. 이런 지식인 중에 카를 마르크스와 프리드리히 엥겔스가 있었다. 그들은 1848년에 『공산당 선언』에서 "공산주의 이론은 한마디로 요약할 수 있다. 사유재산 철폐"라고 밝혔다.

두 사람은 공산주의에서는 수만 년의 불평등을 낳은 노동 분업이 종식될 거라고 믿었다. 인간은 자신이 잘하는 한 가지 능력의 게임에만 전념하지 않을 것이다. 대신에 돌아가면서 이런저런 일을 할 것이다. 마르크스에 따르면 공산주의 세계에서는 "사회가 전체의 생산량을 조절하므로 오늘 한 가지 일을 하고 내일은 다른 일을 하면서, 아침에는 사냥하고 오후에는 낚시하고 저녁에는 소를 치고 저녁을 먹고 나서는 비평을 하면서도 … 사냥꾼이나 낚시꾼이나 목동이나 비평가가 될 필요가 없다."[2]

공산주의자들의 꿈은 인간이라는 동물의 부활을 이야기했다. 자본주의는 사람들을 서로 협력하며 살아가는 자연스러운 상태에서 끌어내 경쟁하는 상태로, 사랑과 공유가 비용과 혜택과 교역의 형태로만 존재하는 괴물의 상태로, 인간의 가치가 성공하는 데 서로 얼마나 도움이 되는지를 기준으로만 결정되는 상태의 거친 세계로 내던졌다. 이처럼 지위를 추구하는 상태, 탐욕스러운 자본주의 부르주아에 의해 만들어진 상태는 인간의 인식 자체를 오염시켰다. 마르크스는 이렇게 적는다. "집은 클 수도 있고 작을 수도 있다. 주변의 집들이 공평하게 작다면 주거 공간에 대한 모든 사회적 요구가 충족된다. … 하지만 작은 집 옆에 대궐 같은 집이 들어선다면 작은 집은 헛간으로 쪼그라든다."[3] 그 작은 집이 아무리 커져도 "옆의 대궐 같은 집이 함께 커지거나 더 많이 커진다면 상대적으로 작은 집에 사는 사람은 점차 불편해지고 불만족스러워지고 사방의 벽 안에서 갑갑하게 느낄 것이다."

공산주의의 이야기에 따르면 부르주아 엘리트들은 산업을 사유화하는 방식으로 대궐 같은 집을 지을 자금을 착복해서 꼭대기의 자리를 지킬 수 있었다. 부르주아는 이렇게 획득한 권력을 남용하여 다른 모두를 착취했다. 사유화로 인해 계급이 생기고, 사유화로 인해 가난한 사람들이 '빈곤화'되고, 사유화로 인해 "고통받고 억압당하고 노예의 처지로 전락하여 수모와 착취에 시달리는 민중이 늘어났다."[4] 평등한 낙원으로 가려면 생산 수단의 사유화가 종식되어야 했다. 그리고 그 일이 일어날 것이다. 여기에 대해서는 의심의 여지가 없었다. 자본주의는 계속 유지될 수 없는 제도이기 때문이다. 자본가 부르주아가 서로를 먹어치우며 순전히 경쟁으로 그 수가 감소하는 반면 분노하고 착취당한 무산 계급 노동자들, 곧 '프롤레타리아'는 계속 증가할 것이다. 산업계 전반에서 혁명이 불가피했다. 두 사람은 이렇게 적었다. "지배 계급이 공산주의 혁명에 떨게 하라. 프롤레타리아가 잃을 건 사슬뿐이요, 얻을 건 전 세계다."

그리고 프롤레타리아가 승리하면 인류는 약속의 땅으로 들어가 나치와 '천국의 문' 신도들이 상상한 것과 유사한 초월적 지위로 거듭날 것이다. 혁명가이자 이론가인 레온 트로츠키는 이렇게 적었다. "인류, 지지부진한 호모사피엔스는 다시 한 번 급진적인 재건의 상태로 넘어갈 것이다."[5] 인간은 "사회생물학적으로 더 고귀한 형태, 슈퍼맨, 말하자면 … 범접할 수 없이 강인하고 현명하고 섬세한 존재가 될 것이다. 몸은 더 조화롭고, 동작은 더 경쾌해지며, 목소리는 더 아름다울 것이다. … 평범한 인간이 아리스토텔레스와 괴테, 마르크스의 수준에 오를 것이다. 그리고 이 능선을 넘으면 다른 봉우리가 나타날 것이다."

▼▲▼

이 꿈을 실현하기 위해 노력한 것으로 가장 인정받는 인물은 블라디미르 일리치 울리야노프, 바로 레닌이다. 부르주아를 향한 레닌의 증오는 강렬하고 과격하고 절대적이었다. 현대의 여러 역사가는 레닌이 이렇게까지 증오를 품은 원인을 형 사샤가 "황당할 정도로 아마추어적"이지만 거의 성공할 뻔한 암살 음모로 처형당한 후 중상류층이던 그의 집안이 겪은 모멸감에서 찾는다.[6] 레닌의 아버지는 1870년에 재단사의 아들로 태어났지만 귀족 계급으로 신분이 상승하고 명예로운 성 블라디미르 3급 훈장을 받았다. 집안은 높은 지위로 올라갔지만 그들의 기반이 그렇게 탄탄한 것은 아니었다. 역사학자 로버트 서비스Robert Service 교수는 "심비르스크 지방의 귀족들은 누대에 걸쳐 그 지위를 누려 왔다"[7]면서 새로 이 지위로 진입한 레닌의 아버지가 도시의 거만한 귀족들에게 업신여김을 당했다고 쓴다.

사샤가 체포되어 처형된 후, 자존심이 강했던 집안은 "사회의 변방"으로 밀려났다. 손님으로 찾아오던 고관들의 발길도 끊겼다. 옛 친구들도 더는 찾아오지 않았고, 길에서는 모르는 사람들에게 눈총을 받았다. "심비르스크의 존경받는 사람들, 의사, 교사, 관료, 장교들이 그들에게 혐오감"을 드러냈다. 이 집안의 사람들은 아이들까지도 사샤의 죄에 대한 책임을 떠안아야 했고 "끝나지 않는 사회적 배척"에 직면해야 했다.[8] 그리고 마침내 극심한 배척에 떠밀려 결국 심비르스크를 떠나야 했다. 역사가 빅토르 세베슈티엔Victor Sebestyen 교수는 이렇게 적는다. "그리하여 (레닌은) 자유주의자와 '중산층의 공상적 개혁가'에게 신랄한 감정, 때로는 통제 불능의 염증을 느꼈고, 죽는 날까지 이 감정을 드러냈다. '부르주아는 … 늘 배신자이자 겁쟁이다.' 이때부터 레닌이 자주 한 말이다. 정치는 개인의 일이고, 이것 역시 개인의 일이었다."[9] 레닌은 "거의 하룻밤 새 급진주의자가 되었다." 레닌의 동료 중 한 명은 훗날 레닌의 주된 특징을 빈자들에 대한 염려가 아니라 증오였다고 적는다.[10]

레닌의 증오는 세상을 변화시킬 증오였다. 레닌의 1917년 10월 혁명으로 러시아는 이후 70년이 넘게 이어질 공산주의 지배의 새벽을 목격했다. 이 꿈은 1970년대까지 세계 인구의 3분의 1 이상을 지배했다. 그러나 처음에 레닌의 '볼셰비키' 정당은 인기를 끌지 못했다. 가장 잘나가던 시기에도 선거에서 4분의 1 미만을 득표했다. 폭력적인 쿠데타로 정권을 잡은 볼셰비키는 러시아에서 다수의 지지를 받지 못할 뿐 아니라 경쟁자인 사회주의자와 무정부주의자에게 둘러싸여 있었다. 이때 '모멸감의 상처'에서 동력을 얻는 거만한 남자가 등장한 것이다. 레닌은 강력한 지배-도덕 게임을 하는, 지위가 높은 집단을 이끌었다. 이 집단은 편집증적으로 그 지위를 불안해했고, 현실에서나 상상에서나 항상 지위가 높은 적들에게 둘러싸여 있었다. 지위 게임의 논리에 따르면 이것은 지옥을 생성하기 위해 완벽하게 설계된 상황이었다.

마르크스의 주장에 따르면 계급이 사라진 새로운 유토피아가 출현하려면 우선 지배력을 동원해서 사회를 재편하고 자본가들의 손아귀에서 소유권을 빼앗는 일시적인 과도기를 거쳐야 했다. 이것이 '프롤레타리아 독재'다.[11] 그래서 레닌은 지도자들에게 "약탈자들을 약탈할"[12] 권한을 부여했다. 부르주아들에게서 돈과 상품과 부동산을 빼앗고 눈 치우기와 거리 청소 같은 하찮은 일을 강제로 시키면서 모멸감을 주었다. 어느 주요 혁명가는 이렇게 말했다. "수백 년 동안 우리의 아버지와 할아버지가 지배 계급의 오물과 쓰레기를 치워주었지만 이제는 우리가 그들에게 우리의 오물을 치우게 할 것이다."[13] 역사가 올랜도 파이지스Orlando Figes 교수에 따르면 그들은 "과거의 사람들"로 분류되었고 "생존하기 위해 싸우는 사람들"이 되었다. "그들은 단지 생계를 위해 마지막 소유물을 팔아야 했다. 마이엔

도르프 남작 부인은 다이아몬드 브로치를 5000루블에 팔았다. 밀가루 한 봉지를 살 돈이었다."

러시아의 신경계 영토에서 공산주의의 지배는 절대적이어야 했다. 공산주의는 지위를 얻기 위한 유일한 기준이어야 했다. 레닌은 다른 정당은 물론 공산당 안에서도 다른 소집단을 결성하지 못하게 했다. 가능한 모든 위협을 '민중의 적'으로 지목하고 공포 분위기를 조성했다. 민중의 적에는 러시아에서 높은 지위를 차지하던 기독교도도 포함되었다. 사제와 수녀 수천 명이 "살해당하고 일부는 십자가에 못 박히거나 거세당하거나 산 채로 매장되거나 타르가 끓는 가마솥에 던져졌다."[14] 1918년에 레닌에 대한 암살 기도가 발생한 후 그의 게임은 더욱 경직되었다. 언론은 부르주아에 대한 보복을 요구했다. 수천 명이 체포당하고 많은 사람이 고문당하고 일부는 손에서 허물이 벗겨지도록 손을 삶는 벌을 받았다.

국가가 모든 곡물의 소유권을 독점한다고 선포한 후 무장한 군대는 농촌으로 쳐들어가 농민들에게 소유권을 요구했다. 곡식을 충분히 거둬들이지 못하자 레닌은 '마녀'에게로 교묘히 화살을 돌렸다. 비교적 부유하고 성공한 농부, 곧 쿨라크kulak를 자본가로 지칭하고 그들이 몰래 곡식을 비축했다고 비난한 것이다. 레닌은 이렇게 적었다. "쿨라크는 소비에트 정부의 과격한 적이다. 이 흡혈귀들은 배곯는 민중을 딛고서 부를 축적했다. 이 거미들은 노동자의 고혈을 짜내서 자신을 살찌웠다. 이 이들은 노동자들의 피를 빨아먹었고 도시 노동자들이 굶주릴수록 더 부유해졌다. 쿨라크를 향해 자비 없는 전쟁을 벌이자! 그들 모두에게 죽음을 안겨주자."[15] 레닌의 사이코패스적 잔혹함은 1918년의 전보에서도 드러난다.[16]

동지들!

주변 다섯 개 지역에서 일어난 쿨라크의 폭동을 무자비하게 진압해야 한다. 전체 혁명의 이익을 위해 그렇게 해야 한다. 지금 우리는 모든 곳에서 쿨라크와 최후의 일전을 치르고 있다. 본보기를 보여야 한다.

1. 적어도 100명 이상의 악명 높은 쿨라크, 부자들, 흡혈귀들의 목을 매달아라(인민들이 볼 수 있도록. 절대 실패해서는 안 된다).

2. 그들의 이름을 공개하라.

3. 그들에게서 마지막 한 톨의 곡식까지 빼앗아라.

4. 인질들을 선정하라. …

그리하여 사방 수백 킬로미터 안의 인민들이 보고 전율하고 깨닫고 외치게 하라. 그러면 그들이 피를 빨아먹는 쿨라크를 계속 죽일 것이다.

이 전보의 수신과 이행 여부에 관해 답을 보내라.

레닌 보냄

추신. 더 강인한 사람들을 찾아라.

계급이 사라진 유토피아는 아직 오지 않았다. 역사가 쉴라 피츠패트릭Sheila Fitzpatrick 교수는 공산주의자들은 "'과거의 사람들', 즉 과거의 특권층을 극단적으로 차별하고 노동자와 새로운 '독재 계급'에는 우호적인 정책을 펼쳤다"라고 적는다.[17] 새로운 계급 질서의 출현은 식량 배급에서도 감지되었다. '붉은 군대'의 병사들과 관료들이 최상위 계급으로서 식량을 가장 많이 배급받았다. 그다음이 노동자이고, 마지막이 증오의 대상인 부르주아였다. 어느 고위급 혁명가에 따르면 부르주아는 "빵 냄새를 잊지 않을 만큼의 빵"만 배급받았다.[18] 사람들은 새로운 공산주의 게임에서 위로 올라가는 가장 확실한 방법은 공산당에 들어가거나 공산당에 복무하는 것이라고 생각했다. 1920년에는 540만 명이 정부에 직접 고용되었다. "소련에서는 공무원이 노동자의 두 배이고, 공무원이 새로운 체제의 사회적 토대였다." 파이지스의 글이다. "이것은 프롤레타리아 독재가 아니라 관료주의 독재였다."

사람들은 이 게임을 해 나가며 게임을 믿게 되었다. 많은 사람이 개인적인 지위를 공산주의 게임에 끼워 넣고 공산주의의 꿈을 흡수하고 공산주의에 충성했다. 지도자들은 소련이 서구에 한참 뒤처진 낙후된 사회에서 세계 최고의 발전한 사회로 발돋움할 거라는 유혹적인 이야기를 들려주었다. 정치학자 레슬리 홈즈Leslie Holmes 교수는 이렇게 적는다. "1920년대 중반 많은 소련 국민이 국가의 미래에 열광한 데는 의심의 여지가 없다."[19]

이 게임은 소련 밖으로도 퍼져 나갔다. 공산주의로 전향한 사람들의 사고방식에 관한 흥미로운 통찰은 1931년에 독일에서 공산당에 가입한 작가 아서 쾨슬러Arthur Koestler의 논문에서 찾을 수 있다.[20] 쾨슬러는 경제 위기로 중산층이 몰락한 후 많은 사람이 극좌파나 극우파로 흘러가는 모습을 목격했다. 그는 '공산당 선언'에서 "지배 계급 전체"가 이 운동에 "계몽과 진보의 신선한 요소"를 제공할 거라는 마르크스의 예언을 읽었다. 그는 이 대목을 좋아했다. "'계몽의 신선한 요소'라는 대목을 발견하고 진심으로 기뻤다."

쾨슬러가 일단 이 게임에 뛰어들자 게임의 규칙과 상징이 그의 게임 장치에 새겨지기 시작했다. 이튼칼리지와 '천국의 문'의 세계에서 보았듯이 게임의 소속감이 그들만의 언어로 상징화되었다. 쾨슬러는 당원증을 받고 이제부터 '너', '당신'을 가리킬 때 'you'가 아니라 'thou'라고 말하라는 지시를 받았다. '자발적인'spontaneous이라는 단어는 당시 계급의 적이 된 트로츠키를 연상시키므로 쓰면 안 되었다. 마찬가지로 '차악'lesser evil 같은 표현도 '철학적, 전략적, 전술적 오류이자, 트로츠키파적, 파괴주의적, 청산자적, 반혁명적 개념'이므로 사용할 수 없었다. 권장하는 단어와 구문으로는 '고통받는 인민'the toiling masses, '종파'sectarian, '악명 높은'herostratic, '구체적인'concrete이 있었다("동지, 질문을 더 구체적으로 던지세요."). 나치가 탄압하던 시기에 쾨슬러가 알고 지내던 한 여인은 '구체적인'이라는 말을 써서 공산당원이라는 사실을 들켰다. "게슈타포는 그녀의 말을 따분하게 들으면서 내심 그녀를 잘못 체포한 건가 의심하던 중이었다. 그런데 그녀가 이 치명적인 단어를 두 번이나 말했다."

이 게임이 쾨슬러의 신경계 영역을 식민지화하며 그의 '복제, 아첨, 순응' 회로가 켜졌고 이제 그의 예술적, 음악적 취향은 엘리트의 취향이 되었다. 레닌이 발자크를 읽었기에 이제 발자크가 '모든 시대를 통틀어 가장 위대한 작가'가 되었고, 연기 나는 공장의 굴뚝이나 트랙터가 등장하지 않는 그림은 '현실도피자'의 그림이 되었다. 진실이 꿈에 잠식당했다. 당의 노선에 의문을 품으면 모두 반역 행위로 간주되었고, 회의 중에는 돌아가면서 '올바른' 신념을 말하고 서로를 칭찬했다. 언론의 자유는 일탈로 여겨졌다. "독일 공산당 구호 중에 '최전선은 토론장이 아니다'라는 구호가 있었다. 또 이런 구호도 있었다. '공산주의자는 어디에 있든 거기가 항상 최전선이다.'"

사이비 종교 '천국의 문'이 신도들에게 그릇된 생각이 나면 '빈 카드'를 들라고 지시한 것처럼 쾨슬러는 '올바르게' 생각하는 법을 배웠다. 그가 처음에 공산당의 분석이 명백한 진실에 부합하지 않는다고 의문을 제기하자 그는 당원들로부터 아직 '기계론적 전망'에 얽매여 있다는 비난을 들었다. 그들은 대신 '변증법적으로' 사고하고 세계를 당의 눈으로 해석하라고 했다. "나는 점차 사실에 대한 기계론적 선입견을 불신하고 나를 둘러싼 세계를 변증법적 해석의 관점으로 이해하는 법을 배웠다. 그러자 과연 만족스럽고 더없이 행복한 상태가 되었고, 일단 그 관점에 동화되자 더는 사실에 구애받지 않았으며, 사실은 자연스럽게 적절한 색채를 띠고 적절한 자리를 찾아 들어갔다." 사이비 종교 신도들처럼 쾨슬러는 기꺼이 게임의 꿈에 빠져들었다. "우리는 단일하고 단순하게 생각하기를 갈망했다." 게임이 본격적으로 시작되고 그가 게임 안에서 지위를 얻으려고 싸우는 사이 그처럼 지적인 사람조차 현실 감각이 갈수록 무뎌졌다. "믿음은 경이로운 것이다. 산을 옮길 수 있을 뿐 아니라 청어를 경주마라고 믿게 만들 수도 있다."

구소련에서 계급이 사라진 완벽한 유토피아는 아직 오지 않았다. 1921년에는 경제를 크게 발전시키기 위해 '신경제정책'New Economic Policy; NEP이라고 자본주의를 일부 수용하는 정책을 도입했다. 예를 들어 중소 규모의 기업을 일부 허용하고 농부들에게 곡식을 징수하는 대신 세금을 부과하는 방식이었다. 경제가 급속히 성장했다. 하지만 NEP는 이 게임에서 진정으로 의로운 사람들 사이에서는 인기를 끌지 못했다. 그들은 NEP를 "프롤레타리아에 대한 새로운 착취"[21]라고 규정했다.

레닌은 건강이 나빠지기 시작해서 1924년에 사망했다. 레닌의 뒤를 이은 스탈린은 NEP 대신 급속도의 산업화와 강제 집단농장화를 도입했다. 지방으로 군대를 보내서 농업을 재편했다. 군대는 곡식을 차출해서 전국으로 공급하고 서구의 경쟁자들을 능가하는 영광스러운 미래를 건설하는 데 자금을 지원했다. 스탈린은 이렇게 썼다. "우리는 산업화의 길에서 전력 질주해서 사회주의로 나아가고 해묵은 '러시아의' 후진성은 뒤에 남길 것이다."[22] 이어서 이렇게 적었다. "우리는 철강의 나라, 자동차의 나라, 트랙터의 나라가 되어 간다. 소련을 자동차에 태우고 농부를 트랙터에 태울 때 '문명'을 자랑하는 고매하신 자본가들이 어디 한번 우리를 앞지르라고 해보라! 어떤 나라가 도태되고 어떤 나라가 진보할지 알게 될 것이다."

이처럼 스탈린이 다시금 농촌을 공략하면서 한때 전국에서 유통되는 곡식의 4분의 3 가까이 생산하던 유능한 농부들이 다시 마녀사냥의 표적이 되었다. 스탈린은 '쿨라크 계급을 청산'하려고 했다. 1930년이 시작되고 처음 두 달에만 약 6000만 명의 농부가 강제로 집단농장으로 보내졌다.[23] 2년 후 140만 명 정도가 북쪽 동토의 '특수정착촌'으로 보내졌다. 기록에 따르면 시베리아로 떠나는 열차 한 대에 객차 61개가 연결되어 약 3500명의 쿨라크를 실어 날랐다.[24] 열차로 이동하다가 사망하는 사람이 약 15퍼센트였다. 어떤 사람은 "아침에 눈을 떠서 시체를 보는 데 익숙해졌다"고 말했다. "마차가 멈추고 병원 마부인 아브람이 시체를 쌓았다. 모두 죽은 것은 아니었다. 많은 사람이 부종으로 붓고 핏기 없이 시퍼런 다리를 끌고 황량하고 지저분한 거리를 돌아다니며 개처럼 구걸하는 눈빛으로 오가는 사람들을 보았지만 … 아무것도 얻지 못했다."

1933년에는 약 5000명의 쿨라크와 '몰락한 분자'가 썩어 가는 밀가루 몇 자루와 함께 오브강의 한 섬에 버려졌다.[25] 누군가는 헤엄쳐서 강을 건너려다가 차가운 물속에서 익사했고, 누군가는 신발이나 빵한 덩이를 빼앗으려고 서로를 살해했다. 그리고 누군가는 잡아 먹혔다. 공식 기록에 따르면 "어느 날 하루에만 시신 다섯 구가 간, 심장, 폐, 그리고 몸에서 고기가 많은 부분(유방과 종아리)이 잘려 나간 채" 발견되었다. 그 섬에 있던 누군가의 증언에 따르면 코스티야 베니코프라는 젊은 감시병이 구애하던 '예쁜 소녀'가 있었다. "감시병은 소녀를 지켜주었다. 어느 날 그는 잠시 자리를 비우면서 동료에게 '그녀를 보살펴 달라'고 부탁했다. … 나중에 소녀는 젖가슴과 근육과 먹을 수 있는 부위는 모두 잘려 나가고 그 섬의 유명한 나무에 묶인채로 발견되었다. … 코스티야가 돌아왔을 때, 소녀는 그때까지 아직 목숨이 붙어 있었다. 감시병은 소녀를 구하려 했지만 이미 피를 너무 많이 흘린 상태였다. 그리고 소녀는 죽었다. 그는 운이 나빴다." 소련의 수용소에서 식인은 흔한 일이라 잡아먹힐 처지인 사람들을 부르는 명칭까지 있었다. '암소'였다. 스탈린의 통역자였다가 훗날 굴라크라는 정치범 수용소에 갇힌 자크 로시Jacques Rossi는 이렇게 적는다. "'암소'는 재소자들이 같이 탈출을 모의하자고 꾀는 신참이다. 신참은 이런 유혹에 넘어가 유명한 재소자들과 어울려 다닌다. 식량이 떨어지면 그를 죽여서 그의 피를 마실 줄 모르는 채."

소련의 '탈쿨라크화' 정책의 책임자들에게 지위란 인간의 자연스러운 공감 능력을 적극적으로 억압해서 주어지는 것이었다. "부르주아적 인도주의는 내다 버리고 스탈린 동지에게 어울리는 볼셰비키처럼 행동하라." 그들이 받은 지시였다. "자본주의 농업의 최후의 썩은 잔재를 반드시 척결하자!" 공산당원이었던 레프 코펠레프Lev Kopelev는 아이들의 비명에 괴로워하는 자신을 꾸짖으며 "나약한 연민에 굴복하는 것은 부도덕하다. 우리는 역사적 필요성을 실현하는 중이다. 우리는 혁명의 책무를 수행하는 중이다. 우리는 사회주의 조국을 위해 곡식을 확보하는 중이다"라는 영웅적인 이야기를 스스로에게 들려주었다. "저들은 인간이 아니다, 저들은 쿨라크다"라고 되뇌며 마음을 다잡았던 어느 공산당원도 있다.

많은 쿨라크가 굶어 죽었다. 1932년 법령에서는 '사회주의 재산을 절도하거나 침해하는 자'에게 징역 10년이나 사형을 언도하도록 했다.[26] 곡식 몇 줄기만 가져가도 처벌당할 수 있어서 농민들은 풀과 나무껍질을 먹었다. 방대한 양의 곡식과 우유, 유제품, 달걀, 고기가 농촌에서 징발당해 전 세계로 팔려 나가며 스탈린의 산업화 사업에 자금을 대는 동안 농촌에서는 600만 명 정도가 굶어 죽었다. 쿨라크 말살은 "소비에트 경제에 재앙"이었다고 파이지스는 적는다. "이로써 집단농장에서 가장 유능하고 근면한 농민들, 곧 '쿨라크'가 제거되어 결국 소비에트 농업은 구제 불능으로 추락했다." 1930년대 초에 소도시와 대도시의 상점에서 물건이 사라지기 시작했고, 심각한 식량과 의복과 그밖의 생필품 부족 현상이 나타나기 시작했다. 경제학자 알렉 노브Alec Nove에 따르면 1933년에 소련에서는 "역사상 평화로운 시기에 가장 급격한 생활 수준 하락"[27]이 발생했다.

그리고 1936년, 수확에 실패했다.

혁명의 과정에서 발생한 문제에는 책임자가 필요했다. 물론 공산주의자였을 리는 없다. 그러면 누구였을까? 혁명을 거역하면서 음모를 꾸미는 적들, 곧 반역자, 숨은 자본가, **마녀들**이다. 그들을 색출해야 했다. 그즈음 20년 가까이 이어져 오며 심하게 경직된 이 게임에서는 순응이 삶의 중요한 태도였다. 공산당은 사생활이라는 개념을 허용하지 않았다. 파이지스에 따르면 "사람들이 사적으로 하는 모든 행위가 '정치적'이었고" 그래서 "집단의 비난에 지배당했다." 1936년에 프랑스에서 소련을 방문한 어느 친공산주의 작가는 그가 만난 사람들의 "놀라울 정도로 획일적인" 옷차림을 언급하며 "그들의 마음도 그만큼 획일적이라는 데 의심의 여지가 없다. … 개인이 집단 속에 파묻히고 한 개인으로서 대접받지 못해서 여기서는 사람들을 지칭할 때 집단을 의미하는 단수를 써서 '여기 사람들이 있다'가 아니라 '여기 사람이 있다'라고 말해야 할 것만 같다"라고 적었다.[28]

이렇듯 모두가 공산주의의 꿈을 믿는다고 **말하는데** 어떻게 반역자를 찾아낼 수 있을까? 스탈린은 그의 엘리트 중에서 누가 진실로 충직한 사람이고 누가 머릿속 은밀한 세계에서 다른 게임을 하는 사람인지 어떻게 찾아낼 수 있었을까? 스탈린은 **공식적인** 공산주의 게임에서 절대적인 최고의 자리에 있었지만 주변 사람들의 머릿속에서 벌어지는 **진정한** 게임에서는 그가 어떤 지위에 있는지 알 길이 없었다. 파이지스는 "숙청은 여기서, 잠재적인 적의 가면을 벗기려는 볼셰비키의 욕구에서 시작되었다"[29]라고 말한다.

이렇게 역사상 최악의 '지위 편집증' 사례로 남을 만한 대테러 혹은 대숙청의 시대가 열렸다. 선한 공산주의자는 위험한 생각을 품고 그들 사이에서 암약하며 선한 공산주의자 행세를 하는 위험한 반역자들을 매순간 감시해야 했다. 공산당에 "노골적이거나 은밀하게 반박"하고 "당의 결정과 계획에 의문을 품고 불신하는" 사람들을 추방하라는 명령이 선포되었다. 공산당원 가운데 50만 명 이상이 이 범주로 분류되었다. 평생 헌신한 게임에서 비난받고 추방당한 사람들은 비통한 소외감에 사로잡혔다. 어떤 사람은 "모두에게 소외당하고 인민의 적이 되고 비인간적 지위로 추락하고 삶의 본질을 이루던 모든 것에서 완전히 멀어졌다"[30]라고 말했다. 또 누군가는 "어떻게 이렇게 완전히 무너질 수 있을까? 나 같은 사람이 내 전부이던 당의 적이 되는 것이 어떻게 말이 되는가? 아니, 분명 무언가 잘못됐다"라고 호소했다.

현재와 과거의 엘리트 계급이 강력한 의심의 표적이 되었다. 혁명 이전의 지식 계급은 '부르주아 전문가'로 매도당했다. 사제, 쿨라크, 그리고 '네프만'Nepman이라고 레닌의 NEP 시절에 소규모 사업체를 운영하던 기업가도 표적이 되었다. 불온사상을 지녔다고 의심받은 사람들은 숙청 회의에 소환되어 사상 검증을 받았다. 피츠패트릭은 "숙청 회의를 통과하기"란 끝도 없이 죄를 고백하고, 특히 자신이 반대파 사람이거나 출신 성분이 나쁘다고 자백해야 한다는 뜻이었다"라고 말한다. "하지만 여기서 책임을 면하기 위한 길은 없었다. 그저 '잘못을 인정'하고 용서를 구하고, 운 좋으면 경고만 받고 풀려났을 뿐이다. 그러나 잘못은 사라지지 않고 계속 남았다." 공개 재판이 열리고 유죄인 피해자들은 반드시 파면당하거나 총살당하거나 강제 수용소로 끌려갔다. 한 피해자는 이렇게 개탄했다. "나의 처참한 몰락만 봐도 알 수 있듯이 당과 조금이라도 틈새가 벌어지면, 당에 조금이라도 불성실하면, 지도자와 중앙위원회에 조금이라도 주저하는 태도를 보이면 곧바로 반혁명 수용소에 떨어진다."

극단적으로 경직된 나치와 스페인 종교재판의 시대에서 보았듯이 비난의 파도가 거세게 일었다. 수많은 밀고자가 나타났다. 친구, 동료, 가족까지. 두려움에 밀고한 사람도 있고, 원한과 억울함과 개인적 야망으로 밀고한 사람도 있고, 진정한 신념으로 밀고한 사람도 있었다. 사람들은 신문 기사에서 접한 유명인들을 고발하고, 노동자들은 고용주들을 고발했다. 어느 생물학자의 아내는 남편의 학문적 경쟁자를 고발하며 "눈속임하는 속물이자 과학계의 한심한 피그미이자 표절과 짜깁기를 일삼는 자"라고 말했다. 역사학자들은 "잘나가는 배우와 오페라 가수들이 연출가가 자기네를 모욕하고 적절한 배역을 주지 않는다고 비난하는 편지 여러 통"을 발견하기도 했다.

어느 시인은 나이 든 혁명가 두 명을 처형하라는 집단 청원에 서명하지 않았다는 이유로 고발당했고[31], 어느 작가는 고발당한 사람과 술친구라는 이유로 고발당했다. 대학생들은 쿨라크를 아버지로 두었거나 "상인 부모 밑에서 자랐다"는 이유로 고발당했다. 어느 사진작가는 혁명 전에는 인화지가 더 좋았다고 투덜대다가 제자에게 고발해 결국 처형당했다. 피츠패트릭에 따르면 야망이 큰 전사들은 '슈퍼 고발자', 곧 사실상 '직업 고발자'가 되었다. 어떤 사람이 나중에 남긴 기록에 따르면 그와 그의 파트너가 "적으로 고발하려는 사람들 명단을 작성해서 회의실에 들어갔고 … 그 명단을 보여주면 회의실에 모인 사람들은 당황할 뿐 아니라 겁에 질려서 조용히 건물에서 빠져나갔다."[32] 공산주의를 신봉하고 공산당의 '무오류성'이라는 꿈에 사로잡혀 살던 공산주의자들은 막상 그들이 체포당하면 몹시 당황했다. 어떤 사람은 이렇게 적었다. "내가 여기에 있다는 건 뭔가 잘못했다는 건데, 그게 뭔지 나는 모른다."

대숙청 시기에 경찰은 관할 구역에서 총살하거나 강제수용소로 보낼 사람 수를 할당받았다.[33] 1937년 6월에는 한 구역에서 3만 5000명을 '탄압'하고 그중 5000명을 총살하라는 명령이 내려왔다. 1937년과 1938년에 사제 16만5200명이 체포당하고 그중에 10만 6800명이 총살당했다. 같은 기간에 하루에 평균 1500명씩 처형당했다.[34] 평범한 러시아인 150만 명이 비밀경찰에게 체포당했고, 그중 70만 명 가까이가 '반혁명 활동' 혐의로 처형당했다. 스탈린의 정적 모두가 숙청당했고, 특히 레닌 시대의 엘리트층 한 세대가 거의 다 숙청당했다.[35]

▼▲▼

  스탈린이 국가의 농업을 파괴하고 숙청과 청산과 기근으로 수백만 명의 목숨을 앗아갔지만 다른 한편으로는 소련의 근대화에 박차를 가한 것도 사실이다. 그는 새로운 도시와 공장과 발전소를 건설하도록 지시했다. 수많은 노동자가 미래를 위해 주 7일간 피땀 흘려 노동했다. 대숙청 시대에는 성공한 사람들 위주로 대대적으로 숙청한 탓에 새로 공백이 생겼고, 결국 수많은 사람에게 새로운 기회가 돌아갔다. 지식 계급의 '프롤레타리아화' 집중 사업이 가동되었다. 새로운 게임에 진입한 사람들은 "대숙청 시대에 엄청난 속도로 승격"했다. 이들은 신흥 엘리트층이 되어 산업과 예술과 정치의 게임을 채웠다. 소련의 관료 조직은 이제 지위가 낮고 경험이 부족한 사람들로 채워졌고, 그중 다수가 반半문맹이었다. 피츠패트릭은 이렇게 적는다. "소련의 모든 차원에서 사람들의 사회적 지위가 변하고 있었다. 농민은 도시로 가서 산업 노동자가 되었고, 노동자는 기술직에 들어가거나 당 간부가 되었고, 교사는 대학 교수가 되었다."[36]

스탈린은 사람들을 위한 지위 게임을 창조하여 열망과 야망과 의미를 생성했다. 이렇게 새롭게 위로 이동하는 계급은 완벽한 평등이라는 건국의 꿈을 외면하는 스탈린의 노선에서 더 힘을 얻었다. 스탈린은 사회 계급이 사라진다고 보지 않고 실제로는 세 계급이 존재한다고 선포했다. 노동자, 농민, 지식인. 학위와 명예 직함 같은 과거 계급 질서의 상징이 모두 폐기되고 곧바로 '소련의 영웅'과 '뛰어난 스포츠 대가'와 같은 새로운 명칭이 도입되었다.[37] 군대에서는 직위와 계급, 그리고 견장과 같이 폐지되었던 지위의 표식이 돌아왔다. 노동자에게 능력 수준과 상관없이 동일 임금을 준다는 '평등주의'는 '극좌파' 개념으로 여겨졌다. 스탈린은 이런 주장을 '평등 집착증'[38]이라고 조롱했다. 그는 국민이 자기 소를 소유하는 개념을 옹호했다. 그는 "사람은 사람"이라면서 "사람은 자기 것을 소유하고 싶어 한다", "이런 마음은 잘못이 아니다"라고 말했다.[39]

한때는 최고위급 당원에게 '당 최고임금'이라는 임금 상한제가 적용되었다. 이제는 아니었다. 사회학자 유카 그로노프Jukka Gronow 교수에 따르면 스탈린은 "개인의 능력과 노력에 따라 높은 임금과 함께 물질적 보상을 제공해야 한다고 강하게 주장"[40]했다. "스탈린은 이제 노동자가 그가 한 노동의 성과에 관심을 갖도록 권장해야 한다고 생각했다." 수많은 사람이 더 잘살았다. 하지만 돈이 있어도 지위를 상징하는 물건이 부족하다면 무슨 소용이 있겠는가? "당국은 새롭고 질 좋은 물건과 그런 물건을 팔 상점이 절실하다고 판단한 듯했다."[41]

1936년에 스탈린이 직접 개입한 이후 소비에트 샴페인 산업이 탄생했다. 샴페인 생산 책임자에게 한 달에 2000루블이 지급되었다. 일반 노동자 임금의 10배 이상에 달하는 금액이었다. 맥주와 와인과 리큐어가 생산되고, 케첩과 향수, 사탕, 아이스크림, 초콜릿도 생산되었다. 예를 들어 1934년에는 카카오 씨 1400톤이 수입되었고, 1937년에는 수입량이 1만1100톤으로 증가했다. 그동안 금지된 크리스마스트리도 '새해 나무'라는 이름으로 돌아왔다. 1938년에는 레닌그라드 한 곳에서 크리스마스트리 21만 그루가 판매되었다. 도시의 한 식료품점에서는 빵 50종과 사탕과 초콜릿 200종과 "어디서도 판적 없는 새로운 20가지를 포함해" 소시지 38가지를 판매한다고 홍보했다.

소비에트 정부는 나날이 품질과 혁신에 더욱 집중했고, 주로 서구 경쟁국들과 비교하면서 신랄하게 자극받았다. 자본주의 진영에서 전해 오는 보고서에는 미국인들이 한 시간에 햄버거 5000개를 만든다는 내용과, 독일인들이 일회용 식기를 사용하는 방법까지 상세히 기술되었다. "독일에서는 아이스크림을 종이컵에 담아 판다. 그리고 같은 가게에서 종이접시에 담아 나오는 소시지를 먹을 수 있다. 우리도 당장 무역부에서 모든 음식을 종이컵과 종이접시에 담아 파는 특수 상점을 조직해야 한다." 소련의 혁신으로 접는 우산과 보온용 접시가 나왔다(보온용 접시는 결국 상용화에 성공하지 못했다). 음식점이 개방되었고, 그중 한 계급의 음식점은 품질과 서비스를 개선하기 위해 가격을 30퍼센트 올릴 수 있었다. 성공을 자부하는 일부 음식점이 다른 곳보다 자기네 음식점이 더 훌륭하다고 홍보하기 시작했다. 그러자 치명적인 불화가 생겼다. 그로노프에 따르면 성공 게임에서

야망이 큰 음식점들이 "고급 음식점을 만들기 위한 정책을 적극적으로 홍보한다"는 이유로 "파시스트 도적 떼"로 몰려 고발당했다.

1930년대 소비에트에는 복잡한 지위 체계가 형성되었다. 스탈린은 세 가지 계급을 선포했지만 사회학자들은 적어도 열 가지 계급을 발견했다.[42] 지배 엘리트, 우수 인텔리겐치아intelligentsia, 일반 인텔리겐치아, 귀족 노동 계급, 화이트칼라, 부유한 농민, 일반 노동자, 일반 농민, 빈곤 노동자, 강제 노역자. 피츠패트릭은 스탈린 정권이 "일상생활에 중요한 모든 분야, 가령 교육, 재판, 주택, 배급 등의 분야에서 계급에 기반을 둔 제도적 차별을 도입했다"[43]고 지적한다. "선거권도 '힘들게 일하는' 계급 출신에게 주어졌다. 젊은 노동자는 고등교육과 공산당 당적을 비롯한 수많은 혜택을 누릴 수 있지만 귀족 출신이나 사제는 그에 따른 불이익과 제약을 받았다." 개인의 사회 계급은 여권에도 기재되었다.

공산당 당원 자격은 차별적인 기준에 따라 주어졌다. 가입 절차로 추천서와 사회 배경 조사가 있었고, 노동 계급 출신이 특권을 가졌다. 대학 입학 절차도 비슷하게 단속받았다. 예술계의 권위 있는 상은 종종 소수 민족 출신에게 돌아갔다. 어느 예술가는 이렇게 불만을 표했다. "훈장이 아르메니아인, 조지아인, 우크라이나인, 그러니까 러시아인을 제외한 모두에게 돌아간다." 기술자와, 새로 공인된, '정치적으로 올바른' 인텔리겐치아도 특권을 누렸다. 산업 노동자는 전체 노동 인구의 약 40퍼센트를 차지했지만 식량의 약 75퍼센트를 배급받았다. 작업장의 구내 식당도 이런 식으로 계급이 나뉘었다. "가장 중요한 공장의 가장 중요한 노동자들이 최상의 음식을 저렴한 가격에 먹었다."[44] 그로노프의 글이다. 작업장의 구내 식당은 지위에 따라 적어도 세 구역으로 나뉘었다. "이런 위계의 원리, 다시 말해서 해당 지위나 업무 유형에 따라 상상의 기준에 비례해서 보상이 주어지는 원리가 사회의 모든 분야로 스며들었다." 스탈린은 "'자질구레한 장신구'뿐 아니라 실질적 특권으로 새로운 중산층의 신뢰를 얻었고 … 그리하여 지위의 격차가 벌어졌다."

새로운 엘리트 계급은 특별 아파트에 살 수 있고 최상급의 상품도 자연히 그들에게 돌아갔다. 그들은 자녀를 특권층을 위한 여름 캠프에 보냈다. 휴가와 운전사가 딸린 차와 돈이 나왔다. 입주 하인을 두는 것이 '정상'이었다. 하인들에게는 침대도 제공하지 않고 주방 식탁 밑이나 의자 위에서 자게 했다. "그들은 이전 시대의 '부인들', 그러니까 기술자와 의사와 '책임 있는' 간부단의 부인들보다 더 심했다." 누군가 용기 있게 밝힌 내용이다. 그들이 이렇게 높은 수준의 생활 양식으로 인한 갈등을 가라앉힐 수 있었던 데는 어느 정도는 공산주의에서는 이런 편의를 사적으로 소유하지 못한다는 편법이 작용했다. 모든 편의는 국가에 속했다. 그들에게 특권은 소유권이 아니라 접근권이었다. 애초에 소유권을 폐지하는 것이 모든 것의 핵심이 아닌가? 국가도 그들이 누리는 특권이 일시적이라고 주장했다. 조만간 소련 전체가 그렇게 살 거라고 주장했다. 그들은 특권을 지닌 엘리트가 아니라 **선구자**라는 것이다.[45]

행정가와 군대와 정부의 고위급 관리를 비롯해 공산당의 엘리트 계급을 노멘클라투라nomenklatura라고 불렀다. 기근이 극심하던 1933년, 쿨라크들이 풀과 나무껍질을 뜯어 먹고 서로를 잡아먹을 때, 호화 열차는 휴가철에 당원들을 남부의 요양 시설로 실어 날랐다. 식당 칸 하나의 한 달 소비 총계가 적힌 공식 문서가 남아 있다.

버터 200킬로그램, 스위스 치즈 150킬로그램, 소시지 500킬로그램, 닭 500킬로그램, 각종 육류 550킬로그램, 생선 300킬로그램(캔 생선 350킬로그램과 청어 100킬로그램), 캐비어 100킬로그램, 설탕 300킬로그램, 초콜릿과 사탕 160킬로그램, 과일 100상자, 담배 6만 개비. 어느 당원은 이렇게 적었다. "노멘클라투라는 별세계 사람들이다. 화성인들이다. 단지 좋은 차나 아파트 문제만이 아니다. 그들은 원하는 대로 끝없이 할 수 있었다. 아첨꾼들이 나서서 그들이 힘들지 않게 일하게 해주었다. 말단의 기관원들이 언제든 일을 대신 해주었다. 모든 소망이 충족되었다. 극장에도 마음대로 갈 수 있고, 사냥터 오두막에서 비행기를 타고 일본으로 날아갈 수도 있다. 모든 것이 순조로운 삶이다. … 왕과 같다. 손가락만 까딱하면 다 된다."[46] 소련이 무너질 때 노멘클라투라와 그 일가는 전체 인구의 약 1.5퍼센트에 해당하는 300만 명 정도였다. 역사가 리처드 파이프스Richard Pipes 교수는 "18세기 차르 시대의 귀족과 거의 비슷한 비율이었다. 그리고 이들이 누리는 호사도 차르 시대 귀족들이 누리던 것과 유사했다"고 지적했다.

무엇이 문제였을까? 공산주의는 원래 '평등한 왕국'을 건설하기로 했다. 불행하게도 소련에서 하필 레닌과 스탈린이 정권을 잡아서라거나, 혹은 그들의 계급이 지배하는 독재가 어찌 보면 그들만의 독특한 문화적 성격이어서가 아니다. 계급 질서와 공포는 캄보디아와 중국에서도 나타났다. 사실 공산주의의 오류는 플라톤의 주장으로 거슬러 올라갈 수 있다. 공산주의 혁명이 일어나기 2000년도 더 전에 고대 그리스에서 처음으로 공산주의의 꿈을 꾼 플라톤의 주장은 제자 아리스토텔레스에 의해 수정되었다.[47] 아리스토텔레스는 성공을 향한 인간의 갈망을 자극하는 것은 부나 사유재산이 아니라고 지적했다. 이 갈망은 인간의 본성이라고 했다. **"평등하게 만들어야 할 대상은 소유가 아니라 인간의 욕구다."**

공산주의가 들려주는 이런 우화를 통해 우리는 인간 실존을 게임에서 지우는 것이 불가능하다는 점을 확인했다. 성공하려는 욕구는 언젠가 저절로 불거져 나온다. 그것은 우리의 내면에 들어 있다. 그것은 우리의 존재 그 자체다. 소련 시대의 처음 몇십 년 동안 지위 게임의 모든 세부 요소가 나타났다. 지위 게임의 통제 불가능성, 폭력을 불러일으키는 힘, 이기는 사람과 지도자의 과대망상, 엘리트 계급 출현의 불가피성, 사람들이 항상 자기는 더 높은 지위를 받을 만하다고 생각하게 만드는 지위 게임 특유의 결함, 궁극의 무기로 모멸감을 오용하는 형태, 사촌들이 자극하는 공포와 그들이 독재를 위해 발휘하는 독창성, 신경계 영토를 장악하는 이념 전쟁, 지위가 걸려 있다면 현실에 대한 어떤 꿈이든 쉽게 믿어버리는 취약함, 우리의 현실 인지를 왜곡시키는 꿈의 힘, 적극적인 신념의 위험성, 소수만 공유하는 언어, 미래에 약속의 땅에서 주어질 천상의 지위에 대한 상상을 퍼트리고 적을 표적으로 삼는 열정적인 지도자, 그런 지도자가 불어넣는 분노와 열정, 소문과 분노와 합의와 가혹한 처벌의 순환 고리, 지도자를 괴롭히는 피해망상과 그로 인해 야기되는 공포, 해로운 도덕성의 암울한 마법과 악을 선으로 보이게 만드는 교묘한 수법, 게임의 지속을 위해 지위를 생성하는 게임의 필요성, 세상을 바꾸는 지위 골드러시의 위력.

이상주의자들이 말하는 인류에 관한 이야기에서 인간은 본래 평등을 추구하는 사람들이다. 이것은 사실이 아니다. 유토피아를 꿈꾸는 사람들은 불평등을 개탄하면서 결국 새로운 계급 질서를 구축하고 그 질서의 꼭대기로 올라가려 한다. 이런 행태가 우리의 본성이다. 지위를 얻고 싶은 욕구는 영원히 근절되지 않는다. 우리 자신과 우리의 게임을 위해 지위를 얻고, 나아가 **당신**과 **당신**과 **당신** 위에서 가능한 한 높은 지위를 얻어서 군림하는 것이 삶의 비밀스러운 목표다. 이것이 우리가 의미를 만드는 방식이다. 정체성을 만드는 방식이다. 우리의 최악의 모습이자 최선의 모습이자 불가피한 진실이다. 인간에게 평등은 언제까지나 불가능한 꿈이다.

29 —

꿈을 꾸고 있다는 자각

지위 게임을 간파하는 일곱 가지 규칙

지위가 주는 즐거움은 삶의 규칙에 따라 게임에 참여하고 얻어내는 상이다. 자연은 온갖 기이하고 무시무시한 쇼를 펼치면서 우리가 생존과 번식에 필요한 행위를 견디도록 뇌물 공세를 펼친다. 이를테면 자연은 우리가 성기를 질에 넣었다 빼게 하려고 오르가슴을 만들었다. 울고 똥을 싸서 뭉개는 아기를 돌보기 위해 기꺼이 우리의 행복을 희생하도록 사랑을 만들었다. 또 우리가 으깨진 이색적인 물체를 목구멍으로 넘기도록 맛을 진화시켰다. 우리가 집단을 이루고 서로 협력하며 살게 하려고 관계와 인정이 주는 과도한 기쁨을 만들었다. 게임의 규칙에 따르면, 그것도 아주 잘 따르면 우리는 훌륭한 사람이 된 기분을 맛볼 수 있다.

하지만 앞서 보았듯이 인생의 게임에는 숨은 규칙과 함정이 있다. **우리가 사회적 존재로 살면서 마주하는 온갖 문제는 결국 현실과 환상의 연결이 끊어지면서 발생한다.** 뇌의 속임수로 우리는 우리 집단의 신화와 편견을 믿고, 스스로 게임의 플레이어가 아니라 이야기의 도덕적 영웅이라고 믿는다. 그래서 인간은 오만하고 공격적이고 쉽게 착각에 빠진다. 우리는 끝없이 더 높이 올라가기 위해, 우리 자신과 게임을 위해 성자와 악마와 비이성적 신념이 요동치는 자기중심적이고 동기를 자극하는 꿈을 만들어낸다. 이 꿈은 우리에게 현실로 나타난다. 꿈은 색과 소리와 초점이 또렷해서 우리에게 확신을 준다. 어디에서나 이 꿈이 진실이라는 증거가 보인다. 이 꿈에는 가장 사악한 증오와 야만 행위도 서슴지 않고 행하게 만드는 위력이 있다. 한편 이 꿈은 진정으로 더 나은 세계를 만들려 하는 게임 모드로 우리를 이끌기도 한다.

이 꿈의 설득력이 이렇게 강력한데 우리가 제대로 된 게임을 하는지 어떻게 알 수 있을까? 그리고 게임을 하는 동안 필요한 것을 어떻게 얻을 수 있을까? 삶을 더 낫게 만들고 유해한 꿈의 위험에 빠지지 않으려면 다음 일곱 가지 규칙을 명심해야 한다.

1. 따뜻함과 진심과 능력을 실천하기[1]

수렵채집 시대 이래 명성은 게임을 함께 하는 사람들이 서로에게 자유로이 부여하는 것이었다. 사회에서 남들에게 어떤 모습을 보이는가는 그들이 우리를 인정해주는 정도에 지대한 영향을 끼친다. 최적의 자기 표현을 연구하는 심리학자들은 이와 긴밀한 관련이 있는 일련의 개념에 관해 논의했다. 수전 피스크Susan Fiske 교수는 사람들은 타인을 만나면서 두 가지 핵심 질문을 생각한다고 말한다.[2] "저 사람의 의도는 무엇인가?" "그 의도를 추구하기 위해 저 사람은 어떤 능력을 갖추고 있는가?" 피스크의 연구에 따르면 상대의 이런 질문에 올바른 답을 내놓고 상대에게 긍정적으로 받아들여지려면 따뜻함과 능력을 보여주는 행동을 해야 한다. 최근에는 여기에 세 번째 요소를 추가해야 한다는 주장이 나왔다. 제니퍼 레이Jennifer Ray 교수는 도덕성을 들며 "중요한 별개의 차원일 뿐 아니라 … 주요 차원일 수도 있다"고 지적했다.³ 그리고 "상대가 인식한 진심"은 성공적인 "인상 관리"에 중요한 요소라고 보았다.

이 주장을 지위 게임의 관점에서 이해하면 성공적인 게임을 위한 세 가지 차원을 정리할 수 있다. **따뜻함**과 **진심**과 **능력**이다. 이것은 인간 행동의 신성한 3요소를 이룬다. 물론 말보다 행동이 어렵지만 적어도 목표로 삼아야 할 이상을 제시한다. 앞서 보았듯이 인간의 게임에는 지위를 얻기 위한 세 가지 주요 경로가 있다. 우선 지배 행위로 지위를 쟁취할 수도 있고, 도덕성이나 성공을 보여주어 우리 집단에 쓸모 있는 사람이라는 사실을 알려 명성을 얻을 수도 있다. 따뜻함을 보이는 것은 상대를 지배하는 행위를 하지 않는다는 뜻이고, 진심을 보이는 것은 남을 속이지 않고 공정하게 게임을 치른다는 뜻이며, 능력을 보이는 것은 지위를 위한 경쟁에서만이 아니라 게임을 함께 하는 사람들에게도 도움이 되도록 능력을 사용하겠다는 뜻이다.

지도자에게는 따뜻함, 진심, 능력의 규칙이 조금 다르다. 따뜻함은 특히 제멋대인 엘리트층을 상대할 때 적절할 수 있지만 그보다는 게임을 대표하여 게임에 대한 열의를 보여주는 것이 더 중요하다. 역사적으로 지도자들은 우리 집단이 더 높은 지위를 누려야 마땅하고 그들이 이끄는 대로 따라오면 승리할 거라는 이야기를 들려주면서 성공했다. 다만 이런 복음주의적 열정이 오만으로 변질되어서는 안 된다. 누구도 거물big shot을 좋아하지 않기 때문이다.

2. 작은 명성의 순간 만들기

사실 삶에서 작은 지배의 순간을 만드는 것은 매우 쉽다. 앞에서 우리는 가장 강렬한 사례의 지배 게임을 중점으로 다루었다. 캐런 터너, 온라인 군중, 다중 살인자, 역사적으로 포악한 사촌들은 모두 폭압적으로 지위를 높이려 했다. 우리도 이런 사람들처럼 자칫 이런 제2의 자아로 굴러 떨어져 헤어나지 못하고 평생 후회할 실수를 저지를 수 있다. 우리가 사소한 지배의 순간에 저지른 실수가 쌓여서 심각한 결과로 이어질 수도 있다. 노려보기, 한숨, 투덜거림 같은 동물적 반응을 드러내 순간적으로 상대보다 지위를 높일 수 있을지 몰라도 사람들의 마음속에서 우리의 지위를 떨어트릴 것이다.

긴장 상태에서 나타나는 이런 무의미한 현상은 우리 뇌의 게임 회로가 한순간도 꺼지지 않아서 발생하는 것이다. 우리는 일상적으로 국지적인local 차원에서 별로 중요하지도 않은 경쟁에 열을 올린다. 공항의 보안검색대 앞에서 줄을 서거나 콜센터로 전화할 때 상대가 우리를 방해하거나 무례하게 행동할까 봐 경계하지만 설사 그런 행동을 한다고 해도 그것을 우리의 지위에 대한 도전으로 받아들일 필요는 없다. 지배 게임으로 넘어가려는 충동을 의식적으로 누르고, 대신 명성 게임으로 넘어가서 상대의 노고를 존중하고 칭찬해주면 된다. 당장 원하는 것은 얻지 못해도 결과적으로는 적어도 (우리 자신을 포함해) 모두가 우리를 한 인간으로서 더 좋게 생각할 것이다. 이런 식으로 지배가 아니라 명성이 쌓이면 평판이 월등히 좋아지고 보상이 따를 수도 있다.

우리는 남들에게 지위를 줄 수 있고, 그러는 데 비용도 들지 않으며, 지위가 다 떨어져 바닥날 리도 없다는 점을 쉽게 잊는다. **작은 명성의 순간을 만든다는 말은 항상 명성을 사용할 기회를 찾는다는 뜻이다. 남들에게 지위가 높아졌다고 느끼게 해주면 그들도 우리의 영향력을 인정할 가능성이 커진다.** 부하 직원에게 부탁을 하든 업무를 맡기든 미묘하게라도 지배의 신호를 보내지 않는 것이 좋다. 그래야 그들이 압박감에 짓눌리지 않고 '올바르게' 결정할 수 있다. 어떤 사안에서 자기에게 선택지가 없다는 생각이 들면 자기가 하는 행동을 좋게 생각하기 어려워진다. 그리고 그 방법도 저마다의 문화적 규칙에 따라 다르고, 특히 서구에서 아시아권으로 넘어가면서 달라진다.[4] 다만 연구에 따르면 개인주의 사회에서는 개인의 '자유를 상기시키는' 방법이 상대를 설득하는 데 크게 도움이 되는 것으로 나타났다.[5] 한 연구에서는 참가자들에게 버스 요금을 빌려 달라는 사람의 부탁을 "들어주거나 거절할 수 있다"고 알렸을 때 부탁을 들어주는 비율이 16퍼센트에서 40퍼센트로 높아졌다. 나는 이것이 지위로 인해 나타난 현상이라고 추정한다. '옳은' 일을 해야 한다는 압박감을 느끼면 아무리 부드러운 압박이라도 지배에 순응해 행동하는 게 될 뿐이다. 그러면 지위는 플레이어들이 즐길 수 있는 그들의 것이 아니라 그들이 순응한 상대의 것이 된다. 반면에 자유롭게 결정했다고 생각한다면 플레이어들은 자신이 나약하지 않고 도덕적이며 따라서 너그러운 행동의 대가로 정당하게 보상을 받았다고 느끼게 된다.

3. 게임의 위계질서를 이용하기

인생의 게임에서 가장 큰 위험 요인 중 하나는 독재다. 독재를 거부하는 것은 독재가 재미있다는 사실을 안다는 의미다. 독재는 중요한 지위를 미끼로 던져서 우리를 유혹한다. 특히 오늘날처럼 물리적 영역만이 아니라 심리적 영역에서도 전쟁이 벌어지는 시대에 독재자들은 우리가 틀렸다고 주장하는 식으로는 성공하지 못한다. 그보다는 우리가 이미 품은 믿음을 말해주면서 시작한다. 그래서 독재자들의 주장은 '도덕적으로' 일리가 있다. 러시아 민중에 대한 잔혹한 착취를 종식하자는 데 누가 반대할 수 있었을까? 독일의 경제와 국가의 자부심을 회복하고 위험한 공산주의를 제거해준다는 데 누가 반박할 수 있었을까? 아동 학대와 맞서 싸우자는 데 누가 반대할 수 있었을까? 공산주의와 나치와 악마 사냥꾼들은 저마다 도덕적이고 희망적으로 보이는 게임을 제안했다. 지도자들은 사람들이 듣고 싶어 하는 이야기를 들려주었다. 그들이 옳고 도덕적 영웅이며 높은 지위를 약속하는 땅으로 가는 영광의 길에 올라섰다고 말해주었다. 사람들은 진실이라고 믿는 꿈을 경험했다. 스스로 선의 편에 서 있다고 진심으로 믿었다.

이런 게임이 현실에 대한 우리의 지각을 이룬다면, 우리는 자신이 유혹에 넘어갔는지 어떻게 알 수 있을까? **우리가 지위를 얻는 방식을 관찰하면 우리의 게임이 어떤 게임인지 파악할 수 있다.** 독재는 지배-도덕 게임이다. 일상의 행위나 대화의 상당 부분이 복종과 신념과 적의 문제에 초점을 맞춘다. 당신이 참여하는 게임이 게임 안에서든 밖에서든 사람들에게 게임의 규칙과 상징에 순응하라고 강요하는가? 당신의 게임이 이념의 적을 침묵시키려 하는가? 당신의 게임이 계급 질서에 관한 단순한 이야기를 들려주면서 자기 집단만 신성시하고 공동의 적을 악마화하는가? 당신 주변의 사람들이 신성한 믿음에 집착하는가? 그들이 신성한 믿음에 대해 반복해서 말하면서 탐욕스러운 즐거움을 느끼고, 그 신념에 대한 믿음이나 적극적인 믿음으로 중요한 지위를 얻는가? 당신의 게임이 대체로 남의 불행에 기뻐하는 마음을 동반하며 타인의 삶을 해롭게 하거나 파괴하려 하는가? 그리고 이런 공격성을 미덕으로 느끼게 하는가? 이것이 독재다. 과장으로 들릴지 몰라도 누구나 이렇게 무시무시한 독재 게임을 할 수 있다. 무서운 사촌들이 우리의 뇌 속에 있다. 진심으로 '다시는' 독재를 허용하면 안 된다고 생각한다면 독재는 '좌파'의 것도 '우파'의 것도 아니고 그저 지극히 인간적인 행위라는 점을 받아들여야 한다. **독재는 열 맞춰 거리를 행진하면서 무시무시하게 다가오는 것이 아니라 이야기로 우리를 유혹한다.**

독재로부터 자신을 보호하는 최선의 길은 여러 가지 게임을 하는 것이다. **세뇌당한 듯 보이는 사람들은 자신의 정체성을 한 가지 게임에 몰아넣는 경향이 있다.** 이들은 한 가지 게임에 전념하면서 거기서 관계와 지위를 얻으려고 애쓴다. 특정 게임 안에서 그것이 주는 지위를 유지하려면 게임의 꿈이 아무리 비현실적 망상이라고 해도 그 꿈으로 자신을 채울 수밖에 없다. 그래서 남들에게 해를 끼칠 뿐 아니라 스스로 파멸할 수도 있다. 게임이 실패하거나 게임에서 추방당하면 정체성(자아)이 붕괴한다. 따라서 다양한 정체성으로 다양한 게임에 참여하는 사람은 정체성이 붕괴할 위험에 처하지 않는다. 실제로 다양한 게임에 발을 담그는 것이 훨씬 바람직해 보인다. 심리학자들은 여러 개의 '복합적인' 정체성을 지닌 사람이 더 행복하고 더 건강하고 더 안정된 정서로 살아간다는 사실을 발견했다.[6]

그러면서도 모든 게임에 집중력을 똑같이 배분하지 않는 것도 중요하다. 간절히 원하는 명성을 얻으려면 그 게임에 속한 사람들에게 진심으로 중요한 사람이 되려고 노력해야 한다. 그러려면 시간이 걸린다. 다른 일보다 중요한 일에 더 끈기 있게 집중해야 한다. 그러면 우리 삶은 게임의 위계질서에 따라 정렬된다. 맨 위의 게임에서 최선의 노력으로 최대의 의미를 끌어내야 한다.

4. 도덕 영역 줄이기

어떤 지위는 다른 지위보다 손쉽게 얻을 수 있다. 당신은 그냥 남들을 판단하기만 하면 된다. 지위는 상대적인 개념이므로 남을 깎아내리면 내 마음속에서나마 내 지위는 올라간다. 스마트폰과 SNS로 인해 옳고 그름에 대한 평가와 판단이 따르는 세계적인 도덕 게임이 우리 주머니 속으로 들어왔다. 따라서 지금은 이렇게 '평가'로 도덕적 지위를 얻는 것이 그 어느 때보다 편리해졌다. 하지만 여기에는 대가가 따라서, 이 지위로 남들을 비참한 처지로 떨어트릴 수 있고, 특히 지배 행동이 결합되면 과격해지기도 한다. 이를 극복하려면 도덕의 영역을 의식적으로 줄이면 도움이 된다. **남들을 판단하는 데 얼마나 많은 시간을 들이는가? 그래서 값싸고 오염된 지위를 얼마나 얻는가?** 도덕 영역을 줄인다는 것은 우리의 내면으로 시선을 돌려서 남들의 행동이 아니라 우리의 행동에 관심을 둔다는 뜻이다. **우리가 이해하려 하지도 않고 우습게 보고 증오하기 쉬운, 우리와는 동떨어진 꿈을 꾸는 사람들을 무심히 비난하는 행동을 멈춘다는 뜻이다.**

5. 균형 있는 사고방식 기르기

도덕은 공감을 오염시킨다. 우리의 꿈은 지극히 실제적이고 진실해 보이기 때문에 그 세계의 도덕적 확신도 실제적이고 진실해 보인다. 마치 땅에서 파내서 누구나 볼 수 있는 물체인 것처럼 생각한다. 하지만 도덕적 '사실'은 마음속에만 존재한다. 도덕의 물질성을 고집하면 남들의 관점을 보지 못한다. 우리의 도덕적 현실이 진정한 현실이라면 다른 사람들의 도덕적 현실은 거짓이어야 한다. 따라서 남들은 거짓말쟁이가 된다. 악이 된다.

이런 사고방식 때문에 우리가 정답이 없는 질문을 두고 서로 논쟁을 벌이는 것이다. 이민자나 신자유주의나 종교가 '선'이냐 '악'이냐를 묻는 것은 의미가 없다. 모두 순전히 지위 게임이다. 이들 문제를 어떤 도덕 계급에 배정하는지는 우리가 어떤 게임을 하는지에 달려 있다. 사실 이런 복잡한 현상이 나타나는 이유는 **두 게임이 하나를 달성하려고 하면 하나는 희생되는, '상충 관계'**trade-off**에 있기 때문이다.** 다시 말해서 서로 다른 두 게임은 각기 다른 방식으로 다른 지위 게임에 영향을 끼치는, 긍정적인 효과와 부정적인 효과가 혼재된 집합체다.

우리의 도덕적 진실을 실체가 있는 현실로 보거나 절대적 진실로서 존중하려 하기보다는 균형 잡힌 사고방식을 길러야 한다. **세상을 승자와 패자로 나누는 것이 아니라 협상하고 거래하는 집단으로 보자는 것이다.** 도덕적 영웅과 악당이 등장하는 자기중심적인 환상 너머로, 이런저런 결정이 우리의 적에게 어떻게 상처를 입힐 수 있고 적도 우리만큼 고통스러울 수 있다는 사실을 알아야 한다. 그리고 공감해야 한다. **적의 게임을 이해하려고 진지하게 노력하면서, 그 게임의 타당성에 설득되지 않더라도 지위를 생성하는 그들만의 기준을 인식해야 한다.**

아무리 심각한 갈등 상황에 놓였더라도 각자의 이야기에는 진실의 한 조각이 담기기 마련이다. 앞서 신좌파와 신우파가 충돌하는 서사에서도 이 점을 확인했다. 양쪽 모두 진실이기도 하고도 거짓이기도 한 각자의 꿈을 만들었다. 이렇듯 미묘한 현실에서 소수 집단이 성공할 기회를 얻게 해주면서도 다른 한편으로는 가난한 백인이 소외감을 느끼고 소외감으로 상처받는 현실도 직시해야 한다. 양쪽 모두가 심각한 편견과 싸워야 한다. 이민자는 '선'도 아니고 '악'도 아니고, 각기 다른 집단에 각기 다른 방식으로 영향을 끼칠 뿐이다. 지혜를 모으고 단순한 도덕 논리를 넘어 세상을 용과 용의 처단자가 득실거리는 곳이 아니라 협상하고 거래하는 사람들이 모여 사는 곳으로 본다면 나아갈 길을 찾을 수 있을 것이다.

6. 다르게 살기

지위 게임에서의 삶은 고단하다. 특히 오늘날의 개인주의적이고 신자유주의적인 세상에서 살아가는 것은 더 힘들다. 연구에 따르면 이런 세상에서는 우리도 달라진다. 실패를 알리는 주변의 신호에 더 민감해지고 그래서 더 완벽주의자가 되어 간다. 우리는 자신을 가치 있는 존재로 판단하는 기준이 매우 높아서 완벽하지 않은 상태에 만족하지 못한다. 하지만 다른 길이 있다. 심리학자들은 "집단의 중요한 행동 기준을 위반하지 않으면서 사람들의 관심을 끄는 작은 비순응nonconformity의 활동을 하여"[7] 성공을 위한 지위를 얻을 수 있다고 말한다. 자기만의 독창적인 일을 하려면 상상력과 용기가 필요하지만 쓸모 있는 사람이 되고 신성한 규칙을 어기지만 않는다면 게임에서 지위를 높일 수도 있다. **독창성**originality은 다른 경쟁자들이 따라 잡기 힘들게 만들어주기도 한다. 완벽해지기 위해 실패에 강박감을 느끼는 사람들에게 위안이 되는 소식이다. **더 나은 전략은 종종 변화하기 위해 노력하는 과정에 있다.**

7. 우리가 꿈을 꾸고 있다는 사실을 잊지 않기

지위 게임은 우리가 중요한 존재라고 느끼기 위해 참여하는 공모 conspiracy의 장이다. 생존의 기본 욕구가 충족되고 사람들과 관계를 맺고 나면 이제 남는 것은 경쟁이다. 무엇을 위한 경쟁일까? 지위는 혼자 철문을 걸어 잠그고 들어간 사막의 벙커 안에서 찾을 수 있는 것이 아니다. 그래서 우리는 마법처럼 무한한 지위의 상징을 만들어 낸다. 존경, 영향력, 돈, 아첨, 눈 맞춤, 복장, 보석, 직위, 오렌지 주스의 양, 비행기의 왼쪽이나 오른쪽. 우리는 인생의 많은 시간을 들여서 가장 중요한 프로젝트에 몰두한다. 인생에서 올라가기도 하고 내려가기도 하면서 앞으로 나아간다. 살면서 날아오르고 추락하고 짜릿한 승리를 거두고 치명적인 패배도 겪고, 때로는 자살하고 싶어지기도 한다. 죽음의 쓴맛이 실패보다는 달아 보이기 때문이다.

이렇게 게임에서 벗어나지 못하지만 게임이 존재한다는 사실을 인식하기만 해도 지혜를 얻을 수 있다. 여러 해 동안 연구를 해 오면서 나는 이 주제를 안다는 데서 위안을 찾았다. 다양한 맥락에서 위안을 찾았다. 이를테면 나는 내 인생의 45번째 해에 이 글을 쓰고 있는데, 얼마 전부터 내 나이와, 나이 듦에 관련한 여러 징후에 신경이 쓰였다. 그러다 이런 징후는 내가 더는 관여하지 않아도 되는 게임의 상징이라는 것을 깨달았다. 젊음의 게임에서 청년들과 경쟁하는 것은 가능하지도 않을 뿐 아니라 지루한 일이다. 새롭고 더 나은 게임을 찾는 편이 낫다. 인생의 후반전에는 전반전보다 더 의미 있게 탐험할 또 다른 세상이 펼쳐진다.

게다가 나는 내 생각과, 그것을 자기중심적 이야기로 만들어내는 생각의 기능을 더 많이 알아채게 되었다. 그리고 세상의 사건들을 열심히 파고들면서 자잘한 망신거리와 전 세계적으로 화제가 된 사건들을 두고 영웅과 악당이 등장하는 도덕적 이야기를 자동으로 지어내는 나 자신을 발견했다. 이런 상상의 중심에는 늘 지위를 건 싸움이 있다. 내가 위협받는다고 느끼면 이 싸움이 시작된다. 이제 나는 이런 과정을 알아채서, 이것이 시작되지 않게 막고, 이 게임의 밖으로 빠져나가고, 조금이나마 합리성을 회복할 수 있게 되었다.

나는 위험한 환상에 쉽게 휩쓸릴 수 있다는 사실을 자각하는 만큼 집단이 위험한 환상에 휩쓸려 압도적인 위력을 발산하는 것도 안다. 나날이 양극화되고 분노가 격해지는 시대의 서구 사회에서 나는 게임에 대한 지식을 가지고 새롭고 거친 게임의 꿈이 사회 전반에 형성되고 대중을 현혹시키는 현상을 관찰할 수 있게 되었다. **똑똑한 사람들이 모인 거대한 집단이 믿는다는 이유만으로 그들이 믿는 그 황당한 무언가가 옳다는 뜻은 아니라는 점**에서 나의 이런 인식을 더 자신할 수 있다. 믿는 이들의 수가 많다고 해서 그들의 믿음이 더 진실한 것도 아니고 그들의 힘이나 플랫폼이나 지적 능력이 더 강해지는 것도 아니다. 엘리트와 그들의 게임은 인류 역사 전반에서 잘못된 방향으로 흘러 왔다. 그리고 이 흐름이 우리 시대에 갑자기 멈출 리는 없다.

마지막으로 나는 게임의 압박이 극심해지는 순간을 알아채는 법을 터득했다. 이처럼 이상하고 불안정한 꿈의 세계에서 승자가 되려면 어떻게 해야 하는지에 관해 **새로운 상징이 계속 출현하는 순간이** 다. 더 날씬하고, 더 크고, 더 하얗고, 더 어둡고, 더 똑똑하고, 더 행복하고, **이런** 직업적 성취와 **저런** '좋아요' 수로 더 과감해지거나 더 우울해지는 순간. 나는 우리가 추구하는 이런 상징의 수가 많은 만큼 우스꽝스러울 수 있다는 것을 알고, 누구도 세상의 모든 사람과 경쟁할 수 없다는 점을 거듭 상기한다.

그 누구도 세상 모든 사람과 경쟁하는 상태에 도달할 수 없다. 우리가 선망하고 경외하는 슈퍼스타도, 대통령도, 천재도, 예술가도 마찬가지라는 것을 알면 위안이 될 것이다. 약속의 땅은 신기루다. 가장 힘든 순간에 꿈의 진실을 떠올려야 한다. **인생은 이야기가 아니라 결승선이 없는 게임이라는 진실. 우리가 추구해야 할 것은 최후의 승리가 아니라 단순하고 소박한 과정이다. 끝없이 올바른 방향으로 나아가며 즐거움을 얻는 것이다.** 누구도 지위 게임에서 승리하지 못한다. 승리해서도 안 된다. 인생의 의미는 승리하는 것이 아니라 **게임을 하는 것**이다.

이 책의 방법론에 관하여

이 책의 개념은 주로 내 연구의 주요 자료였던 다양한 책과 학술 논문과 정기간행물을 기반으로 했다. 일반적인 개념은 대체로 비교적 논란의 여지가 없다. 다소 논란이 많은 분야를 탐색할 때는 전문가를 만나보고 일반 독자가 이해하기 어려운 복잡한 연구에 관해 자문을 구했다. 다음으로 그 분야의 전문가로 구성된 연구진에게 원고의 감수를 부탁했다. 이 전문가들은 내가 실수한 지점을 찾아서 메모를 남기고 조언을 해주었다. '인체와 행동 실험실'Human Systems and Behavior Lab의 스튜어트 리치 박사, 소피 스콧 교수와 윌리엄 버크너 교수는 모두 이런 면에서 도움을 주었고 나의 질문을 뛰어난 지성과 인내로 받아주었다. 매들린 피니와 아이작 셰어는 사실을 확인해주었다. 그래도 오류가 남아 있다면 전적으로 나의 책임이다.

　나 역시 모든 저자가 안고 있는 편견에서 자유롭지 않고 실수할 수 있다는 점을 밝힌다. 사실에 관한 오류를 발견하거나 이 책의 주장을 뒤엎을 만한 새로운 발견이 나왔다면 나의 홈페이지 willstorr.com에 알려주면 감사하겠다. 이 책의 다음 판에 반영하겠다.

이 책에서는 관련 과학의 일부만 다루었다. 물론 책의 내용에 동의하지 않는 연구자들도 있을 것이다. 책에서 각자의 관심이 닿는 지점을 발견하면 더 깊이 연구해보기를 바란다. 이 책에 소개한 연구와 충돌하는 새로운 과학이 나올 것이다. 모든 인터뷰는 편집된 내용이다. 일부는 가독성을 높이기 위해 시제를 바꾸었다. 1장의 벤 건과의 인터뷰는 「옵저버 매거진」에 소개할 때와 형식이 바뀌었다.

감사의 말

이 지면이 지위 게임이라면 맨 윗자리에는 현명하고 정직하고 인내심 강하고 예리한 에이전트—한마디로 완벽한—월 프랜시스와 유쾌하고 열정 넘치는 편집자 쇼아이브 로카디야를 올리겠다. 또한 전문가의 비판적인 시선으로 집필 과정을 지켜봐준 여러 명석한 분들께 큰 빛을 졌다. 스튜어트 리치, 윌리엄 버크너, 소피 스콧, 크리스토퍼 보이스, 매들린 피니, 아이작 셰어에게 감사한다. 그리고 윌리엄 콜린스 출판사의 모든 분과 톰 킬링벡, 벤 건, 머랜다 딘다, 앤턴 하웨스, 리처드 이스털린, 팀 딕슨, 롭 헨더슨, 사이허브Sci-Hub, 앤드류 핸킨슨, 팀 로트, 이언 리, 애덤 러더퍼드, 제시 싱얼, 롤프 디젠에게 감사드린다. 끝으로 똑똑하고 아름다운 아내 파라에게 고마운 마음을 전한다. 지난 4년간 지위에 관해 쉴 새 없이 떠들 때 옆에서 들어주는 척해줘서 고맙고, 조사와 집필을 위해 몇 주씩 타지로 떠나 있도록 허락해주고 이 책의 11쪽 정도를 읽어준 데 고맙다. 사랑해요.

서문 지위, 우리의 무의식을 지배하는 꿈

1. *On the Origin of Stories*, Brian Boyd (Harvard University Press, 2010), p. 109.

1장 교도소에 쌓은 지위의 성전

1. 'A life spent at Her Majesty's Pleasure', Damian Whitworth, *The Times*, 8 December 2010.

2. 'Is the Desire for Status a Fundamental Human Motive? A Review of the Empirical Literature', C. Anderson, J. A. D. Hildreth and L. Howland, *Psychological Bulletin*, 16 March 2015.

2장 어울리고, 앞서 나가기

1. *Private Truths, Public Lies*, Timur Kuran (Harvard University Press, 1995), p. 40.

2. *Evolutionary Psychology*, David Buss (Routledge, 2015), p. 11.

3. 'Social group memberships protect against future depression, alleviate depression symptoms and prevent depression relapse', T. Cruwys, G. A. Dingle, C. Haslam, et al., *Social Science and Medicine*, 2013, 98, 179-186.

4. 'Feeling connected again', T. Cruwys, G. A. Dingle, C. Haslam et al., *Journal of Affective Disorders*, 2014, 159, 139-146.

5. *The Village Effect*, Susan Pinker (Penguin Random House, 2014), p. 25.

6. *Loneliness*, John T. Cacioppo and William Patrick (W. W. Norton & Company, 2008), p. 30.

7. 'Social exclusion impairs self- regulation', R. F. Baumeister, C. N. DeWall, N. J. Ciarocco and J. M. Twenge, *Journal of Personality and Social Psychology*, 88 (2005): 589-604.

8. *The Redemptive Self*, Dan P. McAdams (Oxford University Press, 2013), p. 29.

9. *The Status Syndrome*, Michael Marmot (Bloomsbury, 2004). Kindle location 793.

10. 스티브 콜과의 인터뷰.

11. 'Social rank theory of depression: A systematic review of self-perceptions of social rank and their relationship with depressive symptoms and suicide risk', Karen Wetherall, Kathryn A. Robb, Rory C. O'Connor, *Journal of Affective Disorders*, 2019, 246,

300–319.

12. 'The Emotional Underpinnings of Social Status', Conor Steckler and Jessica Tracy, *The Psychology of Social Status*, 2014, 347–362. 10.1007/978-1-4939-0867-7_10으로 접속함.

13. *Suicide: The Social Causes of Self-Destruction*, Jason Manning (University of Virginia Press, 2020). Kindle location 728.

14. *Why We Fight*, Mike Martin (Hurst & Company, 2018). Kindle location 856.

3장 뇌는 우리를 영웅이라 속인다

1. *Incognito: The Secret Lives of the Brain*, David Eagleman (Canongate, 2011), p. 46.

2. *Livewired: The Inside Story of the Ever-Changing Brain*, David Eagleman (Pantheon, 2020), p. 27.

3. 여기서 소개하는 개념을 자세히 논의한 자료는 다음과 같다. *Making up the Mind*, Chris Frith (Blackwell Publishing, 2007).

4. *Who's In Charge?*, Michael Gazzaniga (Robinson, 2011), p. 105.

5. 사회심리학자 캐럴 태브리스[Carol Tavris]와 엘리엇 에런슨[Elliot Aronson]은 우리가 "기억을 작화"해서 "우리의 삶을 설명하고 정당화하려 한다"고 생각한다. *Mistakes Were Made(But Not By Me)*, Carol Tavis and Elliot Aronson (Pinter & Martin, 2007), p. 76.
나의 저서 『이단자들』(Picador, 2013) 10장에서 믿음이 가지 않는 기억에 관해 다루었다.

6. *How We Know What Isn't So*, Thomas Gilovich (Simon & Schuster, 1991), p. 78. 믿음이 가지 않는 신념은 『이단자들』의 주제다.

7. *Mindwise*, Nicholas Epley (Penguin, 2014), p. 50.

8. 'The Illusion of Moral Superiority', B. M. Tappin, R. T. McKay, *Social Psychological and Personality Science*, August 2017, 8(6): 623–631. https://doi.org/10.1177/1948550616673878. Epub 10 October 2016. PMID: 29081899; PMCID: PMC5641986.

9. *Making up the Mind*, p. 97.

10. *The Psychology of Social Status*, Joey T. Cheng, Jessica L. Tracy, Cameron Anderson (Springer, 2014), p. 121.

11. 'Is the Desire for Status a Fundamental Human Motive? A Review of the Empirical Literature', C. Anderson, J. A. D. Hildreth and L. Howland, *Psychological Bulletin*, 16 March 2015.

12. 'Social Hierarchy, Social Status and Status Consumption', David Dubois, Nailya

Ordabayeva, 2015. 10.1017/CBO9781107706552.013.

13. 'Economic status cues from clothes affect perceived competence from faces', D. Oh, E. Shafir, A. Todorov, *Nature Human Behaviour* 4, 287–293 (2020). https://doi.org/10.1038/s41562-019-0782-4.

14. *Behave*, Robert Sapolsky (Vintage, 2017), p. 432.

15. *Subliminal*, Leonard Mlodinow (Penguin, 2012), p. 120.

16. 'Is the Desire for Status a Fundamental Human Motive? A Review of the Empirical Literature'.

17. *Our Inner Ape*, Frans de Waal (Granta, 2005), p. 56.

18. *Possessed*, Bruce Hood (Penguin, 2019), pp. 53–54.

19. *The Domesticated Brain*, Bruce Hood (Pelican, 2014), p. 195.

20. *Just Babies*, Paul Bloom (Bodley Head, 2013), p. 80.

21. 'When Getting Something Good Is Bad: Even Three-Year-Olds React to Inequality', Vanessa LoBue, Tracy Nishida, Cynthia Chiong, Judy DeLoache, Jonathan Haidt, *Social Development*, 2011, 20, 154–170. 10.1111/j.1467-9507.2009.00560.

22. 'Is the Desire for Status a Fundamental Human Motive? A Review of the Empirical Literature'.

23. *Status*, Cecilia L. Ridgeway (Russell Sage Foundation, 2019), p. 59.

24. 월스트리트의 은행가들도 돈보다 지위에 관심이 많은 것처럼 행동한다. 20세기에는 증권 발행 발표가 「월스트리트 저널」 같은 권위 있는 경제신문에 나왔다. 해당 은행 명단이 전면 광고에 실린다. 이 지면에서의 배치가 그 은행의 상대적 지위를 의미하고 왼쪽 상단이 최고 서열이다. 은행가들은 이 명단에서의 배치에 집착하고 불만족스러우면 거래를 포기한다. 1979년에 모건스탠리는 20년간 거래해온 IBM의 제안을 거절했다. 경제신문 광고 지면에서의 서열에 불만을 품고 약 1백만 달러의 수수료를 포기한 것이다. 미래에 돈을 더 많이 벌고 싶었다면 계산기를 두드려보고 먼저 지위를 관리해야 했다. *Status Signals*, Joel M. Podolny (Princeton University Press, 2005). Kindle location 799.

25. 'Is the Desire for Status a Fundamental Human Motive? A Review of the Empirical Literature'.

'Money and Happiness: Rank of Income, Not Income, Affects Life Satisfaction', C. J. Boyce, G. D. A. Brown, S. C. Moore, *Psychological Science*, 2010, 21 (4):471–475. https://

doi.org/10.1177/0956797610362671.

26. 'Neighbors as Negatives: Relative Earnings and Well-Being', Erzo F. P. Luttmer, *National Bureau of Economic Research Working Paper Series*, No. 10667, August 2004. https://doi.org/10.3386/w10667.

27. 저자가 받은 이메일.

28. 'Socially relative reward valuation in the primate brain', M. Isoda, *Current Opinion in Neurobiology*, 8 December 2020, 68:15-22. https://doi.org/10.1016/j.conb.2020.11.008. Epub ahead of print. PMID: 33307380.

29. 반대 논의를 살펴보기 위해서는 다음을 참조하라. *Enlightenment Now!*, Steven Pinker (Penguin, 2018), p. 268.

30. 저자가 받은 이메일.

31. 'Different Versions of the Easterlin Paradox: New Evidence for European Countries', Casper Kaiser, Maarten Vendrik, *IZA Discussion Paper* No. 11994.

32. *The Status Syndrome*, Michael Marmot (Bloomsbury, 2004). Kindle location 1505.

33. 'Ponapean Prestige Economy', William R. Bascom, *Southwestern Journal of Anthropology*, 1948, Vol. 4, No. 2, pp. 211-221. www.jstor.org/stable/3628712.

34. *The Status Seekers*, Vance Packard (Pelican, 1966), pp. 273-276.

35. *Mixed Messages*, Robert Paul (University of Chicago Press, 2015), p. 299.

4장 사회적 존재이기에 게임을 한다

1. *Making up the Mind*, Chris Frith (Blackwell Publishing, 2007), p. 111.

2. *Mixed Messages*, Robert Paul (University of Chicago Press, 2015), p. 49.

3. 'Is It Good to Cooperate?: Testing the Theory of Morality-as-Cooperation in 60 Societies', Oliver Scott Curry, Daniel Austin Mullins, Harvey Whitehouse, *Current Anthropology*, 2019, 60:1, 47-69.

4. *Watching the English*, Kate Fox (Hodder, 2005), pp. 88-106.

5. 'In search of East Asian self-enhancement', S. J. Heine and T. Hamamura, *Personality and Social Psychology Review*, 2007, 11 (1) 4-27.

6. 'Distortions in Reports of Health Behaviours: The Time Span Effect and Illusory Superiority', Vera Hoorens, Peter Harris, *Psychology and Health*, 1998, 13 (3): 451-466.

7. 'The bias blind spot: Perceptions of bias in self versus others', E. Pronin, D. Y. Lin, L.

Ross, *Personality and Social Psychology Bulletin*, 2002, 28 (3): 369–381.

8. 'The Grand Delusion', Graham Lawton, *New Scientist*, 14 May 2011.

9. *Personality Psychology*, Larsen, Buss and Wisjeimer (McGraw Hill, 2013), p. 473.

10. *The Lucifer Effect*, Philip Zimbardo (Rider, 2007). Kindle location 6880.

11. 이 주제에 대해 좀 더 자세하고 흥미로운 분석을 보고 싶다면 다음을 참조하라. *The Geography of Thought*, Richard E. Nisbett (Nicholas Brealey, 2003).

12. 'The Concept and Dynamics of Face: Implications for Organizational Behavior in Asia', Joo Yup Kim and Sang Hoon Nam, *Organization Science*, 1998, 9:4, 522–534.

13. *The Polite World*, Joan Wildeblood and Peter Brinson (Oxford University Press, 1965), p. 21.

14. *The Civilizing Process*, Norbert Elias (Wiley-Blackwell, 2000), p. 111.

15. https://www.gutenberg.org/files/35123/35123-h/35123-h.htm.

16. *The Brain*, David Eagleman (Pantheon Books, 2015). Kindle location 85.

17. *The Self Illusion*, Bruce Hood (Constable, 2011), p. 28.

18. *Moral Origins*, Christopher Boehm (Basic Books, 2012), p. 172.

19. 'An Exploration of Spiritual Superiority: The Paradox of Self- Enhancement', R. Vonk and Anouk Visser, *European Journal of Social Psychology*, 2020, 10.1002/ejsp.2721.

20. "Japan's modern-day hermits: The world of hikikomori', France 24 via YouTube, 18 January 2019.

21. 'New Insights Into Hikikomori', Emma Young, *The British Psychological Research Digest*, 22 May 2019.

5장 지위 게임의 세 가지 변종

1. 'Maxims or myths of beauty? A meta-analytic and theoretical review', J. H. Langlois, L. Kalakanis, A. J. Rubenstein, A. Larson, M. Hallam, M. Smoot, *Psychological Bulletin*, May 2000, 126 (3): 390–423. dhttps://doi.org/10.1037/0033-2909.126.3.390. PMID: 10825783.

2. *The Goodness Paradox*, Richard Wrangham (Profile, 2019). Kindle location 2627.

3. *The Secret of our Success*, Joseph Henrich (Princeton University Press, 2016), pp. 304–307.

4. *The Social Conquest of Earth*, Edward O. Wilson (Livewright, 2012), p. 42.

5. *Evolutionary Psychology*, David Buss (Routledge, 2015), p. 110.

6. 'The Appeal of the Primal Leader: Human Evolution and Donald J. Trump', Dan

P. McAdams, *Evolutionary Studies in Imaginative Culture*, 2017, 1 (2), 1–13. https://doi. org/10.26613/esic.1.2.45.

The Goodness Paradox, Kindle location 2559.

7. *The Psychology of Social Status*, Joey T. Cheng, Jessica L. Tracy, Cameron Anderson (Springer, 2014), p. 17.

8. *Evolutionary Psychology*, p. 79.

9. *Grooming, Gossip, and the Evolution of Language*, Robin Dunbar (Harvard University Press, 1996).

10. 'Gossip as Cultural Learning', R. F. Baumeister, L. Zhang, K. D. Vohs, *Review of General Psychology*, 2004, 8 (2):111–121. https://doi.org/10.1037/1089-2680.8.2.111.

11. 'Gossip in Organizations: Contexts, Consequences, and Controversies', Grant Michelson, Ad Iterson, Kathryn Waddington (2010), *Group & Organization Management* 35, 371–390. 10.1177/1059601109360389.

12. 'Gossip as Cultural Learning', R. F. Baumeister, L. Zhang, K. D. Vohs, *Review of General Psychology*, 2004, 8 (2):111–121. https://doi.org/10.1037/1089-2680.8.2.111.

13. *The Secret of our Success*, Joseph Henrich (Princeton University Press, 2016), p. 319.

14. *Transcendence*, Gaia Vince (Allen Lane, 2019), p. 156.

15. *The Goodness Paradox*, Kindle location 344.

16. *The Psychology of Social Status*, https://doi.org/10.1007/978-1-4939-0867-7_2.

17. *Suicide: The Social Causes of Self-Destruction*, Jason Manning (University of Virginia Press, 2020). Kindle location 880–898.

18. 'Death Before Dishonor: Incurring Costs to Protect Moral Reputation', A. J. Vonasch, T. Reynolds, B. M. Winegard, R. F. Baumeister, *Social Psychological and Personality Science*, 2018, 9 (5) 604–613. https://doi.org/10.1177/1948550617720271.

6장 인플루언서를 모방하다

1. 이 효과들에 대한 자세한 분석은 다음을 참조하라. *The Secret of our Success*, Joseph Henrich (Princeton University Press, 2016).

2. 'The Evolution of Prestige: Freely Conferred Status as a Mechanism for Enhancing the Benefits of Cultural Transmission', Joseph Henrich and Francisco Gil-White, *Evolution and Human Behavior*, 2000, 22, 165–196.

3. 'Smiles as Signals of Lower Status in Football Players and Fashion Models: Evidence That Smiles Are Associated with Lower Dominance and Lower Prestige', Timothy Ketelaar, Bryan L. Koenig, Daniel Gambacorta, Igor Dolgov, Daniel Hor, Jennifer Zarzosa, Cuauhtémoc Luna-Nevarez, Micki Klungle and Lee Wells, *Evolutionary Psychology* (July 2012).

4. 'Prestige Affects Cultural Learning in Chimpanzees', V. Horner, D. Proctor, K. E. Bonnie, A. Whiten, F. B. M. de Waal, *PLoS ONE*, 2010, 5(5): e10625. https://doi.org/10.1371/journal.pone.0010625.

5. *The Secret of our Success*, p. 109.

6. 같은 책, p. 41.

7. 'Captain Cook and scurvy', Egon Hynek Kodicek and Frank George Young, *Notes and Records*, Royal Society London, 1969, 2443-63. https://doi.org/10.1098/rsnr.1969.0006.

8. *White Heat 25*, Marco Pierre White (Mitchell Beazley, 2015), p. 110.

9. https://www.youtube.com/watch?v=55B4nJxoUwQ

10. 'Signaling Status with Luxury Goods: The Role of Brand Prominence', Y. J. Han, J. C. Nunes and X. Drèze, *Journal of Marketing*, 2010, 74 (4), 15-30.

11. 'Who drives divergence? Identity signaling, outgroup dissimilarity, and the abandonment of cultural tastes', J. Berger, C. Heath, *Journal of Personality and Social Psychology*, September 2008, 95 (3) 593-607.

12. *The Honour Code*, Kwame Anthony Appiah (W. W. Norton & Company, 2010). Kindle location 736.

13. *Status Anxiety*, Alain de Botton (Hamish Hamilton, 2004), p. 115.

14. *The Honour Code*, Kindle location 746.

15. 'Even as China turns away from shark fin soup, the prestige dish is gaining popularity elsewhere in Asia', Simon Denyer, *Washington Post*, 15 February 2018.

16. *The Psychology of Social Status*, Joey T. Cheng, Jessica L. Tracy, Cameron Anderson (Springer, 2014), p. 182.

7장 도전받을 때 우리는 짐승이 된다

1. https://www.youtube.com/watch?v=Y5zx1xzzi7k

2. 'Port Authority slams Caren Turner over ethics, after sorry-not-sorry apology', Ted

Sherman, NJ.com, 30 January 2019.

3. 'The Appeal of the Primal Leader: Human Evolution and Donald J. Trump', Dan P. McAdams, *Evolutionary Studies in Imaginative Culture* 1, no. 2 (2017), 1-13.

4. *The Psychology of Social Status*, Joey T. Cheng, Jessica L. Tracy, Cameron Anderson (Springer, 2014), p. 19.

5. 'Two signals of social rank: Prestige and dominance are associated with distinct nonverbal displays', Z. Witkower, J. L. Tracy, J. T. Cheng, J. Henrich, *Journal of Personality and Social Psychology*, January 2020; 118 (1) 89-120.

6. 'Infants distinguish between leaders and bullies', Francesco Margoni, Renée Baillargeon, Luca Surian, *Proceedings of the National Academy of Sciences*, September 2018, 115 (38) E8835-E8843. https://doi.org/10.1073/pnas.1801677115.

7. *The Psychology of Social Status*, p. 13.

8. 'A Dual Model of Leadership and Hierarchy: Evolutionary Synthesis', Mark Van Vugt, Jennifer E. Smith, *Trends in Cognitive Sciences*, 2019, Volume 23, Issue 11, 952-967, ISSN 1364-6613.

9. *The Psychology of Social Status*, pp. 4-12.

10. 'Aggress to impress: hostility as an evolved context-dependent strategy', V. Griskevicius, J. M. Tybur, S. W. Gangestad, E. F. Perea, J. R. Shapiro, D. T. Kenrick, *Journal of Personality and Social Psychology*, 2009, May 1996 (5) 980-994. https://doi.org/10.1037/a0013907. PMID: 19379031.

11. *The Ape that Understood the Universe*, Steve Stewart-Williams (Cambridge University Press, 2018), p. 103.

12. *Why We Fight*, Mike Martin (Hurst & Company, 2018). Kindle location 959.

13. 'Shame, guilt, and violence', James Gilligan, *Social Research: An International Quarterly*, 2003, 70 (4) 1149-1180.

14. *Virtuous Violence*, Alan Fiske and Tage Shakti Rai (Cambridge University Press, 2014), p. 72.

15. 'How Social Media Is Changing Social Networks, Group Dynamics, Democracies, & Gen Z', Jonathan Haidt: https://youtu.be/qhwTZi3Ld3Y.

16. 'Sex differences in victimization and consequences of cyber aggression: An evolutionary perspective', J. P. Wyckoff, D. M. Buss and A. B. Markman, *Evolutionary Behavioral Sciences*, 2019, 13 (3) 254-264.

17. *Collision of Wills*, Roger V. Gould (University of Chicago Press, 2003), p. 69.

8장 남성, 과대망상, 모욕감

1. *My Twisted World*, Elliot Rodger. 다음 링크로 접속했다. https://www.documentcloud. org/documents/1173808-elliotrodger-manifesto.html.

2. *Unless otherwise noted, my account of this experiment is from A Mind For Murder*, Alston Chase (W. W. Norton & Company, 2003), chapter 15.

3. *Every Last Tie*, David Kaczynski (Duke University Press, 2016), p. 11.

4. 'My Brother, the Unabomber', Michaela Haas, 25 February 2016, *Medium*.

5. *Serial Killers*, Peter Vronsky (Berkley, 2004), p. 258.

6. *Sacrifice Unto Me*, Don West (Pyramid, 1974), p. 191.

7. *Serial Killers*, p. 264.

8. 'Genocide, Humiliation, and Inferiority: An Interdisciplinary Perspective', Evelin Gerda Lindner, 2009, in *Genocides by the Oppressed: Subaltern Genocide in Theory and Practice*, edited by Nicholas A. Robins and Adam Jones, pp. 138-158.

9. 'Humiliation: Its Nature and Consequences', Walter J. Torres, Raymond M. Bergner, *Journal of the American Academy of Psychiatry and the Law Online*, June 2010, 38 (2) 195-204.

10. 'Shame, guilt, and violence', James Gilligan, *Social Research: An International Quarterly*, 2003, 70 (4) 1149-1180.

11. 'Humiliation: Its Nature and Consequences', Walter J. Torres, Raymond M. Bergner, Journal of the American Academy of Psychiatry and the Law Online, June 2010, 38 (2) 195-204.

12. 'Shame, Guilt, and Violence'.

13. 'My Brother, the Unabomber', Michaela Haas, 25 February 2016, *Medium*.

14. *Murder: No Apparent Motive*, HBO documentary, 1984.

15. *Mindhunter*, John Douglas (Random House, 2017), p. 391.

16. 'Teasing, rejection, and violence: Case studies of the school shootings', M. Leary, R. M. Kowalski, L. Smith and S. Phillips, *Aggressive Behavior*, 2003, 29 202-214.

17. *Kemper on Kemper*, 2018 documentary.

18. *Humiliation*, Marit Svindseth and Paul Crawford (Emerald, 2019). Kindle location 822.

19. *My account of the Hanssen incident comes from Spy*, David Wise (Random House, 2013).

20. *Behave*, Robert Sapolsky (Vintage, 2017), p. 288.

21. 'When Women Commit Honor Killings', Phyllis Chesler, *Middle East Quarterly*, Fall edition.

22. 'Honor Killing Is Not Just A Muslim Problem', Phyllis Chesler, *Tablet*, 16 April 2018.

23. *Evolutionary Psychology*, David Buss (Routledge, 2015), p. 310.

24. 'Elliot Rodger's Violent Video Games Like World Of Warcraft To Blame For The Santa Barbara Shooting, Says Glenn Beck', Patrick Frye, *The Inquisitr*, 30 May 2014.

25. 'A Day at the First Video Game Rehab Clinic in the US', Jagger Gravning, 18 June 2014.

9장 최선의 게임 조건

1. Lautner, S. C., Patterson, M. S., Spadine, M. N., Boswell, T. G. and Heinrich, K. M. (2021), 'Exploring the social side of CrossFit: a qualitative study', *Mental Health and Social Inclusion*, Vol. 25 No. 1, pp. 63-75.

2. 'CrossFit's Dirty Little Secret', Eric Roberston, *Medium*, 20 Sept 2013.

3. 'The Emotional Underpinnings of Social Status', Conor Steckler and Jessica Tracy, *The Psychology of Social Status*, pp. 347-362, 10.1007/978-1-4939-0867-7_10.

4. *Why We Fight*, Mike Martin (Hurst & Company, 2018), Kindle location 704.

5. *Not Born Yesterday*, Hugo Mercier (Princeton University Press, 2020), p. 130.

6. 'Driven to Win: Rivalry, Motivation, and Performance', G. J. Kilduff, *Social Psychological and Personality Science*, 2014, 5 (8) 944-952.

7. 'Driven to Win: Rivalry, Motivation, and Performance', G. J. Kilduff, *Social Psychological and Personality Science*, 2014, 5 (8): 944-952.

8. 'The Psychology of Rivalry: A Relationally Dependent Analysis of Competition', Gavin Kilduff, Hillary Elfenbein and Barry Staw, *Academy of Management Journal*, 2010, 53, 943-969. 10.5465/AMJ.2010.54533171.

9. https://www.youtube.com/watch?v=yleJZ3hVcyM

10장 SNS라는 슬롯머신

1. https://www.asurion.com/about/press-releases/americans-check-their-phones-96-timesa-day/.

2. https://rootmetrics.com/en-US/content/rootmetrics-survey-results-are-in-mobile-consumer-lifestyles.

3. 'The Class That Built Apps, and Fortunes', Miguel Helft, New York Times, 7 May 2011.

4. *Persuasive Technology*, B. J. Fogg (Morgan Kaufmann, 2003). Kindle location 169.

5. 'A behavior model for persuasive design', B. J. Fogg, 2009, 40. 10.1145/1541948.1541999.

6. 'The Binge Breaker', Bianca Bosker, *The Atlantic*, 8 October 2016.

7. *Persuasive Technology*, Kindle location 750.

8. Instagram Rich List 2020, www.hopperhq.com/blog/instagram-rich-list/niche/influencer/.

9. 'Tiptoeing on Social Media's Tightrope', Sarah Ellison, *Washington Post*, 3 October 2019.

10. 'The Facts: BJ Fogg & Persuasive Technology', B. J. Fogg, *Medium*, 3 August 2018.

11. 'The Tech Industry's War on Kids', Richard Freed, *Medium*, 12 March 2018.

11장 그 누구도 완벽하게 행복할 수 없다

1. 'The Ballad of Paul and Yoko', Gilbert Garcia, *Salon*, 18 June 2009.

2. 'We can work it out, Sir Paul tells angry Yoko', Adam Sherwin, *The Times*, 18 December 2002.

3. 'The Ballad of Paul and Yoko'.

4. 'Ono! You Can't Do That Paul!', Uncredited author, *NME*, 16 December 2002.

5. 'Beatles Credit Feud Continues', Gil Kaufman, *Rolling Stone*, 16 December 2003.

6. 'McCartney makes up with Ono', BBC News, 1 June 2003.

7. 'Paul McCartney', Alex Bilmes, *Esquire*, 2 July 2015.

8. *Status*, Cecilia L. Ridgeway (Russell Sage Foundation, 2019), p.59.

9. *Possessed*, Bruce Hood (Penguin, 2019), p. 29.

10. 'The Reason Many Ultrarich People Aren't Satisfied With Their Wealth', Joe Pinsker, *The Atlantic*, 4 December 2018.

11. 'The Most Outrageous Celebrity Diva Demands', Sarah Biddlecombe, *Daily Telegraph*, 16 November 2014.

12. 'Fashion, Sumptuary Laws, and Business', Herman Freudenberger, *Business History Review*, 1963, vol. 37, issue 1-2, pp. 37-48.

13. 'Shoes, Jewels, and Monets: The Immense Ill-Gotten Wealth of Imelda Marcos', Catherine A. Traywick, *Foreign Policy*, 16 January 2014.

'The Weird World of Imelda Marcos', David McNeill, *Independent*, 25 February 2006.

'11 Bizarre Things You Didn't Know About Imelda Marcos', Valerie Caulin, *Culture Trip*, 14 November 2017.

The Kingmaker documentary, 2020.

14. *Old Court Customs and Modern Court Rule*, Hon. Mrs Armytage (Richard Bentley & Son, 1883), pp. 37-47.

15. 'Ex-RBS chief Goodwin Faces Legal Challenge to £693k Pension', Graeme Wearden, Jill Treanor, *Guardian*, 26 February 2009.

'Lifting the Lid on Fred "The Shred" Goodwin's Greed and Recklessness', Julie Carpenter, *Daily Express*, 27 August 2011.

16. *The Dark Side of Transformational Leadership*, Dennis Tourish (Routledge, 2013), p. 81.

17. 같은 책, p. 81.

18. 'Being a Celebrity: A Phenomenology of Fame', Donna Rockwell and David Giles, *Journal of Phenomenological Psychology*, 2009, 40, 178-210. 10.1163/004726609X12482630 041889.

12장 제로섬 게임

1. *Just Babies*, Paul Bloom (Bodley Head, 2013), p. 68.

2. 'Status does not predict stress: Women in an egalitarian hunter-gatherer society', P. Fedurek, L. Lacroix, J. Lehmann, et al., *Evolutionary Human Sciences*, 2, 2020, E44. doi:10.1017/ehs.2020.44.

3. 여기서 '권위적인big shot 행동'이라는 용어는 다음 책에 나온 폴리 바이스너Polly Wiessner 의 연구에서 인용했다. *Moral Origins*, Christopher Boehm (Basic Books, 2012), p. 70.

4. *The Goodness Paradox*, Richard Wrangham (Profile, 2019). Kindle location 3552.

5. 같은 책, Kindle location 2587.

6. *The Goodness Paradox*, Kindle location 2600.

7. *Behave*, Robert Sapolsky (Vintage, 2017), p. 302.

8. *The Oxford Handbook of Gossip and Reputation* (Oxford University Press, 2019), p. 179.

9. *Evolutionary Psychology*, David Buss (Routledge, 2015), p. 373.

10. *The Weirdest People in the World*, Joseph Henrich (Penguin, 2020), p. 116.

11. *The Rise and Fall of the Third Chimpanzee*, Jared Diamond (Vintage, 1991). Kindle location 3283-3295.

12. *Blueprint*, Nicholas Christakis (Little Brown, 2019), p. 108.

    Possessed, Bruce Hood (Penguin, 2019), pp. 111-112.

13. https://yougov.co.uk/topics/politics/articles-reports/2018/11/14/prince-charles-first-linethrone-only-seventh-popu.

13장 '우리'라는 과대망상

1. *Darwin, Sex and Status*, Jerome Barkow (University of Toronto Press, 1989), pp. 217-227.

2. 'We Made History: Citizens of 35 Countries Overestimate Their Nation's Role in World History', Franklin M. Zaromb, James H. Liu, Dario Páez, Katja Hanke, Adam L. Putnam, Henry L. Roediger, *Journal of Applied Research in Memory and Cognition*, Volume 7, Issue 4, 2018, pp. 521-528.

3. 'Historical analysis of national subjective wellbeing using millions of digitized books', T. T. Hills, E. Proto, D. Sgroi et al., *Nature Human Behaviour* 3, 2019, 1271-1275.

4. *Down in the Valley*, Laurie Lee (Penguin, 2019), chapter 6.

5. 'Consequences of "Minimal" Group Affiliations in Children', Y. Dunham, A. S. Baron and S. Carey, *Child Development* 82, 2011, 793-811.

14장 혁명의 조건

1. 'A Historical Analysis of Segregation of Untouchable Castes in North India from circa AD600-1200', Malay Neerav, *Amity Business Review*, Vol. 17, No.2, July-December 2016.

2. *Private Truths, Public Lies*, Timur Kuran (Harvard University Press, 1995), p. 158.

3. 'India's "Untouchables" Face Violence, Discrimination', *National Geographic*, Hillary Mayell, 2 June 2003.

4 *Private Truths, Public Lies*, p. 163.

5. 같은 책, p. 237.

6. 같은 책, p. 172.

7. *Revolutions*, Jack A. Goldstone (Oxford University Press, 2013), pp. 16-17.

8. 같은 책, p. 10.

9. http://peterturchin.com/cliodynamica/intra-elite-competition-a-key-concept-forunderstanding-the-dynamics-of-complex-societies/.

10. *Sapiens*, Yuval Noah Harari (Vintage, 2015), p. 246.

15장 우리는 우리가 하는 게임의 총합이다

1. 성격 과학에 대한 탁월한 개괄을 보고 싶다면 다음을 참조하라. *Personality*, Daniel Nettle (Oxford University Press, 2009).

2. *Personality Psychology*, p. 147.

3. *Blueprint*, Robert Plomin (Penguin, 2018), p. viii.

4. *American Individualisms*, Adrie Kusserow (Palgrave Macmillan, 2004), p. 4.

5. *The Popularity Illusion*, Mitch Prinstein (Ebury, 2018). Kindle location 826.

6. *Inventing Ourselves*, Sarah-Jayne Blakemore (Transworld, 2018), p. 25.

7. 나는 이 용어를 블레이크모어의 책에서 처음 읽었다. 그리고 블레이크모어는 이 공을 심리학자 데이비드 엘킨드David Elkind에게 돌린다. *Inventing Ourselves*, p. 26.

8. 같은 책, Kindle location 861.

9. *The Psychology of Social Status*, Joey T. Cheng, Jessica L. Tracy, Cameron Anderson (Springer, 2014), p. 191.

10. *Virtuous Violence*, Alan Fiske and Tage Shakti Rai (Cambridge University Press, 2014), p. 181.

11. 같은 책, p. 183.

12. *Blueprint*, Nicholas Christakis (Little Brown, 2019), p. 283.

13. 'Burnout as Cheerleader: The Cultural Basis for Prestige and Privilege in Junior High School', D. Merten, *Anthropology & Education Quarterly*, 1996, 27 (1) 51-70.

14. 'On Being a Happy, Healthy, and Ethical Member of an Unhappy, Unhealthy, and Unethical Profession', Patrick J. Schiltz, *Vanderbilt Law Review*, 1999, 52, 871.

16장 진실이 아니라 믿음을 믿는다

1. 작가와의 인터뷰. 그리고 추가 출처는 다음과 같다.

www.voicesforvaccines.org/i-was-duped-by-the-anti-vaccine-movement/

www.npr.org/transcripts/743195213?t=1611143785309

www.publicradioeast.org/post/when-it-comes-vaccines-and-autism-why-ithard-refute-misinformation.

2. 'How group identification distorts beliefs', Maria Paula Cacault, Manuel Grieder, *Journal of Economic Behavior & Organization*, Volume 164, 2019, pp. 63-76.

3. '(Ideo)Logical Reasoning: Ideology Impairs Sound Reasoning', A. Gampa, S. P. Wojcik, M. Motyl, B. A. Nosek, P. H. Ditto, *Social Psychological and Personality Science*, 2019, 10 (8): 1075-1083.

4. 'That's My Truth: Evidence for Involuntary Opinion Confirmation', M. Gilead, M. Sela, A. Maril, *Social Psychological and Personality Science*, 2019, 10 (3) 393-401.

5. 'Taking the High Ground: The Impact of Social Status on the Derogation of Ideological Opponents', Aiden Gregg, Nikhila Mahadevan and Constantine Sedikides, *Social Cognition*, 2017, 36, 10.1521/soco.2018.36.1.43.

6. *The Intelligence Trap*, David Robson (Hodder, 2020). Kindle location 999-1016.

7. 'Coalitional Instincts', John Tooby, *Edge*, 22 November 2017.

8. https://www.pewforum.org/2012/12/18/global-religious-landscape-exec/.

9. *The Consuming Instinct*, Gad Saad (Prometheus, 2011), p. 100.

10. 'Immutable morality: Even God could not change some moral facts', Madeline Reinecke and Zach Horne 2018, 10.31234/osf.io/yqm48.

11. *Taboo: A Study of Malagasy Customs and Beliefs* (Oslo University Press, 1960), pp. 89, 117, 197.

12. *The Origins and Role of Same-Sex Relations in Human Societies*, James Neill (McFarland, 2011), p. 48.

13. *Evolutionary Psychology*, David Buss (Routledge, 2015), p. 8.

14. *Married Love*, Marie Stopes (Oxford University Press, 2004), p. xv.

15. *Radiant Motherhood*, Marie Stopes. 이 자료는 다음 페이지에서 볼 수 있다. https://www.gutenberg.org/files/45711/45711-h/45711-h.htm.

16. *Subliminal*, Leonard Mlodinow (Penguin, 2012), p. 157.

17. *The God That Failed*, Richard Crossman (editor) (Harper Colophon, 1963), p. 23.

17장 지위의 금맥을 찾아서

1. *The Day Care Ritual Abuse Moral Panic*, Mary de Young (McFarland, 2004), p. 16.

2. *We Believe The Children*, Richard Beck (PublicAffairs, 2015), p. 27.

3. *The Day Care Ritual Abuse Moral Panic*, p. 55.

4. 'The child sexual abuse accommodation syndrome', R. C. Summit, *Child Abuse and Neglect*, 1983, 7, 177-193.

5. *The Day Care Ritual Abuse Moral Panic*, p. 18.

6. *We Believe The Children*, p. 46.

7. *Conviction: American Panic*, podcast, 2020, episode 3.

8. 이 단락은 언급된 모든 자료를 편집한 것이다.

9. *Satan's Silence*, Debbie Nathan and Michael Snedeker (iUniverse, 2001), pp. 126-129.

10. *The Day Care Ritual Abuse Moral Panic*, pp. 52-53.

11. 같은 책, p. 36.

12. 같은 책, p. 41.

13. *We Believe The Children*, p. xxi.

14. 'The History of Satanic Panic in the US - and Why it's Not Over Yet', Aja Romano, *Vox*, 30 October 2016.

15. 'A Critical Evaluation of the Factual Accuracy and Scholarly Foundations of The Witch-Hunt Narrative', J. M. Wood, D. Nathan, R. Beck, K. Hampton, *Journal of Interpersonal Violence*, March 2017, 32 (6): 897-925.

   'The Methodology of The Witch-Hunt Narrative: A Question of Evidence - Evidence Questioned', K. M. Staller, *Journal of Interpersonal Violence*, March 2017, 32 (6) 853-874.

   We Believe The Children, pp. 248-252.

16. *We Believe The Children*, p. 248.

17. *The Righteous Mind*, Jonathan Haidt (Penguin, 2012), p. 28.

18장 이념이라는 영토, 신념의 전쟁

1. https://worldhatchlearning.wordpress.com/2018/09/22/the-origins-of-web-community-the-well/.

2. Steve Jobs, Commencement address at Stanford University, 12 June 2005.

3. *The Well*, Katie Hafner (Carroll & Graf, 2001), p. 7.

4. 'The Epic Saga of The Well', Katie Hafner, *Wired*, 1 May 2005.

5. 'Censorship In Cyberspace', Mark Ethan Smith, www.angelfire.com/bc3/dissident/.

6. 'The Epic Saga of The Well'.

7. https://www.linux.it/~md/usenet/legends3.html.

8. 'Censorship In Cyberspace'.

9. 'Complaint and the World-Building Politics of Feminist Moderation'.

10. *The Well*, pp. 42–43.

11. 'Censorship In Cyberspace'.

12. 'Neural correlates of maintaining one's political beliefs in the face of counterevidence', Jonas Kaplan, Sarah Gimbel and Sam Harris, *Scientific Reports*, 2016, 6. 39589. 10.1038/srep39589.

13. 'The Neuroscience of Changing Your Mind', *You Are Not So Smart*, David McRaney, Episode 93, 13 January 2017.

14. *The Case Against Reality*, Donald Hoffman (Penguin, 2019), p. 70.

15. '"They Saw a Protest": Cognitive Illiberalism and the Speech-Conduct Distinction', February 5, 2011, Dan M. Kahan, David A. Hoffman, Donald Braman, Danieli Evans Peterman and Jeffrey John Rachlinski, *Cultural Cognition Project Working Paper* No. 63, *Stanford Law Review*, Vol. 64, 2012, Temple University Legal Studies Research Paper No. 2011-17.

16. *Red Guard*, Gordon A. Bennett and Ronald N. Montaperto (Allen & Unwin, 1971), p. 5.

17. *Snoop*, Sam Gosling (Profile, 2008), p. 127.

18. 이러한 편견들에 대한 더 충분한 설명은 나의 책 『이단자들』The Heretics을 참조하라. *The Heretics* (Picador, 2013), in chapter 6: 'The Invisible Actor at the Centre of the World'.

19. 'Questioning the Banality of Evil', Steve Reicher and Alex Haslam, *The Psychologist*, January 2008, Vol. 21, pp. 16–19.

20. *Virtuous Violence*, Alan Fiske and Tage Shakti Rai (Cambridge University Press, 2014), p. xxii.

21. *Mixed Messages*, Robert Paul (University of Chicago Press, 2015), pp. 46–49.

22. 'The dialects of sex in Marind-anim culture', Jan van Baal, in *Ritualized Homosexuality in Melanesia*, edited by Gilbert H. Herdt, (Berkeley, Los Angeles, London, 1984), p. 128.

23. 'The Truth, and the Anti-Black Violence of My Lies', Jessica A. Krug, *Medium*, 3 September 2020.

24. 'Musician went on a "Tinder date from hell" with race faker Jessica Krug', Ben Ashford, *Daily Mail*, 10 September 2020.

25. 'The Evolutionary Anthropology of War', Luke Glowacki, Michael L. Wilson, Richard W. Wrangham, *Journal of Economic Behavior & Organization*, Volume 178, 2020, pp. 963-982.

26. *The Goodness Paradox*, Richard Wrangham (Profile, 2019). Kindle location 373.

27. 'Xinjiang: Large Numbers of New Detention Camps Uncovered in Report', Uncredited author, bbc.co.uk, 24 September 2020.

28. *Stasi*, documentary, 2016.

29. *Brain and Culture*, Bruce Wexler (MIT Press, 2008), p. 215.

30. *Uncivil Agreement*, Lilliana Mason (University of Chicago Press, 2018), p. 49.

31. *Blueprint*, Nicholas Christakis (Little Brown, 2019), p. 267.

19장 SNS 속 부족 전쟁

1. *Personality Psychology*, Larsen, Buss and Wisjeimer (McGraw Hill, 2013), p. 199.

2. *Rule Makers, Rule Breakers*, Michele J. Gelfand (Robinson, 2018). Kindle location 1005.

3. *Personality Psychology*, p. 199.

4. *Moral Origins*, Christopher Boehm (Basic Books, 2012), p. 109.

5. *The Goodness Paradox*, Richard Wrangham (Profile, 2019). Kindle location 2439.

6. *Moral Origins*, p. 86.

7. *The Goodness Paradox*, Kindle location 2411.

8. *Moral Origins*, p. 83., *The Goodness Paradox*, Kindle location 3517.

9. *The Goodness Paradox*, Kindle location 2439.

10. 같은 책, Kindle location 2467.

11. *Behave*, Robert Sapolsky (Vintage, 2017), p. 323.

12. 'Effects of group pressure upon the modification and distortion of judgments', Asch, S. E. (1951), in *Groups, Leadership and Men: Research in Human Relations* edited by H. Guetzkow (Carnegie Press, 1951), pp. 177-190.

13. *The Domesticated Brain*, p. 195.

14. *Enigma of Reason*, Dan Sperber and Hugo Mercier (Penguin, 2017), p. 71.

15. 'Understanding Rejection between First-and-Second-Grade Elementary Students through Reasons Expressed by Rejecters', Francisco J. Bacete García, Virginia E. Carrero Planes, Ghislaine Marande Perrin, Gonzalo Musitu Ochoa, *Frontiers in*

Psychology, Vol. 8, 2017, 462.

16. 'A New Study Looks at Why Kids Reject Other Kids', Susie Neilson, *Science of Us*, 17 May 2017.

17. https://www.eff.org/cyberspaceindependence.

18. https://fringeassociation.com/2019/01/07/2019-my-year-of-color/.

19. https://fringeassociation.com/2019/01/12/words-matter/.

20. 이 설명은 다음 책에 나왔다. *LikeWar*, P. W. Singer and Emerson T. Brooking (Mariner, 2018), pp. 4-11, 150-154.

21. 'Britain's Choice: Common Ground and Division in 2020s Britain', October 2020, report conducted by More in Common. 추가 정보는 연구의 공저자 팀 딕슨[Tim Dixon] 과의 소통으로 얻었다.

22. *American Fabric: Identity and Belonging*, December 2020, MiC Report.

23. 'In U.S., 87% Approve of Black-White Marriage, vs. 4% in 1958', Frank Newport, Gallup, 25 July 2013.

24. 'Culture wars risk blinding us to just how liberal we've become in the past decades', Kenan Malik, *Guardian*, 23 June 2020.

25. 'Britain's Choice: Common Ground and Division in 2020s Britain'.

26. https://yougov.co.uk/topics/politics/explore/issue/Political_correctness.

27. 'Who are the real Shy Trumpers?' Eric Kaufmann, *Unherd*, 6 November 2020.

28. 'Britain's Choice: Common Ground and Division in 2020s Britain'.

29. https://www.dailymail.co.uk/news/article-9583001/Sir-Keir-Starmers-Labour-Party-touch-public-opinion-poll-finds.html

30. https://yougov.co.uk/topics/politics/explore/issue/Political_correctness.

20장 '주작'하는 정서

1. 'Meg Lanker-Simons, UW Student, Accused Of Threatening Herself With Rape In Facebook Hoax', Rebecca Klein, *Huffington Post*, 5 March 2013.

'Meg Lanker-Simons Cited for Making UW Crushes Post', Trevor T. Trujillo, kowb1290.com, 30 April 2013.

'UW Student Cited in Facebook Post Investigation', Uncredited author, uwyo.edu, 30 April 2013.

2. 'Jussie Smollett's image takes new hit with revived charges', Tammy Webber, *Associated Press*, 12 February 2020.

3. *The Rise of Victimhood Culture*, Jason Manning and Bradley Campbell (Palgrave Macmillan, 2018). Kindle location 3417.

'Bias incidents at Vassar were a hoax as one of the culprits was "the transgender student leading the investigations into the offensive graffiti", Uncredited author, *Mail Online*, 5 December 2013.

4. 'Claremont Professor's Past Is a New Puzzle', Nora Zamichow, *Los Angeles Times*, 5 April 2004.

'Teacher Gets Prison in Hate Crime Hoax', Wendy Thermos, *Los Angeles Times*, 16 December 2004.

5. 'From Hate to Hoax in Claremont', Tom Tugend, *Jewish Journal*, 1 April 2004.

6. 'Ashley Todd Fake "Mutilation" Exposed', Uncredited author, *Huffington Post*, 24 November 2011.

7. 'The Tale of an Ivy-League Hoaxer', Laura Fitzpatrick, *Time*, 18 December 2007.

8. 'The Role of Rewards in Motivating Participation in Simple Warfare', Luke Glowacki and R. Wrangham, *Human Nature* 24, 2013, 444–460.

9. 'Collective Narcissism Predicts Hypersensitivity to In-group Insult and Direct and Indirect Retaliatory Intergroup Hostility', A. Golec de Zavala, M. Peker, R. Guerra and T. Baran, *Eur. J. Pers.*, 2016, 30: 532–551.

10. *Uncivil Agreement*, Lilliana Mason (University of Chicago Press, 2018), p. 84.

11. 'Attentional capture helps explain why moral and emotional content go viral (in press)', W. J. Brady, A. P. Gantman and J. J. Van Bavel, *Journal of Experimental Psychology: General*.

12. *LikeWar*, P. W. Singer and Emerson T. Brooking (Mariner, 2018), p. 162.

13. 'Online Public Shaming on Twitter: Detection, Analysis, and Mitigation', R. Basak, S. Sural, N. Ganguly and S. K. Ghosh, in *IEEE Transactions on Computational Social Systems*, Vol. 6, No. 2, pp. 208–220, April 2019.

14. 'Like My Good Friend Jameela Told Me At The Chateau Marmont', Kristin Iversen, *Nylon*, 12 December 2018.

15. 'Jameela Jamil reignites feud with Caroline Flack as the stars get into war of

words', Ellie Phillips, *Mail Online*, 23 October 2019.

16. 'Stinking Hypocrisy!', Piers Morgan, *Mail Online*, 3 October 2020.

17. 'Laurence Fox issues apology to Sikhs for his "clumsy" 1917 comments – but stands by everything else he's said', Emma Kelly, *Metro*, 24 January 2020.

18. 'A "Need for Chaos" and the Sharing of Hostile Political Rumors in Advanced Democracies', Michael Petersen, 2018, 10.31234/osf.io/6m4ts.

19. *Grandstanding*, Justin Tosi and Brandon Warmke (Oxford University Press, 2020), p. 53.

20. 'The False Enforcement of Unpopular Norms', Robb Willer, Ko Kuwabara and Michael W. Macy, *American Journal of Sociology*, 2009, 115:2, 451–490.

21. *The Rise of Victimhood Culture*, Kindle location 4576.

22. 현대의 학자들은 험악한 기후라는 조건만으로는 어떤 지역에서 벌어진 마녀재판과 처형을 예측할 수 없다고 지적한다. 이런 지역을 광란의 상태로 몰아넣은 마지막 동력은 당시 치열하게 경쟁하며 전쟁을 벌이던 가톨릭교회와 개신교를 대표하는 야심 찬 지위의 전사들이 나타나면서부터였다. 경제학자 피터 리슨Peter Leeson 교수와 제이콥 러스Jacob Russ 교수의 분석에 따르면 마녀재판은 주로 두 경쟁 종교가 대중의 마음속 신경계 영역을 두고 치열하게 경쟁을 벌이던 지역에서 발생했다. "종교-시장 논쟁이 거세지면서 마녀재판 활동도 극심해졌다." 마녀재판은 이 게임을 위해 강력한 광고 효과를 일으켰다. "가톨릭과 개신교 양쪽 모두의 종교 공급자들은 격렬히 마녀들을 고발했다. 종교 공급자들은 마녀들을 마법을 쓴 죄로 고발할 의지와 권한을 통해 악마의 현시로부터 소비자들을 보호하기 위한 책무와 권한을 입증할 수 있었다." 마녀의 처형은 흔히 수백 명, 때로는 수천 명을 끌어들이는 대규모 공공 행사였다.

'Witch Trials', P. T. Leeson and J. W. Russ, *Economic Journal*, 128: 2066–2105.

23. *The Reformation*, Peter Marshall (Oxford University Press, 2009), p. 112.

24. 'Taxes, Lawyers, and the Decline of Witch Trials in France', N. Johnson and M. Koyama, *The Journal of Law & Economics*, 2014, 57(1), 77–112. https://doi.org/10.1086/674900.

25. 'Witch Trials', P. T. Leeson and J. W. Russ, *Economic Journal*, 128: 2066–2105.

26. 'Witchcraft, Weather and Economic Growth in Renaissance Europe', Emily F. Oster, *Journal of Economic Perspectives*, Winter 2004, Available at SSRN: https://ssrn.com/abstract=522403.

27. 이 설명은 다음 책에 나왔다. *The Spanish Inquisition*, Henry Kamen (Yale University

Press, 2014).

28. 'The Spanish Inquisition, 1478-1492', Ruth Johnston, ruthjohnston.com/AllThingsMedieval/?p=2272.

21장 합리적인 광신도

1. '경직된 문화'에 대한 내용은 다음 책을 참고했다. *Rule Makers, Rule Breakers*, Michele J. Gelfand (Robinson, 2018).

2. *Heaven's Gate Cult* documentary, History TV, https://www.youtube.com/watch?v=ca2LhJdlK3U.

3. *Heaven's Gate: America's UFO Religion*, Benjamin E. Zeller (NYU Press, 2014), p. 53.

4 같은 책, p. 33.

5. *Ti & Do The Father and "Jesus" Heaven's Gate UFO Two Witnesses*, Sawyer (Authorhouse, 2017).

6. 'Heaven's Gate 20 Years Later: 10 Things You Didn't Know', Michael Hafford, *Rolling Stone*, 24 March 2017.

7. 'Making Sense of the Heaven's Gate Suicides', R. Balch and D. Taylor, in *Cults, Religion, and Violence* edited by D. Bromley and J. Melton (Cambridge University Press, 2002), pp. 209-228.

8. *Heaven's Gate: America's UFO Religion*, p. 55.

22장 히틀러의 지위 게임

이 장은 주로 다음 자료들을 참고했다.

How to be a Dictator, Frank Dikötter (Bloomsbury, 2019).

Marketing the Third Reich, Nicholas O'Shaughnessy (Routledge, 2017),

Selling Hitler, Nicholas O'Shaughnessy (C. Hurst & Co, 2016)

The Coming of the Third Reich, Richard Evans (Penguin, 2004).

The Hitler Myth, Ian Kershaw (Oxford University Press, 2001).

The Reputation Game, David Waller (Oneworld, 2017).

The Third Reich in Power, Richard Evans (Penguin, 2006).

1. 'Is the Desire for Status a Fundamental Human Motive? A Review of the Empirical Literature', C. Anderson, J. A. D. Hildreth and L. Howland, *Psychological Bulletin*, 16

March 2015.

2. *Status*, Cecilia L. Ridgeway (Russell Sage Foundation, 2019), p. 13.

3. *The Reputation Game*, David Waller (Oneworld, 2017). Kindle location 2058.

4. *Uncivil Agreement*, Lilliana Mason (University of Chicago Press, 2018), p. 122.

5. *The Hitler Myth*, Ian Kershaw (Oxford University Press, 2001), p. 1.

6. 이 시기 독일의 경제 상황과 사회문화적 분위기를 다룬 내용은 다음 책을 기반으로 해 서술했다. *The Coming of the Third Reich*, Richard Evans (Penguin, 2004).

7. *The Hitler Myth*, p. 235.

8. *The Coming of the Third Reich*, Kindle location 4239.

9. *The Hitler Myth*, p. 230-241

10. 같은 책, p. 234

11. *Marketing the Third Reich*, Nicholas O'Shaughnessy (Routledge, 2017), pp. 71-72. 오쇼너시O'Shaughnessy는 1931년까지 나치당원의 40퍼센트 가까이가 30세 미만이었다고 언급한다.

12. *Selling Hitler*, Nicholas O'Shaughnessy (C. Hurst & Co, 2016), p. 160.

13. Speech, April 1921, https://web.viu.ca/davies/H479B.Imperialism.Nationalism/Hitler.speech.April1921.htm.

14. *The Coming of the Third Reich*, Kindle location 3333.

15. 같은 책, Kindle location 6447. 에반스는 공산당원 13만 명이 체포되어 투옥되고 2500명이 살해당했다고 언급하면서 이 수치가 '과장일 것'이라고 덧붙인다.

16. *The Hitler Myth*, p. 60.

17. *Selling Hitler*, p. 100.

18. *The Coming of the Third Reich*, Kindle location 2744.

19. *The Coming of the Third Reich*, Richard Evans (Penguin, 2004). Kindle location 2962.

20. *Marketing the Third Reich*, p. 71.

21. Public display, NS-Dokumentationszentrum Muenchen (as per September 2020).

22. 나치 정권의 경제 정책에 관한 내용은 다음 책을 기반으로 해 서술했다. *The Coming of the Third Reich*, Richard Evans (Penguin, 2004).

23. 나치 집권 시기의 경제 상황에 대한 내용은 다음 자료들을 참고했다.

The Reputation Game, David Waller (Oneworld, 2017).

www.bbc.co.uk/bitesize/guides/zpvhk7h/revision/1.

The Third Reich in Power, Richard Evans (Penguin, 2006).

24. *Berlin Diary: The Journal of a Foreign Correspondent*, 1934-1941, William L. Shirer (Ishi Press, 2010), p. 85.

25. *The Hitler Myth*, p. 122.

26. 같은 책, p. 155.

27. 같은 책, p. 58.

28. *Berlin Diary: The Journal of a Foreign Correspondent*, p. 17.

23장 테러와 모멸감

1. *Virtuous Violence*, Alan Fiske and Tage Shakti Rai (Cambridge University Press, 2014).

2. 마오쩌둥의 나르시시즘에 대해 더 알고 싶다면 다음을 참조하라. *How to be a Dictator*, Frank Dikötter (Bloomsbury, 2019), chapter 4.

3. 'The Cultural Revolution', Tom Phillips, *Guardian*, 11 May 2016.

4. *Red Guard*, Gordon A. Bennett and Ronald N. Montaperto (Allen & Unwin, 1971), pp. 42-44. 홍위병 다이 샤오아이의 이야기는 이 책을 참고했다.

5. 'Shame, guilt, and violence', James Gilligan, *Social Research: An International Quarterly*, 2003, 70 (4).

6. *Virtuous Violence*, p. 105.

7. *The Rise and Fall of the Third Chimpanzee*, Jared Diamond (Vintage, 1991), Kindle location 4933.

8. 'Genocide, Humiliation, and Inferiority: An Interdisciplinary Perspective', Evelin Gerda Lindner, 2009, in *Genocides by the Oppressed: Subaltern Genocide in Theory and Practice*, edited by Nicholas A. Robins and Adam Jones, pp. 138-158.

9. *The Geometry of Genocide*, Bradley Campbell (University of Virginia Press, 2015), p. 16.

10. 같은 책, p. 74.

11. 'Genocide, Humiliation, and Inferiority: An Interdisciplinary Perspective'.

12. '"Humiliation was the worst" Holocaust survivor at UN, asks world to act with "empathy and compassion"', Uncredited author, *UN News*, 28 January 2019.

13. 공공 전시 'Topography of Terror', Berlin (visited November 2018).

14. *Berlin Diary: The Journal of a Foreign Correspondent*, 1934-1941, William L. Shirer (Ishi Press, 2010), p. 110.

15. *The Geometry of Genocide*, pp. 159-160.

24장 지옥에서 벗어나는 길

1. *The Politico's World*, Joan Wildeblood and Peter Brinson (Oxford University Press, 1965), p. 21.

2. *The Weirdest People in the World*, Joseph Henrich (Penguin, 2020), p. 157.

3. 이 주장은 다음 책에서 나왔다. *Guns, Germs, and Steel*, Jared Diamond (Vintage, 1998).

4. 이 주장은 다음 책에서 나왔다. *The Geography of Thought*, Richard E. Nisbett (Nicholas Brealey, 2003). 그리고 나의 2017년 저서 『셀피』Selfie에서 좀 더 논의된다.

5. 이 주장은 다음 책에서 나왔다. *The Weirdest People in the World*, Joseph Henrich (Penguin, 2020).

6. 'The Origins of WEIRD Psychology', Jonathan Schulz, Duman Bahrami-Rad, Jonathan Beauchamp and Joseph Heinrich, 22 June, 2018.
The Weirdest People in the World, Jpp. 165-199.

7. 'Western Individualism Arose from Incest Taboo', David Noonan, *Scientific American*, 7 November 2019.

8. *Sapiens*, Yuval Noah Harari (Vintage, 2015), p. 242.

9. *Not Born Yesterday*, Hugo Mercier (Princeton University Press, 2020), p. 123.

10. *Inside the Conversion Tactics of the Early Christian Church*, Bart D. Ehrman, History.com, 29 March 2018.

11. *Sin and Fear*, Jean Delumeau (St Martin's Press, 1990), pp. 365, 380.

12. 'Medieval Muslim societies', Uncredited author, Khanacademy.org.

13. *The Weirdest People in the World*, pp. 182, 185

14. 같은 책, pp. 183-184.

15. *Sin and Fear*, p. 2.

16. *The Reformation*, Peter Marshall (Oxford University Press, 2009), pp. 43-44.

17. *The Weirdest People in the World*, p. 319.

18. *Work*, Andrea Komlosy (Verso, 2018). Kindle locations 213, 229.

19. *The Reformation*, p. 13.

20. *The Renaissance*, Jerry Brotton (Oxford University Press, 2006), p. 69.

21. *The Weirdest People in the World*, p. 10.

22. *The Reformation*, p. 81.

23. *Empire of Things*, Frank Trentmann (Allen Lane, 2016), pp. 38-40.

24. 'The 1363 English Sumptuary Law: A comparison with Fabric Prices of the Late Fourteenth-Century', Sarah Kelly Silverman, PhD thesis 2011.

25. 'Sumptuary Laws of the Middle Ages', www.lordsandladies.org/sumptuarylaws-middle-ages.htm.

26. *Empire of Things*, p. 39.

27. 같은 책, p. 32.

28. 'The Economic and Social World of Italian Renaissance Maiolica', R. Goldthwaite, *Renaissance Quarterly*, 1989. 42(1), 1-32.

29. *The Civilizing Process*, Norbert Elias (Blackwell, 2000), p. 51.

30. 'The Economic and Social World of Italian Renaissance Maiolica'.

31. *The Renaissance*, pp. 26-27.

32. *A Culture of Growth*, Joel Mokyr (Princeton University Press, 2016), p. 152.

33. 같은 책, p. 204. 저자인 조엘 모키르Joel Mokyr는 이렇게 적는다. "근대 초기의 유럽에서 지식인들은(한 줌의 슈퍼스타를 제외하고) 여전히 사회적으로 상당히 낮은 지위에 머물렀다. 힘이 있고 지위가 높은 후원자들이 그들에게 생계를 유지할 뿐 아니라 사회적 지위도 높일 기회를 제공했다. 따라서 후원은 창의적이고 학식이 높은 사람들이 능력을 발휘하는 데 효과적인 장려책이다."(p. 183)

34. 모키르가 쓴 것처럼, "동료 평가에 기반을 둔 명성은 중요한 것이었다." *A Culture of Growth*, p. 181.

35. 같은 책, p. 198.

36. *Why Nations Fail*, Daron Acemoglu and James A. Robinson (Profile, 2012), pp. 155-156.

37. *Empire of Things*, p. 60.

38. 'The Spread of Improvement: Why Innovation Accelerated in Britain 1547-1851', Anton Howes, Working Paper April 2017. 허가를 얻어 인용함.

39. *British Clubs and Societies 1580-1800: The Origins of an Associational World*, Peter Clark (Oxford University Press, 2000).

40. *A Culture of Growth*, p. 222.

41. 'The Spread of Improvement: Why Innovation Accelerated in Britain 1547-1851'.

42. 'Age of Invention: England's Peculiar Disgrace', Anton Howes, Newsletter 14 April

2020.

43. 'Mind over Matter: Access to Knowledge and the British Industrial Revolution', Dissertation, J. Dowey, *London School of Economics and Political Science*, 2017.

44. 'Age of Invention: Higher Perfection'.

45. 'Adam Smith and Thorstein Veblen on the Pursuit of Status Through Consumption versus Work', Jon Wisman, *Cambridge Journal of Economics*, 2019, 43, 17-36. 10.1093/cje/bey015.

46. 모든 통계치는 *Enlightenment Now*, Steven Pinker (Allen Lane, 2019)에서 인용했다.

25장 너 자신을 사랑하라

이 장은 2017년에 출간된 나의 저서 『셀피』에 기초한다.

1. *The Rise and Fall of American Growth*, Robert J. Gordon (Princeton University Press, 2016), p. 617.

2. 'Mrs Thatcher: The First Two Years', Ronald Butt, *Sunday Times*, 1 May 1981.

3. 'Fitting In or Standing Out: Trends in American Parents' Choices for Children's Names, 1880–2007', Jean M. Twenge et al., *Social Psychological and Personality Science*, 2010, 1(1), 19-25.

4. 'Hey, I'm Terrific!', Jerry Adler, *Newsweek*, 17 February 1992.

5. *The Age of Entitlement*, Christopher Caldwell (Simon & Schuster, 2020), p. 128.

6. *Generation Me*, Jean Twenge (Atria, 2006), p. 99.

7. 'Children say being famous is best thing in world', Andrew Johnson and Andy McSmith, *Independent*, 18 December 2006.

8. 'Front-facing cameras were never intended for selfies', Anne Quito, qz.com, 26 October 2017.

9. 'Taking Selfies Destroys Your Confidence and Raises Anxiety, a Study Shows. Why Are You Still Doing It?', Minda Zetlin, *Inc.*, 31 May 2019.

10. *Bowling Alone*, Robert D. Putnam (Simon & Schuster, 2001), pp. 27, 16, 183

11. *The South Bank Show*, 9 November 1980.

12. 'Conspicuous Consumption of Time: When Busyness and Lack of Leisure Time Become a Status Symbol', Silvia Bellezza, Paharia Neeru and Keinan Anat, *Journal of Consumer Research* 44, June 2017, no. 1, 118-138.

13. 고든 플렛Gordon Flett, 로리 오코너Rory O'Connor 교수와의 인터뷰.

14. 'A Meta-Analysis of Birth Cohort Differences From 1989 to 2016', Thomas Curran and Andrew Hill, *Psychological Bulletin*, 2017, 145. 10.1037/bul0000138.

15. '69 of the richest 100 entities on the planet are corporations', Uncredited author, *Global Justice Now*, 17 October 2018.

16. https://twitter.com/olifranklin/status/1354547507574034432?s=03.'Apple surpasses *100 billion in quarterly revenue for first time in its history*', Chris Welch, The Verge, *27 January 2021.'Apple Becomes First U.S. Company Worth More Than 2 Trillion*', Sergei Klebnikov, *Forbes*, 19 August 2020.

17. 'Top CEOs make more than 300 times the average worker', Paul Hodgson, *Fortune Magazine*, 22 June 2015.

18. *The Value of Everything*, Mariana Mazzucato (Allen Lane, 2018), p. xiii.

19. 'Britain must close the great pay divide', Danny Dorling, *Guardian*, 28 November 2010.

20. 'Real wages have been falling since the 1970s and living standards are not about to recover', Institute of Employment Rights, 31 January 2014.

21. www.statista.com/statistics/414896/employees-withzero-hours-contracts-number/.

22. *The Precariat*, Guy Standing (Bloomsbury, 2016). Kindle location 112.

23. Jean M. Twenge, Sara H. Konrath, A. Bell Cooper, Joshua D. Foster, W. Keith Campbell, Cooper McAllister, 'Egos deflating with the Great Recession: A cross-temporal meta-analysis and within-campus analysis of the Narcissistic Personality Inventory, 1982–2016', *Personality and Individual Differences*, volume 179.

26장 공정과 불공정

1. *The Enlightenment*, John Robertson (Oxford University Press, 2015), p. 63.

2. *The Ape that Understood the Universe*, Steve Stewart-Williams (Cambridge University Press, 2018), p. 64.

3. 이런 관점은 일반적이었다. 데이비드 슬론 윌슨David Sloan Wilson은 "중요한 인물 가운데 인간을 유럽인이 맨 꼭대기에 있는 인종의 위계질서에 넣지 않은 인물을 찾기 어렵다" 라고 적는다. *This View of Life*, David Sloan Wilson (Pantheon, 2019). Kindle location 285.

4. *Inventing Human Rights*, Lynn Hunt (W. W. Norton & Company), p. 135.

5. 같은 책, p. 97.

6. *The Goodness Paradox*, Richard Wrangham (Profile, 2019), Kindle location 2346.

7. *Inventing Human Rights*, p. 77.

8. 'The persistence of racial discrimination in hiring', Lincoln Quillian, Devah Pager, Ole Hexel, Arnfinn H. Midtbøen, *Proceedings of the National Academy of Sciences*, September 2017, 201706255; https://doi.org/10.1073/pnas.1706255114.

9. 'Do Some Countries Discriminate More Than Others?', Uncredited author, Institute for Policy Research, 18 June 2019.

10. *Status*, Cecilia L. Ridgeway (Russell Sage Foundation, 2019), p. 119.

11. 'The neural substrates of in-group bias: a functional magnetic resonance imaging investigation', J. J. Van Bavel, D. J. Packer, W. A. Cunningham, *Psychological Science*, November 2008, 19 (11):1131–9. doi: 10.1111/j.1467-9280.2008.02214.x, PMID: 19076485.

12. The Reykjavik Index for Leadership survey on behalf of the World Economic Forum, www.weforum.org/agenda/2018/12/women-reykjavik-index-leadership/.

13. 'Men and things, women and people: a meta-analysis of sex differences in interests', R. Su, J. Rounds, P. I. Armstrong, *Psychological Bulletin* November 2009, 135 (6):859–884. https://doi.org/10.1037/a0017364. PMID: 19883140.

14. 'The Science of Gender and Science: Pinker vs. Spelke', *Debate*, 16 June 2005, transcript: www.edge.org/event/the-science-of-gender-and-science-pinker-vs-spelke-a-debate.

15. 'The English Aristocracy', Nancy Mitford, 다음에서 접속했다. www.unz.com/print/Encounter-1955sep-00005.

16. 내가 연구하는 동안에는 www.etoncollege.com/glossary.aspx에 올라와 있었는데 2021년 1월 현재 삭제되었다.

17. *Posh Boys*, Robert Verkaik (OneWorld, 2018), p. 141.

18. *Engines of Privilege*, David Kynaston (Bloomsbury, 2019), p. 15.

19. 'Private school and Oxbridge "take top jobs"', Sean Coughlan and David Brown, BBC News, 24 June 2019.

20. *Engines of Privilege*, p. 4.

21. 같은 책, p. 6.

22. 'Oxbridge uncovered: More elitist than we thought', Hannah Richardson, BBC

News, 20 October 2017.

23. 'Private school and Oxbridge "take top jobs".

24. *Social Class in the 21st Century*, Mike Savage (Pelican, 2015), p. 222.

25. 같은 책, p. 204.

26. 같은 책, p. 213.

27. 'Chinese ethnic group biggest earners in the UK', Uncredited author, BBC News, 9 July 2019.

28. Entry rates into higher education, 24 August 2020, www.ethnicity-facts-figures.service.gov.uk/.

29. 'Asian women and men earned more than their White, Black, and Hispanic counterparts in 2017', 29 August 2018, www.bls.gov.

27장 게임의 붕괴

1. 'Britain's Choice: Common Ground and Division in 2020s Britain', October 2020, More in Common Report.

2. 'The Emerging Millennial Wealth Gap: Divergent Trajectories, Weak Balance Sheets, and Implications for Social Policy', Report, Reid Cramer et al., *New America*, October 2019.

3. 'Average Student Loan Debt in America: 2019 Facts & Figures', Justin Song, Value Penguin, 4 January 2021.

4. Student loan statistics, Paul Bolton, House of Commons Library, 9 December 2020.

5. 'Britain's Choice: Common Ground and Division in 2020s Britain'. 추가 정보는 연구의 공저자 팀 딕슨과의 개인적인 소통으로 얻었다.

6. 'Almost a third of graduates "overeducated" for their job', Uncredited author, BBC News, 29 April 2019.

7. Graduate wellbeing recorded in the Graduate Outcomes survey, Office for Students report, 8 December 2020.

8. About 13.1 Percent Have a Master's, Professional Degree or Doctorate, American Counts Staff, census.gov, 21 February 2019.

9. '41% of Recent Grads Work in Jobs Not Requiring a Degree', Elizabeth Redden, insidehighered.com, 18 February 2020.

10. 'Almost a third of graduates "overeducated" for their job', Uncredited author, BBC News, 29 April 2019.

    '41% of Recent Grads Work in Jobs Not Requiring a Degree', Elizabeth Redden, insidehighered.com, 18 February, 2020.

11. 'Keynes was wrong. Gen Z will have it worse', Malcom Harris, *MIT Technology Review*, 16 December 2019.

12. 'US Attitudes Toward Socialism, Communism and Collectivism', YouGov, October 2019.

13. 'Intellectuals and Resentment Toward Capitalism', T. Cushman, *Sociology*, 2012, 49, 247–255.

14. 'Youth and Satisfaction with Democracy: Reversing the Democratic Disconnect?', R. S. Foa, A. Klassen, D. Wenger, A. Rand and M. Slade, 2020, Cambridge, United Kingdom: Centre for the Future of Democracy.

15. 'Democracy: Millennials are the most disillusioned generation "in living memory"' – global study, News release, University of Cambridge, 19 October 2020.

16. *Red, Blue and Purple America: The Future of Election Demographics*, Alan Abramowitz and Roy Teixeira (Brookings Institution Press, 2008), p. 110.

17. 'A new theory for why Trump voters are so angry – that actually makes sense', Jeff Guo, *Washington Post*, 8 November 2016.

18. *Status*, Cecilia L. Ridgeway (Russell Sage Foundation, 2019), p. 53.

19. *National Populism*, Roger Eatwell and Matthew Goodwin, (Pelican Books, 2018), p. xxii.

20. 같은 책, p. 129.

21. 같은 책, p. 212.

22. 현재 이 트윗은 삭제됐다.

23. *National Populism*, p. 106.

24. 'Britain's Choice: Common Ground and Division in 2020s Britain'.

25. www.youtube.com/watch/koPmuEyP3ao.

26. 'Hulu deletes tweet about wearing "respectful" Halloween costume', Audra Schroeder, *The Daily Dot*, 17 October 2018.

27. 'British Library's chief librarian says "racism is the creation of white people" as bosses call for changes to displays in wake of BLM movement after colleagues

were "urged to support work of Labour MP Diane Abbott'", Katie Feehan, *Mail Online*, 30 August 2020.

28. 'I am looking forward to comedy's future in the woke world', Nica Burns, chortle. co.uk, 5 August 2018.

29. 'APA calls for true systemic change in U.S. Culture', Zara Abrams, apa.org, 1 September 2020.

30. 'When Racism Is Fit to Print', Andrew Sullivan, *New York Magazine*, 3 August 2018.

31. 'The Campus Diversity Swarm', Mark Pulliam, *City Journal*, 10 October 2018.

32. 'The Downside of Diversity', Anthony Kronman, *Wall Street Journal*, 2 August 2019.

33. 'The rise of universities' diversity bureaucrats', B.S., *The Economist*, 8 May 2018.

34. 'The Big Business of Unconscious Bias', Nora Zelevansky, *New York Times*, 20 November 2019.

35. *Diversity Inc.*, Pamela Newkirk (Bold Type, 2019). Kindle location 2608.

36. 'The Big Business of Unconscious Bias'.

37. *Diversity Inc.*, Kindle location 2621.

38. 'The Big Business of Unconscious Bias'.

39. *Diversity Inc.*, Kindle location 2737.

40. 같은 책, Kindle location 2608.

41. 'Obscene federal "diversity training" scam prospers – even under Trump', Christopher F. Rufo, *New York Post*, 16 July 2020.

42. 'Star-studded Time's Up charities spent big on salaries, little on helping victims', Isabel Vincent and Paula Froelich, *New York Post*, 28 November 2020.

43. *The New Minority*, Justin Gest (Oxford University Press, 2016), p. 22. 이어지는 백인 노동계급의 박탈감에 대한 내용은 모두 이 책을 참고했다.

28장 공산주의자들의 우화

이 장은 주로 다음 자료들을 참고했다.

Caviar with Champagne, Jukka Gronow (Berg, 2003).

Communism, Leslie Holmes (Oxford University Press, 2009).

Communism, Richard Pipes (Weidenfeld & Nicolson, 2001).

Everyday Stalinism, Sheila Fitzpatrick (Oxford University Press, 1999).

How to be a Dictator, Frank Dikötter (Bloomsbury, 2019).

Lenin, Robert Service (Macmillan, 2000).

Lenin The Dictator, Victor Sebestyen (Weidenfeld & Nicolson, 2018).

Marx, Peter Singer (Oxford University Press, 2000).

Revolutionary Russia 1891–1991, Orlando Figes (Pelican, 2014).

1. *Communism*, Richard Pipes (Weidenfeld & Nicolson, 2001), p. 2.

2. 같은 책, p. 12.

3. *Marx*, Peter Singer (Oxford University Press, 2000), p. 63.

4. *Communism*, Richard Pipes, p. 13.

5. 같은 책, p. 68.

6. *Communism*, Leslie Holmes (Oxford University Press, 2009), p. 399.

7. *Lenin*, Robert Service (Macmillan, 2000), p. 59.

8. 같은 책, p. 62.

9. *Lenin The Dictator*, Victor Sebestyen (Weidenfeld & Nicolson, 2018), p. 47.

10. *Communism*, Richard Pipes, p. 28.

11. *Communism*, Leslie Holmes, p. 379.

12. http://www.orlandofiges.info/section6_TheOctoberRevolution1917/
    RevolutionandRevenge.php.

13. *Revolutionary Russia 1891–1991*, Orlando Figes (Pelican, 2014). Kindle location 1674.

14. *How to be a Dictator*, Frank Dikötter (Bloomsbury, 2019), Kindle location 1328.

15. *Lenin The Dictator*, p. 394.

16. 같은 책, p. 396.https://www.marxists.org/archive/lenin/works/1918/aug/11c.htm.

17. *Everyday Stalinism*, Sheila Fitzpatrick (Oxford University Press, 1999), p. 5.

18. *Revolutionary Russia 1891–1991*, Kindle location 1854.

19. *Communism*, Leslie Holmes, p. 562.

20. *The God That Failed*, pp. 15–75.

21. *Revolutionary Russia 1891–1991*, Kindle location 2193.

22. 같은 책, Kindle location 2411.

23. 같은 책, Kindle location 2452.

24. *Harvest of Sorrow*, Robert Conquest (Vintage, 2002). Kindle location 3020.

25. *Cannibal Island*, Nicolas Werth (Princeton University Press, 2007), p. 129.

26. *Communism*, Richard Pipes, p. 59.

27. 같은 책, Richard Pipes, p. 57.

28. *Caviar with Champagne*, Jukka Gronow (Berg, 2003), p. 2.

29. *Revolutionary Russia 1891–1991*, Kindle location 2352.

30. *Everyday Stalinism*, pp. 19-20.

31. 같은 책, p. 198.

32. *Revolutionary Russia 1891–1991*, Kindle location 3242.

33. *Communism*, Richard Pipes, p. 63.

34. *Revolutionary Russia 1891–1991*, Kindle location 3080.

35. 리처드 파이프는 다음처럼 언급한다. "레닌은 '그의 「성서」에서' 그의 잠재적 계승자로 서 여섯 명의 코뮤니스트들을 언급했다. 하나—스탈린—를 제외하고는 모두 사망했다." *Communism*, Richard Pipes, p. 64.

36. *Everyday Stalinism*, p. 86.

37. 같은 책, pp. 106-107.

38. *Why Nations Fail*, p. 129.

39. *Revolutionary Russia 1891–1991*, Kindle location 2844.

40. 같은 책, Kindle location 2755.

41. *Caviar with Champagne*, p. 12. 이어지는 내용도 이 책을 참고로 쓰였다.

42. 'Social Stratification and Mobility in the Soviet Union: 1940-1950', A. Inkeles, *American Sociological Review*, 1950, 15(4), 465-479.

43. *Everyday Stalinism*, pp. 11-12.

44. *Caviar with Champagne*, p. 125.

45. *Everyday Stalinism*, p. 105.

46. *Communism*, Richard Pipes, p. 65.

47. 같은 책, p. 3.

29장 꿈을 꾸고 있다는 자각

1. 'The role of morality in social cognition', J. L. Ray, P. Mende-Siedlecki, A. P. Gantman and J. J. Van Bavel (in press), in *The Neural Bases of Mentalizing*, K. Ochsner and M. Gilead (Eds.) (Springer Press).

2. 'Universal dimensions of social cognition: Warmth and competence', S. T. Fiske, A. J. Cuddy and P. Glick, *Trends in Cognitive Sciences*, 11, 77-83.

3. 'Impression mismanagement: People as inept self-presenters', J. Steinmetz, O. Sezer, C. Sedikides, *Social and Personality Psychology Compass*, 2017: 11:e12321.

이 흥미로운 논문은 사람들이 긍정적인 이미지를 만들기 위해 사용하지만 "대체로 실패로 끝나는" 전략인 "자만, 은근한 잘난 척, 위선, 칭찬 같지 않은 칭찬" 같은 전략을 다룬다. 연구자들은 "사람들은 대체로 좋은 인상을 주는 데 서툴다"는 결론에 이르렀다. 한 가지 일상적인 문제는 우리가 우리의 지위를 높일 때 상대에게 정서적으로 어떤 영향을 끼칠지 제대로 예측하지 못한다는 점이다. 우리는 우리를 행복하게 만들어주는 일이 자연히 남들도 행복하게 만들어줄 거라고 생각한다. 그렇지 않다. 이것은 게임에 대한 기본적인 오해이기도 하다. 사실 명성을 기반으로 하는 지위는 남들이 주는 것이지 승자가 선언하는 것이 아니다.

하지만 재미있는 사실 두 가지가 덧붙는다. 첫째, 사람들은 우리가 타고난 재능 덕이 아니라 고된 노력으로 성공했다고 말하면 그렇게 거칠게 대하지 않는다. 재능으로 성공하면 제대로 된 자격을 갖추지 못한 것으로 보여서 더 화를 내는 듯하다. 둘째로, 그리고 기분 좋게도, 우리는 실패를 고백하는 것이 어떤 결과로 이끌지 제대로 예측하지 못한다. 말하자면 사람들은 관찰자가 "자신의 크고 작은 실수에 대해 실제보다 더 가차 없이 판단할 거라고" 생각하는 경향이 있다. 하지만 우리가 부모나 연인과 같은 가까운 이들에게 자랑하는 경우나, 우리가 새로 얻은 지위의 작은 보상이 그들에게도 흘러갈 수 있는 경우가 아니라면 상대가 우리의 승리를 함께 기뻐해줄 가능성은 아주 낮다.

4. 'Cross-Cultural Investigation of Compliance Without Pressure: The "You Are Free to" Technique in France, Ivory Coast, Romania, Russia, and China', A. Pascual, C. Oteme, L. Samson et al., *Cross-Cultural Research*, 2012, 46 (4):394-416.

5. 'I'm free but I'll comply with your request: generalization and multidimensional effects of the "evoking freedom" technique'. N. Guéguen, R. V. Joule, S. Halimi-Falkowicz, A. Pascual, J. FischerLokou and M. Dufourcq-Brana (2013), *Journal of Applied Social Psychology*, 43: 116-137.

6. *Happiness*, Daniel Nettle (Oxford University Press, 2005), pp. 156, 175.

7. *Status*, Cecilia L. Ridgeway (Russell Sage Foundation, 2019), p. 114.

지위 게임

'좋아요'와 마녀사냥, 혐오와 폭력 이면의 절대적인 본능에 대하여

초판 1쇄 발행 2023년 2월 15일
초판 3쇄 발행 2024년 9월 20일

지은이 윌 스토
옮긴이 문희경
펴낸이 유정연

이사 김귀분
책임편집 유리슬아 **기획편집** 신성식 조현주 서옥수 황서연 정유진 **디자인** 안수진 기경란
마케팅 반지영 박중혁 하유정 **제작** 임정호 **경영지원** 박소영

펴낸곳 흐름출판(주) **출판등록** 제313-2003-199호(2003년 5월 28일)
주소 서울시 마포구 월드컵북로5길 48-9(서교동)
전화 (02)325-4944 **팩스** (02)325-4945 **이메일** book@hbooks.co.kr
홈페이지 http://www.hbooks.co.kr **블로그** blog.naver.com/nextwave7
출력·인쇄·제본 (주)상지사 **용지** 월드페이퍼(주) **후가공** (주)이지앤비(특허 제10-1081185호)

ISBN 978-89-6596-559-6 03300